RÜDIGER
SAFRANSKI
呂迪格・薩弗蘭斯基——著　黃添盛——譯

〈哲學人系列總序〉

蘇格拉底與桑提婆的和解

關永中

「蘇格拉底（Socrates）的老婆叫什麼名字？」魯汶一位老師竟然拿它做口試題目！我愣住了。只好搶白一句：「這究竟跟哲學有什麼關連？」所獲得的回應是：「總有一天你會明白我的用意！」

這事就此不了了之，我也沒有把它放在心上。直至有一天讀到威廉・魏施德（Wilhelm Weischedel）《通往哲學的後門階梯》（*Die philosophische Hintertreppe*）（台北：究竟，二〇〇二），四十三頁至四十五頁有關蘇格拉底與其妻桑提婆（Xanthippe）之間的摩擦時，才悟出其中要領：

世人只重視蘇格拉底之盛名，卻從來不曾為桑提婆著想過。一般輿論都指責她為悍婦，卻毫不介意蘇氏如何寡情地把髮妻趕離刑場！（"*Phaedo*," 60a）

兩個善良的靈魂；

一對不合的配偶。

夫妻心性發展不同步，那真是一件憾事！

說句公道話，桑提婆雖然脾氣大一些，到底不失為一位賢妻良母。她平日克勤克儉、任勞任怨，一手把孩子們帶大，並且還獨力支撐起家計。反之，蘇格拉底可曾盡過半點為人夫、為人父的責任！

站在蘇氏立場，我們固然會聆聽到這樣的心聲：妳何必苦苦糾纏，不讓我去與志同道合的人探討真理！

站在桑提婆觀點，我們何嘗不體會到這樣的埋怨：你何苦不務正業、棄家不顧、終日遊手好閒，只管喋喋不休地與人空談！

當然，從另一角度看，如果蘇格拉底就此返家同聚天倫，蘇格拉底還會再是蘇格拉底嗎？柏拉圖（Plato）還能完成他的《對話錄》（*Dialogues*）嗎？後他而來的亞里斯多德（Aristotle）還能獲得造就嗎？試想西哲史缺少了蘇氏、柏氏、亞氏，那將會是怎樣的局面！

誠然，凡走上哲學不歸路的人，就有很高機率與親友產生張力，類似的劇碼在歷史上層出不窮：

——佛陀拋妻棄子，只為了悟道。

——瑪利亞說：「我兒，為什麼這樣對待我們？看，你的父親和我一直痛苦的找你。」

耶穌說：「你們為什麼尋找我？豈不知我應當以我父的事為念嗎？」（路加二：48-49）

——尼采（Nietzsche）想到其家人，就指桑罵槐地說：「蘇格拉底找到一個他需要的妻子……事實上，是桑提婆不斷將他驅趕到他那獨特的職業裡去。」

——齊克果（Kierkegaard）拒絕了他曾苦苦追到手、而又在他面前下跪求饒的未婚妻雷琪娜（Regina Olsen）。

時至今日，相似的事件還繼續在你、我及親友身上複製。你不是耳熟能詳地聆聽到以下的評語嗎？

——你何苦放棄一份穩定的職業，而去追尋那些虛無飄渺的學問？

——醫科大門為你開啟你不進去，卻到哲學系鬼混！

——你畢業後有何出路？誰會聘用一個專事批判的哲學家？

其實故事的情節是可以有較圓滿的結局！桑提婆的抱怨，是可以轉變成唐吉訶德（Don Quixote）侍從的一句：「我喜歡上他！」關鍵只在於是否有溝通的管道，讓彼此明悉對方的立場，藉此達到互相諒解。如果我們無法一下子化解親友們的心結，至少也可以透過剖白一己的使命來讓對方思索，藉此達成破冰的第一步。換句話說，目前的當務之急有三：

一、讓鄰人明瞭哲學家的任務

二、讓哲學人自己穩住陣腳

三、讓志同道合者凝聚力量

一、讓鄰人明瞭哲學家的任務——沒有人與生俱來就懂得哲學，甚至好學不倦之士也不一定與哲學投緣，一般市井之輩更毫不在意什麼叫哲學。不過，人生在世，早晚會遇到瓶頸，它叫我們不得不放慢生活的步伐來沉思宇宙人生，西哲稱之為對萬事萬物之驚異；國人稱之為憂患意識。人尤在困惑與挫敗中需要明智的導師指引。哲人就在向世人指點迷津上凸顯其重要性。他擔任先知角色，向世界宣示究極真理，而萬代都不缺乏他們的蹤影，只是他們的智慧在經歷歲月的洗禮後，已沉澱在文本中漸漸被人淡忘，而須等待我們重新挖掘。誠然，我們若能重溫歷代哲人的智慧，用現代人能了悟的語言來翻譯及詮釋，將更能融入古聖先賢之對談，從中獲得開悟。有前人的思考作借鏡，我們可以有更穩健的基礎去探尋更博大、更精深的奧理，並與親友們切磋。在這裡，我們所欲強調的是：我們極端地需要提供更多有價值的哲學經典來與同胞分享，藉此製造對談的機緣來讓鄰人明瞭哲學家的思想與任務，好讓更多的人有機會瞥見真理的光輝。

二、讓哲學人自己穩住陣腳——退一步說，先知的呼聲不一定受廣大的群眾所歡迎；我們的努力不一定獲得滿意的回應。可以預期的是：不是所有人都有慧根去聆聽湛深的哲理；萬一別人把我們的剖白當作耳邊風時，那該怎麼辦？聞說有一位宣教士在鬧市中宣道，路過的行人都沒有停下來聽講。於是有人問他說：「既然沒有人聽你的道理，你又何必繼續宣講？」宣教士的回答是：「至少它還能警醒著我去堅持自己的信仰。」類比地，哲學家在吐露其哲思的當兒，除了向他人傳遞真理的訊息外，尚且為自己穩住陣腳，以免被世俗所同化。誠然，當我們在傳述歷代名家之學，或討論著名典籍，或提出個人見解之時，即使獲取不到理想的迴響，也至少能保住自己的信念，能提醒自己去與古聖先賢精神遙契，以融入真理的康莊大道。為此，我們需要不斷地進修、研討與沉思，以求充實自己。如此一來，更多的哲學作品有一再接受翻譯、詮釋與研讀的必要；更多的有志之士有投身哲學反思與提供研究心得的需求；更多的邂逅、對談、溝通、講授有進行的價值。

三、讓志同道合者凝聚力量——哲學的探討、典籍的交流、名著的詮釋與重譯，可導致關懷哲學的同道彼此拉近距離，直至凝聚在一起，形成一股向心力，共同向著智慧之途邁進。的確，當更多志同道合的人心靈聯繫一致，將會共同綻放出龐大的光與力，就如同各家各戶都點燃起明燈之際，周遭的環境就會被照亮，在旁的人也會被感染而沾得其益。只要點燈的人超出於熄燈的人，則世界將會是光輝燦爛的。誠然，有志追尋真理者不在少數：其中有渴望真道而苦無門路者、有尋得門徑卻苦無良師帶領者、有獲得良師益友指引而礙於環境的桎梏者、有時機成熟而正在邁向真光且一日千里地進步者。他們很可能就在你、我的身旁，只是暫時沒有人振臂一呼而無從被召集在一起而已。假如我們能提供更多研討哲理的機緣、出版更多有價值的典籍、刷新更多重要的翻譯、開啟更多被忽略的文本，則一股清流將被引發，世人將深受其衝擊，以致「若缺江河，沛然莫之能禦」！

欣聞商周出版提出「哲學人」系列出書計畫，內含哲學家原典翻譯、哲人傳記介紹、哲學專題論述、國內外學者研究心得等，藉此凸顯哲學智慧的明燈，讓我們能向著真理之光邁進，達致向世人傳達真道，給同道凝聚向心力，使哲學人自我激勵而穩走「正知」、「正行」、「正果」。世人早已對粗俗的言論感到厭煩，此時我們更需要有哲學的先知出而傳播喜訊，讓蘇格拉底與桑提婆之間的疏離可以獲得彌補。誠然，如果蘇氏有足夠的管道與時間去與桑提婆溝通，桑提婆也不至於對蘇氏如此地不諒解。類比地，如果我們有足夠的人力物力去推出更多寶貴的哲學典籍以作溝通工具，使之更普遍化地流傳於市面，讓普羅大眾都可以人手一卷，則很多心結都可以冰釋、很多融通都可以促進、很多隔閡都可以掃除、很多疑慮都可以釐清；到時東方可與西方邂逅、靜觀可與思辯連貫、古典可與當代融通、歐陸可與英美對談、主婦可與哲人默契、桑提婆可與蘇格拉底和解。我們展望著一個大團圓的遠景，而商周「哲學人」至少已經踏出了珍貴的第一步，我們為此而感到慶幸與期待。

本文作者為臺灣大學哲學系教授

〈導讀〉

哲學家的風格

伍至學

閱讀作為一種在文本密林中的思想的狩獵，翻開這本書的第一頁，我首先注視並反覆閱讀的是：「真實的世界是音樂。音樂是一種駭異（das Ungeheure）。一個人聆聽音樂，便開始屬於存有。尼采如是體會音樂。對他而言，音樂是一切。」（參見本書頁26）這開端的第一句，其實也就是哲學的始源，尼采哲學生命旅程的出發點。回溯至古希臘，哲學就是在驚奇中誕生，湧向人的生命。音樂是尼采永恆的鄉愁，靈魂的詠唱與生命的謳歌撥動著尼采哲學思維的弓弦。音樂的世界也就是酒神的世界，存有旋律的生命感動，既是生成變化之永恆喜悅本身，同時也包含著毀滅的喜悅。尼采為此深深著迷，啜飲著希臘悲劇這杯最甜蜜的殘酷之酒。

正如書名《尼采：其人及其思想》所表示的，這是一本思想的傳記，刻畫著哲學家的生命年輪。在尼采短暫的生命逆旅中，作者試圖細緻地鐫刻尼采孤獨的心緒與瘋狂的思維，從年輕到年老一段充滿憂鬱美學的歲月。細讀此書，讓我們不僅學習到如何在尼采詩意語詞的淬鍊中思索哲學的觀念，更重要的是，還原尼采作為一個真實的個人，而非只是龐大概念體系的建築師。在哲學家的身影中，我們體會到，真實的哲學就等於哲學家的生存姿態，這是一種偉大哲學真理的必然等式。因此哲學家的風格，也就是他的哲學內容的呈現。哲學家的傳記並非單純的生命紀錄，而是其哲學生命的刻痕。換言之，「對年輕的尼采來說，哲學是一種強力干預生命的事業。它不是對於生命的回顧與反思，而是為生命帶來變化。它本身即為該變化，思想即行動。不過，並非每種思想、每個思想家都是如此。不可或缺的是思想家本身特殊的魅力，思考的內容也要能帶來清新的活力，如此一來，真理才不僅僅是被發現，而是被創造。」（頁67-68）哲學與生命的交織，構成尼采思想地圖的疆界線。

我們發現尼采的全部哲學蹤跡指向的都是人之個體生命的自我創造，思想的火焰閃亮燃燒，生命的篝火，映照著一顆追求真理的熾熱的心。「尼采不想自限於思想的開拓，他想要顯示思想如何從生命裡湧現，如何回到生命且改變他自己。他要測試它們的力量，看它們能否對抗他的身體正在承受的痛苦。他要求思想必須可以『具體化』，如此它們對他而言才有價值和意義。一個人如果像尼采一樣時時在問，我是怎樣在塑造思想，思想又是怎樣在塑造我，他無疑必須成為他自己的思想的演員。」（頁72）是故哲學的真理對尼采來說已不是概念思辨的真理，而是生命自我創造的真理。哲學真理的辯論已不需要傳統的邏輯規則，反而需要的是肉體生命的修辭學，高貴靈魂的沉默，創造真理比證明真理更重要，這是尼采哲學表面所不曾直接說出的。畢竟對整個西方哲學傳統來說，這顯然是一種離經叛道的謬悠之說與荒唐之言，在世俗的群眾眼中這又似乎是一種危險的真理。而尼采一生都堅持著這種真理。

尼采曾說，思考是一種舞蹈，在輕捷的舞動中展示著身體微妙的顫慄與優雅。正如作者所言：「尼采的語言與思想有如戲耍般的輕盈，一種明快的感覺，即使在痛苦時，或負載沉重的思想內容時，也能翩翩起舞，『無論如何』也不會失去歡愉的性格，那是狂喜和安詳的混合。」（頁381）他喜歡思考的流動與跳躍，逃離沉重笨拙的慣性思維方式，使哲學思考不再只是抽象觀念的思辨，而是回返肉體的真實感覺。尼采說：「從身體出發，以它作為思考的主軸。它是更繁複的現象，讓我們可以作更精密的觀察。對於身體的信仰比起對於精神的信仰更確切。」（頁415）哲學思考於是成為一種身體美學的練習。自由輕盈的思考，使我們成為遊走於真實與虛構之間的漫遊者。如此，哲學的思考也同時是人之存在的自我證明。「對尼采而言，思考是有極高的情緒強度的行動。別人的感覺方式就是他的思考方式。裡面有激情，有感動，思想劇場永遠也不會只是對生命的反省或學術的例行公事。『我還活著，我還在思考：我必須活著，因為我必須繼續思考。』」（頁225）在思想的劇場中，尼采既是偉大的演員也是無名的觀眾。

除了哲學思考，尼采也極端重視哲學的書寫。書寫是思想的物質性，「透過語言去形塑自我，將會成為尼采的終身志業，為他的思想帶來獨一無二的風格。在這樣的思想裡，發現與發明之間的界線趨於模糊，哲學成了語言的藝術和文學，結果是，思想與它的語言軀殼再也不能分開」。（頁71）由此可見，尼采在他所想像的哲學的空中花園中，綻放著各種繽紛色彩的花朵。哲學作為一種書寫，乃是生命之書的精微書寫。尼采終其一生，嘗試著以各種文體形式與修辭進行一場語言的巨大革命。「對尼采而言，思想唯有存在於美麗而洗練的語言軀殼裡，才能夠有對於身體的轉化力量。尼采對風格的感覺幾乎就是對身體的敏感性。他對語言的反應表現在身體的徵候，從輕盈好動到疲累和嘔吐。他搜索著可以打動自己和別人的句子，而且經常在踱步時擬就並捕捉音韻。」（頁224）我們該如何走進尼采的哲學，或許一種可能的方法，就是學習如何以語詞的力量接近尼采的文本，搜索模仿其隱喻書寫的迷宮。

尼采，這個熾熱的名字在西方哲學思潮之湧動中所激起的騷動，喧鬧與不安，以強大而誘惑的力量，將那些以哲學活動作為其存在方式的孤獨靈魂推向了哲學的邊緣，意識的臨界，寫作的原點。以如此澈底而激烈的方式，讓我們必須重新嚴肅面對並思索人類文明，道德，宗教，科學，形上學，甚至自己生命之本真存在的種種問題。尼采的哲學思索不僅只是在思維中掌握的時代的脈動，而是更孤獨地走在時代的前方，以顛覆的革命的腳步剛健而行，開展出一條震動未來思想風向的荊棘之路。此外，尼采的文本也是隱喻與象徵的嘉年華會，混雜著異質性，曖昧而晦澀的風格，彷彿是意義的播散，漂浮的能指的遊戲，詮釋活動的無窮旋轉。面對具有如此深沉豐富的尼采哲學，我以為《尼采：其人及其思想》這本書具有很強的導引力量，敘述清晰，思路條理分明，理論衍展與編年史的雙重書寫，可以讓讀者清楚掌握尼采哲學的思想軌跡。閱讀此書，即使是初學者依然可以伸展思想的羽翼自由飛翔。

這本書的最後一頁，作者在書的終結處說：「在寫作這本書的期間裡，我的眼前始終是卡斯帕・大衛・腓特烈（Caspar David Friedrich）的一幅畫：《海邊的僧侶》（*Der Mönch am Meer*），其中一個人形單影隻地站在令人駭異的海天之際。這樣的駭異是可以思考的嗎？駭異者的經驗不是會再讓思考瓦解嗎？尼采就是這個海邊的僧侶，始終凝望著駭異者，隨時準備好讓思考在不確定性裡面被淹沒，接著嘗試重新形塑。我們應該離開基礎穩固的理性王國，航向一望無際的不可知的大海嗎？康德這麼問，並且奉勸我們留下來。但是尼采決定要出航。」（頁431）我們可以說，尼采凝望的深邃眼神，呈現的正是一種哲學家的觀看，默默注視浩淼無垠之海洋般的存在深淵。哲學家的凝望，是生命的悸動，也是思想的誘惑。而尼采作為一個哲學家不僅止於此，他還要解開纜索，展開遙遠的生命航行，儘管充滿危險動盪與不確定，依然堅持一次偉大壯麗的出航。思想的風帆飄蕩在蔚藍南方的天空，這就是尼采的風格，真正哲學家的酒神風格。

本文作者為華梵大學哲學系副教授

目次

第四章

第五章

第九章

第十章

第一章
ERSTES KAPITEL

兩種激情：駭異和音樂

樂聲終了之後，如何活下去？

聆聽賽倫女妖歌聲後的哀傷

夢醒

嘗試與誘惑

兩種激情：駭異和音樂

真實的世界是音樂。音樂是一種駭異（das Ungeheure）。一個人聆聽音樂，便開始屬於存有。尼采如是體會音樂。對他而言，音樂是一切。它原本是永不停歇的。但是它終止了，於是，現在的問題是，既然樂聲終了，人們要怎麼繼續活下去。一八七一年十二月十八日，尼采為了聽華格納（Wagner）的音樂（由作曲家自己指揮），從巴塞爾（Basel）來到曼海姆（Mannheim）。回到巴塞爾之後，他在十二月二十一日致信給他的朋友艾爾文・羅得（Erwin Rohde）說：「一切……跟音樂無關的事物都幾乎讓我……感到噁心與厭煩。我從曼海姆的音樂會回來以後，對於每天的現實世界總會莫名浮現徹夜難眠的恐懼：因為那現實世界對我而言不再真實，反而是一種魅影。」（B 3,257）

樂聲終了之後，如何活下去？

如何重回那遠離音樂的生活氛圍，是尼采不斷思考的難題。音樂終止以後還是可以活下去，但是這樣的生命可以忍受嗎？「沒有音樂的生命是一個錯誤」（6,64），他曾這樣寫過。

聆聽賽倫女妖歌聲後的哀傷

音樂帶來了「真實感受」的片刻（1,456; WB），我們甚至可以說，尼采的整個哲學正是要在音樂終了以後讓自己活下去。尼采想要盡可能地用語言、思想和概念來唱和，然而始終有所缺憾。「它應該要唱歌，這個『新靈魂』，而不是不停地叨絮！」（1,15; GT）尼采後來在一八七二年的《悲劇的誕生》（*Die Geburt der Tragödie*）中自我批判的前言裡寫道。而且他的悲哀始終徘徊不去。在一八八八年早春的遺稿裡有以下的隨筆：「其實是『我感到如此悲哀』；難題：『我不知道這有什麼意義』……『舊時的童話』」（13,457）他踏上海涅（Heine）的後塵，羅蕾萊浮現在他的腦海裡。尼采聽到賽倫女妖的歌聲，並且感受到那讓現在的文化侷促不安的東西，當女妖歌聲成為絕響，而羅蕾萊也只是鬼影幢幢的舊時童話。尼采的哲學源自聆聽賽倫女妖歌聲後的哀傷，希望至少能用文字救回音樂的精神，捕捉臨別的回聲，隨時準備音樂可能的回歸，以免「（生命的）弓弦被繃斷」（1,453; WB）。

我們大家一直都知道，尼采是經由華格納的音樂去審度藝術欣賞時的豐盈喜悅。早在他與華格納見面以前，當他第一次聽到《紐倫堡的名歌手》（*Die Meistersinger von Nürnberg*）的序曲，便在一八六八年十月二十七日寫信給羅得說：「它挑動了我的每一條纖維，每一條神經，我已經許久不曾感受到如此縈繞不去的沉醉。」（B 2,332）當然，他在即興彈奏鋼琴時，那沉醉的感覺更加強烈，他可以彈好幾個小時，忘掉了自己，也忘掉了世界。年輕時代的朋友保羅．朵伊森（Paul Deussen）曾提及一個既有名卻又不怎麼光彩的景象，就和這個沉醉有關。「尼采，」朵伊森說：「在一八六五年二月，曾經有一天隻身前往科隆，雇了一個服務生帶他參觀古蹟名勝，最後要求他替自己找一個旅館，卻被帶到了一個充滿異味的房子裡。『突然間，』尼采在第二天告訴我們：『我置身在六、七個穿戴亮片與網紗的女人當中，她們充滿期待地盯著我看。我在那裡站了一會兒，不發一語。然後我本能地撲向一台鋼琴，這是當場唯一看來好像有生命的東西，彈了幾個和弦。它們消解了我的僵滯，然後我才重獲了自由。』」（JANZ I, 137）

夢醒

音樂（在這裡僅僅是幾個即興的和弦）戰勝了「性欲」（Wollust）。同樣的，在一八七七年的一段札記裡，尼采將「事物按照它們引起的快樂的程度」列了一個表：最上面是即興演奏，接下來是華格納的音樂，跳過兩級以後才是「性欲」（8,423）。在科隆的妓院裡，僅僅是幾個和弦，就足以讓他心蕩神馳。隨著和弦開始的，是讓人渾然忘我且永無窮盡的即興之河。也因為如此，尼采讚賞華格納的無盡旋律，像即興音樂一樣縷縷不斷，其開端也彷彿伊始已久，其停歇也宛若永無止盡。「無盡的旋律，橫無際涯，讓人隨波浮沉」（8,379），不斷拍打著岸邊的「波浪」，載著你，拉著你，或許也往下拉，讓你沉沒——對尼采而言，那是世界根基的圖像。「波浪如是生存著，我們如是生存著，有意志者！我欲無言……我多麼想出賣你們啊！因為，聽好，我知道你們是誰，知道你們的祕密，我知道你們的來歷！你們與我，我們有共同的來歷呀！你們與我，我們有共同的祕密呀！」（3,546; FW）其中的一個祕密，正是波浪、音樂以及由死亡與生成、成長與消逝、宰制與被壓迫組成的世界舞台的親緣關係。音樂帶我們走向世界的核心，卻沒有讓我們在那裡命喪黃泉。這種狂喜的音樂體驗，尼采在《悲劇的誕生》裡稱為「泯除了存有者平常的限制與界線的狂喜的戴奧尼索斯狀態」（1,56; GT）。當那狂喜持續著，平常的世界便隱遁；一旦它又被意識到，就會招致「嫌惡」。尼采說，清醒的狂喜者會陷入「否定意志的心境」（1,56），就如同哈姆雷特一樣，對世界充滿嫌惡，再也無法打起精神採取任何行動。

有時音樂的體驗是如此強烈，以致於讓人們替卑微的自我擔憂，深怕它會沉沒於音樂的純粹狂喜、「音樂的性高潮」（1,134）裡面。因此，有必要在音樂以及被酒神感動的聽眾「之間」嵌卡入一個間隔的媒介：一個由文字、景象與劇情所構成的神話。如此被理解的神話「為我們免除了音樂」（1,134; GT），把它擠到幕後，而為幕前的劇情、文字與景象帶來了張力與意義，讓觀眾聽到了全部，「就好像事物最裡面的深淵急切地向他說話」（1,135）。尼采說，例如，他實在無法想像華格納的《崔斯坦與伊索德》（*Tristan und Isode*）

第三幕「可以在沒有文字與景象的輔助之下，純粹被知覺為一個龐大的交響樂章，卻不會因為靈魂的羽翼痙攣狀的伸展而呼吸困難」（1,135）。聆聽該音樂者，「猶如（將其耳朵）貼在世界意志的心房」上面，唯有幕前生動的劇情，才不會讓他完全喪失對於其個體存在的意識。

然而，這種說法不會過於激情（Pathos）嗎?的確，不過尼采卻不反對藝術可以是激情的。藝術在臻於圓滿的片刻裡，永遠是一個因為它的美而讓人必須忍受的全體，甚至是世界全體。當一個人沉浸於藝術的印象，就可能成為普遍共鳴的激情者。「我們只有在藝術裡才有辦法承受激情；如果我們只想活著，就應該單純，不要太鼓譟。」（8,441; 1877）這種單純的人可以從事諸如科學之類的工作，完全沒有任何激情，並且可以告訴我們，「嘗試去了解感受的極致是多麼無謂的事」（8,428; 1877）。突然間，激情的世界就顯得如此不同。崇高的感受和情感暴露其不名譽的、甚或可笑的根源。音樂的崇高感經由心理學和生理學的除魅以後亦復如此。音樂作為內在的存有聯繫的器官，從這個角度看來，只不過是組織程序的功能。如此，尼采以去激情化的論證來對付自己的激情，以訕笑自己的情感的思維來做實驗。尼采說，人類是一種「直接躍過發情期的動物性門檻」（8,432）的生物，因此不是偶爾而是永遠在尋找欲樂。由於欲樂的來源不敷其長久的歡樂狀態所需，大自然就強迫他走上「發明欲樂的軌道」。人類是有意識的動物，有著過去和未來的視域，鮮少完全滿足於當下，因此會感受到一種其他動物不曾經驗過的東西，也就是無聊。為了逃避無聊，這種奇異的動物就去尋找刺激，如果找不到，那他就得自己去發明。人類因此成了一種遊戲的動物，發明遊戲是要讓感覺有點事做。遊戲是感覺的自我刺激的藝術，例如音樂。以人類學和心理學的話來解釋藝術的祕密，就是：「藝術因為逃避無聊而誕生。」（8,432）

在這種說法裡，藝術的激情的確是消失了。所謂藝術的祕密還可以更平庸嗎？藝術鼓舞的狂喜真的只是百無聊賴的塵世沙漠裡的避難所嗎？如此一來，藝術不是被化約到僅具娛樂價值嗎？尼采把玩著這種除魅的、摒除激情的觀點。他要褻瀆他的聖物藝術，冷卻他的愛，那是「反浪漫主義的自我診療」（2,371; MA II），藉以彰顯「事情被顛覆後的形貌」（2,17; MA I）。那不只是道德價值次第的顛覆，也是從形上學翻轉為物理和生理學的觀點。

嘗試與誘惑

但是，無聊也有其祕密，在尼采的了解下，更是擁有其特別的激情。藝術是躲避無聊的避難所，無聊則是存有的敞開的無底深淵，是一種可怕的景象。在無聊當中，人們經驗到時間空虛流逝的片刻。外在的一切都無關緊要，甚至人們也不知道自己所為何來。生命的歷程失去了意向的張力，像是個太早從烤箱裡取出的舒芙蕾（Soufflé）一樣垮了下來。以往我們依靠的日常瑣事和習慣，現在突然清楚顯示其本來面目：它們只是數學上沒有實質意義的輔助線。即使是無聊如惡夢般的情景，也開顯了片刻的真實感覺。一個人不知道怎麼與自己來往，其結果是自己只有與空無為伍。在這個空無的懸崖上，藝術架構起自我刺激。如此說來，那幾乎又是個英雄事蹟，因為它娛樂的對象是時時有墜崖危險的人們。從這個角度來看，藝術嘗試的是把弓拉滿，以免落入虛無主義的鬆弛。藝術幫助我們活下去，否則生命在無意義感的侵襲下將不知所措。

藝術是「躲避無聊」的說法寓意深遠，但前提是我們得把無聊理解為一種虛無的經驗。但是如此一來，又從自我刺激的生理學翻轉為對空無的恐懼感（horror vacui）的形上學。尼采在物理學與形上學的邊界來去自如，他知道如何為除魅的生理學賦與新的形上學魔力。在他的理解裡，一切到頭來竟然都是如此令人駭異。

一切都是令人駭異的，自己的生命、認知和世界，但是只有音樂始終準備接受駭異，讓人無論如何還是得忍受它。也因此，駭異成了尼采一生的主題，他不斷地嘗試和誘惑。

第二章

ZWEITES KAPITEL

寫作的小男孩

分裂體

雷電交集

發現與發明的生命史

普羅米修斯及其他

第一個哲學嘗試：〈命運與歷史〉

觀念的海洋與對遠方的渴慕

寫作的小男孩

首先襲上年輕的尼采心頭的駭異，便是他自己的生命。在中學與大學的階段裡，也就是一八五八年到一八六八年間，尼采寫了九份有傳記性質的草稿，最後幾乎都成了成長歷程的小說，其一成不變的格式是：我如何成為現在的我。其後他的寫作手法由敘事詩轉為戲劇性的文類，關於自己的生命的文字帶有宣告的口吻，因為他漸漸覺得自己的生命已經成了一個典型。他先是書寫自己的生命，接著是以生命寫作，最後則為了寫作而失去生命。

分裂體

一個人那麼早就把自己的生命當作寫作題材，不必然就是自戀，也不一定是認為自己特別有問題。這樣的境況毋寧是較為不利的，因為一個深陷在問題裡面或自戀的人通常無法與自己保持一個必要的距離。尼采自我指涉的寫作預設了一種能力，讓他不只可以經驗到自己是一個不可分的「個體」（Individuum），同時他也可以經驗到自己是一個可分的「分裂體」（Dividuum）（2,76; MA）。在一個強大的傳統裡面，「個體」被看作是一個人不可再分割的核心。而尼采很早就開始做個體的核分裂的實驗。一個寫「自己」的人，應該至少想過「我」與「自己」之間的差異。這不是司空見慣的事，也不是人人可以做到。好奇心和充沛的思考是必備的要件，加上對自己的愛與憎；生命中必須有斷裂，有幸福和絕望，可以促使不可分裂者的自我裂解，亦即個體的分裂。至少尼采便發現自己的裂解足以得到最微妙的自我關係，並且如同他後來所宣示的，有助於自我的形塑。「然而我們想成為自己的生命的詩人。」（3,538; FW）尼采的成長歷程顯示他的生命的「詩人」對於其作品主張擁有著作權。他的本質的特有形貌是他自己的作品，他自己是什麼以及成為什麼，都將是他自己的功勞。他將會如此陳述關於自我的形塑的令式（Imperativ）：「你應該成為自己的主人，也成為決定你自己的德行的主人。從前它們是你的主人；但是它們只能是你的工具，就像其他工具一樣。你應該掌控你的好惡，知道如何根據你更高的目的而收放自如。你應該學習了解每個價值判斷裡的觀點。」（2,20; MA）尼采無法忍受「對於生滅變化的無知」，而「對命運的愛」（amor fati）也還不足以讓一個人成為自己的生命故事的作者。那需要有個干預的、策劃的、建構的思考，甚至是「過度的且過剩的」思考。如此，尼采把自己變成一個保持清醒、不眠的長跑運動員。每一個情緒的波動、欲求、行動都隨時被他的注意力刺眼的光芒照耀著。他的思考成了最緊張的自我觀察。他也會想要旁觀自己的思考，然後一個峰迴路轉的世界便漸漸展現在眼前，裡面充滿了各種隱藏的念頭、動機、自欺與狡獪。

尼采很早就已經是識破自己的詭計的高手。尼采在一八六七年服役時的隨筆說：「一個人如果可以用藝術性的眼光來審視自己的境況，那會是一種美好的技能，甚至在疼痛與苦楚來襲時，在快快不樂時，能夠擁有蛇髮女妖（Gorgo）的眼神，在瞬間讓一切凝固為藝術作品：那樣的眼神來自於一個沒有痛苦的國度。」（J 3,343）

一個人跟自己的生命保持距離，讓它凝結成一個畫面。它固然變成一件作品，然而缺點是：它缺少生命。因此，尼采嘗試史詩的方法。「於是，另一種美好的技能是，將我們的一切遭遇都理解為成長歷程的元素且善加利用。」（J 3,343）

年少的尼采早期自傳性的札記是以成長史的方式來呈現對生命的敘事。把活過的生命轉化成一本書的可能性令他感到著迷，他在一八五八年的第一本自傳以一個嘆息作結：「如此的小品應該多寫幾本。」（J 3,343）

年輕的尼采記述他對於寫作的樂趣。他說他在兒戲時便是如此。他提到如何把遊戲當中發生的一切即時記在一本「小冊子」裡面，讓他的玩伴閱讀。遊戲的記事幾乎比遊戲本身還重要，遊戲變成記事的誘因與材料。當下的體驗都是以未來敘事的角度去觀照。如此，他便攫住遷流不息的生命，讓現在閃爍著未來的意義。尼采其後也始終忠於這個形塑生命的方法。他無法滿足於寫作一唱三嘆的句子，而是要讓他的生命成為思考的引證出處。每個人都會反思自己的生命，但是尼采希望活出一個可以被思考的生命。生活是思考的實驗室，隨筆則是生命的形式。

尼采刻意突顯第一人稱單數的思考，雖然在思考的深處發現一種特殊的匿名性的人也是他。他認為一個人之所以會說「我想」，是因為受到了文法的誘騙。「思考」這個謂詞和每個謂詞一樣，都需要一個主詞。所以，人們就把「我」當作主詞，也因而隨即賦與它行動者的角色。然而實際的情形是，透過思考的行動本身，關於「我」的意識才能真正顯現。對於思考而言，是先有行動才有行動者（5,31; JGB）。雖然尼采完全可以設想一個沒有「我」的思考，但是沒有任何哲學家（或許蒙田〔Montaigne〕是唯一的例外）像他那麼常用「我」這個字，因為尼采知道自己是尼采。他覺得自己是一個範例。對他而言，當他自己是值得的。他也相信，對於我們而言，分享他的存在也是值得的。他認為他的自我形塑是為了全體人類。在尼采的晚期，這個驕傲的自我意識更是毫無遮掩地顯露出來：「我知道自己的命運，有朝一日，我的名字將會聯結到某種駭異的記憶，一種世間不曾有的危機，最深刻的良心掙扎，一種被召喚的決斷，堅定地反抗一切目前被相信和神化的東西。」（6,365; EH）

在尼采寫他自己的時候，他同時也依次進行著多重的目標。首先，他要從遷流的時間裡攫獲持久且有支撐能力的記憶圖像。他的朋友與親人都在這個回憶的工作裡，尤其當他們與回憶的景象有關的時候，他更特別想要與他們分享。他為這些讀者而寫，但他主要還是為作為將來的讀者的自己而寫。他要為將來如史詩般地完整回顧自我感覺提供材料。現在，他覺得自己還在跟正在發生的一切肉搏，但是在將來，如果他重拾現在的札記，或許它會是個有深意的故事。他要的是意義。未來即將發生的意義應該為生活中懵懂的此刻射入一道光線。

他要在現在，在生活中的此刻就捕捉到未來的理解的餘暉。這個處理手法儘管深奧難解，但它基本上不外是以自我為主題以及自我描寫的技術，正如每個有點才華的日記作者一樣。尼采的不同處在於他深信自己的生命、苦難和思考有典範的性格，而且值得「讓所有人且不讓任何人」（4,9; ZA）分享。他覺得自己像是亞特拉斯（Atlas）一樣，替所有人扛起世界（或者更好說是在世存有〔In-der-Welt-Sein〕）的一切難題，而且除此之外，他還要完成一個藝術作品，也就是背著這個重擔玩耍跳舞。他會百般刁難自己，同時以一個輕盈的藝術家之姿登場。這一切之所以可能，是因為語言承載著他。語言比思想更快捷而活躍。他歡愉的語言拉著他跑，他帶著層出不窮的驚奇，看語言要把自己變成什麼樣的人。如此一來，對他而言，自己的人格，分裂的個體（dividuale Individuum），就成了內在的世界史的舞台，如果有人要探索它，就得跟他一起成為「探險家，揚帆行遍那個名字叫做『人』的內在世界」（2,21; MA）。但是這裡所謂的人是他的時代裡的人，而只因為尼采的時間視域涵蓋了我們的時代，他的探險對我們而言仍然可能帶來新發現。

雷電交集

讓我們回到十四歲的尼采，住在瑙姆堡（Naumburg）的房子一樓陰暗的小房間裡，一頁又一頁地交出模範生的文章，同時對自己敘述他的生命。他落筆之際，就像一個老人在回想遙遠的過去。他驚覺許多記憶已經流失，活過的生命宛如一場「迷濛的夢」（J 1,1）。這個孩子想要戰勝時間，他的辦法是在它流逝時撿拾記憶的斷片，用它們拼湊出一幅像「油畫」一樣的作品。不過，他要的不只是撿拾過去，也要贏得未來，因為他抱著愉快的心情想像著，將來的他會怎麼樣讀他現在的筆記。他把自己想像成自己未來的讀者。「在未來的時日當中把生命最初的幾年攤開在靈魂面前，從中認識靈魂的成長過程，這樣的美不是太奢侈了嗎？」（J 1,31）他知道，他在生活的此刻裡失去了自我，只有在回顧時才會尋獲自己。到那時候，他才會了解，決定他的命運且暗中牽引著他的是什麼。當時他還相信「全能的上帝的引導」（J 1,1）。因為盲目的偶然不可以存在，所以他嘗試尋找有意義的關聯。他的父親喜歡即興彈奏鋼琴；那也是他的愛好。摯愛的父親英年早逝，讓他變得「很寂寞」，不過，因為他自處得很好，在獨處時並不感到鬱悶。他知道，就他的年齡來說，他顯得過於嚴肅，但是他怎麼可能不嚴肅呢？畢竟他已經經歷了父親、弟弟、一個姑媽以及祖母的死。父親死後，他家搬到瑙姆堡，告別了勒肯（Röcken）教區宿舍寧謐的環境，把他的生命切成了兩個部分。在這之後，一個人怎能不嚴肅？他為自己的嚴肅感到驕傲，雖然有時同學也會因此嘲笑他，看到他在滂沱大雨之中像遵守著校規一樣不疾不徐地走過市集廣場時，把他稱為「小牧師」。他自己無論如何把自己的嚴肅看作是優越的特質，一八六二年十月的一篇自述以下面的文字戛然而止：「嚴肅，有點極端的傾向，我想說的是，激情的嚴肅，在各式各樣的情況裡，在悲哀時，在快樂時，甚至在遊戲時。」（J 2,120）他可以從外部觀察自己，到了十九歲，他如是描繪自己：「我是一株植物，生長在上帝的田地附近……」但是他不願意當個虔誠老實的信徒，他夢想著會有個命運打亂他的一切，把他變得蓬頭垢面。因此，他在找尋的是「曠野的自然神殿」（J 1,8）。尤其是雷電交加、傾盆雨下的時候，他會感到特別自在。他喜歡在雷電裡或「崇高的曠野」裡馳騁幻想。一八六一年七月，尼采在舒爾普福塔（Schulpforta）撰文談到東哥德國王厄爾馬納里克（Ermanarich）。直到大學時代，他始終認為那篇文章是他最成功的作品。他幾乎可說是沉緬在自然的原始力量的澎湃景象裡。他寫道：在日爾曼的傳說裡，每個字都「像閃電一樣，雄渾沉鬱且寓意深遠」。儘管那只是對文獻的詮釋，卻也是一個青春期的學生的夢想；他發現一個人可以用語言闖入生命，也希望自己的文字能夠擁有那種「澈底擊倒聽眾」的神奇魔力（J 2,285）。尼采津津有味地引述一段史詩：「我們打過美好的一仗：坐在屍首，／被我們殺死的，像老鷹高踞枝頭。」（J 2,289）

他仔細描繪家人亡故的經過，偶爾甚至出現了基督受難的語調，正如他的第一篇自傳式的嘗試。他在述及獲知姑媽死訊的情況時說：「我有點心神不寧地等待著這個消息。但是我才聽了幾句便跑了出去，哭得很傷心。」（J 1,20）不久以後，他便改掉聖經的語調，包括他的詩作。他常常為自己的詩作評注，並劃分成不同的創作期。他在一八五八年九月寫道，起初他的詩頗有思想，但不夠優雅；接下來，他追求輕鬆的語調和修飾而犧牲了思想。在一八五八年二月二日，也就是祖母過世的那一天，開始了他的第三個時期，詩的輕盈與思想的豐饒，「美感與力量」終於成功揉合在一起（J 1,27）。他計畫每天晚上寫一首這種新風格的詩，也為自己的詩作編目。可以看得出來，有個人準備要用輕鬆愉快的文字來創造一個生命。

發現與發明的生命史

不僅僅是他的作品，他的生命本身也在尋找秩序與編目。在一八六四年，年輕的作家踏入大學之前，便將自己的人生分成三個階段。最早的階段在五歲時結束，當年父親過世，舉家由勒肯搬到瑙姆堡。在早期自傳性的實驗裡，尼采對於童年時光略有著墨。然而，他現在卻開始懷疑是否真的寫下自己的經歷，或者只是複述了從別人那裡聽來的軼聞。由於他無法重現當時的經驗視野，對於該階段寧可保持沉默。對於下一個時期，他特別強調的情境是，一個「如此傑出的父親的死」讓他在一群女人的呵護下長大，他內心非常渴望有父親的監護。最後的結果是，「好奇心、或許還有對知識的飢渴，讓五花八門的教育材料紛至沓來」（J 3,67）。在九歲到十五歲的時候，他追求的是「全面的知識」，同時他還以「近乎教條的執著」持續著他的童年遊戲，並留下翔實的筆記。而這個時期「恐怖的詩作」也是同樣「勤勉地」陸續完成的。二十歲的尼采不諱言，他很清楚對於自己的精神事業既勤奮又離經叛道的性格。一個才華奔逸的年輕人笨拙而老氣橫秋地為自己套上紀律的枷鎖，因為沒有任何父親的權威可以把該紀律交代給他。不過，這個情形因為他生命中的第二個轉折而有所改變，也就是進了舒爾普福塔的寄宿學校以後。那裡的老師們幫他結束了「漫無目標的徘徊」。從沒有邊際的遊蕩走向紀律的另一個類似的演變，這則是和早期就被喚醒的對於音樂與作曲的熱愛有關。在舒爾普福塔，他先是接受老師的引導，然後自己「扎實地研習作曲理論，不致於因為單純的『幻想』而變得膚淺」（J 3,68）。

普羅米修斯及其他

即使他偶爾在音樂上抑制自己天馬行空的幻想，在寫作上，只要跟自己的生命無關，他就任想像力馳騁翱翔，把自己假想成不同的人物，藉以認識和探索他的熱情。例如，在一八五九年四月，他隨興擬作一齣關於普羅米修斯（Prometheus）的戲劇。泰坦神族（Titan）的普羅米修斯不願意坐視人類被宙斯統治。他想要看到自由的人類，就像他一樣自由。普羅米修斯自信滿滿地提醒眾人，是他讓宙斯登上王座的。在年輕的時候，尼采所崇拜的就已經不是諸神，而是諸神的創造者。該劇稿最後以人類大合唱結束，他們向世人宣告，他們只願意臣服於不曾犯罪的神，因為有罪的神跟人類一樣終須一死，因此無法給他們任何慰藉：「像蘆葦一樣沉沒／他們將飄零到冥府／當死亡的疾風驟雨／在他們的周圍狂吼。」（J 1,68）年輕的尼采已經是個自省的作家，因此，他隨即替自己的作品作了評論。為什麼非普羅米修斯不可呢？他問道。「想必是要回到艾斯奇勒斯（Aeschylos）的年代，或者因為找不到真正的人了，所以泰坦神必須重新出現！」（J 1,69）實際上，泰坦神族始終縈繞在年輕的尼采腦海裡。幾個星期後，他描寫了兩個大膽的獵羊人。在瑞士的高山上，他們身陷風暴中，但他們不回頭，「可怕的危險反而為他們帶來了無比的神力」（J 1,87）。跟普羅米修斯一樣，他們的結局也很悲慘。儘管如德訓所言，高傲終將導致毀滅，然而我們也注意到，這個年輕作家顯然認為高傲比現實主義的德訓要高貴得多。有一天晚上，他在舒爾普福塔興奮地讀著席勒（Schiller）的《強盜》（*Räuber*），因為他在裡頭也發現「泰坦神族的戰爭」，只是這次是「對抗宗教與道德」（J 1,37）。然而，他時而覺得自己比較契合的不是與宗教作戰的人，而是自己創立宗教的人。在以「各民族的萌芽期」為題的論文裡，十七歲的他探究世界各宗教的譜系。他寫道，這些宗教的產生應歸功於「深思熟慮的男子，他們馳騁著狂放不羈的想像力，宣稱自己是最高的眾神的使者」（J 1,239）。

繼一八六一年初關於宗教以及創教者的史稿以後，尼采旋即著手撰寫自己的生命史的新版本。他才剛剛探討過人類的「道德與精神發展」，就馬上重新審視且描寫自己的成長。但是從人類到個人的格式轉換，這次並不是那麼平順，因為在序幕的寥寥幾句後，該傳記就闖入了宗教哲學的園地。一八五九年的自傳以肅穆的箴語作結：「然而，上帝在每件事情上都給我明確的引導，就像一個父親之於他的小孩。」（J 1,31）在一八六一年五月，這個引導他的上帝被澈底地分析。他寫道：「分派（命運）的力量」（J 1,277）的理性難以揣度。這個世界充滿了不公和不幸，而偶然事件也扮演著重要且時或災難性的角色。這一切的背後難道是個盲目的甚至邪惡的力量？但這是不可能的，因為世界的起源與本質不可能低於那追尋意義和善的人類精神。因此，世界就其整體而言不可能是沒有意義的，更不可能被一個惡的原理統治。世界的根基不可能比追尋其根基的人類精神更加恣意。「偶然並不存在，世界上所發生的一切都有意義。」（J 1,278）這篇以「傳記」開始的文章如是擱筆。沒多久，尼采就跨出了新的一步。然而，這個孜孜於尋找「意義」的努力顯然又洩了氣，因為該草稿一樣半途而廢。「我對自己的生命最初幾年所知的一切無甚意義可言，不值得敘述。」（J 1,279）接著馬上又是第三個嘗試。這次的敘述主軸是父親的死以及離開勒肯，事件經過的形容讀起來有如失樂園記。「那是第一個不幸的時光，從那時起，我的整個生命有了不同的樣貌。」（J 1,280）那個感傷揮之不去，「一種安靜與沉默」（J 1,281）籠罩了他，在樂園彼岸的世界裡無家可歸的感觸，茫然不知所措的感觸，始終找不到可以跟自己惺惺相惜的或是鼓舞他自我振作的人。他開始研究賀德齡（Hölderlin）、拜倫爵士（Lord Byron）與拿破崙三世。

尼采必須在他的許多老師面前為賀德齡辯護，因為他們對那種「瘋人院的思想」（J

2,2）不屑一顧。他讚美其散文的「音樂性，柔美地融合的音色」，像葬禮的哀樂一樣陰森，卻突然以「神的榮光」（J 2,3）驕傲唱出凱歌。對他而言，賀德齡是一個尚未被發現的王國的國王，而尼采自己則像是他的使徒，把光帶到了黑暗裡面，然而黑暗對此毫無所知。

拜倫爵士不再需要辯護人。為了形容他，年輕的尼采第一次使用到後來遠近皆知的名詞：他稱其人為「駕馭精神的超人」（geisterbeherrschenden Uebermenschen）（J 2,10）。拜倫爵士在尼采的眼中為什麼會成為這樣的超人？拜倫爵士的生平就如眾人所傳誦的一般。在高貴的意義下，他成為自己的生命的詩人，而在他的魔法圈裡的人們會蛻變成小說裡的人物。尼采驚豔於拜倫爵士把生命搬上舞台並且轉化成藝術作品。年輕的尼采藉由日記的個人內在舞台為自己的生命賦與意義，因此非常景仰那些既在內心裡也可以在公眾面前表現自己、作為自己的生命的作者的天才們。由於拜倫爵士的生活被眾人傳誦，使得他也變成歷史人物。此外還有其他人成為歷史人物。時值十六歲的尼采曾為文探討的其中一個便是拿破崙三世。在一八六二年的一篇文章裡，年輕的尼采闡述其想法，他認為拿破崙有夢遊者一般的自信，可以嗅到且滿足人民的願望和幻想，因此「即使是最鹵莽的政變，看來都像是全民意志的展現」（J 2,24）。不過，在這篇文章裡，我們無法確定是否他其實指的是拿破崙一世。總而言之，尼采主張說，拿破崙三世對臣民的影響之大，好像他是人民自己選擇的歷史命運一樣。如此，年輕的尼采喜歡仿效的人格特質包含了賀德齡潛藏在無力裡的力量、拜倫爵士藝術性的生命力量，以及拿破崙三世的政治力量的魔法。在這三個例子裡，力量都是指在命運的支配範圍裡的自我主張。

第一個哲學嘗試：〈命運與歷史〉

〈命運與歷史〉（Fatum und Geschichte）是尼采在一八六二年復活節假期裡撰寫的一篇論文，連他自己都覺得過於莽撞而感到害怕。他覺得自己好像被潮水捲到「橫無際涯的觀念海洋」（J 2,55）裡，沒有羅盤也沒有嚮導，對於那些「未開發的人們」而言，那簡直是愚蠢和墮落。不過，他並沒把自己也算在裡面；他想要堅固自己「年輕人的苦思」的成果，而不致於「被風暴捲走」。尼采在把自己的思想說出來前，先在一個想像的舞台上創造一個非常戲劇性的氣氛。他的思想圍繞著一個問題：如果沒有上帝、靈魂不朽、聖靈、神的啟示，如果幾千年來的信仰只是建立在幻想上，而人類始終「被一個假象誤導」（J 2,55），那麼世界圖像會有什麼改變？在宗教的幽靈撤退後，這個世界還有多少實在性呢？在提出這些問題時，舒爾普福塔的年輕學生因為自己的勇氣而顫抖，然後他自己作了回答：剩下來的只有自然科學的意義下的自然，一個有秩序的宇宙；剩下來的只有事件此起彼落的歷史，裡面有因果和偶然，卻看不出有總體性的目的。因為上帝涵攝一切意義與目標，所以一旦祂消失了，自然與歷史裡的意義與目標也頓時失色。如此一來，我們只有兩種選擇：或者我們看清，那種總體性的意義對生命而言非屬必要；或者我們再也不在我們的想像力長久以來臆想的超越者（Transzendenz）裡頭尋找那意義。尼采不願意放棄意義與目的，因此，第一個可能性不列入考慮。但是，他已經不再願意被動地接受現成的意義與目的，寧願把它們看做我們的使命。他不是要接受任何信仰，而是要熱情地創造。在這篇文章裡，年輕的尼采首次意識到追求生命提升的意志是一種內在的超越。此處重點不在於那期望著彼岸的虔誠感覺，而是對於創造性的生命形塑的熱情。然而這種激情如何對抗當時科學只相信決定論和因果關係的世界觀？年輕的尼采輕而易舉就「解決」這個問題，就像那個世紀初的觀念論哲學（這個舒爾普福塔的小學徒還不知道那是什麼東西）「解決」該問題一樣。他反省了一個情況，亦即一個在反思當中的理性至少要足夠的自由，才能提出關於自由的難題。在「自由如何可能」的問題本身裡，就已經顯示一個「自由意志」。雖然它也存在於決定論的宇宙裡，卻有足夠的自由，可以在認知裡跟整個世界保持距離。對於這個獲得自由的意識而言，世界顯現為一個龐大的他者，也就是我們所說的決定論的宇宙。尼采稱為「命運」。自由的意識所意識到的世界是一種阻抗，因此竭力在裡面折衝出自己的空間，並因而經驗到自己是「自由意志」。當然，該意志只有在意識的自我知覺裡才是自由的。尼采其後把有自己的空間的人類稱為「沒有論斷的動物」，他們在尋求論斷，然後把它稱之為「真理」：所謂的「真理」，是指約束行為的道德，而「真理」的另一個意思是認識自然與歷史的法則，讓我們在駭異裡得到方向。真理的若干層面在該篇意興湍飛的學校作文裡自然還沒有得到開展，但是已經留下了伏筆。年輕的尼采解釋說，命運是穩定的質素，自由是在這個被決定的世界裡自成一格的開放性與活動性。他也把自由意志稱為「命運的最高潛能」（J 2,59），也就是說，命運在其對立者或即自由意志的媒介裡面實現自己。當時尼采還沒有接觸康德（Kant）的東西，不然就可以直接引用康德所說的「出於自由的因果關係」。尼采想要避免世界在決定論與自由的二元對立裡被扯裂，「統一性」無論如何都得存續。它必須在兩極對立的緊張關係當中存續。唯有自由才可以經驗到命運是個強制力，另一方面，也唯有在經驗到命運時，「自由意志」才可能被喚醒且昂揚。統一存在於對立裡。尼采明白地拒絕把命運詮釋為上帝眷顧人類的意旨。不！命運是沒有面孔的，也不是為人類而設計，它是一種盲目的關係，我們只能以自己的行動在裡面贏得意義。他把對於慈悲的神意的信仰斥為「以最褻瀆的方式去服從上帝的旨意」，絲毫沒有勇氣「堅決地對抗命運」（J 2,60）。尼采所了解的命運是一種意外、沒有意義的偶然事件，以及必然性。不過，他認為終究有一種目的存在，儘管世界歷程並不一定朝著它前進。年輕的尼采在寫該論文時，進化論正甚囂塵上，達爾文主義正凱旋歸來，因此，他也進行了一場觀念性的實驗，把人類的出現視為自然史的高潮，同時在人類身上看到了意識舞台的成形，讓生命本身成為繽紛的戲劇。尼采很喜歡遊戲的比喻。他說：「布幕落下，人類又再次與自己獨處，像一個在眾多的世界裡遊戲的小孩，像一個小孩，被早晨刺眼的陽光叫醒，臉上綻露笑容，將夢魘拋到腦後。」（J 2,59）「夢魘」指的是一個人不是自己活著，而是「被活著」；一個人不是有意識地採取行動，而是一切都源自於「無意識的行為」。但是，當人的意識被喚醒以後，他就再也無法確定自己到底是真的醒來或只是另一場夢，而所謂的自由最後會不會只是被監禁在幻境裡的夢遊。「我自己發現到，」尼采在後來寫道：「古時候的人類與動物，甚至萬物的太初和過去，都在我的身上繼續創作、繼續活著、愛著、恨著、繼續結束。我大夢初醒，只是要意識到我只是在作夢，而且我必須繼續作夢，才不會殞滅：就像夢遊者必須繼續作夢，以免向下掉。」（3,416; FW）

這個後來的思想開展了早年一瞥自由的奧祕所得到的洞見：「自由是命運的最高潛能。」然而，年輕的尼采所看到的整體會有什麼結果呢？如果自由與命運的關係在於個人如何在生命裡結合兩者，那麼，每個個體都成了世界歷程的舞台。每個個體都是命運與自由的結合歷程的個例。尼采寫道，這兩個概念漸漸模糊為「個體性的觀念」（J 2,60）。真實的個體介於上帝與「機器」之間，一個被認為是絕對的自由，另一個則是宿命論的產物。個體不可以向上帝或自然低頭，既不可以讓自己被蒸發，也不可以被物化。虛假的靈性和虛假的自然，年輕的尼采對於這兩種危險已經頗為戒慎恐懼。

觀念的海洋與對遠方的渴慕

基於這樣的思想，十七歲的尼采便為自我形塑的困難而崇高的工作寫好了精采的內心腳本。在一八六二年的復活節假期，尼采苦思上帝和世界的問題，在他那個「橫無際涯的觀念海洋裡」巡航，隱約意識到旅途的終點可能在哪裡：我們必須成為個體，一個塑造自我、開拓自我、提升自我的個體。以不斷攀升的方式形塑自我，這就對了。在他思考的尾聲，他甚至要讓自我塑造的理念與基督宗教和解，為此他對後者已經做了一番削足適履的詮釋。上帝在基督裡道成肉身是什麼意思呢？那表示我們可以確定當一個人是值得的。但是我們還不能算是人；我們得先成為一個人。為此我們必須明白，「我們只需替自己負責，而生命意義的錯失也只能怪我們自己，不能歸咎於任何更高的力量」（J 2,63）。「彼岸的世界」的瘋狂假設沒有任何必要，因為「成為一個人」的任務是一種真正的駭異。

中學時期的尼采的現實經驗仍然很有限。因為寄宿生活的規定很嚴格，在假期的時候回到瑙姆堡去探望母親與妹妹，偶爾到波布雷斯（Pobles）去造訪親戚，週末的郊遊，例如到巴德科森（Bad Kösen）去，結果喝了太多啤酒，醉醺醺地踏上歸途，為此他自責了好幾天。尼采藉著想像力所創造的舞台來拓展在現實生活裡的狹隘空間。他在其中嘗試過各種不同的角色。例如，他動筆寫一部傳記小說，是一個玩世不恭的虛無主義者自述其生平，那是個傷風敗德的人物，隱約讓人聯想到拜倫爵士或提克斯・威廉・羅非爾（Tiecks William Lovell）。該敘事者有個困擾，也就是對他而言，已經不再有任何祕密可言，「我已經徹頭徹尾認識了我自己……現在有如磨坊腳踏機輪上的一塊板頁，日復一日舒適而遲緩地拖曳著一條一般人稱為命運的繩索」（J 2,70）。這個無可救藥的自我陶醉者腦中充滿了青春期的綺想，敘述著他如何讓一個營養不良的修女「變胖」，同時讓她肥胖臃腫的哥哥變得「骨瘦如材——活像一具屍體」，敘事者如是補充，好讓人們明白他的意思。該小說的創作嘗試在寫完兩頁就結束了。尼采想要創造一個因為太多的自我剖析而感到困擾的角色。但是他自己並不是這樣的人。他與自己的關係有如魔法一般，正因為他對自己而言始終是一個祕密。同時，他也下定決心一直這樣下去。他翹首盼望著不可測度的東西，因此他才會如此看重音樂。在中斷小說計畫幾天後，他說：「對我們自己而言，我們的感覺世界是混沌不明的」，因此我們必須聆聽音樂，因為只有它能撥動我們的內在生命的琴弦，這時，雖然人們還是無法知道他自己是誰，但至少可以在「迴盪的音韻當中隱約感覺到」（J 2,89）自己的本質。

人類唯有對自身始終是神祕難解的，才會有創造力。其後尼采甚至自稱為「神祕的朋友，不願意廉價出賣存有的謎樣性格」（12,144）。但是他自己的神祕感並不總是讓他愉快。在一八六三年九月，他致信給母親與妹妹說：「如果我有幾分鐘的時間可以隨心所欲地思考，那麼可以說我是在為一段現有的旋律找歌詞，為一段現有的歌詞找旋律，但是兩者怎

麼樣也兜不攏，儘管它們源自於同一個靈魂。但，這便是我的宿命呀！」（B 1,153）

在一八六四年除夕，在波昂就讀大學的尼采埋首於手稿和信件裡，他熱了一杯潘趣酒（Punsch），然後再彈奏舒曼（Schumann）的《曼佛烈德序曲》（*Manfred*）裡的安魂曲。現在，他已經醞釀好了，「亟思拋卻外在的一切，從此僅僅思索我自己」（J 3,79），他在日記裡如是說。他跟家人談到那個除夕夜：「在這樣的時分裡，通常都有決定性的意念誕生……在幾個鐘頭當中，一個人擺脫時間的限制，也幾乎跨越了自己的成長。一個人確信且認證了自己的過去，得到了勇氣和決心，在既定的道路上繼續前進。」（B 2,34）他對母親和妹妹所說的話平淡無奇，是為了配合她們的理解程度，和那個除夕夜的微妙變化並沒有交集，不像他在日記中所吐露的。在那裡，他描繪一個鬼影幢幢的畫面。他坐在房間裡沙發的一角，支頤著在腦裡播放過去一年的種種情節。他沉溺在過去裡，卻突然意識到當下。他看到床頭躺著一個人，低聲呻吟喘息。一個垂死的男子！他覺得自己四周充滿了陰影，它們耳語著，蹣手躡腳地走向臨終者。他驀然領悟到，躺在那裡即將死去的，是他過去的一年。片刻之後，床上已經空無一物。四周漸漸亮了起來，牆壁向後退，他聽到了一個聲音說：「你們這些被時間愚弄的蠢人和跳梁小丑，時間僅僅存在於你們的頭腦裡，除此之外什麼也不是！我問你們，你們到底在做什麼呢？你們要成為你們心目中理想的人嗎？想得到你們等待且渴求的東西嗎？那就這麼做吧！」（J 3,9）尼采在日記裡描繪該異象，隨即詮釋說：躺在床上喘息著的那個人是時間的化身，在它死去時，把每個個體丟還給他們自己。讓一個人蛻變且開展的，並不是時間，而是自己的創造意志。客觀的時間是不可靠的，自我塑造的工作必須靠自己來完成。

第三章
DRITTES KAPITEL

自我檢視
語言學的節食餐
叔本華經驗
思考是自我的超克
變容的自然和天才
對語言學的懷疑
對於風格的意志
與華格納初遇

自我檢視

年輕的尼采已經寫了好幾本「自傳」，並在日記簿裡寫下種種的自我觀照，對於自我指涉的觀察所帶來的問題自然不會一無所悉。一八六八年，他以「自我觀察」為題如是寫道：「它是個謊言／認識你自己。／應該是透過行動，不是透過觀察／……觀察阻塞了動力：它支解你，讓你破碎。／本能是最好的。」他停筆回頭思考寫下的東西。真的是這樣嗎？自我觀察真的只會帶來阻塞，只會讓你破碎嗎？他省察了他的自我省察，發現它也帶來了幫助。「自我觀察：對付外來的影響的武器」，他寫道（J 4,126）。藉著自我觀察，他可以清楚劃分什麼是他自己的，什麼是外來的，可以區別他自己要的是什麼，什麼是別人對他的期待。但是這種區別並不是永遠涇渭分明的，因為如果自我是一個謎，當然也意味著一個人不完全明白自己要的是什麼。那麼一個人應該如何發現他自己的意志呢？最重要的自我認知的階段或許是在下決定之後，而不是之前？尼采在一八六九年年初如是問。當時他剛獲悉自己獲聘到巴塞爾大學（Basel），回首來時路，做了一番自我檢視，以便了解如何看待該聘任。他的未來即將被綁在古典語言學上面。然而，他是怎麼樣一頭栽進古典語言學的呢？那是外在的命運「巴洛克式的隨興」嗎？他曾有個很鼓勵學生的語言學模範老師、舒爾普福塔的學習氣氛、他的天賦、努力、他對文字組合與推敲的興趣，這一切還不足以讓他了解自己為什麼走上這條路。在移居到巴塞爾前不久，他如是形容他的自我理解。他說：「我覺得在大學裡不會被毀滅，這讓我投入嚴謹的學術的懷抱。此外我渴望著擺脫對於藝術的偏好所帶來的瞬息萬變的心緒，安全駛進客觀性的港灣裡。」（J 5,250）

語言學的節食餐

自我檢視讓他認識到，他之所以有如此的學術路途，不是因為外來的強迫，不是因為職場的前景與工作的穩定性，但也不是因為他對語言學有什麼熱情，而是因為他選擇語言學作為自我約束的工具，幫他抵抗廣闊無垠的知識海洋和藝術狂熱的誘惑。「本能的觸探的手」（J 5,250）顯然還不想讓他航向外海，而是建議他暫時滿足於站在岸邊遠眺。他的感覺警告他要提防自己的渴望，因此他心甘情願地套上了自己所選擇的桎梏。

首先，他屈從了母親的意志。母親希望他成為一個牧師，認為他應該以死去的父親為榜樣。但在波昂大學待過一個學期以後，他就放棄了神學系的學業，全心全意地攻讀古典語言學。他跟基督教之間的因緣當然不會是到此為止，但基督教的復活、救恩以及因信稱義的教義，對他而言已經失去了約束力。當他在第一個學期結束後在一八六五年寒假回到瑙姆堡時，讓母親感到極端錯愕，因為她的兒子擺明了拒絕參加聖體聖事。他和母親激烈爭吵，直到母親聲淚俱下，姑媽安慰她說，每個偉大的信仰者都必須經歷懷疑和攻詰的過程。她的心情暫時平復，但是要求她的兒子爾後要收斂一點，他們兩人此後再也不談對於宗教的懷疑問題。母親致信給他的舅舅艾德蒙（Edmund）說：「儘管我們意見不同，我親愛的佛烈茲（尼采的小名）仍然是個高尚的人。他詮釋了生命或更好說是時代，一心嚮往崇高和美善的東西，鄙視平庸的一切，然而，我的寶貝兒子還是常常讓我擔憂不已。不過，上帝會明白他的心。」（Janz 1,147）有一陣子，媽媽自己也說不知道她這個叛逆的兒子到底在想什麼，而他也抱怨說他們僅限於談一些「外在的事件」，他在一八六五年五月三日的信裡央求說：「讓我們挑一些其他書信話題吧。」（B 2,51）對於妹妹，他的態度則比較開放。在一八六五年六月十一日，他對她談到自己當時關於宗教和信仰的想法。他說，相信一個可以帶來安慰的東西，毋寧是比較舒適的事。相反地，鍥而不捨地尋求真理則是很艱難的事，因為，真理不必然和美、善攜手偕行，而以真理為友的人也不可以滿足於平安和快樂，因為真理可能是「極其可厭的、醜陋的」（B 2,60），也因此人們對於以下問題意見分歧：「你要的如果是靈魂的安逸和快樂，那就選擇信仰，如果你想當真理的使徒，那就選擇探索。」（B 2,61）。作為古典語言學的學生，尼采乍看來是放棄追尋遠大的真理，滿足於學術範圍裡眼前的成就。對於他的靈魂而言，那是一件好事，因為他注意到，「在不斷鑽研深入的工作裡得到無比的心靈休養和鼓舞」（B 2,79）。而外來的肯定也頗為可觀。當時首屈一指的萊比錫古典語言學家黎契爾（Ritschl）很早就提拔他當期刊編輯，讓他在學術雜誌發表文章，也讓他在一個論文比賽中得獎。黎契爾對他的讚揚更是毫無保留，對他說不曾有過像尼采如此出色的學生。然而，這個古典語言學的神童卻始終保持著戒心。在一八六五年八月三十日，他致信給朋友穆夏克（Mushacke）說：「一個人多麼容易被像黎契爾這樣的人物擺佈，被他擄掠到一條跟你自己的本性相違的道路上。」（B 2,81）

叔本華經驗

擄掠他的不是語言學，而是哲學——在他拿到叔本華（Schopenhauer）的作品的那一刻。一八六五年十月，他在萊比錫的一家古董店裡發現《意志與表象的世界》（*Welt als Wille und Vorstellung*）上下兩冊，買了下來，一口氣讀完，接下來（他在一本自傳裡如是說）像酒醉一般來回踱步好一陣子，他在其中讀到：一個被理性、歷史意義和道德給匡正的世界不是本來的世界。在它的背面，或者應該說在它的下面有個真實的生命在沸騰著，亦即意志。一八六六年到一八六八年早春，尼采住在萊比錫期間的書信和札記裡處處透露了他的感動，我們幾乎可以稱為歸信。世界的本質，它的實體並不是理性或合乎邏輯的，而是一種黑暗而奔騰的衝動，對此他當下就有所領悟。但是最重要的是：他覺得自己對音樂的狂熱在叔本華以藝術為救贖的觀念裡得到證實。年輕的尼采認為，對於藝術的狂熱的存在，意味著人類的精神性本質戰勝了自然加諸其意志的桎梏。尼采認為，既然這樣的勝利是可能的，我們就應該可以下定決心「將人類存在的整個核心予以神聖化且變容」（J 3,298）。我們必須能夠主宰自己的生命，而那可以經由自制去證明。尼采於是強迫自己連續兩個星期到了半夜兩點才就寢，並且在早晨六點就起床。他為自己規定一套嚴苛的節食計畫，給自己闢了一處隱修院，在裡面過著苦行僧的生活。他從苦行處寄給母親的冷冰冰的信讓她感到害怕。一八六五年十一月五日，他寫道：一個人必須決定，他要活得愚昧而快活或者聰明而清苦。一個人要不是做生命的奴隸，就是做它的主人，要做到後者，唯一的可能是「捨棄生命當中的種種享樂」。如此一來，唯有對於一個不想終身為畜生的人，生命才是可以忍受的，「因為它的負擔會越來越輕，也沒有任何枷鎖把我們跟它繫在一起。它變得可以忍受，因為我們可以拋棄它而不會感到痛苦」（B 2,95f.）。如同尼采在一八六八年在給羅得的信裡所說的，叔本華讓他著迷，是因為一種「德行的空氣、浮士德的芬芳、十字架、死亡、墓穴」（B 2,322）。「十字架、死亡和墓穴」並不讓他感到喪氣，反而像是生命的靈藥。陰鬱的世界觀反而激起了尼采的鬥志。他接納它，用來檢驗自己究竟能撐多久而不至於失去對於生命的熱情。雖然在閱讀叔本華的那一陣子所留下的札記裡尚未正式提到「權力意志」（Willen zur Macht）的術語，但其實他已經開始在作權力意志的實驗，因為叔本華對意志的否定在他看來不是否定，而是舉揚的肯定，被理解成精神的意志戰勝了自然的意志。

他從叔本華式的觀點看到了生命力量的崇高，外在的也好，內在的也好。一八六六年四月七日，尼采提到對於一陣雷雨的印象：「眼前的雷電、暴風、冰雹是多麼不同，自由的力量，沒有道德倫理！它們多麼歡欣，多麼有力，純粹的意志，不摻雜任何理智！」（B 2,122）現在，他對周遭人們的態度也完全改變了。叔本華拿掉了他「樂觀主義的眼罩」以後，他的目光更銳利了，生命顯得更加有趣，儘管看起來也更加醜陋，他在一八六六年七月十一日致穆夏克的信裡如是說（B 2,140）。在他的朋友卡爾・封・葛斯朵夫（Carl von Gersdorff）因為他摯愛的弟弟死去而徬徨無助時，尼采在一八六七年一月十六日寫信告訴他：「在這樣的時刻裡，你可以自己檢證，叔本華的理論裡蘊含了多少真理。如果他的代表作的第四卷現在在你的心中留下醜陋的、混濁的、沉重的印象，如果他沒有足夠的力量可以扶持你，引領你穿過外在激烈的痛苦，走入那個感傷卻又幸福的氣氛裡，那種在聆聽音樂之際包圍我們，讓我們褪下塵世的外殼的氣氛——那麼我也不想再跟這個哲學有任何瓜葛了。只有極度傷痛的人有資格對此下斷語，我們這些浸沒在時間之流、生命之流裡面的人們對於那種意志的否定只能心嚮往之，彷彿它是遠方一座幸福小島，我們無法判斷，這個哲學所帶來的慰藉在一個人遭遇了深沉的悲慟之時能不能起作用。」（B 2,195）叔本華的慰藉發揮了作用。於是，他們兩個人，腓特烈・尼采與卡爾・封・葛斯朵夫，繼續在哲學的精神裡相偕而行。

尼采在半年後的一篇關於叔本華的論文裡明白表示，叔本華對他而言不僅僅是個老師，更是個「教育者」。他所謂真正的教育者是個「解救者」（1,341; SE），他可以幫助一個「年輕的靈魂」去發現「原來的自我的根本法則」。解救者也是個醒世者。而尼采在第一次邂逅叔本華的作品時如何渴望著有人來點醒，他在一八七二年的《關於我們的教育體制的未來》（*Über die Zukunft unserer Bildungsanstalten*）演說的第五篇當中曾作一番描述。他回顧自己的經驗說，一個大學生表面上似乎生活得逍遙自在，覺得自己身處夢境，相信自己可以飛，卻又覺得被一種莫名的障礙絆住。他發現「自己無法做主，也沒有辦法可想」。雖然在他的內心裡「驕傲而高尚的決斷」日漸茁壯，但他缺乏貫徹的力量。因此「他澆熄了希望，埋首在日復一日的工作」，不消多久便心生疑懼：他不想這麼早就被「關進狹隘的學術領域裡」。但那會是他的命運，如果他始終「沒有一個教養的引導者」（1,744f.; BA）。對尼采而言，叔本華是這樣的「引導者」，可以發揮他在一個「真正的哲學家」身上所期待的作用，也就是「讓別人聽從他，因為他們信任他甚於信任他們自己」（1,342; SE）。這樣的信任不必然表示同意他的學說的每一個細節。對他而言，人格的可信度比學說內容更重要。因此，儘管他在以比較批判性的眼光第二次研讀叔本華時產生了一些懷疑與異議，他對叔本華的信任還是未曾稍減。

第二次的研讀還受到了那一年另一個重要的讀書經驗影響：腓特烈・亞伯特・朗格（Friedrich Albert Lange）的《唯物主義史》（*Geschichte des Materialismus*），其時是融合唯心論和唯物論思想的有力嘗試。透過朗格，尼采認識了康德的認識論批判、古代的與現代的唯物論、達爾文主義以及當代自然科學的基本要點。現在他的觀察已經比較銳利了，發現了叔本華的系統裡有幾個理論的空隙。他在札記裡寫道：我們完全不能談論無法認識的「物自身」，甚至不能說現象世界裡的謂詞（例如空間、時間、因果）必須從「物自身」當中抽離。不可認識的對象不可以被轉譯為可認識者的否定面，因為以矛盾律的邏輯會把可認識的世界的規定錯誤地套用在無規定者上面。我們也不可以把「物自身」詮釋為意志，因為對於一個世界的無規定性本質而言，意志是一個規定得太明確的命題。雖然他同意，「意志」是根本的、甚至是首要的生命力，但是他抨擊讓意志去填滿康德保留給「物自身」的範疇空格的作法。

思考是自我的超克

接下來尼采進一步地展開了新康德主義式的叔本華批評，不過這並沒有改變他對叔本華哲學的兩個基本觀念的認可，其一是這個世界的內在本性不是理性的、精神性的，而是衝動與黑暗的本能，以理性的尺度去看，它是動態而無意義的。

尼采所堅信的第二個基本觀念即叔本華的「意志的否定」描繪的超越性知識的可能性。那不是宗教意義下的超越性（Transzendenz），也與彼岸的上帝無關，然而一種內在的寂滅

（Gelassenheit）應該是可能的，好讓一個人克服尋常的自我中心的行為方式。那是脫離意志的宰制，是近乎神蹟的歷程，叔本華也曾描繪為一種出神狀態。在那神祕的否定裡，讓尼采著迷的不是「否定」，而是意志的力量，是自己否定自己、對抗尋常的衝動的力量。至高無上的意志淬鍊以自我否定作結；尼采後來在關於叔本華的《不合時宜的觀察》（*Unzeitgemäßen Betrachtung*）第三篇裡（在這個脈絡裡引用該作品相當合宜，因為尼采自己表示，他在一八七四年的陳述源自於大學時代）稱之為「自動物本性的解放」。所謂「不再有動物本性」（Nicht-mehr-Thieren），是那些「哲學家、藝術家和聖者」（1,380; WB），「他們的自我已經消融，不再感受生命的痛苦，或者幾乎不再是個人的，而是一切生命最深刻的慈悲、同情和同理，那是聖者的情操，在聖者的身上，我們看到在自然界的變遷裡永遠不會發生的神蹟式的轉化，那是最終且至高無上的道成肉身，萬物都有追求它的衝動和驅力，都在渴望著從自我裡解脫」（1,382; WB）。

後來尼采會把這種意志的轉化解釋為苦行以及意志的勝利，與其說是無欲，不如說是意欲「虛無」。對於該被意欲的「虛無」，尼采理解為否定一切有利於生存的我執心態。捨離取代了對生存的貪著，奉獻取代了宰制，無分別取代了界限，神祕的合而為一（unio mystica）取代了個體化。尼采所銜接的，正是叔本華哲學對於新生命的呼喚。

對於那種開悟和澈底的體變（Wandlung），叔本華只有理論性的暗示。他自己不是聖者，也沒有成為法蘭克福的覺者（Buddha）。就如他自己所承認的，他的成就「僅」及於哲學以及對藝術的愛好。對叔本華來說，藝術與哲學只是在解脫的歷程上面，它們藉由冥想而出離世間。那是一種審美的態度，也因此，叔本華的哲學是一種審美的距離的形上學，而尼采也在該意義下把它整理到自己裡頭。與傳統的形上學不同的是，叔本華的審美形上學的解脫面向不在於在現象世界背後的「本質」的內容。在傳統的形上學裡，對於本質的認識最後會深入到奠基世界的善的存有，發現善的根本原理。然而對叔本華而言，世界的本質內容不是善的根基（Grund），而是一個無底深淵（Abgrund），是陰暗的意志、存有的煎熬，是最核心的黑暗。「你只要試一次看看，讓自己完完全全回到自然——誰都受不了」，叔本華曾在手記裡如是說。因此，所謂解脫不在於發現本質裡有「什麼」，而是在於出離的認知行動本身，也就是「如何」。審美的出離世間意味著：凝視著這個世界，同時「完全不因為任何行動而有所糾葛」。審美的距離開闢了一個超越性的空間，其裡必須空無一物。沒有意欲，沒有應然，只有存有本身，變成純粹的「觀照」、「諦觀世界的眼睛」。

變容的自然和天才

這個讓叔本華輕輕舉起世界的阿基米得點，尼采稱為「變容的自然」（verklärte Physis）（1,362; SE）。在尼采採用這個說法時，已經闡釋了關於「戴奧尼索斯的」和「阿波羅的」

基本生命力的理論。因此，在「變容的自然」裡，我們可以看到「被阿波羅精神馴服的、潔淨了的戴奧尼索斯精神的自然」的觀念再現。不同於叔本華，尼采較傾向於戴奧尼索斯式的自然，他將繼續向深淵靠近，因為他猜想，在那裡還有更吸引人的祕密等著被發現，同時也仗著自己不會有懼高症。不過這個差異暫時還不會影響到他把叔本華當作典範的念頭。

他的典範在於何處？尼采看到的是這個哲學家充滿自信且君臨天下的姿態，他不合時宜，以「生命的法官」的姿態宣讀他的判決和譴責，同時藉由他的否定哲學扮演「生命的改革者」（1,362）的角色。也就是說，叔本華已經開始從事尼采後來稱為「價值的翻轉」（Umwertung der Werte）的工作。他對哪些普遍被接受的價值提出異議呢？當尼采描繪叔本華所要譴責和克服的世界時，他也敘說了自己當下的世界。尼采說，世界充滿了汲汲營營而只想著自己的人們，「從來沒有像現在的人們那樣只想到自己，他們為自己的日子而蓋房子種田，而快樂的獵尋尤其喧囂不已，彷彿要在今天或明天就有所斬獲，否則到了後天可能一切的狩獵就告結束。我們活在原子的周期裡，在原子的混沌裡」（1,367; SE）。如此的「原子的旋轉運動」讓我們墮入「動物性」或「死板的機械性」裡，而誰來重建「人類的形象」呢？

尼采考慮了三種可以讓人類回想起自己更美好的可能性的形象：盧梭（Rousseau）、歌德（Goethe）和叔本華所勾勒的人類形象。盧梭強調與自然的和解以及文明的自然化。歌德眼裡理想的人類是靜觀的，以睿智的息心絕慮、無入而不自得地面對生活境遇。最後，叔本華心裡的人類則發現人類的一切秩序都有個奇妙的安排，讓他感覺不到生命的悲劇而無意義的本質。塵世的生活無非聲色犬馬。儘管可能讓人墮入絕望的深淵，叔本華的理想中的人類要求揭開「幻力」（Maja）的面紗，「心甘情願」背負「真相所帶來的痛苦」，以便能「摧毀自己的意志」，「為將要降臨的顛覆與翻轉（生命的意義在於步步走向這個目標）作準備」（1,371; SE）。尼采稱為「英雄生涯」（1,373）。當時他還不知道叔本華寫給歌德的那封自白信。哲學家叔本華在信中的確以這種「英雄式」的口吻說話。他說：「不把任何疑問隱藏在心裡的勇氣，正是造就一個哲學家的勇氣。他必須跟索福克里斯（Sophokles）的伊底帕斯（Oedipus）一樣，鍥而不捨地揭露自己可怕的命運的真相，不斷地探索，儘管他隱約意識到在他所尋找的答案裡隱藏著最可怕的東西。」的確，叔本華把自己看作一個英雄，正如尼采對他的看法以及評價。在一八七四年的論文裡，尼采稱他為「天才」。

天才的特質是什麼？尼采的回答是：哲學的天才是重新釐定存在的價值的思想家，他是一個「決定事物的分量、幣值和重量的立法者」（1,360; SE）。對年輕的尼采來說，哲學是一種強力干預生命的事業。它不是對於生命的回顧與反思，而是為生命帶來變化。它本身即為該變化，思想即行動。不過，並非每種思想、每個思想家都是如此。不可或缺的是思想家本身特殊的魅力，思考的內容也要能帶來清新的活力，如此一來，真理才不僅僅是被發現，而是被創造。十年之後，尼采將會在《人性的，太人性的》（*Menschliches, Allzumenschliches*）裡把這種可以創造真理的哲學家稱為「精神的獨裁者」（2,214; MA I），並認為在古希臘可以找到最純粹的典型。巴曼尼德斯（Parmenides）、恩培多克利斯（Empedokles）、赫拉克利圖（Heraklit）、柏拉圖（Platon），他們全部都想要「一步躍入萬有的核心」（2,215）。我們不應該因為時而看到錯綜而冗長的一連串論證而被蒙蔽：這些「獨裁者」並非由此去發現他們的真理，因為那只是事後諸葛的理由、囉嗦的聳人聽聞以及邏輯的放縱。那些都是預備性的磋商與會後的磋商，實際上，這些哲學的英雄們在躍入真理以後的下一個探險，便是躍入觀眾當中，擲出強者的語言，讓某些人或整個社會去重新思考、體驗和實踐生命。但是這種獨裁者的時代已經過去了，取而代之的是「烏龜的福音」（2,216; MA I）。「真理」不再是一躍而奪取，也不再強勢地加諸眾人身上。哲學已經失去了權力的意志，現在人們只為沾沾自喜地以語言學和歷史學把偉大的古典「真理」予以加工。

對語言學的懷疑

年輕的尼采以一個古典語言學家的身分見證了古代的偉大哲學事蹟，對當時的環境大抵如此詮釋，然後在叔本華身上，他意外地經歷到了「精神的獨裁者」的重現。關於叔本華的經驗對於他的古典語言學研究投下了變數。「想到有大批資質平庸的人，」尼采於一八六七年底的札記裡寫道：「在包辦真正有影響力的東西，我內心的恐懼就會油然而生。」（J 3,320）他計畫寫一篇關於德謨克利圖（Demokrit）的文章以及一篇「古代與近代的文學研究史」，他在一八六八年致信給羅得說，自己將藉此「告訴語言學家們若干難以下嚥的真理」（B 2,248），例如：我們「一切具有啟蒙性的思想」都是得自於少數「偉大的天才」，而那些「有創造力的人們」，都沒碰過語言學或歷史學研究。他們都在經綸世界，而不是在為其他作者注釋、編纂、說明、結集或供奉他們的作品。上駟者提出主張和自我主張，到了下駟者，也就是語言學家和歷史學家的手上，他們的鉅作就變成瑣碎的拼貼，因為這些庸人「沒有任何創造的靈光」（B 2,249）。

尼采在一八六七年的秋天開始萌生退意，想辭掉編輯的工作，自己當個有創造力的作者，就算暫時留在語言學的園地裡也無妨。他在札記裡大吐苦水，抱怨語言學工作的單調。人們早該停止繼續在傳統的「雜物間」裡面翻箱倒櫃，「不要再繼續反芻」（J 3,337），語言學應該要認識到，它裡頭真正有趣的對象所剩無幾，現在的重點在於用幾個「偉大的古典思想」來創造新穎的、具有未來性的思想：「最好的選擇是，有意識地以詩去重新創造精神、事件和人物。」（J 3,336）

對於風格的意志

當時的尼采還無法把自己看做天才。他在回顧以往時，自然會聲稱〈教育者叔本華〉（Schopenhauer als Erzieher）其實稱為〈教育者尼采〉也無妨。在一八六七年，他仍然不會那麼想，不過，僅僅當個語言學者也一樣滿足不了他。他清楚預感到自己將要成為一個作家。因此，他突然意識到自己還沒有建立風格。「久矣哉，我對風格的無知啊」（B 2,208），他在一八六七年四月六日致信給葛斯朵夫說。「一個定言令式」（ein kategorischer Imperativ）以一個指示喚醒他：「你應該且必須寫作。」他驀然驚覺自己原來不會寫作。「羽毛筆突然在手裡癱瘓。」他想要從萊辛（Lessing）、李希登堡（Lichtenberg）和叔本華身上尋找風格的準則，但是他們的「優雅」卻是他望塵莫及的。如何才能讓風格裡的「逸興」解除桎梏呢？他手足無措，但是心意已決：他要對自己下功夫，他要從零開始訓練自己。他突破了自己，把「我在德文當中還沒有找到任何風格」的痛苦發現當作一個恩賜，因為一個人要成為作家，就得「嚴肅承認自己關於藝術風格是一張白紙」（B 2,214）。

然而，尼采在大學選擇的語言學一直是他的職責範圍，直到學業結束前獲聘為巴塞爾大學語言學教授，始終羈絆著他。儘管如此，他是一個亟欲打破學術藩籬、心懷寫作和哲學思考的野心的語言學家，因此他也相信自己有足夠的潛力為他的學科灌注生氣。

這種把人工的、甚至牽強的素材轉變成自己的生命的一部分的過程，尼采稱為塑造「第二天性」（J 3,291）。在一八六七年服役後所作的《自述》（*Lebenslauf*）裡，他以步兵為例來解釋這個概念：在操練時，他剛開始可能擔心「跟著指令作有意識的抬腳動作」會讓他有朝一日失去走路的能力。然而，部隊的行進一旦內化成身體的一部分，他就可以「跟從前一樣自由行走」（J 3,291）。「第二天性」未來在尼采的思想裡將會擁有核心的地位。在一八八二年曾經有個朋友批評他，他的無神論跟他的天性格格不入，不應該自不量力。他在致信給漢斯・封・畢羅（Hans von Bülow）時如是辯護說：「好吧，就算那只是我的『第二天性』，但是我屆時會證明，我在得到了第二天性以後才能真正擁有我的第一個天性。」（B 6,290）

「第一天性」指的是一個人生來何為、有什麼既定的特質、自己和環境的性質、譜系、命運、背景和個性。「第二天性」則表示一個人自己把自己變成了什麼。年輕的尼采就已經發現語言與書寫裡蘊含著一個可以讓他形塑自我的力量。

透過語言去形塑自我，將會成為尼采的終身志業，為他的思想帶來獨一無二的風格。在這樣的思想裡，發現與發明之間的界線趨於模糊，哲學成了語言的藝術和文學，結果是，思想與它的語言軀殼再也不能分開。尼采神乎其技的語言所開顯出來的東西，如果用其他話語重述，其可信度就可能完全瓦解。尼采清楚意識到他的思想和他獨特的文字表現如何緊密結合在一起，因此也很懷疑自己是不是有建立「學派」的可能。他認為他自己以及他的自我形塑是無法模仿的，他在「可言傳性」（Mitteilbarkeit）的界線上找到歸宿，在那裡進行著自我形塑的實驗。

正如他的獨特語言，在自我形塑、創作「第二天性」的歷程裡，思想一起參與。因為這樣，他的思想也才有了「調味祕方」（5,239）。在尼采的語言舞台上，我們可以看到他總是即時檢驗他的思想對自己產生的作用。他的作品裡同時有兩者存在：思考和思考者。尼采不想自限於思想的開拓，他想要顯示思想如何從生命裡湧現，如何回到生命且改變他自己。他要測試它們的力量，看它們能否對抗他的身體正在承受的痛苦。他要求思想必須可以「具體化」，如此它們對他而言才有價值和意義。一個人如果像尼采一樣時時在問，我是怎樣在塑造思想，思想又是怎樣在塑造我，他無疑必須成為他自己的思想的演員。

與華格納初遇

尼采開始構想作為一個哲學作家的計畫，準備從語言學出發，「流浪到未知，冥冥中希望有朝一日走到一個得以安息的目的地」（J 3,336）。在這個生命階段裡，尼采認識了華格納。在兩人第一次相遇以前，尼采還在寫於一八六八年十月八日致羅得的信裡嚴厲批評華格納，說他是個「現代的、不分青紅皂白地吸收和消化所有的藝術的業餘玩家」（B 2,322）。

不過，叔本華讓他欣賞的東西，如「德行的空氣、浮士德的芬芳、十字架、死亡、墓穴」等等，他在華格納身上也看到了。三個星期後，他去聽了一場曲目包括了《崔斯坦與伊索德》和《紐倫堡的名歌手》序曲的音樂會。他本想要保持距離，但是最後終告失敗。「我實在是無法忍心以批判性的冷靜來對待這樣的音樂。它挑動了我的每一條纖維，每一條神經，我已經許久不曾感受到如此縈繞不去的沉醉。」（B 2,332; 27.10.1868）

在萊比錫的東方語言學海因利希．布洛克豪斯（Heinrich Brockhaus）家裡，曾經有人提起優秀的大學生與愛樂者腓特烈．尼采，在他家作客的華格納因而表示希望能認識這位年輕的語言學者。尼采獲邀前往，難掩內心的驕傲。他向服飾店的裁縫師訂了一套新西裝。雖然西裝準時送達，他卻無法立即付款。裁縫師的學徒準備帶著西裝離開，尼采牢牢捉住他，兩個人打了起來，雙方各抓著一隻褲管。結果學徒打贏了，帶走了衣服，消失在街尾。「我身上穿著襯衫，」尼采向他的朋友羅得描述當時的情景說：「坐在沙發上沉思著，看著一件黑袍，不知道它對李察而言夠不夠體面。」（B 2,340; 9.11.1868）他套上了黑袍，「浪漫的情緒不斷地高漲」。在布洛克豪斯家裡作客的氣氛舒適愉快，華格納遇到他時說了幾句恭維的話，然後詢問年輕人是怎麼樣認識他的音樂的。他們談起了哲學。華格納說到叔本華時，言辭充滿「無法言喻的暖意」，稱他為唯一「認識音樂的本質」的哲學家。華格納以鋼琴彈了幾段《紐倫堡的名歌手》，尼采覺得心醉神馳。在道別時，大師熱絡地握著他的手，邀請他到特里比先（Tribschen）來作客，一起「談談哲學、玩玩音樂」。

尼采搬到巴塞爾後，拜訪附近的特里比先的機會也就來了。他得到了極為友善的款待。華格納以感恩之心接納了每個新信徒。在一八六九年聖靈降臨期後的星期一第一次拜訪華格納後，尼采寫了一封信給他：「我敬愛的先生，許久以來，我一直希望能毫不畏縮地告訴您，我對您是深懷著什麼樣的感激之情，因為我的生命中最美好、最崇高的片刻跟您的名字連在一起，而且除了您以外，只有一個人能在我的內心激起如同宗教一般的敬意，而這個人正好也是您在精神上的伯仲叔本華。」（B 3,8）

尼采經常提到在第一次的拜訪以後作客特里比先的愉快時光：他們相偕在湖濱散步，科希瑪・華格納（Cosima Wagner）親切地挽著尼采的手。朋黨的熱鬧晚宴，大家一起讀了霍夫曼（E.T.A. Hoffmann）的《金鍋》（*Der goldne Topf*）後，大師把科希瑪稱為神蟒「瑟潘提娜」（Serpentina），把自己稱為邪惡的林德霍斯特（Archivar Lindhorst），尼采則成了心不在焉、手腳笨拙的大學生安瑟倫（Anselmus）。尼采很熱心地為科希瑪在巴塞爾尋購酒杯、飾有金色星星和斑點的紗巾、木刻的聖嬰像以及其他人偶，幫她妝點聖誕節的金蘋果和金核桃，替李察・華格納的自傳校稿。在一八七一年聖誕期的第一天，一個迷你管弦樂團在樓梯間演奏後來以《齊格菲牧歌》（*Siegfried-Idyll*）聞名的作品，作為科希瑪的生日禮物，尼采即興彈奏鋼琴，科希瑪十分禮貌地聽著，李察・華格納則強忍不笑，離開了現場。

李察．華格納對尼采的才能很快得到了具體的印象，特別是在他的身上發現了幾個自己可以利用的長處。華格納在信裡說：「您可以替我分擔許多使命，甚至解除我整整一半的負擔！」哲學對他而言是那麼折騰，就像音樂對尼采而言一樣，絞盡腦汁也不得要領。然而，哲學對他的重要性正如音樂之於尼采。因此，兩個人實在可以構成理想的互補，尼采應該繼續站在語言學家的崗位上來「指揮」他，而語言學家也應該讓音樂家帶領且刺激靈感。「現在就請您告訴世人，」華格納在一八七〇年二月十二日寫道：「語言學家的使命為何，請您協助我推動艱鉅的『文藝復興』，讓我們見到柏拉圖擁抱荷馬（Homer），而荷馬也因為柏拉圖的觀念的挹注而成為名副其實的、最偉大的荷馬。」（N/W 1,58）

華格納激勵年輕的教授在古典語言學的領域裡做更大膽的嘗試。尼采受到了鼓舞。為了協助華格納實現他含糊其詞的「艱鉅的文藝復興」，尼采開始著手寫作《悲劇的誕生》。他知道這部書無助於他的未來，卻可以讓他更接近自己。尼采開始了他的漫遊。雖然他還是沒有離開語言學的範圍，但在風格上卻是一個「探險家，揚帆行遍那個名字叫做『人』的內在世界」（2,21; MA）。於是，仍然站在語言學的土地上、但是渾身佈滿了舞蹈意志的尼采，寫出他第一本重要的作品：《悲劇的誕生》。

第四章

VIERTES KAPITEL

存有的漩渦

《悲劇的誕生》的誕生

殘忍的深層

尼采被捲入戰爭

奴隸

道德的思考與審美的思考

對暴動的擔憂

戴奧尼索斯的智慧

窺見文化的運作祕密

駭異者的光影和黑點

存有的漩渦

尼采在一八六八年七月二日寫信給蘇菲・黎契爾（Sophie Ritschl），他所崇敬的語言學恩師的夫人，向她表白自己正在尋覓將語言學與音樂結合的可能性。「或許有一天我會發現一個可以用音樂的方式處理的語言學材料，那麼我將會像一個嬰兒一樣牙牙學語，我將會大量應用圖畫，像一個在古代的維納斯頭像前面打瞌睡的蠻人，而且儘管是『興沖沖地』草草寫就，也會得到最終的肯定。」（B 2,299）這是在與華格納相識之前寫下的，只是一個年輕的古典語言學者的白日夢。他對語言學的技法已經駕輕就熟，「以必要的禮節和大二拍（alla breve）進行平淡無奇的思想排列」讓他感到厭倦（B 2,299）。

對他而言，「以音樂的方式」處理語言學的材料，不只是指以音樂為主題，而是自己創造一種音樂，「就好像只是碰巧以話語寫就而非音符」（B 2,298）。尼采在尋覓讓他能夠以話語去譜寫音樂的一個主題。在與華格納見面後，他發現原來手裡老早就有了那樣的主題：也就是希臘悲劇。在見到華格納之前，他已經有過相關的研究，但是在那以後，他才發現其中有著「存有的漩渦」，就像他在《悲劇的誕生》的前言草稿裡所說的（7,351）。

尼采寫他的第一本書時，還考慮到他在語言學領域裡未盡的責任：因為他在取得博士學位與大學授課資格之前就得到大學的聘任，覺得有必要出版一部耀眼的作品以免貽人口實。

其後他在《自我批判的嘗試》（*Versuch einer Selbstkritik*）（1,11; GT）裡就不再提起這樣的動機。尼采在回顧時把自己描述為「一個『未知的神』的門徒，儘管戴著學者的斗篷，一心一意只想尋覓狂熱的志同道合者，把他們誘引到幽徑與舞池上」（1,14; GT）。

希臘悲劇便是一個舞池，讓你捲入存有的漩渦裡。

《悲劇的誕生》的誕生

《悲劇的誕生》形成的步驟很容易拆解。首先是兩篇公開的演說，一八七〇年一月十八日的〈希臘的音樂劇〉（Das griechische Musikdrama）與一八七〇年二月一日的〈蘇格拉底與悲劇〉（Socrates und die Tragödie）。

在第一篇演說裡，尼采闡論希臘悲劇源自酒神節慶。他仍然完全依循當時古典語言學的框架。尼采從巴塞爾大學圖書館借了一本關於希臘悲劇的代表性作品，亦即慕勒（Karl Otfried Müller）的《希臘文學史》（*Geschichte der griechischen Literatur*, 1857），裡面指出了酒神戴奧尼索斯的崇拜是希臘戲劇的胚芽。在書中，作者提出了有力的說明細節，例如舞者披著山羊皮或鹿皮，如何戴著面具，如何「渴盼走出自己，變成自己的陌生人」（Latacz 38）。但不同於冷靜抽離思考的語言學，尼采嘗試著設身處地思考節慶裡的顛狂，而學術的「條條框框」總會阻滯他，因為清晰表達的理想限制了體會黑暗的衝動的心理準備，在藝術的王國裡，「一切的生長與變化都必須在深夜中悄悄進行」（1,516）。尼采要帶領我們進入這個黑夜。他描述了激動興奮的群眾的出神和狂歡，將它比擬為某些學者視為「瘟疫」的聖維提跳舞病（St. Veitstänzen）。在古代所謂的「群眾瘟疫」裡，戴奧尼索斯的慶典狂歡催生了希臘的戲劇並賦與力量，由此可以明白那種貶低的評斷有多麼偏差。尼采接著說，現代藝術的不幸是，「它不是湧現自這種神祕的泉源」（1,521）。然而，狂歡和出神如何演變為舞台上的悲劇呢？尼采描寫了該過程裡的每個階段。在如醉如痴時，個人喪失其個體性的意識，他陷入激動的慶典群眾裡，跟他們融合在一起。在激動的集體裡，幻影和畫面不斷流傳著，被融合成一體的個人以此互相感染。「酒神的崇拜者」相信大家所看到的和體驗到的都完全相同。然而每次從心醉神迷當中清醒時，每個人都落回其個體性。這種恢復清醒的過渡階段是困難而危機重重的，因此那需要一個儀式性的陪伴和護持。酒神慶典終場演出的悲劇，正是從集體的沉醉裡回到城市生活的過渡儀式。尼采說，雅典戲劇的產生，是因為在舞台上或多或少保存了「酒神的自然生命」。

酒神的自然生命被保存下來的面向有哪些？儀式性的表演呈現了兩者：消融在集體事件裡以及個體化。所以我們看到了舞台上的主角，也看到了合唱隊。在悲劇當中，一個人的殞滅是在償贖他作為個體本有的罪。個人殞滅以後，存活下來的便是合唱隊。也因此，在舞台上主角彷彿是合唱隊的幻影。而藉由合唱隊，悲劇作家也將觀眾及其異象搬到舞台上。雅典的觀眾在午後坐在露天的圓形劇場的石階上，為的就是要出神忘我，而且都能如願以償。觀賞者帶著節慶的心情，準備接受蛻變，走出自己。此時樂聲響起，有節奏的合唱讓唱者與聽者的身體漸漸搖擺起來，氣氛趨於濃郁，而在個別的人物登場以後，一個共同的異象彷彿就在這種氣氛的穿梭和脈動當中誕生了。起初只有一個主角登場，然後漸漸加入其他人，他們的一舉一動都是以合唱為背景。

然而他們依舊是個體，作為個體時，還會試圖抗拒集體合唱隊。他們站上前來，就像尼采所說的，他們是「活生生的不協和音」。跟平常的不協和音一樣，他們在舞台上帶來了張力：主角們作為單獨的聲部脫離合唱，開展自己不協和的演出，最後又沒入合唱隊的齊唱裡。不協和音的個體沒有辦法長久持存，他在殞滅時回到音樂的懷抱，合唱隊重新接納他。個人與他們的行動就像海上的島嶼一樣從音樂裡浮現。合唱隊及其音樂始終無所不在。舞台上所發生的一切都在光天化日下、在眾目睽睽下進行，瞞不過合唱隊，個人沒有任何藏身之處，充滿世界的音樂終將把他吞沒。尼采說，希臘人的音樂有個任務，那就是「將英雄……的苦難轉化成聽眾最強烈的同情」（1,528）。

希臘悲劇把語言與音樂的權力關係搬上了舞台。主角駕馭了語言，合唱隊的音樂則駕馭了語言的操作者。語言被誤解和扭曲，它無法走出內在世界，也無法進入內在世界。它在存有的邊緣苟延殘喘。音樂則不同。它「直接觸動人心，是真正的普遍語言，到天涯海角也可以被了解」（1,528f.）。

在第一篇演說當中，尼采也暗示悲劇瓦解的原因：語言的崛起。理性戰勝了悲劇的激情。當語言從音樂中解放出來，自身的邏輯效力過度膨脹時，悲劇的末日就到了。語言是什麼？意識的工具。然而，音樂是存有。隨著悲劇的殞落，存有與意識的和諧被打破了。意識把存在排斥在外。它變得淺薄。對尼采而言，激情的古代悲劇的結束便是理性的新悲劇的開始。尼采說，我們現在還置身在這個悲劇裡。

就酒神慶典衍生出悲劇而言，尼采還是沒有跨越當時古典語言學的界線。然而，他在第一篇演說的最後他指出了悲劇因為知性化的「解體歷程」（1,530），預告了第二篇演說的論點。這對古典語言學者們而言，無疑是一個挑釁。因此，尼采也很謹慎，暫時不想讓他的老師黎契爾看到這篇演說。但是他還是聽說了，而且可以想像他讀過後不甚受用。尼采一副必須為自己的離經叛道贖罪似的，自願向老師提出一部老實的古典語言學的苦差事，替《萊比錫文字學研究協會論集》（*Meletemata Societatis philologicae Lipsiensis*）校對一部合集。

是以，〈蘇格拉底與悲劇〉這篇演說像尼采在一八七〇年二月中致信給羅得所說的，引起了恐懼與曲解（B 3,95）。這篇演說有什麼東西讓人驚悚且不解呢？

尼采批評說人們高估了意識的價值。蘇格拉底認為「一切皆必須明白被意識到，才能夠成為善的」（1,540），而尼采則認為這種想法的流行是個災難。首先，它造成悲劇的沒落，接下來，有創造力的無意識被限制和阻礙。蘇格拉底瓦解了音樂的力量，以辯證術取而代之。蘇格拉底是個災難，隨後開始了理性主義的時代，從此人們對於存有的深層不再感興趣。自蘇格拉底以降，我們只有知識而沒有智慧。就悲劇而言，命運的激情被算計、陰謀和私利給排擠掉。從前是生命力量的呈現，現在是精巧而周密的詭計。因果關係的機制排除了罪與罰的關聯。舞台上不再有歌聲，只剩下討論，舞台上的事件不再有神祕性，現在讓劇中人痛苦的是他們的失算。尼采說，悲劇的基調已經煙消雲散，「讓我們覺得劇中人物不是因悲劇而毀滅，而是因為過度發展的邏輯」（1,546）。

尼采把蘇格拉底視為根本的、至今影響甚鉅的文化轉型的病症。求知的意志凌駕於神話、宗教和藝術裡的生命力。人類的生命掙脫出它植根其中的本能和激情的黑暗土壤，彷彿存有必須在意識面前為自己辯白。生命想要迎向光明，辯證術戰勝了命運幽闇的音樂。樂觀主義的希望被喚醒，相信意識可以修正、操控且算計生命。因此揉合了「瘋狂、意志和痛苦」的音樂劇死了，但是它並不是永遠死去。尼采的演說以關於悲劇的重生的可能性的呢喃低語作結，他沒有提到李察・華格納這個名字，但是聽眾應該都注意到尼采指的是他。

重生的音樂劇是否可以實現？它是否可以在一個深受科學影響的樂觀主義的時代裡再度喚醒對於悲劇的深淵的感受呢？這便是尼采在演說的最後提出的問題。他暗示說，音樂劇的命運如何，現在完全取決於它的對手有多麼頑強，也就是「時下的蘇格拉底主義」。尼采寄到特里比先給華格納過目的演說初稿的最後一行字是：「這個蘇格拉底主義就是現在猶太人的報紙：我的話到此為止。」（14,101）把破壞性知識的力量視為「猶太人的」原理，雖然是華格納一家人的基本信念，而尼采或許也從那裡接受該想法，不過科希瑪還是覺得有必要奉勸這個年輕的崇拜者要三思而後行。「我現在對您有個請求，」科希瑪在一八七〇年二月五日的信中寫道，「就是不要去捅他們的馬蜂窩，您可知道我的意思吧？請不要提到猶太人，就算順帶一提也不行，將來如果您要加入慘烈的戰局，那就以上帝為名吧。但不要一開始就捲進去，以免來路的一切失序、陷入混亂……在我靈魂的深處，我完全贊同您的話語，您應該可以知道。」（N/W 1,52）

李察・華格納對尼采的演說也大為讚賞。他完全同意尼采的看法，但也承認尼采「宣示新觀念」的「大膽」方式把他「嚇了一跳」（N/W 1,50）。華格納跟科希瑪一樣，建議他謹慎為之，「我很擔心您，」他寫道：「也衷心期盼您不會因此而跌斷脖子。」然後他建議尼采寫一本「篇幅更大、更周延的書」來開展他的觀念。

有若干跡象顯示，尼采在如此的敦促下計畫寫作《悲劇的誕生》。有某種奇異的預感襲上心頭，似乎有什麼大事會發生在他的身上，等待他去完成。一八七〇年二月中旬，他在給羅得的信裡寫道：「科學、藝術與哲學在我的身上合而為一，將來我必定會生出人頭馬怪物。」（B 3,95）

殘忍的深層

在一八七〇年初夏，尼采有一個想法，相信不僅是古代文化，甚至一切文化的動能和活力，都可以藉助該想法去理解和評判。他發現了文化裡兩極對抗的根本力量的互動關係，並用阿波羅與戴奧尼索斯兩個希臘神話的神祇來命名。在一八七〇年夏天完成的論文〈戴奧尼索斯的世界觀〉（Die dionysische Weltanschauung）裡，他第一次使用「阿波羅的」與「戴奧尼索斯的」的對反的語詞當作解釋希臘悲劇的核心概念。最初兩篇演說裡所發展出來的思維，幾乎已經來到這個發現的門檻前面。在第一篇演說裡，他論及悲劇源於酒神慶典；在第二篇演說當中，他則談到蘇格拉底的「阿波羅式的清澈」（1,544）。現在他靈光乍現，明白了悲劇是兩種根本的衝動的妥協。激情和音樂屬於戴奧尼索斯精神，而舞台上的言語和辯證則是阿波羅式的，兩者的結合便讓命運的黑暗力量清楚表現在意識前面。

尼采在剛接觸這兩個概念時，把阿波羅與戴奧尼索斯理解為藝術風格的特徵。阿波羅是形式、清澈、確定的輪廓、白日夢，尤其是指個體性。雕塑、建築、荷馬的諸神世界以及史詩的精神，都是阿波羅式的。而戴奧尼索斯則是狂野的神，是消融、沉醉、出神和「狂歡」（Orgiasmus）的神。音樂與舞蹈是其主要形式。阿波羅精神的魅力在於它不會讓我們須臾忘記人為的性質，始終保持著對於距離的意識。在戴奧尼索斯的藝術裡，所有的界線卻都漸趨模糊，被音樂、舞蹈和其他藝術的魔幻作品俘虜的人們失去了距離。我們在沉醉裡不再意識到自己的沉醉。「酒神崇拜者」不是從外部來觀察自己，而受阿波羅鼓舞的信徒則一直保有反思的態度。他們享受著這種鼓舞，卻不會完全沉溺。阿波羅精神訴求的是個體，戴奧尼索斯則不斷要打破界線。

起初它不過是美學原理的分析，旋即擴充為關於人類存有的形上學基本條件的第一個大膽的草案。在這裡，尼采讓叔本華的哲學粉墨登場，因為他把戴奧尼索斯理解為本能意志的世界，把阿波羅視為表象或即意識的代表。對於一個叔本華的追隨者而言，如此的組合無疑可以得出：第一，戴奧尼索斯是原始的、根本的生命力；第二，這個生命層面雖然是創造性的，但也難免是殘忍的、災難的，就像叔本華把意志世界解釋為創造性的、殘忍的、災難的。

尼采在一八七〇年把阿波羅和戴奧尼索斯兩個藝術風格的特徵轉譯為形上學的生命動力以後，就跨出自己的知識生命裡決定一切的一步。自此他手裡握著一把鑰匙，可以解開每個文化的操作機密，相信自己可以了解它們的歷史與它們的未來。

尼采的想法是，戴奧尼索斯是神祕難測的生命歷程本身，而各個文化都只是一個容易破滅的嘗試，想要在那裡面爭取一片可以生活的空間。文化昇華了戴奧尼索斯的能量；文化組織、儀式、意義的賦與，都僅僅是代替物，必須要從本來的生命實體獲取養分，卻又要與它保持距離。戴奧尼索斯精神是文明的前提，也是它的根柢。它是駭異者既危險又誘人的面向。

戴奧尼索斯精神的魅力在於三重的越界，對於「個體化原理」（principium individuationis）的三重超克（1,554）。人打破與自然的界限，覺得和自然合而為一。他在狂歡、愛情和群眾的沉醉裡打破與人們的界限。第三道藩籬則是在個體的內心世界裡被拆除。意識向無意識開放自己。這三重的越界在每個自我的經驗裡同時也是一種威脅，使他恐懼地牢牢抓住自己的自我認同。以戴奧尼索斯精神去面對，意味著準備接受歡悅的毀滅。

尼采被捲入戰爭

尼采在一八七〇年夏天撰寫〈戴奧尼索斯的世界觀〉期間爆發了德法戰爭。當時瀰漫著悲劇性與英雄性的基調，因為在尼采的體會裡，戰爭的爆發毋寧是戴奧尼索斯精神的突破。「我們衣衫襤褸的文化撲向可怕的魔鬼的胸懷」，他在一八七〇年六月十六日致信給羅得寫道（B 3,130）。尼采在其他段落說，所謂的「魔鬼」不是指法國，而是「戰爭的守護神」（1,775）。祂穿透文明的單薄外殼，祂是生命裡的嚴酷考驗。尼采理解的戴奧尼索斯精神裡所隱含的，皆表現在他對戰爭的反應上：原始意志的戴奧尼索斯世界，同時就是赫拉克利圖所謂鬥爭的世界：鬥爭是萬物之父。

在那「存有可怕的底層暴現」的真理片刻裡（B 3,154; 7.11.1870），尼采再也無法乖乖地坐在書桌前面。他報名加入前線的救護工作，雖然科希瑪表示反對，勸他寧可送雪茄給前線的士兵，而不要賠上自我（9.8.1870; N/W 1,96）。九月，尼采在煙硝瀰漫的西線戰場上只待了兩個星期；他在戰場負責收屍的工作，跟著護送傷兵的車輛，結果自己染上痢疾和白喉。「我就是這樣，」他在一八七〇年九月十一日寫信給李察・華格納說：「我獻身公共的工作，才不過開始了四個星期，就又被拋回給我自己。」（B 3,143）此後，他再也無法忘記屍橫遍野、垂死者和斷手殘足者的「驚悚畫面」（B 3,146）。他將「戴奧尼索斯的世界觀」描述為「讚美且昇華存有的殘酷和可怕，以作為存有的藥方」（1,570; DW），由此看來，絕非憑空想像。在給李察・華格納過目的《悲劇的誕生》前言草稿（一八七一年二月）裡，他說：「我也懷抱著希望。因此，在大地因為戰神阿利斯（Ares）的腳步而顫動時，我可以不必為之色變，即使籠罩在戰爭最慘不忍睹的景象裡，我還是可以專注於我的哲學主題。我還記得，曾經有個寂寥的夜晚，我與傷兵一起躺在運兵火車裡，負責照料他們，而我的思想卻沉浸在悲劇的三個深淵裡，它們的名字是『瘋狂、意志和痛苦』。」（7,354）

尼采的希望在於文化的更新，因為它在「和平的晚霞」（B 3,130）裡失去了光澤，也壓抑了生命裡戴奧尼索斯式的和赫拉克利圖式的嚴肅性。現在，更新的機會來臨了，因為「戰爭守護神」作為戴奧尼索斯的力量，闖入市民社會的現實裡。

戰爭作為生命力的展現在《悲劇的誕生》的原始構想裡的重要性甚於在最後的定稿裡。尼采的《悲劇的誕生》刪去一段關於希臘城邦的戰爭和奴隸制度的長篇大論，而被改寫成即將動筆的關於「希臘城邦」的作品前言。在該論述裡，戴奧尼索斯和赫拉克利圖的世界融合在一起。戴奧尼索斯的生命力與作為萬物之父的戰爭也被等同起來。在同時完成的關於「荷馬的競技」的作品前言裡，我們也看到類似的情況。叔本華所謂的意志世界被尼采等同於戴奧尼索斯的生命層域，該意志世界就已經帶有戰爭的性格。因為，叔本華自己也將世界意志（Weltwillen）理解為彼此敵對的個別意志的統一。難怪尼采在生命的根本層域與文化的底層也看到如此的敵對。

戴奧尼索斯的戰爭性格和其他的面向一樣，都因為被儀式化和昇華而遭到文化的變形。尼采把古代的競技活動也解釋為這種文化的變形。尼采說，希臘人帶有「殘忍的習性，一種獸性的破壞欲」（1,783）。例如在荷馬的史詩裡，我們可以看到有「如無底深淵的恨」。《伊利亞德》（*Ilias*）裡關於阿奇里斯（Achill）用馬車拖曳赫克托（Hektor）的屍體繞行市區的報復狂的敘述，讓人覺得無可厚非，甚至是英雄性格的一部分。對尼采而言，這個例子透露一種在荷馬的筆下已經潤飾過的洪荒的殘暴性格。可以想見的是，在「前荷馬的世界」裡，一切都更加不堪入目。我們所知無幾，但已經可以感受到其「黑暗與殘忍」（1,785）。

希臘文化的例子也顯示戰爭的殘酷如何藉由無所不在的競技來昇華，在政治裡、在社會關係裡、在藝術裡。尼采引述了赫西奧德（Hesiod）。他的教誨詩《工作與時日》（*Werke und Tage*）一開始就描繪兩位伊莉絲（Eris）女神，也就是爭執和嫉妒的女神，其中一個伊莉絲煽動一場「災難性的戰爭」。祂來自於「黑色的夜」，而祂在人間所引起的「不睦」就像命運一樣無法避免。然而，宙斯又創造了第二個伊莉絲，讓祂把爭執轉變為建設性的東西，如此一來，人們就以競爭代替你死我活的對抗。於是人們就開始競技。尼采引用了赫西奧德的句子：「祂（第二個伊莉絲）要最笨拙的人們也都去工作；一個身無分文的人看到了另外一個人的財富，他就急忙用同樣的方式去播種、栽植、修繕住所；鄰人和追求財富的鄰人競逐。這個伊莉絲對人類而言是好的。」（1,786）

尼采從雅可布・布克哈特（Jakob Burckhardt）那裡獲知希臘文化裡有著好鬥的基本特性，並著手將「戰爭轉化為競技」的概念擺到自己的架構裡，也就是戴奧尼索斯的活力被轉化為利用厚生的阿波羅形式。其中的危險性卻是，在阿波羅形式裡，戴奧尼索斯的活力可能熄滅。因此尼采認為，為了維持文化的生機，可怕的底層就必須像火山熔岩一樣周期性地爆發，讓土地得以翻新且更肥沃。此即尼采所理解的「戰爭守護神」創造文化的力量（7,347）。

尼采的最高目標依舊是文化的繁榮。布克哈特所定義的三大存有力量，即國家、宗教和文化，對尼采而言，最重要的是文化，其他一切都是為了它而存在。它是至高無上的目標。因此他只要看到文化被置於政治或經濟的目標下，就會怒不可遏。

他於一八七二年的演說《關於我們的教育體制的未來》，以犀利的文字表現他的憤怒。他嘗試挽救整全人格的理想，駁斥以政治和經濟的角度去工具化的人格教養，認為那已經淪為單純的職業訓練。文化應該高於一切，對於尼采起初熱烈歡迎的德法戰爭而言亦復如此。他是因為文化之故歡迎戰爭，他期盼著更新，因此在他決定投身戰場時，他致信給羅得寫道：「我們還會需要修道院。」（B 3,131）他的動機不在於普魯士精神的勝利、強大的民族國家的誕生，更不是沙文主義或仇法的情緒。當尼采漸漸看出戰爭的勝利對文化無益，僅僅有利於國家、財政和軍方的優越感，他也開始和它保持距離。他在一八七〇年十一月七日寫信給葛斯朵夫說：「我們即將面臨的文化景象讓我感到無比憂慮，雖然我們在地方上不需要為國家的驚人成就付出過高的代價，至少我個人並沒有什麼損失。悄悄告訴你：我覺得目前的普魯士對文化而言是最危險的政權之一。」（B 3,155）一個月以後，他又在給母親的信裡說：「我對目前日耳曼的侵略戰爭漸漸失去好感。我們的日耳曼文化的未來似乎面臨前所未有的威脅。」（B 3,164）

尼采在古代裡找到戰爭如何有利於文化的模式。值得借鏡的例子是前述將戰爭的驅力轉化為競技的創造性形式。然而，戰爭與文化的命運有更深層的牽扯。在《希臘城邦》（*Der griechische Staat*）前言裡，尼采以霍布斯（Hobbes）所謂的「自然狀態」作為理論基礎：「所有人與所有人為敵的戰爭」（bellum omnium contra omnes）。國家源自嘗試在既有的疆界裡弭平內部的戰爭，把力量集中在和其他群體的邊界上。雖然如此一來，民族與民族之間不斷會有「駭人的戰爭風暴」產生，但在「停戰期間」，一個社會有足夠的時間和機會，「把戰爭凝聚的力量轉向內部，讓文化守護神綻放皎潔的花朵」（7,344）。簡言之：周期性的戰爭是決定性的事件，是重新沉浸到戴奧尼索斯和赫拉克利圖的元素裡，那對文化的開花結果是必要的。文化需要殘忍的底層，它是一個災難的美麗結局。「戰場與藝術」的必然關係揭露了文化的真相（7,344）。

奴隸

文化不只需要戰爭的殘酷，根據尼采的看法，還有第二個殘酷也屬於它的前提。他毫不掩飾地以他所心儀的古希臘文化國家為例。他所說的是奴隸制度。

每個高等文化都需要一個可剝削的、勞動的社會群體，一個「奴隸階層」（1,117），尼采赤裸裸地表示，接著又說：「如果有個野蠻的奴隸階層，自始就學會把自己的存在視為非法，因而矢志不只要為自己，同時為所有的世代復仇，那是最可怕的事。」（1,117）

那是在一八七一年年初以「希臘城邦」為題、卻始終沒有完成的書的前言裡的句子。他特別把那篇文章以單行本的形式致贈給科希瑪，除此之外並沒有公開發表。一八七一年五月巴黎的報紙曾報導，巴黎公社（Pariser Commune）的抵抗勢力洗劫並破壞了羅浮宮（實際上只是杜勒瀛公園〔Tuilerien〕遭到縱火）。尼采把該事件視為即將到來的野蠻暴行點燃的烽煙。他在一八七一年五月二十七日寫信給議員畢芬格（Wilhelm Vischer-Bilfinger），為自己不克參加大學委員會的會議致歉：「這幾天接二連三的壞消息是如此駭人，讓我的心情一直無法平復。作為一個學者，面對這樣的文化地震情何以堪！它讓一個人覺得自己是多麼一無是處！他用他的一生，用最好的精力來了解且說明文化的某個階段，如果僅僅在一個黑暗的日子當中，該階段裡最珍貴的資料就可以付之一炬，這樣的職業有何可取！這是我一生當中最難過的一天。」（B 3,195）

尼采把巴黎的縱火解釋為即將到來的大危機的閃電。他不把緊張的階級關係歸咎於生活條件的惡化，而是歸因於群眾因為要求的提高而對苦難更覺得尖銳。他看到群眾佔領政治舞台，難以設想那會帶來什麼樣的結果。在一八六九年秋天，聽說國際工人聯合組織（Internationalen Arbeiter-Assoziation）竟然選擇巴賽爾作為開會的地點，他已經有了警覺。幾年後，謠傳該「國際」密謀破壞拜羅伊特（Bayreuth）演出，這讓他陷入了恐慌。看在尼采的眼裡，站在勞工的立場解決「社會問題」的嘗試無疑構成文化的威脅。他指責「民主派」企圖解放群眾，以「勞力的尊嚴」和「人性的尊嚴」作為幌子（1,765），結果是，在群眾的意識裡，他們覺得其處境是吶喊中的不義，因此要求社會公平的控訴不絕於耳。他們把自己受到擠壓的生活狀況拿來跟上層文化絢爛的光彩作比較，開始對它萌生恨意，因為這一切都不是為了他們而存在，他們也不能在裡面扮演什麼角色，雖然他們用自己的雙手為它創造物質的前提。然而，爭取社會的公平性與反剝削的要求難道不合理嗎？而群眾仇視那在他們看來是個侮辱的奢華文化，難道不是可以理解的嗎？尼采提出了這個問題，開始思考文化與社會公平之間的關係。他所得到的看法在其後儘管有些搖擺，卻相當確定，直到《權力意志》的最後創作階段。

道德的思考與審美的思考

我們聽他說過生命是悲劇性的。生命反映在駭異當中，充滿著痛苦、死亡和各式各樣的殘忍。在《悲劇的誕生》裡，尼采有個著名的說法：「存在與世界只有作為審美的現象始得永遠地證成自己。」（1,47）在關於「希臘城邦」的文章以及其他同時期討論當時群眾運動以及他對於巴黎公社的疑懼的手稿裡，這個說法的政治蘊含比起《悲劇的誕生》裡經過刪削的版本更加赤裸。在這些文獻裡，尼采把文化與社會公平性的關係的問題提升到一個論題：從文化的層次來看，我們必須做的抉擇是，最大多數人的好日子或者個別生命的圓滿成就何者較具文化意義。一個把最大多數人的好日子擺在眼前的人，他做的是道德的思考。一個人如果將巔峰圓滿的完形和「狂喜的極致」視為文化的意義，他做的是審美的思考。尼采的決定是審美的思考。

他在一八七三年秋天的一篇殘稿裡寫道，多數的「個人」應該以「成就最高超的個人的福祉」為自己的目標，而他們指的是「有創造力的人」（7,733）。在勞力剝削的基礎上，他們帶來了巨大的文化成就，無論是藝術、哲學或科學；有時他們還把自己變成值得欣賞的藝術作品。有創造力的英雄並不是藉由造福社會去證成自己的，而是藉由他對自己的存有的提升。他並沒有改善人類，而是體現了人類較高的可能性，讓它成為可以觀摩的對象。一個文化或國家組織如果可以讓這種「最高的典範在其中生活和創造」（7,733），就可以證成自己。他在《悲劇的誕生》裡說，這些「最高的典範」便是在悲劇的生命情調的暗夜裡的光影（1,65）。

尼采說，如果一個人決定要謀求最大多數人的幸福與自由，那麼他會得到的是一個民主的文化，在其中，大眾品味大獲全勝。一個以大眾的福祉、人性尊嚴、自由、分配性的正義和弱勢者的保護為依歸的民主國家，會阻礙卓越人格形成的可能性，「光影」從歷史裡消失，如此一來，在上帝死後，唯一留下來的意義也跟著消失了。

由於尼采想要挽救歷史裡的審美意義，在一八七〇年代早期，他就開始抨擊民主，幾年後，他才用高亢的語調批判「民主的群居動物的一片安詳」（11,587）。他認為古希臘的奴隸制度社會是個文化的典範，因為它絕對不向「民主的群居動物」讓步。尼采讚揚古代社會的誠實，不去掩飾文化的花朵植根其上的可怕底層。他們公開承認他們需要奴隸。我們的確也在柏拉圖與亞里斯多德（Aristoteles）的書中讀到，他們公開且積極地為文化的存續而鼓吹奴隸制度的必要性。正如勞心者也有勞力者，尼采說，一個社會也需要許多人貢獻勤奮的雙手，為特權階級工作，「好讓他們去創造和滿足一個新的需求世界」（1,766）。奴隸社會是個特別醒目的例子，說明為什麼教育與文化奠基於「可怕的底層」：「為了替文化的發展提供一個既深且廣的沃土，就必須有多如繁星的人們為少數人服役，撙節個人的需求，屈就於奴隸的困苦生活。」（1,767）他說，勞工的世界得到尊貴的對待，但那只是一種自欺，因為畢竟有人不得不從事機械性的工作，而較有天賦的人則享有創造性的工作，這種命運為生命所帶來的根本的不公，並不會因為「勞工的尊嚴」這種「概念的迷幻藥」而有任何改變。奴隸社會以殘忍的坦率暴露這種不公平，而我們的時代卻扭捏作態，而骨子裡又絲毫不肯放棄這種滋養文化的剝削。因此，如果藝術以審美的方式去證成存有，那麼我們不可以忘記它的深層是「殘忍的」（1,768）。

對尼采而言，「每個文化本質裡的殘忍」再次證明，存有是個「永遠的傷口」（1,115），而藝術的治療（審美的證成）始終沒有讓傷口癒合。為了藝術美的存在，必須有人淪為祭品，因此，藝術為原本醜陋的世界加上了新的不公平。也因此，在尼采為奴隸制度辯護時，也同時承認自己的罪惡感，因為他自己享受著以審美去證成這個世界的特權。他知道，他自己的存在建立在其他人的犧牲上面。他的朋友葛斯朵夫曾經不可一世地對巴黎反文化的暴民大加撻伐，因此也被尼采在一八七一年六月二十一日去信指正。他說，在他的眼裡，這些科學和藝術的存在物也帶來一種「荒謬感」，因為他看到了排山倒海的破壞欲，竟然在瞬間就可以讓幾個世紀以來的巔峰作品化為烏有，而他自己始終緊緊抱著「藝術的形上學價值」不放，認為它「不是為這些可憐蟲而存在，而是有更高的使命有待完成。但是，」他接著說：「儘管我現在心痛如絞，我也沒有辦法撿起石頭去丟那些褻瀆者，因為這牽涉到一個普世的罪愆，我們虧欠他們太多！」（B 3,204）

「普世的罪愆」一方面指的是破壞偶像的巴黎公社成員，但是它指的也是藝術的虧欠，因為它是這個世界的不公平甚至「奴隸制度」的受益者。尼采並沒有迴避問題，並且公開主張：如果有人試圖將藝術拔出罪的泥淖，高等文化的根本原理就會破滅。對他而言，公正與平等的原理如果貫徹到底，無疑會轉而與文化為敵。然而，因為藝術的根源是社會的不公，享有特權的人不應該驕矜。他應該時時記得對於別人的虧欠。

尼采觸碰了一個老問題。這其實是辯神論的問題，只是從前涉及的是上帝與世界的關係，現在被轉移到藝術與非藝術現實的關係上面。尼采以審美的角度去證成世界的說法，顯然緊扣著辯神論的問題。讓我們回憶一下：從約伯（Hiob）到萊布尼茲（Leibniz）的古典辯神論問題是，有鑑於世界的惡，如何去證成上帝的存在？古代的上帝消失後，現在辯神論的問題則指向藝術：有鑑於世界的不幸，如何去證成藝術這種相對奢侈的行為呢？有些人在從事藝術創作，而其他的人卻必須承擔痛苦，豈不是令人汗顏地證明了世界有多麼不義嗎？世界在呻吟，藝術在歌唱，這兩個事實怎能相安無事呢？年輕的霍夫曼斯塔（Hofmannsthal）寫了一首有名的詩：「有人當然會在下面過勞而死，／暗無天日地搖著沉重的槳，／另一些人在上面愜意操舵，／熟識飛鳥的行蹤與陸地上多如繁星的燈火。」（Hofmannsthal 26）

尼采認為，藝術有個黑暗的底層，源自社會的不公平，因此，「殘忍」與犧牲他者顯然是藝術的本質之一。看在每個把藝術視為社會的進步的人們眼裡，該論調無疑是個挑釁。尼采就是刻意要挑釁，因為他真的看到社會的進步對藝術構成了威脅。最後，他寫道，我們將會看到「被壓迫的群眾反抗像雄蜂一樣懶惰的個人。同情的呼喊終將衝垮文化的牆，渴望公平以及有難同當的衝動將會淹沒所有其他的觀念」（7,340）。

對暴動的擔憂

他果然一語成讖。在二十世紀的社會革命運動裡，的確可以看到與貧窮階級的聯合陣線造成對藝術大規模的背叛。跟尼采一樣，海涅也預見這樣的結果。他雖然同情共產黨的社會目標，在一八五五年卻如此描述他們：「因而，他們用粗暴的拳頭擊碎了我心愛的藝術世界裡所有的大理石像……《歌集》（*Buch der Lieder*）被錙銖必較的零售商用來為將來的老女人裝咖啡豆或煙草。」（Heine 5,232）其他的藝術家則心甘情願地放棄「文化生活的防波堤」，例如托爾斯泰（Tolstoj）在晚年對於周遭一片汪洋般的社會苦難感觸甚深，以致於放棄寫作，並呼籲大家做一些對社會有益的事，不要再創作什麼虛構的故事。他的決定為一個以社會革命為名的文化滅絕時代拉開了序幕。

尼采深信，文化在現代社會裡面臨著雙重的威脅：它可能在社會革命裡滅頂，也可能因為要滿足社會性的功能而失去目的本身的尊嚴。要不然它就是被社會問題給吞沒掉，要不然它就是紆尊降貴地投入社會。不管怎樣，繆斯將面臨一個暗淡的未來。

《悲劇的誕生》並未細說以上所有問題。戰爭與奴隸制度對文化的必要性都只是點到為止，並沒有像在札記裡那樣以清晰的筆調去挑釁。尼采的《悲劇的誕生》的重點在於從他的信念推衍出一個結論：生命的深層是戴奧尼索斯和赫拉克利圖式的，是殘酷的、有生命力的、危險的。生命充滿駭異，和溫和的人文主義的想像完全是兩回事。在一八七二年的〈非道德意義下的真理與謊言〉（Über Wahrheit und Lüge im außermoralischen Sinne）裡，尼采對意識與生命深層的關係如是說：「那個不幸的好奇心真是可憐啊。它從意識的陋室窄縫向外和向下窺看，隱約感覺到那對其無知的漠不關心的人類其實是被無情、飢渴、貪婪且凶殘的東西馱負著，就像趴在作夢的老虎的背上一樣。天哪，那麼我們追求真理的一連串衝動又是怎

麼來的呢！」（1,877; WL）

戴奥尼索斯的智慧

見到如此景象以後所得到的知識（那面對令人駭異的生命歷程時的認知成為它的一個難題），尼采把如此的認識稱為「戴奥尼索斯的智慧」（1,67）。他在晚年自省時認為《悲劇的誕生》的價值在於它「首次把知識理解為有問題的、可疑的」（1,13），他指的便是為《悲劇的誕生》帶來靈感的「戴奥尼索斯的智慧」。

「戴奥尼索斯的智慧」的確是《悲劇的誕生》很重要的一步。它談到的是完全在先驗哲學傳統裡的思想操作。尼采搶先探討一個和所有知識有關的、並且作為一切的生命活動的背景的根本層域。他搶先探討始終無法理解的實在界的絕對主義。那不是一個思辨的彼岸，而是總體實在界，是認識、生命和藝術發生的地方。先驗的行動並沒有建構什麼超越界，只是嘗試從源泉不竭的實在界裡去觀照知識的向度並且指出它的相對性。

源泉不竭的實在界當然沒有被認識。它怎麼能被認識呢？畢竟它是個不可知的東西。然而它是在當下被經驗的，在我們認識到生命的豐饒永無窮盡的當下。然而，我們不能滿足於為無窮盡的東西命名，更渴望用一個概念來掌握它，那便是形上學自古以來的誘惑，而尼采也一樣抗拒不了；對於這樣的誘惑，康德早就已經提出警告了。在大體上相當枯燥的《純粹理性批判》（*Kritik der reinen Vernunft*）裡，他發現了一個關於該誘惑頗有詩意的描繪。「現在，」康德說：「不僅僅已經探險到純粹知性的土地，同時也已經探勘過了，確定了每個事物應有的位置。然而，這片土地其實是一座島嶼……四周環繞著廣闊而風高浪急的海洋……時而有濃霧升起，時而漂來不久就融化的浮冰，讓人誤以為新的陸地就在眼前，一再落空的希望不斷讓一心要發現新境的航行者受騙，他們難以自拔地汲汲於冒險，卻永遠也找不到盡頭。」（Kant 3,267）。

康德始終佇留在島上，同時把那個「風高浪急的海洋」稱為詭異的「物自身」；叔本華則往前跨一步，將那一片海洋命名為「意志」。到了尼采，絕對的實在就成了「戴奧尼索斯」，尼采曾引用歌德的話，說它是「一個永遠的海洋，一個如幻的交織，一個熾烈的生命」（1,64）。於此必須重申，在該意義下的戴奧尼索斯並不代表任何個別的領域，而是統攝了實在界。戴奧尼索斯的信徒尼采後來在《歡悅的智慧》（*Die Fröhlichen Wissenschaft*）裡所說的這一段話，彷彿是要直接回應康德的海洋之喻：「終於，我們的船可以再下水了，可以迎向每一個危險，認識者的種種冒險又再度被允許，這一片海，我們的海又敞開在我們面前，或許自古以來都還不曾有過這麼『開闊的海』。」（3,574）

尼采使用「戴奧尼索斯」一詞時，並不都是嚴格指稱絕對的實在。有時，史前「蠻荒」的暴力與性狂歡也被稱為「戴奧尼索斯的」（比較1,31），就如同低度文明化的本能衝動一樣。當尼采在「沒有文明」或「低度文明」的意義下使用「戴奧尼索斯」一詞，如此文化歷史學或人類學的用法最終卻是得回溯到存有學和形上學的核心意義。「戴奧尼索斯」指的是「太初的一」（1,38），是無法理解而又周遍萬物的存有。「戴奧尼索斯」的概念蘊含著一個以經驗為出發點的理論性抉擇。從前，對於年輕的尼采而言，存有是流動不居的，既危險又誘人。他在「雷電、暴風、冰雹」裡體驗存有，在他早期的札記裡便已經出現赫拉克利圖的「世界之子」（Weltkind），在遊戲裡創造且破壞世界。我們的確應該把「存有」當作一種駭異的東西去體驗，它應該讓醒覺的生命感到不安。在我們熟悉的一切變得陌生的時候，我們就面對了戴奧尼索斯式的存有。

「戴奧尼索斯的智慧」便是那能夠承受戴奧尼索斯式的實在世界衝擊的力量。人們在此必須能夠承受兩者：「前所未有的歡悅」以及「厭惡」。個人意識的戴奧尼索斯式的解消是一種愉悅，因為「存有的圍欄與界線」也跟著消失了（1,56）。然而，在這個狀態退潮以後，當日常生活的意識再度占領思想與體驗時，醒覺的酒神沉醉者會感到「厭惡」的來襲。這種厭惡的感覺可以強烈到變成驚悚：「在真理閃過意識以後，一個人現在舉目所見，盡是存有的驚悚和荒謬。」（1,57）

這是怎麼回事？什麼東西令人感到驚悚？是戴奧尼索斯「顯露的真理」，還是日常的現實，在一個人經歷過戴奧尼索斯式的泯除界限得到的歡樂之後？尼采指的是雙重的驚悚：從日常意識的角度來看戴奧尼索斯是可怕的，相反的，從戴奧尼索斯的角度來看日常的現實也是可怕的。醒覺的生命在這兩個可能性中間擺盪，但如此的擺盪無異於一種撕裂：一方面被戴奧尼索斯吸引，不得不讓生命去接觸它，才不致變得乏味，另一方面必須依賴文明的保護機制，以免蒙受戴奧尼索斯的瓦解力量。

尼采以奧德修斯（Odysseus）的命運來象徵這種兩難的情狀，也就不讓人意外：他命令船員把他綑綁在船桅上，讓他在聽到賽倫女妖的歌聲時不會被它誘惑而走上毀滅之途。奧德修斯是「戴奧尼索斯的智慧」的化身。他親耳體驗了駭異者，然而為了保護自己，他也接受文化的束縛。文化是什麼？

窺見文化的運作祕密

不同的文化如何因應駭異者且建構生命的秩序？尼采從這個觀點發展了一套類形學，他的核心問題是：個別的文化對於戴奧尼索斯的破壞力有什麼樣的隔絕系統，如何疏導生命所需的戴奧尼索斯能量？尼采有意提出這個問題，以探索文化的運作祕密。他尋找生命意志行走的幽徑，發現這個生命意志的文化創造力的多樣性。為了將它的作品「長久保存在生命當中」（1,115），它把它們裹藏在一種瘋狂、一種幻象裡。或是選擇「藝術美的面紗」，或是在宗教和哲學裡尋找形上學的慰藉，好讓「永恆的生命在現象的漩渦下面安然汨流」；或在

「蘇格拉底式的求知欲」的操控下，接受病態的思想麻醉，希望透過知識可以治療「存有永恆的傷口」（1,115）。一切稱為文化的東西，都是由這些元素混製而成，而且隨著混合比例的不同，我們就得到古希臘的藝術性文化，或者諸如興盛時期的歐洲基督宗教世界或東方佛教世界的宗教和形上學文化，或者強調知識與科學的蘇格拉底式文化。

尼采認為前述最後一個文化型態是現代世界的宰制者。蘇格拉底的學說帶來了科學與啟蒙，其長遠的影響包括民主、正義與平等的概念。它試圖藉由知識去掌握和改變命運。在任何領域裡，都要自己去形塑和影響置身其中的歷史。大自然是如此的不公，賦與人們高低不平的天賦和截然不同的命運，因而有必要加以匡正或至少彌補其缺失。剝削和奴役的情形應該予以結束。尼采認為這些結論早已蘊含在蘇格拉底式的科學與知識文化裡，因此，他自己的（以及我們的）時代便肇始於蘇格拉底的勝利，也就是當樂觀主義的知識擊敗了悲劇的生命感受的時候。我們對此在後面還會有詳述。

可以確定的是，在他所提到的所有文化型態裡，都可以找到戴奧尼索斯的和阿波羅的力量。藝術、宗教和知識都是阿波羅的形式，在裡面，戴奧尼索斯的實在性既被圍堵也被疏導。在這個脈絡下，尼采在《悲劇的誕生》的最後一段陳述一個關於戴奧尼索斯與阿波羅的關係的存有學根本原理。「從一切存在的基礎，也就是世界的戴奧尼索斯深層，人類個體所能意識到的內容，不應多於阿波羅式的轉化力量所能夠抑制的。」（1,155）

從這個存有學的根本原理裡，尼采得出他的「強者」與「階級」的概念。強勢且高階的個人和文化可以包容大量的原始戴奧尼索斯元素，而不被它的黑暗的力量給擊垮。「強者」同時也意味著有足夠的阿波羅的轉化力量。強勢的文化與個人從可怕的實在裡搾取美感。在這個意義下，希臘文化是強勢的。我們不應該被希臘人的歡樂精神給欺騙，他們深層的生命感受是悲劇的和悲觀的。醒覺的希臘生命首先看到的是一個深淵，精神歷程的最前端是驚慌。尼采引用希臘的民間傳說。國王米達斯（Midas）曾經問戴奧尼索斯的隨從，智者西倫努斯（Silen）：對一個人而言，什麼是最好且最值得追求？智者回答說：「可憐的朝生暮死之輩，無常和苦難之子，何故苦苦逼迫我說出於你無益的話語呢？最好的事情你已經永遠也得不到了：不要出生，不要存在，什麼也不是。對於你而言，次好的是——早早死去。」（1,35）

此即希臘文化世界悲劇性的基本感覺。阿波羅的樂觀積極是建立在一個勇敢的、有生命力的「儘管如此」上面。奧林匹亞的諸神世界的產生，「與藝術的誕生一樣源於相同的衝動，它們都是為了要誘惑我們繼續活下去的存有的補償和成就」（1,36）。藝術的世界有如一個被凌虐的殉教者所看到的美好異象。阿波羅式的文化意志撐起了一種保護傘，或者以更軍事性的語言來說，「安營紮寨」（1,41），用以對抗洪荒的生命力，在城牆的保護下演出一幕一幕的生命戲劇，護城神、法律、德行、繪畫、文學、政治智慧，都一一登上舞台。然而，戴奧尼索斯的意志則有如在狂歡的祭祀或慶典裡、在血祭的儀式裡、在音樂與酒醉裡所經驗到的，緊鄰生命恐怖的深淵，雖然如前所述，它已經得到昇華和文化的洗禮。簡而言之，交織著痛苦與快樂、死亡與生長的戴奧尼索斯的生命力，在古代的藝術裡仍然看得到。尼采的《悲劇的誕生》以一個技巧性的問題作結：「這個民族必須承受過多少苦難，才可以擁有這般的美！」（1,156）

駭異者的光點和黑影

尼采籠統地描繪「戴奧尼索斯」，讓它保留根本的歧義。它是絕對的實在性，個體可以在裡面愉悅地消融自己，也可以墮入恐怖的毀滅。沒有保護的機制，人們不可以貿然靠近這個令人駭異的生命洪流。宗教、知識和藝術便是中介的媒體。尼采再次提到了伊底帕斯：顯然他已經跨過了紅線。他回答了斯芬克斯（Sphinx）的問題，也解開了「自然之謎」。然而，這個揭祕者同時也是弒父姦母者，破壞了「最神聖的自然律」。尼采說：「這個神話似乎要悄悄告訴我們……戴奧尼索斯的智慧是一種違反自然的罪行，任何人憑著他的知識而把自然推向毀滅的深淵，自身必定也會經歷到自然的瓦解。」（1,67）尼采甚至以「智慧的矛頭終將指向智者自己」將真理的問題推到極端。一個人可以忍受多少真理，卻不會走向覆滅？難道我們不也需要一種知識來告訴我們生命可以承載的知識極限為何？如果我們可以為

《悲劇的誕生》做總結的話，那麼它便是：我們可以藉由藝術、最好是藉由音樂，來接近駭異的生命真相。

尼采的《悲劇的誕生》是個弔詭：戴奧尼索斯精神必須暴露在知識的光照之下，同時知識的澄清作用也必須被還原掉。後來尼采還說：這本書本來是為歌者而寫的。雖然，或者正好因為它最後還是以語言學論文的面貌問世，語言學界再也無法原諒這個自始即被寵愛有加的神童。尼采從前的老師與獎掖者黎契爾教授的評斷是：「靈思泉湧，雜亂無章。」（Janz 1,470）年輕的維拉摩維茲・莫倫朵夫（Wilamowitz-Moellendorf），後來的古典語言學泰斗，在一八七三年發表了一篇否定性的評論，把它攻擊得體無完膚，文末說：「但願尼采先生遵守諾言；但願他提起酒神權杖（Thyrsos）；但願他從印度走到希臘；不過也但願教授科學的他走下講壇；但願他讓虎豹圍繞在他的膝下，而不是日耳曼的語言學後進。」（Janz 1,469）

一夜之間，尼采在語言學界的聲望一落千丈。把語言學家引誘到僻靜的「舞台」上，是不會輕易得到原諒的（1,14）。巴塞爾的學生開始對他敬而遠之，另一方面，在特里比先華格納家裡，他得到了讚許。李察・華格納認為戴奧尼索斯的意象不多不少表現了自己的性格。然而，尼采也想要以這個「不知名的神」（1,14）來刻畫自己和他的激情——但那位自大狂顯然絲毫也沒有察覺。

尼采尚且以低風險的審美角度來推論出生命的戴奧尼索斯力量，然而一開始雲淡風輕的遊戲，現在有了意想不到的嚴肅性，因為現在尼采必須承擔他的演出帶來的沉重的社會後果：學術圈與他漸行漸遠，在那裡他已經形同「作古」。在巴塞爾執教鞭讓他感到不自在，他也開始疾病纏身。但踏上了這條思想道路以後，他就不再回頭。他決定以戴奧尼索斯式的生命理解作為立足點，深化對科學意志的批判。他在一八七二年所撰的〈非道德意義下的真理與謊言〉開頭的幾句話是：「在有無數閃爍的星系流瀉著的宇宙某個偏遠的角落裡，曾經有一顆星球，上面居住著一種聰明的動物，發明了知識。那是『世界史』上最癡妄、最虛偽的一刻：但也僅僅是片刻。在大自然的幾個鼻息之間，這個星球就凝固了，而聰明的動物也難逃滅絕的命運。即使有人虛構了這樣的寓言，對於人類的智慧在自然當中如何渺小、如何陰暗、閃爍不定、如何無用與偏頗，也無法形容於萬一。」（1,875）

為了活下去，生命需要一個由無知、幻覺和夢築成的保護層。不過，生命最需要的還是音樂，而且最好是華格納的音樂。

第五章
FÜNFTES KAPITEL

尼采與華格納：並肩建構神話

浪漫主義與文化革命

《尼布龍根指環》

尼采為大師工作

戴奧尼索斯的重現

沒落的景象與「狂喜的極致」

在拜羅伊特的覺醒

尼采與華格納：並肩建構神話

華格納的音樂劇點燃了年輕的尼采重建德意志精神的希望。他認為物質主義、重商主義、歷史主義，以及一八七一年德意志帝國的建立，都嚴重破壞了德意志精神。在《不合時宜的觀察》第一篇裡，他表示「德意志精神因為『德意志帝國』的建立而沒落甚至被掏空」（1,160; DS）。他指的是國家沙文主義、把經濟利益放在首位的思想，以及對於進步的信仰的勝利。如前所見，尼采並不反對「戰爭守護神」的勝利（1,775）。然而那應該是一個革新文化的英雄事蹟，文化的充實應該也是軍事勝利最高的目標。對尼采而言，戰爭意味著戴奧尼索斯和赫拉克利圖的世界闖入政治，產生了生命的緊張狀態，藉此讓文化得到灌溉。然而，由於軍事勝利僅僅有助於市民社會庸俗的目標，尼采最後很失望地離它而去。強化經濟、政府或者忠於國家的宗教，正好與他所憧憬的德意志精神的復興背道而馳。在《悲劇的誕生》裡，尼采在華格納的齊格菲身上看到了德意志精神重生的意象：「讓我們設想一個新興世代，他們具有無畏的眼神、勇敢探索駭異世界的英雄性格，讓我們設想這些屠龍者堅定的腳步，那睥睨一切的肆無忌憚，讓他們拋卻樂觀主義的弱者教條，以便完完整整『堅決地活』：那麼，這個文化裡的悲劇性人物，在教育自己面對危難和恐懼時，不是必然要渴求一個新藝術，一個提供形上學慰藉的藝術嗎？」（1,21）

此時的尼采還憑藉著形上學的慰藉，但在後來，也就是在與華格納分道揚鑣之後，他就開始尋找一個新視野，以克服對於慰藉的任何需要。不過，他在與華格納決裂的初期，在「名義上」依舊是大師的追隨者。尼采在回顧時解釋說，關於華格納的《不合時宜的觀察》第四篇所反映的思想，在執筆的當時就已經被超越了。我們稍後會討論其思想的幕後轉變。無論如何，在《悲劇的誕生》與〈李察・華格納在拜羅伊特〉（Richard Wagner in Bayreuth）裡，尼采仍思索著「形上學的慰藉」：為神話重新灌注生命，激發意識裡建構神話的潛能。尼采讚譽華格納的作品裡的神話創造力。

在《悲劇的誕生》裡，尼采稱神話為「濃縮的世界形象」（1,145; GT），透過它，生命可以沐浴在更高的意義的光照裡。它不僅僅對個體有意義，而且提供了社會和文化的脈絡。「沒有神話的話，每個文化都會失去健康而有創造力的自然活力：只有一個充滿著神話的視域才可以將整個文化活動涵攝到一個統一性裡。」（1,145; GT）神話讓想像力和思考擺脫了「盲目的空談」的危險。對尼采而言，沒有神話的現代人是失根的人。他們試圖在財產、技術、科學和歷史檔案館裡尋找依靠。尼采在《不合時宜的觀察》第二篇裡批判了那用來救助生命的歷史主義（Historismus）。然而他在《悲劇的誕生》裡就說過：「飢渴的現代文化對於歷史永不饜足的需要，對於無數其他文化的大肆搜刮，飢不擇食的求知欲，這一切如果不是因為失去神話的家園、喪失那孕育神話的地方，還能意味著什麼呢？」（1,146）尼采轉而探討神話，因為他既沒有宗教意義下的信仰，也無法相信理性可以指引生命。神話的意義是什麼？它源自於什麼樣的精神活動？

神話的創造是為那原本沒有意義的東西賦與形象鮮明的意義。那不斷刺激意識裡的神話創造潛能的，是世界的漠不相關。人們很自然地會抗拒一個無法讓他覺得自己「被在乎」的世界。一個認識者也有被認識的需要，不只是被其他人認識而已，也包括一個充滿意義的宇宙。人類屬於自然，卻因為他的意識而得以與自然保持距離，同時期待他的意識可以在外在的自然裡找到類似意識的對應物。有意識的人類不想孤芳自賞，他希望自然可以和自己唱和，而神話便是與自然交談的嘗試。對於神話的意識而言，自然的歷程充滿了意義。在歷程裡有什麼東西在說話，而對於叔本華的信徒尼采而言，那無非根本的意志。在雷電、暴風、冰雹的體驗以後，年輕的尼采在一封信裡說：「它們多麼歡欣，多麼有力，純粹的意志，不摻雜任何理智！」（B 2,122）

尼采對賀德齡的評價非常高，因為賀德齡鍥而不捨而且辯才無礙地為神話經驗尋找現代的語言表現，尼采也非常惋惜我們失去了該經驗裡的輕鬆愜意和自明性。像賀德齡一樣，他認為在希臘文化裡，那個經驗應該是日常生活的一部分。對於賀德齡而言，該損失使得那能夠觀照且經驗實在界的唯一向度完全消失。因此我們「看」不到大地，「聽」不到鳥鳴，而人與人之間的語言也「枯萎」了。賀德齡把這個情境稱為「諸神的暗夜」，並對於把神話主題與名稱誤用於單純的藝術遊戲的「假神聖」提出警告。對於賀德齡和尼采而言，關鍵的問題都是在於如何發現那作為生命活力的神話，把無盡的歡樂歸還給存有。要在冷漠的自然界裡開闢一個充滿意義的沙洲，最有效的辦法當然就是文化。它讓人們不再漠不相關，無論是在相遇、凝聚或信賴裡，甚或是在那些為人際互動賦與意義的規則和制度裡。文化是個永久性的嘗試，至少要在一個核心領域裡有效地克服世界的冷漠。尼采和賀德齡一樣，認為「諸神的暗夜」已經侵襲到文化。頑強的冷漠已經滲透到文化的內圈，讓人際關係壞死。如果我們要嘗試著穩定在社群生活中拉近人與人之間的距離的、有約束性的種種價值，那麼就有更緊迫的需要去釋放神話的能量。神話是價值的創造，目的在於培植社會的深層脈絡。因此，神話是對自然的沉默、也是對一個意義瓦解的社會的回答。

華格納和尼采覺得他們的時代的社會性處境是充滿危機而意義匱乏的，因此他們著手發現或發明新的神話。尼采回到戴奧尼索斯和阿波羅等希臘諸神，以理解生命和文化的太初力量。在此，祂們的功能是作為「現象的縮寫」（1,145）——然而，那只是他對神話的定義。尼采和華格納各自以不同的方式嘗試讓神話復活，拒絕接受後來的馬克斯・韋伯（Max Weber）所謂的藉由理性、科技和中產階級社會經濟思維的世界「除魅」（Entzauberung）。他們為了所處的時代裡神話的消失無蹤而憂心，在藝術的領域裡看到神話復活和重新創造的可能性。在那樣的時代裡，藝術在經濟思維的箝制下漸漸被貶為美麗的次要品，他們為藝術的優位而戰，把它推到生命目的的最高層級。就華格納而言，藝術取代了宗教的地位。尼采對此印象深刻，但是終究認為如此的藝術觀太溫馴了，因而決定走自己的路，以藝術家的生命藝術概念作為新方向。他對藝術的期盼不是救贖，而是生命的提升。在極端的例子裡（而尼采所考慮的通常是極端的例子），那便意味著：一個人應該把他的生命變成獨一無二的藝術品。

起初想法一致的華格納和尼采後來會分道揚鑣，是因為華格納想要建構有宗教作用的神話，而尼采則意在與神話的審美遊戲，以滋潤生命藝術。但是如此的對立在當時還沒有出現。至此尼采還是和華格納站在同一條陣線，嘗試透過音樂精神去奠立新神話。

浪漫主義與文化革命

華格納和踵繼他的尼采承續了十九世紀初的浪漫主義脈動。在當時，建立神話的實驗已經出現過。

關於早期浪漫主義的神話理解，有一篇令人矚目的文獻：一個精簡的草案，後來被稱為〈德國觀念論最早的體系綱領〉（Das älteste Systemprogramm des Deutschen Idealismus），據考出現於一七九六年，曾經先後被認為是謝林（Schelling）、黑格爾（Hegel）或賀德齡的作品，甚至推測為三人聯合執筆。該論文的結論如下：「首先，我在這裡要提出一個據我所知仍然沒有人談到的想法：我們需要一個新神話，而這個神話必須為觀念服務，它必須是一個理性的神話。」（Hölderlin 1,917）

當時尋找新神話的動機有兩個。

第一，在啟蒙時代的末期，理性深深陷入自我懷疑當中。理性的長處在於質疑且批判道德和宗教的傳統存在。「批判精神，」席列格（Friedrich Schlegel）曾說：「難免會變成政治，意圖掀起市民社會的革命；另一方面，它一再闡明和解釋宗教，直到它終於煙消雲散，在清晰的思緒面前消失無蹤。」（Schlegel 3,88）但是，對於這種思緒清晰的感受卻是負面的：我們對於更高的意義與目的的渴求依舊，縱使我們擔心最後仍然走不出自己的想像。最好理性可以和想像力攜手偕行，共同打造新的意義。架構草案的作者把如此的工程稱為「理性的神話」。在早期浪漫主義者的夢想裡，它應該在詩人、哲學家、音樂家與畫家齊心協力的努力下成形，取代如今已經蒼白無力的官方宗教。「理性的神話」應該從「精神內在的最深處湧現」，那樣的作品「就像一個自虛無創造的新的受造物一樣」（Schlegel 301）。

尋找新神話的第二個動機在於十九世紀初劇烈的社會變動所帶來的靈魂創傷：晚期封建社會的崩解，讓人痛楚地經歷到一個籠罩整個社會生活情境的觀念如何在一夕之間消失。精神空虛的自我主義和經濟的功利主義佔領了舞台。因此，新神話的使命正是「藉由一個共同的看法將人們結合起來」（Frank 12）。

在浪漫主義的想像裡，新神話的實驗應該為理性帶來一個基礎、一個方向與一個界域，將社會整合起來。浪漫主義者堅信，即使沒有可以利用的傳統，也可以藉由人為的和藝術的方式去創造神話。浪漫主義者從傳統中了解如果沒有神話會如何寸步難行，而近代初期「事在人為」的精神也有足夠的自信認為可以完成神話的藝術創造。然而就結果而論，那些神話始終跨不出最初的草創階段，而且不久就開始重新在傳統裡尋找庇護。格林（Grimm）兄弟開始蒐集民間童話，將「德國神話」的材料集結起來。布倫塔諾（Brentano）和阿爾寧（Achim von Arnim）出版了《兒童的魔幻號角》（*Des Knaben Wunderhorn*）歌曲集，而賀德齡則魂繫希臘諸神的天空。直到半個世紀後的華格納才擁有尼采所欽慕的、真正敢於創造神話的膽識。他的構想源自一八四八年市民革命的街頭壁壘。

華格納在德勒斯登與巴枯寧（Bakunin）密會並且參與街頭暴動。在反抗遭到鎮壓之後，他逃到瑞士，並在當地撰寫〈藝術與革命〉（Die Kunst und die Revolution）一文。尼采讀過以後，在札記裡寫道：「打倒一切那自身無法醞釀社會革命、民族復甦和團結力量的藝術。」（8,218）

華格納在文中提出《尼布龍根指環》（*Der Ring des Nibelungen*）音樂劇計畫的理由。他從早期社會主義反資本主義的角度，把理想中的古希臘城邦文化與現代市民社會的文化現狀做個對比，認為在希臘城邦裡，社會與個人、公領域和私領域的利益得到和解，因此藝術是個真正的公共事業，藉此，民族可以將其群體生活的意義與原理一覽無遺地呈現出來。另一方面，華格納說，對於現代藝術而言，如此的公領域已經不復存在。公領域已經成了市場，而商業化和私有化控制也控制了藝術。藝術和其他產品一樣，都是在市場上供應和販賣的商品，而藝術家也必須為純粹的商業利益而生產。這是令人髮指的演變，因為藝術作為人類創造力的表現，應該擁有作為目的本身的尊嚴。資本主義的「奴役」褻瀆了藝術，把它降格為單純的工具：大眾的娛樂用品，有錢人的奢侈品。在這同時，藝術也被私有化，正如「全體精神裂解為數以千計的自我主義」。現在，表面的原創性決定一切；一個人要佔有一席之地，就必須跟他的競爭對手區隔。藝術不再覺得自己與更高的真理有什麼關聯，所求者無非「獨立、卻也孤獨而自我中心地自我成長」（Wagner, Denken 132）。

華格納認為社會的腐敗也造成了藝術的墮落。在社會革命以前，藝術也斷然沒有尋回自己真正的本質的可能性。不過，藝術家也不需要坐待革命的發生；他現在就已經可以為社會的自由獻身，也就是在自己的領域裡進行解放的工作：藝術可以讓人們回想到其存有的真正目的，因為，華格納說，那無非是人類創造力的完全釋放。他斬釘截鐵地宣稱：「人類最高的目的是藝術性的目的。」（Wagner, Denken 145）。革命服務於藝術，這也是為什麼藝術必須為革命出力。藝術工作者是真正自由的，因此也是真正有革命精神的人。

華格納以神話詩篇《尼布龍根指環》去草繪自由的人類的形象。華格納希望以他的作品去協助政治的解放，始終堅信該作品在革命後才能真正被理解。然而，一個有成果的革命始終沒有出現。因此，華格納退而求其次，希望至少能指出未來革命的必然性。在他的生命的最後十年，也就是與尼采維持友誼的十年當中，華格納雖然對政治絕望，對於自己的藝術卻充滿自信，認為它足以補償沒有發生的革命，甚至可以代替革命。藝術的經驗應該可以如魔法一般，讓我們一窺生命諸惡的救贖，甚至可以成為末日大救贖的預言和應許。

《尼布龍根指環》

華格納花了四分之一個世紀來創作《尼布龍根指環》。他在一八七四年十一月完成了《諸神的黃昏》（*Götterdämmerung*）。「我不用再說什麼了。」他在四幕劇總譜的最後一頁如是說。

華格納完整版的《尼布龍根指環》在拜羅伊特藝術節劇院於一八七六年啟用時首演一共四天。對華格納而言，那是他藝術生涯的高潮，而尼采在與華格納決裂以後，也稱之為「有史以來一個藝術家的最大勝利」（2,370）。

《尼布龍根指環》敘述諸神的沒落與自由的人類的誕生。諸神因為自己的權力意志而毀滅。祂們自始就敗壞了世界，因為祂們無法實現生命裡的兩個根本原理的和解，也就是愛和權力的和解。諸神陷入了彼此對立的生命力量的衝突中，祂們渴望著全新的開始，但唯一的可能性在於讓人類得到自由並且自己喪失權力。當布倫希德（Brunhilde）將象徵權力的指環還給了水元素，也就是純潔的大自然，諸神的英雄殿（Walhall）在一片火海中化為灰燼，此時那脫離了愛的權力再度從世界上消失，萬物原初的正義秩序也得以恢復。自此以後，保護秩序於不墜便是自由的人類的職責。

尼采動輒讚不絕口的《萊茵河黃金》（*Rheingold*）前奏曲開頭是有名的降E大調和弦，以潺潺的樂音懷想一切的始源，即流動不居的太初元素：「水」。尼采在後來也沒有放棄水的音樂意象。湍流波動的元素，對他而言成了律動的生命最直接的寫照：「波浪如是生存著，我們如是生存著，有意志者！」（3,546; FW）

隨著第一個樂音轉調，華格納讓一切陸續開展。象徵太陽的樂音加入，我們聽到了世界創造的那一刻。火紅的太陽把水面照得一片金黃，在水底也有金光閃閃。然而那只是單純的美，還沒有「價值」，沒有淪陷到權力和佔有的災難性循環裡，沒有被貪欲玷汙。萊茵河的女兒守護寶藏的方式，便是溫柔地戲耍。

此時夜魔，尼布龍根國的統治者，侏儒王亞伯里希（Alberich），跟著出現。他對於寶藏的美毫無鑑賞力，也沒有辦法讓它原封不動地留在原地。他要佔有它，藉此擴大自己的權力。他褻瀆了價值，因為他想要剝削它。剝削的意志毫無慈愛可言。亞伯里希盜取黃金前應該早已忘記自己的愛，成了鐵石心腸。只有一顆冰冷的心才能掠奪金屬性的寶藏。

最初一幕包含了戲劇的整個衝突。權力和愛、佔有和奉獻、嬉戲和搶奪之間的緊張關係，決定了四幕劇直到終幕的歷程。

在尼布龍根國裡，黃金被打造成一個指環，誰要是戴上它，就可以享有無限的權力。華格納無疑是要藉著尼布龍根來體現工業時代的邪惡精神。他對科希瑪描述他對於倫敦的海港設施的印象說：「亞伯里希的夢想在這裡已經實現了。霧鄉（Nibelheim）、世界的宰制權、行動、工作，到處可見蒸氣與煙霧的壓力。」（Cosima Wagner 1052）。

而諸神之王沃坦（Wotan）也陷入權力和佔有的世界的糾葛。祂得到尼布龍根指環以後，也沒有歸還給萊茵河女兒，因為祂與尼布龍根國結盟。因此，祂也無法重新尋回純真的存有，也因此，大地之母艾爾達（Erda）拒絕承認祂的稱號：「你不配以你的名字被稱呼」（Wagner, Ring 240）。權力、黃金、密約諸般邪惡，戰勝原始自然的正義存有。

是以，華格納的神話世界有三個層次。最下面是原始存有的美與愛，以萊茵河女兒與大地之母艾爾達為代表，其上是尼布龍根國的權力和佔有的世界，此外還有不幸也陷入其糾葛的第三個世界，那是完全忘了自己的故鄉的諸神。在《萊茵河黃金》終了，萊茵河女兒哭訴著：「唯地下的深處有安詳和誠真：／邪佞與膽怯的／是上面那些洋洋得意之輩！」

接著身世複雜的齊格菲（Siegfried）登場了。他殺死巨龍以後，無意間撿到寶藏，將指環送給布倫希德向她示愛。然而，他缺乏謀略與先見之明，最後在一個摻雜著嫉意、權力欲和貪欲的陰謀下犧牲了。亞伯里希的兒子哈根（Hagen）謀害了他。他留下來的使命最後為布倫希德所完成。她將指環歸還給萊茵河，英雄殿陷入一片火海，諸神在烈焰中喪生。

也就是說，諸神也難逃世界全面性的墮落。因此，祂們也無法成為救贖者，而唯一的希望自然也就落到打破權力、佔有、利益分贓的惡性循環而得到自由的人類身上。新天新地已經與諸神無關：祂們在創世的行動宣告失敗後已然心力交瘁，當人類醒覺到愛和美時，終於也不免一死。

權利欲與佔有欲所主宰的世界瓦解了，愛與美的世界誕生了。華格納想要以他那雄渾壯闊的神話劇去推動那個歷程。但那如何可能呢？整個神話機器不是只能視為虛構的故事嗎？華格納不是僅僅把再也沒有人會相信的神話題材舊瓶新裝嗎？華格納的這部作品難道不是只有純粹的審美價值，因此也沖淡了神話的作用嗎？

華格納當然也意識到這個問題；許多理論性的短文可以證明這一點，不過那同時透露了他想要突破純粹的審美界線的意圖，鼓吹一般人或許稱為「神話」、而他自己則稱為「宗教」的意識狀態。他解釋說：「我們可以說，在宗教藝術化以後，藝術就有了拯救宗教的核心職責。」（Wagner, Denken 326）

華格納區別了「宗教的核心」以及它所包含的複雜而紛爭不斷的教條和儀式的神話外殼，整個宗教傳統的礦床的持存，是因為它受到習俗的庇護和國家權力的保育。然而，華格納的藝術所要拯救的宗教核心，是「去認識世界的脆弱，並以此得出解放的線索」（Wagner, Denken 363）。華格納以叔本華的觀點去看世界。他所謂的「脆弱的世界」，用叔本華的話來說，便是個別的意志的體現導致的鬥爭和相互毀滅，因而為自己創造地獄般的世界，對自然而言是如此，對人類和整個生命的叢林戰而言亦復如此。我們也知道，對叔本華而言，藝術也是解脫的力量；他說，在真正的藝術鑑賞裡，我們「去除了鄙劣的意志衝動，享受在意志的監牢裡的安息日，伊克西翁（Ixion）的轉輪也停了下來」（Schopenhauer 1,283）。

華格納承襲了叔本華以藝術為解脫的觀念：「當神聖的時刻來臨，當世界裡的一切形象猶如在預言的夢裡一般的消融，我們就會相信自己已經預先體驗到解脫本身的喜悅：無底深淵、深處可怕的鬼怪、自我啃噬的意志的病態畸形兒，正如他們在人類的歷史上演的，那些想像再也不會讓我們驚慌失措：我們聽到大自然清新而渴望和平的悲嘆，無懼的、充滿希望的、止息一切的、解脫世界的。因為悲嘆，人類意識到拯救那與自己一同受苦的自然是多麼高貴的職責，在悲嘆裡合而為一的人類靈魂，翱翔在現象的深淵上面，而馬不停蹄的意志像解脫自我的桎梏一樣的自由。」（Wagner, Denken 396）

如果藝術要拯救宗教的核心，那麼它必須讓一個人的內在世界持續蛻變。短暫的藝術快感是不夠的。對於「作為宗教的藝術」的欲求，因此碰撞到純粹審美經驗的界線。對於像華格納這樣認為自己也是個宗教創立者的藝術家，那自然是個很大的屈辱。在衝突裡，一個有爆炸性的潛在敵意便持續地醞釀著——對於一個被金錢宰制的世界、而藝術也被藝術工業宰制的世界的敵意。在如此的世界裡，人們對於藝術的期待也僅僅是藝術而已，或許再加上一點娛樂。華格納有時相當激烈的反猶太主義，或許也是源自藝術意志與庸俗的世界完全無法妥協的敵對關係。因為在華格納的眼裡，猶太人正是經濟本位主義與膚淺的娛樂的化身。

華格納想要以全面藝術的性格來促成宗教的和救贖的目的。藝術必須全面動員所有力量。其中包括音樂，因為它可以說出言語無法說出的東西，可以找到一個只能藉由感受去理解的語言；它也包括舞台上的劇情、肢體語言、面部表情、空間設計，更包括藝術節的莊嚴儀式，以及圍繞在藝術聖殿的集會。

華格納必須動用其作用力的所有槓桿，以踏出純粹藝術美的保留地，讓神話和宗教的經驗成為可能的。在努力的過程當中，他甚至成了自己最憎恨的藝術企業的指標性人物。正如他同時代的人所批評的，他的作品成了對於所有感官的全面性轟炸。所以他的作品儘管是對資本主義現代的抗議，自己卻也因此被賦與了獨一無二的現代感。作用與效益的優先性是公眾被組織成市場的重要現代特徵，其中，藝術家也必須彼此競爭，因此，不斷競逐新效果和爭奇鬥豔就成了自然的結果。華格納最早的仰慕者波特萊爾（Baudelaire）看到了這個處境，因而建議藝術家向廣告看齊：「用新處方來確保同樣多的注意力……用兩倍、三倍、四倍的劑量。」（Oehler 48）市場把權力轉移到觀眾手裡，他們現在要求的是政治和藝術的英雄。

他們想要被寵愛、被魅惑、被征服。陳列到市場上的一切，都必須有個吸引眼光的陳列面。商品美學的時代已經來臨了。

當然藝術自古以來就脫離不了觀眾，不過在現代藝術裡，重心顯然已經移轉到外在作用的原理。如此的發展應該會刺激一個反挫，產生刻意諱莫如深的藝術，具體的表現就是「為藝術而藝術」、象徵主義、晦澀難懂的風格傾向，和觀眾的距離拉得更長。不過，在華格納的時代裡流行征服大批觀眾，無論是諂媚、挑釁或故弄玄虛。馬卡特（Makart）或史圖克（Stuck）陰沉的繪畫、自然主義刻意突顯的清晰、逢迎拍馬的現實主義，都是實例。藝術向外走，在作用戰的前線上定義自己：沒有產生作用，就等於不存在。在華格納成為藝術英雄的時代裡，笛卡兒（Descartes）的格言應該改成：我有作用，故我在。因此，華格納也深諳如何把自己經營成公共神話的道理。此處似乎有個必然的關聯：在現代的神話創作裡，創作者也必須讓自己成為神話。例如，華格納征服巴黎的觀眾的第一步，不是演出他的作品，而是承租一個自己負擔不起、卻可以讓他人對他感興趣的豪宅。關鍵在於表面作用；一切可能放大作用的手段，華格納都不會排斥。現代的宗教創建者華格納同時也是他自己的藝術品的市場分析師。尼采很早就看出華格納的誇大矯飾和汲汲於表現的人格特徵，在一八七四年的札記裡，他就談到華格納是個「天生的演員」（7,756），雖然還沒有後來的貶義，但字裡行間已經透露出一絲懷疑。他們決裂後，尼采認為這個演員根本就是個騙子，並稱華格納為「現代藝術的卡里歐斯托（Cagliostro）」（6,23; WA），精心計算觀眾的反應，其品味的基本規則是：「把我們推倒的人是強者；擢升我們的人是神；讓我們若有所悟的人是高深莫測的。」（6,24）

在完成《尼布龍根指環》初稿時，華格納就知道這齣音樂劇不應該在一般的歌劇院演出。它需要一個自己的空間，讓觀察專注於舞台上所發生的一切，完完全全俘虜觀眾，讓他們感受到節慶氣氛的渲染。他們應該能夠脫離生活裡的林林總總，在幾天裡聚集在專為音樂劇而佈置的場所。在特定的時空當中，一個以舞台表演為中心而重新界定的社群生活，讓人們先睹為快地一嘗那「自由而美好的公眾生活」。觀眾應該可以免費入場，華格納希望有國家補助和私人贊助。起初他計畫在萊茵河畔搭舞台，邀請眾人參與有史以來「最大的戲劇節」（Müller/Wapnewski 592）。但他最後選定的是他的支持者和資助者巴伐利亞國王路德維希二世（Ludwig II）所統治的拜羅伊特。在一八七二年五月二十二日，華格納的五十九歲生日，奠基典禮隆重舉行，尼采也在受邀之列。在他的第四篇，也就是最後一篇《不合時宜的觀察》裡，尼采如是評論：像拜羅伊特這樣的事業在「先前完全沒有任何預兆」，它是「藝術王國的第一次環航，在這裡，被發現的似乎不僅僅是一個新藝術，而是藝術本身」（1,433）。

尼采為大師工作

尼采看到華格納讓藝術回到古希臘的根源。藝術再度成為禮讚生命之神話意義的社會饗宴。它重新找到讓社會內部溝通的場址，讓對於一切行為意義的共同認識可以攤在陽光下。但這個「意義」所指為何呢？

尼采不再佇留在華格納詩作的神話細節裡。華格納藝術的神話本質，尼采幾乎是在音樂裡探索的，他把那音樂稱為真實感受的語言。他說，一個人必須經歷過我們的文化裡的疾病，才能心存感激地接受華格納音樂的禮物。對他來說，華格納的音樂劇是脫離文化苦海的解脫。「藝術必須存在，以免生命的弓弦被繃斷。」（1,453）華格納已經注意到語言的痼疾，科學的進步破壞了感性如畫的世界觀。思想的王國不斷擴及鉅細靡遺的非直觀事物，而人類文明也越來越複雜而難窺究竟。專業與分工的程度日高，把每個人綁在一個整體裡的輸送帶也越來越長，越來越紊亂。如果有人嘗試去掌握他生活在其中的整體，則語言終將失效。這種爆炸性的擴張讓文明和語言疲累不堪，反而無法面對它們原來的任務：讓人們了解彼此「生命中最簡單的匱乏」（1,455）。語言再也無法掌握我們所屬的整體，也無法觸及個人的內在深處。它顯得如此貧乏而有限。無力感經常伴隨著它，同時，由於社會組織的關係網路趨於縝密，語言在公共領域裡的影響力卻也突增。公眾的語言變得意識形態化，尼采稱為「普遍概念的癲狂」（1,455），因為它彷彿用「看不見的魔爪」攫住個體，把他推到他不願去的地方。雖然文字和行為仍舊有對應關係，但這樣的對應毫無情感可言。尼采說：「如果在人類如此傷痕纍纍的時刻，我們的德國大師的音樂響起，那麼這時響起的究竟是什麼呢？那就是真實的感受，與一切習俗為敵，反抗一切藝術的異化以及人際的隔閡：這個音樂便是回歸自然，但同時也是自然的淨化和蛻變；因為，在最溫柔的靈魂深處才會產生這種回歸的衝動，而在其藝術裡蛻變為愛的自然，也化成了樂聲。」（1,456; WB）

戴奧尼索斯的重現

尼采所謂的「真實感受」，指的是被他視為神話性的生命力的感受，而它的名字我們也已經都知道了：戴奧尼索斯。尼采在華格納的音樂劇裡期盼的，是在感覺深層的戴奧尼索斯式的復合，藝術的領域裡的聖餐禮，就像他以希臘悲劇的作用方式為例所描述的。「在戴奧尼索斯的魔法裡……人與人之間的縮結重新繫在一起……現在……每個人都不只覺得自己與他的鄰人凝聚在一起、彼此和解、水乳交融，而是本來就是一體，彷彿幻力的面紗被撕裂，只剩下破片在『太一』四周隨風顫抖。」（1,29f.; GT）尼采的經驗中的華格納音樂劇是個戴奧尼索斯式的巨大世界舞台，而為了讓人們意識到這樣的體驗，他也將阿波羅與戴奧尼索斯的區別應用在華格納身上。

個別人物的命運和性格、他們的言語與行動、他們的衝突與競爭，都是「阿波羅精神的」。其音樂性的底層則是「戴奧尼索斯精神的」，其中雖然也有個別差異（華格納主題動機的技法對此有特別的強調），然而種種的差異總是一再沒入音樂之海裡。戴奧尼索斯的音樂性沉醉消融了個性的面具，喚起「一切即一」的共感。對尼采而言，華格納的音樂是個神話事件，因為它表現了生命充滿張力的統一性。

尼采成為華格納的信徒，是因為他在其音樂劇裡感受到戴奧尼索斯精神的重現，因此也找到觸探生命的原始層次的媒介。尼采踵繼華格納所建立的音樂哲學，試著將音樂的聲響介面理解為人類自身深不可測的真理的展現。對於尼采初步的探勘，李維斯陀（Levi-Strauss）後來在他的鉅作《神話學》（*Mythologica*）裡曾有回憶，並據此主張說，「人類最終極的祕密」的鑰匙隱藏在音樂，尤其是旋律的本質裡。音樂是最古老的普遍語言，人人皆懂，卻無法用任何其他語彙轉譯。我們如何去設想尼采和李維斯陀所談論的這個「祕密」呢？

在巴別塔的語言亂象出現以前，音樂就已經存在，而且由於它在今天還是唯一普遍的溝通媒介，我們也可以把它視為可以戰勝語言的紛歧的力量。由此引申的觀念是，音樂比意識的其他產物更貼近存有。這個觀念正是奧斐斯祕教（Orpheus）與畢達哥拉斯（Pythagoras）的學說裡的基礎，也成為克卜勒（Kepler）對於行星軌道的計算準則。音樂是宇宙的語言，是音符構成的意義，到了叔本華，它則成了世界意志的直接表現。

如果說「邏各斯」（Logos）讓無言的萬物打破沉默，其無盡豐富的存有卻也必然在概念裡流失，如果神話想說的是邏各斯所無法掌握者，那麼音樂與神話的關係就應該十分親密。或許音樂根本就是神話的殘留物，妥善保存直到現在，甚而因為科技的發展而變得無所不在。它和萬物都有關，遍佈每個角落。它成了背景、氛圍、環境。現在它已經成了我們的存在的基調。一個戴著隨身聽耳機搭乘地下鐵或在公園裡慢跑的人，同時活在兩個世界裡。乘坐地鐵或慢跑的他是阿波羅精神的，聽著音樂的他是戴奧尼索斯精神的。音樂把超越性的東西給社會化了，成了大眾的娛興節目。迪斯可舞廳或音樂廳是現在的大教堂。三十歲到四十歲之間的人們大部分活在搖滾樂或流行音樂這個非語言的、前邏輯（prälogisch）的戴奧尼索斯地帶裡。音樂的潮汐無遠弗屆，它沖刷著政治地盤與意識形態，在一九八九年的歷史轉折可見一斑。音樂創造新的生命共同體，它把人們帶到新的境界，打開新的存有面向。聽覺的空間可以包圍個人，讓外在環境消失，然而在另一個層次上，音樂也可以把許多聆聽者凝聚在一起。儘管他們可以成為無窗戶的單子，只要他們的耳中響起相同的音樂，他們也就不再孤獨。在那個從前被稱為「神話」的意識樓層上，音樂帶來了社會的深層聯結。

尼采引述席勒所謂的離間、挑撥人際關係的「厚顏的時尚」，以及他所懷抱的希望：但願「美麗的諸神火花」再度成就偉大的「世界大同」。尼采認為華格納的音樂劇能夠挑起「世界大同」的重擔：它應該帶來「諸世界的和諧的福音，打破僵化且敵意的界線」

（1,29）。

諸世界的和諧？然而，華格納搬上舞台的，不是一個悲劇性的神話嗎？

尼采試著澄清該誤解。悲劇意識與諸世界的和諧並置，並不構成任何矛盾。尼采說，戴奧尼索斯的生命是悲劇性的，因為其歷程是生滅流轉，是「從荊棘中長出的玫瑰」，是花朵的凋謝與果實的成熟。諸世界的和諧奠基於毀滅和犧牲的必然性的意識；亦即清楚意識到「永遠受苦且充滿矛盾的『原一』（Ur-Eine）」，意識到「個體世界如兒戲般的建構和摧毀，是原始快樂的流瀉……就像神祕的赫拉克利圖把世界力量比喻為一個在遊戲中疊放石頭、立起沙堆又把它們推倒的小孩」（1,153; GT）。

悲劇或音樂劇的觀眾完全地融入悲劇英雄的角色中，例如齊格菲，然而他們也把他看作前景的現象，看作投射在黑暗的戴奧尼索斯生命背景上面的光影。就此而論，「儘管現象不斷地流變，在事物底層不滅的生命始終豐沛而快樂」（1,56）。戴奧尼索斯的生命是黑暗的背景或深層，是音樂的聲響。在《悲劇的誕生》裡，尼采創造了「音樂的狂歡」一（Musikorgiasmus）一詞（1,134）。他對於音樂，特別是華格納的音樂感受如此強烈，以致於將舞台上的音樂劇劇情與神話故事不只視為「光影」，而且理解為一座堤防，以抵擋純粹且絕對的音樂的吞噬力量。那個「另一個存有」（1,134）藉由音樂把我們捲入其令人難耐的漩渦裡，因此必須有個安全性的媒體介入。這個媒體就是舞台與社會的事件、戲劇的策劃、藝術家的虛榮、詮釋表現、品味規範等彼此錯綜複雜的幕後機轉，也就是藝術工業的各個面向橫向開展所呈現的世界。如果它們不致於宰制一切的話，倒是可以營造一個聆聽賽倫女妖的歌聲而不會喪命的情境。如此一來，我們就可以取得必要的距離，讓特別醉心於音樂的人「彷彿可以聽到事物內在的無底深淵清晰地在對他說話」（1,135）。

藝術所追尋的戴奧尼索斯的意識是生命的神聖化，雖然（或者正好因為）窺見了其黑暗的深淵，卻語氣堅定地抱持肯定的態度。對尼采而言，所謂的深淵從兩個方面浮現：「所謂世界歷史裡的毀滅性衝動以及大自然的殘酷。」（1,56; GT）戴奧尼索斯的意識敞開自己去面對生命裡的駭異，藝術的媒介讓它更容易接受，而生命中強烈的不協和音不會有俗世的解答。生命對於個人永遠會是不公平的，而他唯一的出路便是與生命的全體歷程合而為一。對於尼采而言，這便是藝術的「形上學慰藉」（1,56）。它有純粹的審美性格，所以它的作用也是短暫的。尼采說：「只要我們覺得被藝術吸引，我們對事物的審度也會被改變，就如在作夢一般。」（1,452; WB）但也只有在那片刻裡：「我們正好需要一個全方位的劇作家，可以在幾個小時裡把我們從那個可怕的不協和音裡解放出來。」（1,469）藝術的形上學慰藉不是以彼岸的世界與未來的償報和赦免來安撫，或是應許一個即將來到的正義國度。

這個形上學的慰藉和宗教形上學傳統對世界的證成形成了尖銳的對立。然而，「只有作為審美的現象，存有與世界才能得到永恆的證成」（1,47; GT）。這個命題也和道德的取向對立。即使道德訴求的對象是個人，其旨趣最終還是在改善俗世，緩和其中的衝突。尼采說，道德已經成了世俗化的現代真正的「解圍神」（Deus ex machina）（1,115）。現代世界缺乏「戴奧尼索斯的智慧」，因此道德的取向基本上避免了直接面對生命。因為在赤裸裸的生命裡，我們看到的是，任何在此時此地建立公平性的嘗試所造成的結果，永遠是把不義擠壓到別的地方。世界的全體歷程是個罪疚和虧欠的網絡，每個人在當下所享有的幸福，較之世界的種種苦難，根本就是個醜聞。在此一個人截走了一段嫩枝，而不見大地的乾涸龜裂。「只要我們的四周苦難繼續地蔓延著，只要人性面為暴力、謊言與不義所宰制，我們就不會有快樂。」（1,452; WB）尼采並非全盤否定道德，但是他經常批評道德的自以為是以及想要改造世界的樂觀主義。總而言之，道德的取向對他而言代表了狹隘的視野，因此必須透過「戴奧尼索斯的智慧」來打破藩籬。

宣示「諸世界的和諧的福音」的，便是這個智慧。它沒有宗教或道德的意義，只有審美的意義。尼采補充說，雖然真正「有審美能力的聽眾」（1,143; GT）還沒有出現，但是偉大的藝術作品，如希臘悲劇與華格納的音樂劇，卻有足夠的力量可以吸引和作品相稱的觀眾來觀賞。

當代的觀眾還得走完一段很長的陶冶路程，才有能力嚴肅地對待藝術。因為藝術的嚴肅性，也就是願意讓藝術蠱惑自己且浸淫於更高的愉悅裡，預設了另一個嚴肅性。一個人必須有悲劇的情懷，才有資格接受審美的愉悅。一個人應該放棄一切幻想，卻仍舊熱愛生命，即使發現其中萬緣皆空。對於已經可以接受悲劇的人們，尼采的要求近乎苛刻。他首先必須開放自己面對生命的恐怖和殘酷，然後再度忘卻這個「可怕的畏懼」，經驗到「即使在最短的片刻裡，在生命的原子周期裡都蘊含著神性」（1,453; WB）。審美的片刻是個幸運原子，它抵得過所有的衝突和危機。尼采在為這個思想段落作結時說：「如果人類有一天會絕跡的話——有誰能懷疑這一點呢！——那麼人類面對將來的世世代代所應承擔的最高的使命，便是共同成長為一體，一個共同體，俾能作為一個整體，帶著悲劇意識，迎向即將來臨的毀滅；所有的人性陶冶都旨在這個最高目標。」（1,453）

沒落的景象與「狂喜的極致」

所以，最高的使命是要在一個人或一件藝術作品裡創造或把握剎那的極致成就。對此，尼采曾在他的札記裡選擇了一個只用過一次的名詞：「世界的狂喜極致」（Verzückungsspitze der Welt）（7,200）。我們應該想像在面對最大的危險時的片刻，例如在一個即將溺者的腦海裡，無限的時間可能被壓縮到一秒鐘裡；狂喜的極致、痛苦的極致，整個生命在結束前重新映現。天才的靈光乍現和領悟應是如此。就像一個人在剎那間領悟且證成他的整個生命，整個人類歷史也被那些影像的光輝照亮且證成。一個文化意義的實現便是在於走向這個「狂喜的極致」。

尼采起初認為華格納的音樂劇以及他的個人便是如此的「狂喜極致」。他讚佩華格納勇於將藝術推到市民社會所有可能價值的巔峰；華格納驕傲地拒絕把藝術看作美好的次要品，那簡直是迫使社會接受其藝術品的權力意志。如此拿破崙式的作風，加上魔法、巫術以及司祭般的威儀，在在讓尼采心儀。他認為史特勞斯（Daivd Friedrich Strauss）便是其反面的平庸世界的代表。他在《不合時宜的觀察》第一篇裡，抨擊他是把崇高的對象庸俗化的驚人實例。尼采在批判史特勞斯時並不是針對他個人，而是正在興起的德國中產階級病態且典型的中庸（juste milieu）精神態度。尼采期望華格納和拜羅伊特的計畫可以治療這個精神態度。在第一屆拜羅伊特藝術節開幕前不久，尼采再次描寫藝術在中產階級社會裡的頹廢現象：「異常混亂的判斷，拙劣地掩飾其貪圖享樂，不計任何代價的消遣娛樂，老學究式的曲意奉承，演出者裝腔作勢、拉抬藝術的嚴肅性，經營者粗暴地追求利潤，外強中乾、沒有大腦的社會……這一切造成今天的藝術環境令人窒息的、充滿腐味的空氣。」（1,448; WB）

在拜羅伊特的覺醒

令尼采大失所望的是，這個情況並沒有因為拜羅伊特而有任何改變，相反的，尼采於一八七六年七月底前往拜羅伊特觀賞彩排、親身經歷現場的沸沸揚揚——國王的駕臨、華格納視察拜羅伊特藝術節的丘陵和「息妄居」（Haus Wahnfried）、彩排意外的滑稽演出、神話道具的古怪聲音、參與該藝術盛會的眾人吟詠風雅、雍容華貴，絲毫沒有需要救贖的樣子，以及在演出結束後衝向餐廳的騷亂——讓尼采感到錯愕和屈辱，他也生了一場病，幾天後便離開拜羅伊特。「在這裡有條件具足且得到祝聖的觀眾，」尼采甚且在早先說：「他們站在幸福的高點，在這個高昂的片刻，似乎凝縮自己的全部存有，好為將來更高的意志健全自己。」（1,449; WB）尼采在拜羅伊特遍尋不著那樣的觀眾；他必須很痛心地承認，原來那只是自己的空想。

或許他對於華格納的音樂與音樂劇原本就抱著過多的幻想和期望？自從一八七六年在拜羅伊特經歷了這個幻滅以後，尼采開始著手撰寫《人性的，太人性的》，為將來預先戳破所有的幻想。

但是在一八七二年到一八七四年之間，當尼采寫下他的前三篇《不合時宜的觀察》時，他還沒有準備好。彼時他仍舊相信華格納的事業有「謎樣的深邃」，甚至是「無窮的背景」，他把它比喻為「拖著一顆劃入深不可測的黑暗的彗星尾巴」，也相信或許可以盡棉薄之力，讓該事業能夠被「駭異者」的魅力給包圍。他希望再度喚醒對於存有的「無可比擬」（Incommensurabilität）（1,80f.; GT）的感受。在他的《不合時宜的觀察》裡，尼采即將挑戰時代精神。他指責它「用一個塵世的協和音，甚至用自己舞台的解圍神來代替形上學的慰藉」（1,115; GT）。每個個體丟還給他們自己。讓一個人蛻變且開展的，並不是時間，而是自己的創造意志。客觀的時間是不可靠的，自我塑造的工作必須靠自己來完成。

第六章
SECHSTES KAPITEL

時代的精神

工坊裡的思考

大除魅

《不合時宜的觀察》

對唯物論與歷史主義的批評

突圍戰和解毒治療

與馬克斯．史提納同行以及超越他

時代的精神

尼采的目標是駭異者，因此，音樂與他的心靈十分貼近。他盼望的是悲劇性的世界感受的回歸。他要以戴奧尼索斯的智慧取代科學。不過，他現在活在一個科學得到空前的勝利的時代裡。實證主義、經驗主義、重商主義結合過度的功利思想，共同決定了時代的精神。更重要的是普遍流行的樂觀主義。在此時，尼采憤慨地說，德意志帝國的建立被視為「粉碎一切『悲觀主義』哲學的一擊」（1,364; SE）。尼采對於他的時代的診斷是，它是「正直的、誠實的」，不過是以暴民的方式。它「對於任何的現實都顯得更順服且真實」。它樂此不疲地尋找適合的理論去證成自己的「順服於事實」。

工坊裡的思考

尼采指的是現實主義的目光如豆以及不求突破。不過，自十九世紀中葉以來盛行的現實主義屈服於既有的事實，是因為藉此才可以更充分地控制它、根據自己的想法去重塑它。尼采其後宣告的「權力意志」已經勝利，只不過不是在「超人」的山巔，而是在一個事事仰賴科學的文明如螞蟻一般的勤奮機制裡。市民社會如此，勞工運動也是如此，而他們最有力的口號是眾所周知的「知識就是力量」。教育應該給人晉身上流階層的機會，同時也讓人不再被欺騙：一個人有了知識，就不會輕信別人；知識最讓人折服的地方，就是它讓人不容易被折服。在此，最受歡迎的知識種類，是可以保護一個人免於任何「激情」誘惑的（1,169）。過度熱中應極力避免，一個人如果能面無表情、不偏不倚地完成手上的工作，就可以不斷前進，同時博得獨立自主的美名。事物遭到無情的限縮，被鼠目寸光的個人擺在狹小可憐的格局裡。

大除魅

令人訝異的是，自十九世紀中葉以來，在觀念論的「絕對精神」高唱入雲以後，處處可見興高采烈地矮化人類的傾向。「人類不過是……」的訴求開始廣受歡迎。我們都知道，對於浪漫主義而言，只要一個人找到了正確的咒語，就可以讓世界起舞。在該世紀前半，詩與哲學是不斷發現和發明新咒語的誘人計畫，時代要求的是言過其實的意義。當尼采在批評其時代的庸俗心態時，過於靠攏浪漫主義，以致於後來的自己也無法苟同。早在學生時代，他就為了替最心愛的詩人賀德齡辯護而跟一個老師針鋒相對。世紀的後半葉不再禮遇精神的夢幻舞台上的鬥牛士，當現實主義者披掛著現實感、以「人類不過如此」的說法所向披靡的時候，他們看起來就像懵懂的幼童一樣。理想主義與浪漫主義的孩子群曾經玩鬧得如火如荼，留下了一地的凌亂，現在是該清理的時候了，生命嚴肅的課題也要開始面對了，現實主義者在這方面會留意的。十九世紀後半葉的現實主義者面臨一個棘手的任務：一方面要矮化人類，一方面又要讓他們肩負重任，如果我們可以將那個如今讓大家雨露均霑的現代科學文明看作一個「重任」的話。無論如何，在十九世紀的最後三分之一裡興起最新的現代主義，他們反對一切偏激和空想。只有少數的人跟尼采一樣在當時就可以看出，實證主義的務實精神會帶來什麼樣的不安。

一個體型特別粗壯的唯物論在十九世紀中造成德國觀念論的枯萎。務實派的指導綱領在一夕之間洛陽紙貴。我們看到了卡爾・佛格特（Karl Vogt）的《生理學書簡》（*Physiologischen Briefen*, 1845）以及論戰作品《盲從與科學》（*Köhlerglaube und Wissenschaft*, 1854）、雅可布・莫雷修特（Jakob Moleschott）的《生命的周期》（*Kreislauf des Leben*, 1852）、路德維希・布希納（Ludwig Büchner）的《力與物質》（*Kraft und Stoff*, 1855）、罕力希・卓柏（Heinrich Czolbe）的《感官主義新釋》（*Neue Darstellung des Sensualismus*, 1855）。卓柏如是界定由力量、阻力和腺體作用交織而成的唯物主義的處世態度：「發明一個超越感官的世界來改善可認識的世界，設想人類因為擁有超越感官的部分並視為高於自然的存有者，這一切無非是……自大和虛榮的表現。事實上，對於現象世界無法感到滿足，是超自然觀點的形成最深層的原因……那是一種道德上的弱點……請以既有的世界為滿足。」（Lange 2,557）但是對於這樣的思考方針來說，什麼不是「既有」的呢！變遷與存有的世界，只不過是物質微粒的暴風雪與能源的轉換。尼采覺得自己有責任從當代唯物主義者的手中救出原子論者德謨克利圖的世界。現在人們顯然已經不再需要安那撒哥拉斯（Anaxagoras）的「睿智」、柏拉圖的理型，更不用說基督教的神，也不需要史賓諾莎（Spinoza）的實體、笛卡兒的「我思」、費希特（Fichte）的「自我」、黑格爾的「精神」。現在，人類身體裡的精神只不過是腦部的功能。思想與大腦的關係就如同膽汁與肝臟、尿液與腎臟的關係。碩果僅存的形上學家赫曼．洛茨（Hermann Lotze）在當時曾說，那些想法「欠缺過濾」。

唯物主義所向披靡，再聰明的責難也無法擋住它的去路，最重要的原因是，它摻雜了特殊的形上學元素：對進步的信仰。如果我們把事物與生命一直分析到它們最基本的構成元素，那麼我們將可以（該信仰如是說）發現自然運行的祕密。如果我們能解出一切是怎麼做出來的，那麼我們也將有能力加以模仿。其中已經形成一種特殊的意識，隨時等著要識破一切，包括自然，藉由實驗的設計讓它無所遁形，人類如果明白其中的運作，便可以加以指揮調度。

該立場也在十九世紀下半葉影響了馬克思主義。在曠日費時的細部研究裡，馬克思（Marx）完整解剖了社會整體，抽取出它的靈魂：資本。但到了最後，我們已經弄不清楚，無產階級的救世主使命（馬克思在一八五〇年以前對德國觀念論的貢獻）面對資本的鐵則（馬克思在一八五〇年以後對決定論精神的貢獻）究竟有多少機會？馬克思所從事的也是把從前高高在上的「精神」抽絲剝繭地往下分析。他把它看作上層建築，認為它建立在社會勞動的基礎上。

現在我們碰到了勞動的問題。勞動的意義遠超過實際的層次，成了生命眾多側面的詮釋和評價指標。一個人的工作決定了他自己是什麼，而社會也成了純粹的職場社會，甚至自然在某種意義下也是演化的運作。勞動成為新的神聖者，成為一種凝聚社會的神話。社會是一部大機器，個人成了齒輪和螺絲，該圖像佔據了人的自我詮釋，也決定了認知的視域。尼采對於十九世紀下半葉的大眾啟蒙者史特勞斯的批評，就觸及到這個核心。史特勞斯曾以處女作《耶穌傳》（*Das Leben Jesu*, 1835）向廣大的讀者宣傳對於基督教的理性主義批評，他在晚年發表了一部暢銷的告解作品《舊信仰與新信仰》（*Der alte und der neue Glaube*, 1872）。他誓言與華格納的藝術神話為敵，反對一切將藝術升格為替代性宗教的嘗試，也因此華格納非常恨他，而尼采也因為華格納的關係認識到這個作者，後來在最初的幾篇《不合時宜的觀察》裡，認為他代表了勤奮的科學和實用的文化的病症。

《不合時宜的觀察》

史特勞斯所主張的是：對於當代及其一切成就，鐵路、疫苗、鍋爐、聖經批判、帝國的建立、肥料、報紙、郵政，我們有十足的理由感到滿意。現在我們已經沒有任何理由可以脫離現實，逃遁到形上學和宗教裡。如果物理學已經起飛，那麼越界的形上學就必須墜落，乖乖留在地面上。現在我們需要的是現實感，而且它將會在未來帶來新奇蹟。而且我們也不應該沉醉在藝術裡，不過，如果計算精確的話，適量的藝術是好的、有益的，甚至是必須的。正因為我們的世界已經成為一部大機器，我們當然也得說：「在裡面也不僅僅是無情的齒輪在轉動，同時也注入了憐憫的潤滑油。」（Nietzsche 1,188）所謂憐憫的潤滑油便是藝術。史特勞斯稱海頓（Haydn）的音樂為「純正的湯」、貝多芬（Beethoven）是「茶點」，當他聽到《英雄交響曲》（*Eroica*）的時候，就會忍不住要「跨越門檻，到外面去闖蕩」（1,185），但很快地，他又回到了德國統一的建國狂熱的粗鄙喜悅裡。對於這種「因為一對毛襪而不由得喜出望外的得意」，尼采有傾倒不完的嘲諷與戲謔（1,182）。

尼采讓我們完全感受到他的憤慨。他把藝術，尤其是音樂，當作世界的內在核心，他是個在「藝術的魔法裡」（1,452）發現其存有真相的人，因此極力抗拒把藝術視為美麗的次要品的蠻橫說法——也許是最美的，但無論如何是次要的。

中產階級的藝術殿堂玷污者，尼采稱為「受過教育的非利士人」。而對於浪漫主義的作家而言，尼采的憤慨早已經司空見慣。霍夫曼就曾讓音樂家克萊斯勒（Kreisler）粗暴地彈奏《郭德堡變奏曲》（*Goldberg-Variationen*），趕跑在音樂晚會裡期待「舒適的娛樂與消遣」的客人。而在《斯庫德利的小姐》（*Fräulein von Scuderi*）裡，霍夫曼也讓他的藝術家，一位金匠，從向觀眾叫罵轉變到大規模殺害觀眾。這些都是浪漫主義時期靈光乍現的藝術對抗功利主義的藝術非利士人的故事。而尼采在批評史特勞斯時，便是置身在該傳統裡。尼采腦海裡也充滿一個盛怒的藝術愛好者的報復幻想：「等到年幼的老虎……出柙捕獵的時候，虛榮的學者與整個審美的天堂將會多麼可憐！」（1,184; DS）年幼的老虎？在《悲劇的誕生》裡，牠就已經出場了，象徵狂野的戴奧尼索斯藝術的精神。讓尼采怒不可遏的是：這個有教養的中產階級思維把駭異者曲解為輕鬆寫意的東西。

對藝術是如此，對自然也是如此，因為即使當時如日中天的達爾文主義，到了史特勞斯手裡也索然無味，而且像尼采所批評的，他並未理解其真正的嚴重後果。一般人喜歡採納它所蘊含的無神論；的確，如今探討的主題不是上帝，而是猴子。史特勞斯雖然披上了「猿猴系譜學的毛絨絨外衣」（1,194; DS），但是他卻不敢面對從這個自然系譜理論所應得的結論。如果他有足夠的勇氣，應該「從所有人與所有人為敵的戰爭、弱肉強食的真相裡推論出生命的道德法則」才對（1,194），而這樣一來，「非利士人」也會立刻與他為敵。為了滿足他們對於安全感與舒適感的要求，史特勞斯迴避了唯物論的虛無主義，在自然裡發現了一個「永恆善的開顯」（1,197），讓自己的思考有個舒適而溫暖的轉折。但是對尼采而言，自然則是個不折不扣的駭異者。

對唯物論與歷史主義的批評

尼采為了強調自己與自然主義和唯物主義的差異，在《不合時宜的觀察》第三篇裡概述他的戴奧尼索斯自然觀，對比於有教養的非利士人平庸的樂觀主義自然觀。尼采說，自然裡的形態層級讓人無限驚奇，從無機物、植物、動物到人類，終於出現了意識。為什麼自然的存有要在人類身上搭起一個意識的舞台？一顆石頭無法知道自己的存在，動物雖然知覺到周圍的環境，卻始終沒有距離地被綁在裡頭。只有到了人類，才出現對於知覺的知覺，也因而有了保持距離的意識。他不只是困在環境裡，他經驗到的世界是個開闊的空間。人類從動物存在的昏昧裡浮現出來，在那瞬間，世界突然變得清澈透明，有意識的生命知覺到所有生命的驅力，也看到自身「令人作嘔的貪欲，以及它如何盲目且瘋狂地」意圖剝削和毀滅其他生命（1,378; SE）。因此，意識一開始經驗到的不是顯現的世界所帶來的愉悅。它首先發現的反而是存有的苦惱。那麼，這豈非意味著得到意識的人類就像生到一場大病嗎？自然的存有在意識的鏡面上清楚反映出來以後，我們還能夠忍受嗎？意識本身不就是個災難嗎？「在這個突來的光明裡，我們膽戰心驚地舉目四望：衣冠楚楚的肉食動物在逡巡著，我們自己就是當中的一個。在地球這個沙漠上，人類無比繁忙，他們建立城市、國家，他們的戰爭，他們倉卒的聚散，熙來攘往的混亂，互相抄襲、詐騙、蹂躪，他們在困境中的哀號，勝利時的狂吼——這一切都是動物性的延續。」（1,378; SE）從昏昧裡醒來的意識看到這個令人不寒而慄的畫面，突然渴望回到「無意識的衝動」。對於蠅營狗苟的日常生活而言，不是最好「不要有任何省思」嗎（1,379）？正是如此。省思對於活躍而積極的現實主義而言只會成為絆腳石。然而，尼采繼續追問，自然打開了人類的雙眼，在人類意識映現自身的存有，究竟帶來什麼好處？

但尼采提出這個問題時，同時也假設一種自然目的論，就此而言，他也如是自我告白：「如果整個自然一步步地湧向人類的存在，那麼它就是在告訴我們，它需要人類來解除獸性生命的詛咒，它需要一面鏡子去反映生命的形上學意義，讓它不再無意義地流逝。」（1,378）形上學的意義又是什麼呢？

那不是作為事物底部原理的世界性和諧，不是橫跨一切領域的形上學秩序或正義。形上學的意義僅僅在於，在有意識的生命裡，自然作了「唯一的跳躍」，而且那是一個喜悅的跳躍」。接下來尼采寫下了一個難解的句子：自然「第一次感覺到自己抵達目的地，也就是說，它在此處領悟了，它必須重新遺忘掉目的，而且它在生命與生成變化的遊戲上面押的賭注太大了」（1,380）。那是個容易誤解的論證方式。尼采知道，自然並不是個「主體」，不能學習、遺忘或押注太大。他不想在自然裡看到一個神。當他說到自然在學習或遺忘時，所指的其實是在人類這種自然存有者的意識裡的反射，也就是說，自然在人類身上意識到自身。在人類的自我意識裡，自然是一個目標導向的衝動，那衝動永遠不會滿足，因為每次完成目標時，它便會發現它欲求的不是目標，而是它自己，因此會繼續追求下去。當意識把一面「鏡子」放在衝動面前，那個衝動可能會止息，但並不是因為怠惰或絕望，而是因為認知到：目的並不存在，我們早已經在目的地。圓滿的片刻不在未來，而是早已經到來，我們只要懂得掌握即可，我們應該學習的是凝神專注地活在當下。如果我們押注了太多的籌碼，期待在諱莫如深的未來得到回收，生命的「遊戲」就「押注太大」了。我們可以用這個方式「賭」生命的牌局，但生命本身並沒有加入牌局，因為它所服從的原理並不是線性的積蓄或漸進的提升，而是死亡和生成的循環，圓周上的每一點與圓心都等距。也因此，生命始終早已在目的地，或者與它保持等距，兩者的意義完全相同。當目的性的幻覺被克服時，在醒覺的人類發現他自己就是目的，而時間不過就是當下，「自然」在人的身上便作了「一個喜悅的跳躍」。尼采說，人類自身裡的自然「在這個認識裡變容」（1,380; SE）。「神祕的寂然感觸」（räthselhafte Regung ohne Erregtheit）（1,381），尼采稱之為「大啟蒙」，在其光照下，實在界得到了「美」的形象（1,380）。

這個思考仍舊依循著叔本華，卻推論出一個變容的實在，不過，尼采所預設的條件和他所批判的史特勞斯不同的地方，不是自然當中的「永恆善的開顯」，而是認識主體本身的蛻變。現在意識不為利益所引導，也不以貪婪的眼光去看自然，而是鬆開意志的捆綁，開放自己，靜默地讓世界走向自己。「形上學意義」完全在於觀看的方法的改變：從貪婪的窺探變成靜觀。尼采於此還是完全根據叔本華的形上學概念，認為形上學意識脫離意志的宰制，使得世界有了截然不同的外觀。這一切與形上學的「彼岸世界」或「上界」的發現無關，而是一個不同尋常的另一個狀態，這便是那個「神祕的寂然感觸」。

在這些思索裡，尼采仍然非常貼近他所師法的叔本華，因此也談到貪欲的克服是改變經驗世界的前提。不過，尼采把重心放在另一個地方。他強調該歷程的主動面。意志並沒有泯滅，而是在人類身上蓄勢「跳躍」的某物戰勝了尋常的意志。在人類身上有個某物，征服了那個擾攘而不知反省的意志。究竟來看，這個帶來休息的某物無他，正是一個無與倫比的強大意志，讓不知反省的生命裡的失序狀態得到匡正。它所指的便是我們現在已經相當熟悉的「戴奧尼索斯的智慧」。它有足夠的堅定，可以凝神俯瞰無底的深淵，不會因此而潰決，反而保持著一種莫測高深的、怡然自得的平靜。

在一八七三年的遺稿《希臘悲劇時代的哲學》（*Die Philosophie im tragischen Zeitalter der Griechen*）裡，尼采以赫拉克利圖為例說明「戴奧尼索斯智慧」的型態。「永恆的、周遍一切的生滅變化，一切實在完全的無常，就如同赫拉克利圖所說的一樣，沒有存有，只有不斷的作用和生成。這是個讓人感到神經麻痺的可怕觀念，其影響就像一個人在地震時不再信任穩固的大地一樣。但這其中卻也包含了一個令人訝異的力量，讓這個影響翻轉至對立者，轉變成崇高者與驚喜。」（1,824f.）藉由特殊的觀照去正面承擔存有的騷亂，並不僅是像叔本華所說的默觀和意志的寂滅，而是喚醒另一個意志，也就是「形塑的意志」。宰制或被宰制，那是問題的關鍵。也就是說，那是對抗性的存有學關係。最活躍的形塑意志勇於和完全盲目的宰制力量競賽。這個形塑意志是藝術性的，有助於那超越沒有反思的衝動行為的生命意志。因此，尼采可以說赫拉克利圖是個「有審美性格的人，從藝術家身上與藝術品的形成過程中體驗到，為什麼在藝術創作裡……必然性與遊戲、爭吵與和諧永遠必須成雙成對」（1,831; PHG）。就藝術的形塑意志而言，重點也在於將整體濃縮到一個圖像裡。而這個圖像，這個赫拉克利圖的世界圖像，無非將時間流濃縮在片刻當中。在這種可以被固定為世界圖像的經驗裡，歷史被取消了，一個人也可以了解到，他並不需要擁有目標，因為他早已站在目標上面。

在和唯物主義的爭辯以後，尼采和他的時代精神的另一個衝突，是要對抗歷史主義的宰制。對他來說，歷史主義也是蘇格拉底和亞歷山卓學派的知識文化的餘緒，只是在帝國建立期的德國染上特殊的色調。歷史主義回顧歷史的目的在於意識到我們的成就到什麼地步。同時，它的另一項任務是彌補對於生活感受和型態的不確定感。當時大家並不是很清楚自己的定位和未來。因此，歷史主義便結合了對於複製品和贗品的需求。於是，他們大吹大擂所謂「彷彿」（Als-ob）的精神。

一個東西看來像另一個東西，會讓人印象深刻。每一種被使用的材料都是代表自己以外的東西，這是仿材質當道的時代：大理石原來是上了顏料的木頭，雪花石膏細究之下是石膏，新的家具看起來要老舊，股市的大門矗立著希臘石柱，工廠的廠房建成中世紀的古堡，廢墟是一個新建物。歷史性的聯想被保存，司法大廈宛如威尼斯的杜卡勒宮，市民階級在客廳裡擺置路德椅，錫杯與古騰堡聖經細看下是針線罐。政治權貴在凡爾賽宮的鏡廳裡歡呼「德國皇帝」時，臉上也泛著鍍金黃銅的光澤。這個權力意志並不完全是真的，意志的成分多於權力。因此，演戲的需要在所難免。最清楚這點的應該是華格納；他為了將日爾曼的洪荒時代搬上舞台，用盡了劇場魔術的所有機關。那一切與現實效益的見解並行不悖。正是因為感官很厲害，所以需要一點美化、裝飾、打扮等等，如此整體才會像一回事，也才可能有點分量。

尼采揮之不去的疑慮是，歷史主義是要補償生命力的匱乏。而生命力的疲弱正是因為它在蘇格拉底的知識文化裡失去了更深刻的社會凝聚點。尼采在《悲劇的誕生》裡說：「讓我們想像有一個文化，沒有固定而神聖的發源地，而是注定耗竭所有的可能性，從一切其他文化裡汲取養分勉強養活自己——這就是現在的實況，是那旨在毀滅神話的蘇格拉底主義所帶來的結果。……貪婪的現代文化對於歷史永不饜足的需要，對於無數其他文化的大肆搜刮，生吞活剝的求知欲，這一切除了表示它失去神話的土壤，神話的母愛，還能意味著什麼

呢？」（1,146）

尼采認為，歷史主義正是以知識去癱瘓生命力的顯著例子。在《不合時宜的觀察》的第二篇〈談歷史學對生命的長處與缺點〉（Vom Nutzen und Nachtheil der Historie für das Leben）裡，他描述生命如何因為過剩的歷史意識而染病。在這篇文章裡，尼采闡釋一個極為大膽的想法；現在它看起來稀鬆平常，只是因為尼采已經讓它滲透到每個地方。這個想法是：生命需要一個由幻覺、激情和愛構成的「外圍氣層」（1,323），才不會失去活力。伴隨著這個思想的是對於現實主義的批評：它向所謂的鐵的事實屈服，心灰意冷，或者懷憂喪志，或者憤世嫉俗，最後變成虛無的自我中心主義，漠視任何沒有經濟效益的東西。

尼采在這裡觸及的問題乍看來僅僅跟學術圈以及科學教育有關：因循以前既有的歷史；歷史資訊的氾濫；以及把精神都耗費在僅僅有助於學術圈的自我維持的細節問題。尼采將歷史主義在學術圈裡的景氣拿來當作攻擊時代精神的起點，藉由積極保衛生命來與它對峙。該作品標示了未來數十年的生命哲學的誕生，因此可以說是尼采最有影響力的作品之一。

數百年來的歷史學與自然科學研究，發掘了多如繁星的新知，而且由於科學和知識被公認為最高的理想，有教養的當代人便盡可能地吸收，其結果是：「現代人最終都拖著難以消化的知識結石，有時候還會一本正經地在腹中咕嚕作響，像在童話裡所說的一樣。這樣的咕嚕作響洩漏了現代人最真實的特質：外在與內在異樣的對立，一個和外在沒有對應的內在與一個和內在沒有對應的外在。這樣的對立在古老的民族當中不曾出現。」（1,272）尼采說，內在與外在的對比正是德國文化的特性。一方面，消化不良的知識被看作有內在深度，因而在外表上完全不注重品味與精神性。「為了維護內在的教養，外在的野蠻得到了容許」（1,274），然而，內在的教養卻完全不是那麼回事，它缺少有生命力的造型感，它並沒有「具形」（einverleibt），一個尼采愛用的字眼。風格鄙陋、裝腔作勢、在藝術與建築上面依樣畫葫蘆、在人際的交往中粗俗無禮，這些都是這種處世態度的特徵。人們自以為其自然質樸優於法國人的文化手采與細膩舉止，然而：「在一個人相信自己逃回了自然時，他其實只是選擇了我行我素、邋遢隨便以及最小程度的自我克制。」（1,275）這種虛浮的內在性造成了文化在自我認知上的偏差，使得尼采偏袒文明，只是就青春洋溢的創造性來看，文明也會被批評為僵化的形式。我們在後面還會看到，在後來關於德國「文化」與法國「文明」之間的差異的論爭裡，對立的兩造同樣可以拿尼采來佐證。

難以消化的「知識結石」阻礙了個人人格的養成。它的來源是歷史學與通俗科學的庫藏，至於公共生活裡「過剩的歷史學」，在尼采的眼中，則是黑格爾主義的末流產生的影響：他們也是將歷史的強者視為理性者，因此也要求尊重既存者的權力，並勤於吸收歷史知識。

不過，黑格爾本人的意思完全不同，而尼采也知道這一點。眾所周知的是，黑格爾是一個和歷史談戀愛的哲學家。對他而言，歷史雖然是理性的，然而，跟一般墜入情網的人們一樣，他所看到的理性是激昂的、讓人沉醉的，它是「酒神的忘我和步履蹣跚，每一個關節都已經酩酊大醉」（Hegel 39）。那一切始於杜賓根學舍，黑格爾聽到巴士底獄被攻陷的消息，和室友謝林、賀德齡在涅卡河畔（Neckar）的草茵上種植一棵自由之樹。這是青年的熱血，他們想要把歷史掌握在手裡，以最活潑的理性去理解它和塑造它。這個年輕人的抗議行動正是尼采當時在因為過剩的歷史與科學知識而病懨懨的時代所要求的。黑格爾的那一代還可以在歷史裡發現革命的精神，因此，歷史知識的吸收也帶來了一種鼓舞。歷史在當時是活潑的，沒有構成重擔，而是帶著人們去探險。不過，在法國大革命之後的四分之一個世紀，歷史讓它的崇拜者失望惆悵，歷史理性的圖像因此也有了轉變。對於晚年的黑格爾而言，最關鍵的問題在於重新尋找一個相信歷史理性的方式，而不要再有失望。被欺騙感情的情侶以「理性的詭詐」（Liste der Vernunft）來安慰自己，把他所得到的聰明智慧用在建構一個完全隔離一切失望的歷史理性體系。理性進入了歷史，而歷史在度過一連串痛苦的矛盾以後也走向了理性。這個歷程在黑格爾的體系裡被呈現出來，也因此進入人類的自我意識。歷史運作的祕密因此在黑格爾哲學的意識當中被揭露。

尼采認為，黑格爾的傑作在於他把為自由而戰的英雄歷史終了的悲哀以及一個只能憑弔卻不能參與的「後輩」的感受翻轉為對它的歌頌。歷史事件的目的顯然是在於匯流成後輩們的知識。有自知之明的不幸被與世界史最終的完成等同起來。從此以後，人們在德國所談論的只有「世界歷程」，而當代的現狀便被了解為它的必然結果。尼采說：「在這樣的思考方式下，歷史便取代諸如藝術與宗教等其他的精神力量的位置，成為唯一獨立自主者，因為它是『自我實現的概念』，因為它是『諸民族精神之間的辯證』與『世界法庭』。」（1,308）

黑格爾在此不僅提高了歷史的哲學地位，同時也為他對時代的診斷賦與高度的哲學價值，並且鼓勵為政治鬥爭以及未來做哲學思考。因此，「凡合理的皆實在，凡實在的皆合理」這個惡名昭彰的命題也產生了政治效應——同時在相反的方向上。一部分的人把這個論述理解為對於既定的現實者的合理化；另一方面，魯格（Ruge）、包爾（Bauer）、恩格斯（Engels）、馬克思等人，則把它理解為改變現實的呼籲，讓它與原來只存在於思想裡的理性統一，藉此讓它得到真正的實在性。對某些人來說，這個命題描述的是實然，對另一些人而言則是應然。兩者共同的信念是，社會與歷史是真理的發生歷程的一個側面。

在黑格爾以前的哲學傳統裡，對此並不像在現代那麼理所當然。在黑格爾之前，人們的思考在對立兩端擺盪：上帝與世界、人與自然、人與存有，但是在黑格爾以後，這些對偶的概念出現一個中間地帶：社會與歷史。這個中間地帶關聯到一切：舊日的總體形上學，上帝、存有、人類，轉化為社會形上學與歷史形上學，對於個體的探討變得沒有意義也沒有實涉，因為個體永遠是歷史和社會條件裡的現象。這個社會和歷史的中間地帶僅僅容許一個外界的存在：自然，包括人與非人的自然。不過，作為自然界裡的一個種屬的人類，當然更不能算是一個個體，而是一個樣品。形上學的事業是為人類創造一個廣大的精神空間。如今，這些空間越來越窄。人類在歷史社會的必然性以及自然的必然性的雙重束縛當中掙扎。最後，到了十九世紀下半葉，爭論的焦點轉移到哪一個必然性佔上風的問題。黑格爾及其後的馬克思相信社會歷史必然性將會取得最後的勝利。黑格爾談到「回到自身的精神」，馬克思談到「自然生長的揚棄」，對兩人來說，那都是通往自由的道路，而他們又把自由理解為歷史的社會性產物。相反的，唯物主義者相信自然的必然性比較有力。不過，一般而言，他們通常會把舊形上學的救贖許諾給世俗化：自然的演化史被他們詮釋為一個向上提升的發展。

對於機器時代拉開序幕時的哲學思想而言，僅存的存有介面，也就是自然與歷史，也變成一種機器。與尼采同時代的樂觀主義者認為，這些「機器」可以生產健全的生活，只是前提是人自己的行為也得做功能性的調整。從黑格爾的「世界歷程」到機械流程與工廠設施的轉變，嗅覺靈敏的尼采已經在語言學的學術圈裡看出端倪。人們訓練年輕人，為的是把他們送到科學的「就業市場」裡，在那裡，每個人切割一塊小主題，辛勤處理枝節問題，整個學術團體構成一個「知識工廠」，我們不知道他們如此勤奮不懈生產出來的產品有何用途，但至少養活了一批人。在描述這個情況時，尼采稍作停頓，思索一下自己的用字遣詞：「然而，如果我們要側寫年輕一代的學者，像『工廠、就業市場、供需、利用』等字眼便會脫口而出，就像其他自我中心主義的助動詞。」（1,300f.）

尼采以當時頗受歡迎的通俗哲學家哈特曼（Eduard von Hartmann）作為諷刺的樣本。在他所主張的繁忙如蜜蜂的世界歷程觀裡，整個歷史變成一個大廠房。因為哈特曼一樣是以叔本華為宗師，在他提出「個人須完全投入世界歷程」的呼籲時，作為叔本華信徒的尼采覺得自己受到特別的挑戰。奇怪的是，這個世界歷程是一個龐大的否定過程。退職軍官哈特曼認為，意志的否定（對叔本華而言是偉大的苦行者與聖者的奧祕）必須系統性地進行。關於系統性的要求，他則在黑格爾哲學裡尋求奧援。如此的合成的結果便是有如龐然巨怪的著作《無意識哲學》（*Die Philosophie des Unbewußten*, 1869），裡面包含了一個小心翼翼鋪陳的生命意志幻滅的三階段理論，全書的重點是：生命意志無法憑一己之力徹底否定自身，因此必須（相當黑格爾式的說法）仰賴世界歷程。哈特曼讚揚人類悲觀意識的力量，悲觀的世界精神現在還只是無意識地作用著，但在將來會回到自身，只要它拋卻一切虛幻的幸福（彼岸的、未來的、現在的幸福的幻象），將世界收攝到自身當中，然後一起消失。悲觀的世界精神的工作狂，哈特曼以對於未來的歡欣期待匆匆迎向否定，官僚式的破除幻象，覺今是而昨非，凡此種種，都令人感到滑稽可笑。而當作者最終推論出偉大的否定性，同時讓世界歷程在此結束，我們看到他沉陷在一種詭異的自我慶幸的滿足感裡。「世界歷程」漸漸變得不知所云。哈特曼讓世界歷程淪為一個虛無工作，在不知不覺中讓人莞爾發現，「世界歷程」不過是個空洞的語彙。

突圍戰和解毒治療

知識和對於過去的權威的信仰會限制甚至破壞生命力，這是尼采一再重申的核心思想。他的解毒辦法就是把它翻轉過來：我們應該用歷史的原理去反擊歷史，藉歷史知識去打破歷史的權威。尼采有一個言簡意賅的說法：「歷史必須自己解決歷史的難題。」（1,306）。

尼采用歷史來對付歷史，他回到還沒有歷史思想的古代希臘，從那裡找出一個懂得抵抗歷史宰制的生命藝術的尺度。尼采提醒我們，古希臘的人們也面臨歷史的混亂，而且甚至是多重的歷史：閃族的、巴比倫的、里底亞的、埃及的文化要素和傳統不斷滲入希臘，而希臘的宗教更「著實是近東所有神祇的混戰」（1,333）。正是因為如此，希臘文化才會有如此突出的造型力量，而他們善於「把混亂組織起來」（1,333），就更令人激賞。它成功創造了一個深廣卻有限的空間，發明了神話，它畫了一個充滿生命的圓圈，讓生命在其中得到實現。

當尼采說「歷史必須自己解決歷史的難題」時，他立刻注意到自己發現了一個不僅僅可以用於歷史、也可以用於知識的難題的說法。一個人如何能不在知識與所謂的真理的不歸路上失去自主性？生命如何保護自己，而不為知識所窒息？答案便是前引的命題的延伸：「知識必須把它的螯針對準自己。」（1,306; HL）

與馬克斯・史提納同行以及超越他

在一八四〇年代（尼采曾向一個朋友承認自己喜歡活在那個年代）出現一個對抗歷史邏輯和自然主義邏輯的技師們的作者，論及自由而有生命力的精神：「他知道，不僅對上帝，而且對其他觀念，例如法律、國家和法則，人們都保有信仰或宗教性的關係，也就是說，他很清楚各式各樣的偏執。因此，他試圖透過思想來解決思想。」（Stirner 164）在此，我們必須回憶一個在尼采之前便做過思想翻轉實驗的哲學挑釁者。他在尼采出生那年問世的著作裡，便針對一般認為顛撲不破的自然、歷史和社會的邏輯提出無政府主義式的抗議。史密特（Johann Caspar Schmidt），柏林高等女子教育院的教師，曾以馬克斯・史提納（Max Stirner）為筆名，在一八四四年出版《唯一者與他的財產》（*Der Einzige und sein Eigentum*），在當時引起很大的騷動，卻因為其極端的個人主義和無政府主義，被哲學正統和離經叛道同時斥為膽大妄為或無稽之談。但私底下，這個作者讓許多人都為之傾倒，甚至馬克思也不得不為文批判，結果寫出來的批評比那本書還厚，最後竟也沒有付梓。費爾巴哈（Feuerbach）在給弟弟的信裡說，史提納是「我所知最有原創性、最自由的作家」（Laska 49）；但在公開場合卻對該作者絕口不提。史提納的地下影響始終餘波蕩漾。胡賽爾（Husserl）曾經談到史提納的「魅力」，在自己的著作裡卻不曾提及他。卡爾・史密特（Carl Schmitt）在年輕時曾深受史提納的影響，但到了一九四七年才在牢房裡再度被他「侵襲」。葛歐格．齊美爾（Georg Simmel）則嚴禁自己接觸這種「怪異的個人主義」。

至於尼采，我們在他身上也同樣可以發現這種奇怪的緘默。尼采在他的作品裡完全沒有提過史提納，但在他精神崩潰的幾年後，尼采是否接觸過史提納的作品，以及是否因此得到靈感，這個問題在德國引起激烈的辯論。加入論爭的有彼得．加斯特（Peter Gast）、尼采的妹妹、長年的朋友法蘭茲．歐佛貝克（Franz Overbeck）以及哈特曼，其中最極端的立場是指責尼采有剽竊之嫌。例如，哈特曼就推論說尼采必定看過史提納的作品，因為在《不合時宜的觀察》第二篇裡，哈特曼作品被批評的那個段落，正好是哈特曼公然駁斥史提納的哲學。所以，尼采至少由此也知道史提納。接著，哈特曼還指出兩人思想的相似處，然後提出一個問題：既然尼采從史提納身上得到靈感，對他為什麼隻字不提？當時某個人曾經提出一個在當時頗能接受的解釋：「如果尼采對於粗野的、肆無忌憚的、緊抱著赤裸裸的自我主義與無政府主義的史提納表現出一丁點的好感，他在知識份子眼中將永遠信用破產；柏林極其嚴苛的出版審查之所以會批准出版史提納的書，不正是因為裡面的思想太誇張了而根本不會有人相信嗎？」（Rahden 485）

由於史提納聲名狼藉，我們的確可以想像尼采或許不願意和他相提並論。根據歐佛貝克的研究，尼采顯然在一八七四年讓他的學生包姆加特納（Baumgartner）從巴塞爾市立圖書館裡借出史提納的作品。派學生去做這件事情或許也是個防範的措施吧？無論如何，該消息在當時所引起的聯想是如此，而這個詮釋也在尼采的紅粉知己伊達．歐佛貝克（Ida Overbeck）的回憶錄裡得到佐證。她說：「有一次，我的先生不在，他（尼采）跟我聊了一下，提到了兩個奇特的怪人，說他自己正在閱讀他們的作品，覺得心有戚戚焉。當時跟往常一樣，如果他意識到某個內在的關係，就會神采飛揚，十分快樂。過一陣子，他看到我們這裡有一本克林格（Klinger）的書……『啊，』他說：『我還真的錯看了克林格。他是個非利士人呀，不，我不覺得自己跟他意氣相投；但是史提納，沒有錯，就是他！』那時他的臉上飄過一片喜色。當我充滿期待地注視著他臉上的表情時，它又有了改變。他似乎想伸手揮走什麼或防禦什麼，囁嚅著說：『哪，我現在也已經告訴您了，我本來並不想說這件事情，請您當作沒有聽到吧。將來會有人說我剽竊，但是我知道您不會這麼做。』」（Bernoulli 238）伊達又說，尼采曾在他的學生包姆加特納面前表示，史提納的作品是「霍布斯以降最為大膽且一致者」。我們知道，尼采不是個有耐心的讀者，但他卻相當仔細。他很少把一本書讀完，但是他銳利的直覺讓他迅即找到重要的、刺激思考的切入點。伊達曾說：「他告訴我，他在讀一本書時，永遠只會被簡短的句子打動，然後把自己的想法接上去，在幾根樑柱自然立起以後，他就在上面蓋一幢新房子。」（Bernoulli 240）

然而，究竟是什麼東西，既讓史提納看起來像個哲學界的痲瘋病人，卻對尼采有那麼大的啟發和印證作用？其後尼采自己甚至也愛上這種聲名狼藉的光環；在面對史提納的時候，這個遭人唾棄的作者是一面鏡子，讓他可以看到自己事業的未來。

在尼采以前的十九世紀哲學裡，史提納無疑是最極端的唯名論者（Nominalist）。他以唯名論立場解構的結果，可能至今在哲學公務員的眼裡都還顯得荒誕無稽，但是嚴格說來沒有任何原創性可言。史提納像中世紀的唯名論者一樣，將共相（尤其是涉及上帝者）稱為一個「氣息」，一個沒有實在性的名字。史提納在人類的最核心處發現了創造魅影的力量，然後自己則受制於那個魅影。費爾巴哈在批評宗教時就已經發展出這個觀念了。而馬克思也把這個作繭自縛的創造模式轉移到勞動和社會的問題。從這個角度來看，史提納依舊停留在左派黑格爾的傳統裡：人類的解放即是擺脫自己創造出來的幻象和社會關係的支配與奴役而重獲自由。不過，史提納的批判更形尖銳。他解釋說，的確，我們已經解構了「在我們外面的彼岸」，也就是上帝與人們佯稱來自上帝的道德。就此而論，「啟蒙的大業已經完成」。然而，就算「在我們外面的彼岸」瓦解了，「我們自身裡頭的彼岸」卻始終安然無恙（Stirner 192）。上帝已死，我們已經看出祂是個幻象，但是此外還有許多更頑強的幻象在折磨著我們。史提納指責左派黑格爾說，這些上帝的謀殺者迫不及待地以內在的彼岸替代那個舊彼岸。史提納所說的「我們自身裡頭的彼岸」是什麼意思呢？一方面，它所指的是佛洛伊德（Freud）後來所謂的「超我」（Über-Ich）。那是我們自身發源的過去透過家庭與社會在我們身上留下來的外來的負債。但是另一方面，它也意指在我們的心中生起的普遍概念的宰制，如「人類」、「人道」、「自由」等等。一個自我的意識覺醒以後，便發現自己被困在如此的概念網裡；它有規範性的權力，藉由這些概念，自我詮釋它本來沒有名字、也沒有概念的存在。在史提納身上已經可以看到存在主義的根本原理：存在先於本質。史提納所追求的是讓個人回到沒有名字的存在，把他從本質主義的監獄中解救出來。

對他來說，那個監獄首先是宗教性的。不過，它已經被批判解構得差不多了。但還有其他本質主義幻象的宰制卻還沒有被破除：歷史裡所謂的「邏輯」；所謂的社會法則；人文主義、進步以及自由主義等理念。對於唯名論者史提納而言，一切都是共相，沒有實在性，然而，如果人們對它們產生了偏執，就會產生災難性的現實。

讓史提納特別憤懣的，卻是那原本無可厚非的「人類」一詞。人類是不存在的，存在的只有無數的個人，而「人類」的概念是掌握不了任何個人的。例如，全體人類的「平等」有何意義？它所告訴我們的是人皆有死嗎？然而一個人不可能經驗到普遍的人皆有死，只能知道他自己終將難逃一死。我永遠也不會知道別人，包括我最親近的人，如何去體會自己的難逃一死。我不可能走到我自己外面。我只能聽說別人的經驗，但不可能經驗到別人的經驗。關於「人類」的另一個概念是「博愛」。如此的情感可以擴充到哪裡呢？直到包含整個地球和全人類嗎？沒有任何感情可以經得起這樣的擴充。一個人的自我只是藉此逃遁到空洞的辭藻裡。「自由」，另一個著名的普遍概念，則取代了虛無飄渺的上帝。史提納以辛辣的筆調諷刺歷程思想，描述它如何建構一個社會機器或歷史機器，在喀啦作響的運轉裡最後吐出「自由」這個產品；在這以前，一個人卻始終是一個黨工，因此也是「解放的機器」的奴隸。如此，追求自由的意志就轉而甘作邏輯的奴隸。對歷史邏輯的信仰會帶來什麼破壞性的結果，馬克思主義的歷史現在已經充分證明。就其批評普世主義的解放而言，史提納顯然比馬克思略勝一籌。

如此，史提納旨在「藉由思考（Denken）去瓦解思想（Gedanken）」（Stirner 164）。此處可能會有個誤解。他並不是要拋棄思想，而是意欲有創造性的思考的自由，那意味著一個人不應該屈服於思想內容的支配。一個人必須始終是其思考的創造者。思考是創造的活動，思想是受造物，而思考的自由即意指創造者的地位高於受造物；思考是潛能，因此比思想還豐富。有生命力的思考不應該被囚禁在思想的監獄裡。「在每個片刻裡，不管你是什麼，你都是你的創造物，在這個『受造物』面前，你永遠不應該失去你自己，也就是創造者。你是一個高於你自己的存有者，你在你自己之上。」（Stirner 39）

中世紀的唯名論以不可理解的創世的上帝去對抗那意欲以概念羅網去捕捉祂的理性。唯名論者史提納則以不可理解的創造性的自我，去對抗宗教、人文主義、自由主義、社會學等等普遍概念。就如同對於中世紀的唯名論而言，上帝是個巨怪，自虛無中創造出自己和世界，其自由超越一切邏輯甚至一切真理，對於史提納而言，難以言喻的個體也是個「把一切建立在虛無之上的自由」。「自我」也和從前的上帝一樣是個巨怪，因為史提納如是說：「我並不是一個空無一物的虛無，而是一個創造性的虛無，作為創造者，我自虛無中創造出一切。」（Stirner 5）馬克思當然也可以廉價地挖苦中產階級的史密特（史提納）的社會處境，說他們的創造活動畢竟太有限。只是，馬克思並沒有思考到斯多噶學派的古老發現：我們並不是役於事物，而是役於對於它們的意見。而引導馬克思的行動者，畢竟也不是無產階級，而是他自己的魅影。因此，史提納也有權可以強調自我的創造性，因為也是這個魅影創造了可以安身立命的（理論性）空間。

史提納的哲學是個無比的大解放，有時也顯得荒誕無稽。它同時也帶有一種非常德國式的一貫性。尼采在必須為自己的思想爭取空間時，勢必也感受到這個哲學的解放衝擊，為了尋回生命的活力，尼采思考知識與真理，特別是如何「將知識的螯刺對準知識」的問題。

不過，就某方面而言，史提納對尼采而言始終是陌生的，當然也會厭惡他。因為，無論史提納如何強調創造性，他對於自我的所有權的頑固堅持，卻也顯示他中產階級的一面，對他而言，財產便是一切，就算所有權的對象僅僅是他的自我。尼采也想讓自己從魅影當中解放出來，竭盡所能地藉由思考「真正擁有自己」（B 6,290），就像他在一封信裡所說的。不過，尼采的姿態不像史提納那麼自我防衛；尼采想要放任自己回到自己。史提納著重於拆穿假面具，而尼采的重點則是強調行動。史提納心裡想的是決裂（Abbruch），而尼采卻是要起義（Aufbruch）。

將知識的螫刺對準知識，對尼采來說，那意味著看穿假象，認清原來知識不過是擋在駭異者前面的保護牆。一個突穿自身的知識，不僅僅意識到自己的界限，同時也會覺得踉蹌和暈眩。我們知道尼采把這種超越自身的知識稱為「智慧」，有時甚而稱為「戴奧尼索斯的智慧」。那麼，這個「智慧」所經驗到的整體是什麼樣子呢？

首先，那是一個充滿擾動的生成變化，它始終都是早已經到達目標，因為它沒有終極的目標；其次，如我們在〈非道德意義下的真理與謊言〉所見的，浩瀚宇宙中曾經有個星球，「上面有聰明的動物發明了認識」（1,875; WL）——但為時不久。

在人類自信滿滿地發明的「世界歷程」裡，浩瀚宇宙終於打破了無盡的沉默。這個悲劇性的基調，便是尼采鼓勵大膽接受「火、抗拒、忘我和愛」（1,323）的背景，而尼采也以此為〈談歷史學對生命的長處與缺點〉作結。此時已經顯露其後幾年的尼采典型的思想序位：意志的直接性越強烈，感情衝動和思想就越有反省性。最後幾乎所有感情衝動都是「對……的意志」。對於歡愉、希望、生命和正面肯定的意志，都是權力意志的序奏。尼采已經開始建立一套「生命的保健學」（1,331），以「經由中介的直接性原理」為主軸，也就從天生的本性改造為第二天性。「我們栽植了一個新習慣、新本能、第二天性，讓天生的本性枯萎。」（1,270）第二天性應該重拾「非歷史或超歷史」的特質（1,330）。「非歷史」意味著生趣盎然的直接性，而「超歷史」則被尼采定義為「那為存有者賦與永恆和同義性的性格的東西」（1,330）。換句話說，它便是形上學。但是，根據尼采所說過的一切來判斷，這只能是個「擬似形上學」，不是絕對有效的形上學，而是一個在宇宙夜空裡瞥見小星星的短暫片刻的另一種觀照方式。

聆聽華格納關於齊格菲之死的音樂時，尼采的感受是：整個人類終將滅絕，有誰可以懷疑這一點？尤其讓人驚懾的是，如此的經驗在音樂裡開放給每個個人：「即使在最短的片刻裡，在生命的原子周期裡都蘊含著神性，抵得過一切的戰鬥與困境。」（1,453; WB）。

神性？往後還會討論到這個東西。但無論如何，對尼采而言，它曾經就是音樂。會製作音樂的動物就是形上學的動物。但是，懂得如何聆聽的人，聽到的是結束。尼采說，每個真正的音樂都是「天鵝之歌」。

第七章

SIEBTES KAPITEL

告別華格納

蘇格拉底不放手

知識的普遍療效

必要的殘忍

嘗試冷淡的對待

在虛空裡墜落的原子

《人性的，太人性的》

告別華格納

在一八七八年夏天，《人性的，太人性的》第一卷已經出版，尼采也和華格納決裂。尼采在札記裡說：「華格納的天性讓他成了詩人，他發明了更高的天性：他最高貴的影響之一，但到了最後，它的矛頭卻對準他自己。」（8,543）尼采在華格納影響之下所發明的「更高的天性」，包括「超歷史」的體驗和思考的方式。它指的是一個形上學的前景，雖然沒有訴諸彼岸的世界，卻在存在裡發現「永恆和同義的性格」（1,330; WB）。在一八七三年的遺稿《希臘悲劇時代的哲學》裡，尼采以先蘇期的泰利斯（Tales）為例，說明他所謂的超歷史的觀點。「如果泰利斯說『一切都是水』，那麼他就已經從如蠕蟲一般的觸摸和爬行試探的個別知識跳脫出來。他預感到最終的解答，並循著這個預感克服低階的認識的鄙陋囚牢。這個哲學家試圖讓世界的全體樂音在自身迴盪。」（1,817）一個人如果要讓「世界的全體樂音」在自身當中回響，並且要求哲學以「概念」去捕捉這個樂音，那麼他必須尋找的就不是象徵意義下的音樂，而是真實的音樂，讓預感中的世界的內在關聯聲聲入耳的音樂。我們已經知道，對於尼采而言，這個世界音樂便是華格納的音樂。

在一八七〇年代中期的尼采思想裡，有三個面向交會在一起。首先，就像史提納的作風一樣，他認為知識必須打破知識，才能打開直接性生命的空間。如此便實現了「非歷史」。

然而，思考必須藉由跳躍才能觸及「超歷史」的事物：從高處鳥瞰，不變的結構和脈絡才會顯現。不過，在該視野裡呈現的生命不應有過多論證式的描繪，其「對象」也不應該有過多理性的觀照。因為（而這便是第三個面向）尼采認為，對一個最好以音樂的語言去歌唱的經驗來說，概念性的描述是第二次的加工。在華格納的影響下，思考為自己發明一個「更高」的天性，尼采把這個思考稱為「直觀的認識」。然而，在前揭於一八七八年的反省裡，已經透顯出華格納的影響所蘊含的翻轉力量。尼采說，那是「他最高貴的影響之一，但到了最後，它的矛頭卻對準他（華格納）自己」。這點應該如何理解？

在一八八〇年一月十四日，他寫信給麥森布格（Malwida von Meysenbug）說：「我對他（華格納）始終心懷感激，因為他的關係，我才會不辭辛苦地嘗試尋找精神的獨立性。」（B 6,5）我們把它和一八七八年一段乍看下大異其趣的筆記對照一下：「華格納在與人交往時並不具備為他人帶來自由與自信的力量。」（8,496）那麼，「不辭辛苦地嘗試尋找精神的獨立性」的唯一解釋就是，尼采必須用一切力量才能脫離華格納的魔力，而他對華格納的巨大影響力充滿感激，正是因為它迫使他激發自己的潛能。在尼采的華格納時期的最後階段裡，他仍然很自負於自己在克林索（Klingsor）的花園裡找到了出口，在與魔法師的較勁當中發現自己。在一八七七年夏天尼采在日記裡堅定地說：「我要鄭重向我的早期作品的讀者們宣告，在那裡面最重要的形上學和藝術的觀點都已經被揚棄：它們儘管很受歡迎，卻站不住腳。」

（8,463）

一個決定性的思想和經驗，促使尼采揚棄他的「形上學和藝術的觀點」。

讓我們從那個促使他背離藝術性的形上學的決定性經驗著手。尼采自己指出在一八七六年夏天第一屆拜羅伊特藝術節的失望。「我心目中的華格納，」他在一八七八年的日記裡說，「遠遠超越了他本人，我刻畫出了一個觀念性的龐然大物，甚至是一個能夠引爆藝術家的靈感的龐然大物。真正的華格納，真正的拜羅伊特，卻像印在劣質紙品的銅版畫一樣拙劣。這個可恥的經驗讓我強烈渴望去尋找真實的人及其動機。」（8,495）現在尼采是否打消了讓「世界的全體樂音」回響的念頭，轉而滿足在談到泰利斯時所謂的「低階的認識」？撰寫《人性的，太人性的》的他是否決定要將就於「如蠕蟲一般的觸摸和爬行試探的個別知識」？我們很快就會知道這點。但是可以確定的是，他把一八七六年的拜羅伊特描繪為一個把他從睡夢中喚醒的經驗。不過，這種失望也不是一夕之間就臨到他頭上的。我們再回顧一下他和華格納複雜難懂的關係的幾個階段。

他與華格納最為惺惺相惜的時候，是在撰寫《悲劇的誕生》以及剛出版的那段日子裡。在一八七二年一月二十八日，他寫信給羅得說：「我已經跟華格納結盟了。你實在無法想像，我們現在彼此有多貼近，我們的計畫如何契合。」（B 3,279）在那一年裡（跟兩年前初次會面時手舞足蹈的階段一樣），尼采擬定的計畫是以自由作家的身分參與拜羅伊特的工作。他想要在全國各地行腳、演講、成立且經營贊助團體、撰寫文章、編輯、刊印，或許也想辦一份雜誌。到了一八七三年，那些計畫都無疾而終，因為他明白了，華格納的徒眾太過狹隘且庸俗，無法接納他所寫的〈給德國人的警示〉（Mahnruf an die Deutschen）的草稿，其中的觀點是，「德意志民族比任何時候都更需要真正的德國藝術高尚的魔力與震懾所帶來的潔淨和祝聖。」（1,897）這個「警示」旨在為拜羅伊特爭取贊助者與預訂者，但讀起來卻像是在數落和說教。他對大眾品味大加撻伐，要人民記得德意志民族的偉大和文化優勢，用強烈的字眼告誡德國人拿出與華格納偉大的文化成就相稱的水準。尼采的草稿在拜羅伊特華格納協會的會議中遭到否決，其後科希瑪在日記本裡寫道：「協會覺得自己沒有資格發表如此大膽的文字，而除了他們之外，誰可以批准呢？」（N/W 1,187）

那時候，華格納一家人仍然無條件地支持尼采，寧願對華格納「徒眾」的膽怯搖頭苦笑，而不願對尼采做出任何批評。華格納在一八七二年六月二十五日給尼采信裡所說的話也仍然算數：「嚴格說來，除了我的妻子之外，你是生命帶給我的唯一的禮物。」（N/W 190）尤其在耶誕節到新年假期，尼采都得到熱烈的邀約，而尼采如果沒有答應，雙方的關係就會有點緊張。只要尼采在態度上表現出絲毫的保留，科希瑪都會精確地記載下來。曾經，尼采在特里比先度過了幾個假日之後，科希瑪在一八七一年八月三日的信裡寫道，在家中所有的朋友當中，尼采無疑最有天賦，「但在許多方面有點不自然的客套，讓人感到相當不適。他給人的感覺是，好像他在抗拒著對於華格納的性格的強烈印象」（N/W 1,168）。科希瑪的說法一語中的。尼采的確保持著某種必要的距離，以免在大師的面前失去自由。當華格納再次因為他沒有接受除夕的邀約而責備他時，尼采在給他的朋友葛斯朵夫的信裡表示：「從大處來看，我無法想像有誰可以比我對華格納更忠實、更卑屈……但是，在一些無傷大雅的細節上，我卻必須保有自己的自由，才能在更高的意義下對他忠實，幾乎可以說基於『衛生』的理由，我必須克制過於頻繁的共處。」（B 4,131）

這個「基於衛生的理由的克制」漸漸發展成最初小心翼翼的防衛行動。一八七四年初，尼采在巴塞爾聆聽布拉姆斯（Brahms）的《凱旋之歌》（*Triumphliedes*）的演出後，印象非常深刻，於是他在夏日造訪拜羅伊特時帶著總譜，為大師彈奏其中的幾段，雖然他知道華格納很討厭布拉姆斯。華格納一家人感到十分憤怒。科希瑪在日記本裡說：「下午我們彈奏了布拉姆斯的《凱旋之歌》，我們的朋友尼采讚不絕口的曲子貧乏得讓我們無言以對……李察非常氣惱。」（N/W 1,191）四年後，尼采回顧關於布拉姆斯的爭端，對華格納如是評論說：「對一切偉大的人物都深懷妒意……怨恨自己無法達到的一切。」（8,547）

由於尼采仍然抱住華格納不放，雖然知道他的征服欲，卻對他百般容忍，心想像華格納這樣的天才，理所當然會目中無人。值得注意的是，在預定拜訪華格納的日子將近的時候，尼采就經常生病。最嚴重的一次是在一八七六年夏天，在首屆拜羅伊特藝術節的前幾個星期。雖然在這件隆重的事件登場前，關於華格納的《不合時宜的觀察》第四篇已經問世，而大師在收到贈本以後回覆說：「您的作品真是驚人！您是從哪裡聽到關於我的事？」（N/W 285）也就是說，雖然尼采可以預期盛情的接待，他的身體卻完全不聽使喚。在出發到拜羅伊特的前一天，他在寫給葛斯朵夫的信裡說：「健康狀況一日不如一日！」（B 5,178）拜羅伊特不會是戴奧尼索斯精神的再生，在《不合時宜的觀察》第四篇裡論及的「被祝聖的觀眾」也不會在那裡出現，如此的預感冷不防地襲來，當他耳聞拜羅伊特如何為絡繹於途的觀眾做準備時。他在《不合時宜的觀察》第四篇裡寫道，拜羅伊特將會結束藝術與「不計任何代價的娛樂」（1,448; WB）的混淆。實際的情形卻是，如今在拜羅伊特包廂、飲食、市區和藝術節山丘之間穿梭的馬車都索取令人不齒的天價。王公貴族、銀行家、外交官和小妾成了注意力的焦點。通常這些人在音樂劇演出時都哈欠連連，在交際的場合裡卻加倍的生龍活虎。對於拜羅伊特的風風雨雨，尼采後來說：「在當時，不僅僅華格納的『理想』的空洞和虛幻顯露無遺，更重要的是，我還看到，即使是對最貼身的參與者而言，這些『理想』也是無關宏旨——還有其他更重要的事，讓他們反應更熱烈。此外，贊助人先生女士貧乏可憐的社交圈……整個歐洲遊手好閒的罪人都全部聚攏在此，每個侯爵都可以在華格納家進進出出，就好像在這裡進行的不過是一個新的娛興節目。」（14,492）尼采親身經歷了彩排、頭頂冠冕的訪客到達火車站的浮誇的場面，以及在華格納家裡的奢華盛會。尼采有足夠的自負相信自己關於華格納的文章是藝術節期間最重要的精神性貢獻，因此，華格納在一片喧鬧當中讓他受到冷落，就格外讓他感到委屈。在科希瑪的日記裡，尼采的來訪被一語帶過，而不再有任何評論。他只是扮演一個讓他完全不能滿意的配角，短短幾天後，他帶著無比的沉痛離開，前往波希米亞的克林根布倫（Klingenbrunn），卻又在一八七六年八月十二日回到拜羅伊特，觀賞音樂劇的首演。他在那裡待到八月底，但是在少數幾個出席過的場次當中，他都提早離開。「這裡每個冗長的藝術之夜都讓我感到難熬」，他在觀賞彩排時就已經在給妹妹的信裡如此說（B 5,181; 1.8.1876）。他在《瞧，這個人》（*Ecce homo*）裡說，一個「風采迷人的巴黎仕女」為他帶來唯一的慰藉。他指的似乎是路易絲．歐特（Louise Ott），一個出身亞爾薩斯、家境富裕的女子，她在亞爾薩斯被德國併吞後搬到巴黎去。她是個華格納的仰慕者，也十分讚賞尼采關於華格納的文章。在藝術節結束後，他們還有書信往返。尼采在九月二十二日寫道：「這個新友誼像新酒一樣，很清爽，但也許有點危險，至少對我而言是如此，但是對她來說何嘗不是如此，只要想一想她如何落到一個自由思想家（Freigeist）的魔爪裡！想一想有個人，每天渴望拋卻平安的信仰，在日益巨大的精神解放中尋找且發現幸福。或許，我對於自由思想家的欲求超過我所能承擔的！」（B 5,185f.）

對拜羅伊特藝術節的絕望是那個經驗的背景，尼采說，那個經驗幫助他重新發現人性及其動機的真相，讓他走上「自由思想家」的道路。

在兩人漸行漸遠的同時，為尼采哲學帶來新轉折的重要思想也慢慢成形，讓他最終完全脫離華格納的精神世界。這個思想形成於一八七六年以前，但是到了那一年以後，他才得以堅決且挑釁地形諸文字，例如在一封一八七八年七月十五日寫給瑪提德・麥爾（Mathilde Maier）——她跟路易絲・歐特一樣是華格納的仰慕者——的信裡說，那是個致命的錯誤，讓他大病一場，那個「遮翳簡單和真實的東西的形上學煙霧，那一場以理性去對抗理性的戰爭，想要在一切當中看到奇蹟，同時也看到怪事」（B 5,337f.）。乍看下，這句話讓人想起史提納的「把知識的螯刺對準知識」。尼采想要用這個說法來為生命開拓一個空間，以便贏得第二個直接性。這個說法有生機論的傾向。為了生命的緣故，知識的力量應該受到限制。不過，這種以知識去褫奪知識的權力的作法，在他的眼裡不過是理性的自欺欺人。他覺得用理性來對抗理性是個不道德的說法。他發現自己對於神話（以及華格納）的狂熱裡有個刻意以神話和審美的方式去魅惑自己的意志。他在《悲劇的誕生》裡曾說：「只有一個充滿神話的視域可以將整個文化運動圈入一個統一性裡。」（1,145）但是在什麼樣的條件下，神話可以蘊藏著這樣的力量？唯一的可能是，我們承認它有一定的真理值。如果一個時代透過反省走出了神話，如果人們得到與神話不能相容的知識，那麼便出現一個斷層，與神話的關係也已經完全改變。它的真理值開始消褪，此時，它或許也得到審美值。但是一個僅僅有審美效果的神話，也不再擁有將「文化運動」凝聚成一個統一體的力量。現在只能藉由在審美領域之外還能完整管轄全部的認識空間的精神形式去完成這個任務。基督教便是一例，在其全盛時期涵攝了藝術、科學、道德等所有領域。古希臘文化也是如此，只要它仍然受到神話力量的支配。尼采開始明白，這樣的過去雖然可以當作一個夢想，但它的復興必須以自欺作為代價。現代的神話意識已經被反省掏空，成了系統性的造假。華格納讓諸神在舞台上死去，對尼采而言，那始終是個偉大的事蹟。然而，華格納執著於神話的魅惑意志，而尼采就此也步其後塵。現在，他漸漸明白，在諸神殞滅以後，殘餘下來的就只有一個表面的審美事件，雖然可以披上神話的新裝，卻再也無法被重新塑造成宗教性的事件。

藝術宗教不會有什麼出路，這樣的想法開始在尼采的腦海中成形，而且是在一八七六年於拜羅伊特看到神聖的藝術盛會被庸俗化的震撼之前。尼采開始挑戰華格納整個藝術事業最核心的觀念，也就是：在一個充滿痛苦的現實世界裡，藝術作品的力量在於「以一種清醒的瘋狂取代實在」。華格納在《論國家與宗教》（*Über Staat und Religion*）說，被藝術魅惑的人，將深陷在藝術的遊戲裡，以致於所謂嚴肅的生活現實，也只能被體驗為遊戲。藝術作品有辦法「慈悲地讓我們的自我消融於瘋狂當中，在其中，嚴肅的現實最後會呈現為一種瘋狂」（Wagner, Denken 315）。直到一八七三年三月二日，尼采還向他的朋友葛斯朵夫推薦這篇文字，認為它是「華格納的文學作品當中最有深度的一篇」（B 4,131），同時也「在最高貴的意義下有『砥礪』的效果」。兩年之後，在一篇札記裡，他不再認為一個人可以把自己誘騙到「清醒的瘋狂」（華格納）裡，卻不會傷害到知性的誠實。我們應該不帶任何幻想地審視決定藝術作品的種種力量：「對於謊言、曖昧和象徵的喜好。」（8,92）

從現在開始，尼采將不再藉助詭詐的反省（也就是藉助理性）去架空理性，走入審美性神話的夢境，最後相信自己有信仰。他說：「在宗教儀式裡沉澱了早期的文化質層，它們只是『殘留物』。慶祝它們的時代和發明它們的時代並不是相同的時代。」（8,83）而在某些時代裡，人們根本不慶祝（悲劇的）「儀式」，而只是作為審美享受的對象，那些時代距離它們的起源又是多麼遙遠呢？不，整個悲劇魔術不過是自欺欺人罷了。他沉重地畫底線強調，好像要謹記在腦中：「舊文化已經永遠離我們而去，其基底對我們而言已經完全傾圮。對希臘人的批評同時也是對基督教的批評，因為它們的精神信仰、宗教儀式和自然奧祕，都有完全相同的基礎。」（8,83）

十年後，尼采在札記裡回憶那夢想著華格納式的神話和悲劇復興的時期：「在我的第一個時期的背後，有一張耶穌會的臉在冷笑著：我的意思是，有意識地執著於幻象，強據為己有，當作文化的根基。」（10,507）事實上並不是直到十年後，而是在一八七〇年代中期的札記裡，尼采就開始嚴詞批判這種故意執著於已經被看破的幻象的態度。他在那裡談到一個「不純粹的思考」，設身處地思考過去，相信如此便可以回復被理性和啟蒙打破的純真。如果我們誠實以對，那麼事物呈現的面貌就會與神話的憧憬大異其趣：「假象上面的假象。對

一切都如此認真，令人感到滑稽——整個舊哲學等於都是理性的怪誕迷宮。」（8,100）

蘇格拉底不放手

這些都是為一八七五年計畫的〈我們語言學家〉（Wir Philologen）所做的筆記裡的句子。那是預計作為《不合時宜的觀察》第五篇的作品，尼采認定當時完成關於華格納的部分「不適合發表」（B 5,114; 26.9.1875）之後便開始動筆。尼采寫〈我們語言學家〉意在與舊語言學算總帳。他要闡述的是，這個科系在教育體系裡的重要角色，是建立在對於古代的錯誤認識上面，古典語言學甚至為了保護既得的權力而將錯就錯。當時仍然有影響力的、以教育為目的的古代觀念，是溫克爾曼（Winckelmann）留下來的：莊嚴的樸素，沉靜的偉大。如此的觀念讓古希臘被理想化為真善美的統一的古典實現的場所。古代風和日麗的人文主義是個欺騙性的假象，這樣的論點對於熟悉尼采《悲劇的誕生》的讀者來說絲毫不足為奇。因為尼采在那裡就已經打破溫克爾曼的古希臘圖像，突顯希臘文化狂野、殘酷和悲觀的特質。在這篇筆記裡隱約可見的新觀念，在於對於知識的意義以及它與神話、宗教的關係有了不同的詮釋。尼采說，我們「不應該錯怪知識」（8,47）。如此看來，他在與華格納分道揚鑣之前，就已經開始改建舞台了：蘇格拉底在《悲劇的誕生》裡被視為求知的意志的化身，因此背負了悲劇的沒落的罪責，如今是否應該被平反呢？在悲劇的饗宴之後，他應該以一個被變成石頭的客人的身分重新出現嗎？尼采在一八七五年夏天的札記裡寫道：「我必須承認，蘇格拉底與我如此接近，以致於我幾乎永遠在與他作戰。」（8,97）為了探索尼采與蘇格拉底的關係的轉變，讓我們回顧蘇格拉底在《悲劇的誕生》登場時的面貌。

知識的普遍療效

在尼采的《悲劇的誕生》裡出場的蘇格拉底，對知識抱持最高的期望，不僅認為與真理並肩而行的生命是可能的，甚至把真理以外的生命棄如敝屣。對尼采而言，蘇格拉底是歐洲知識傳統和對於真理的意志的始祖。蘇格拉底代表知識與真理的原理，而和悲劇背道而馳，「因為它的訴求不僅僅是認識存有，而是進一步匡正且改變存有」（1,99; GT）。如果存有可以匡正，那麼痛苦、恐懼、不幸和不義都不需要如悲劇一般地忍受：我們可以完全排除它們，不是今天，就是明天。知識可以帶來平安與幸福。對蘇格拉底而言，存有的修正意味著：藉由自我認識去轉化存有，同時也照明了世界的本質真相，讓一個人可以沒有恐懼而充滿信賴地規畫其生活。尼采筆下的蘇格拉底是個知識天才，他的生命奠基於「相信自然是可以探究的，而知識也有其普遍療效」（1,111）。

歷史上的蘇格拉底跟知識精神之間的關係究竟如何，我們在此不需細究，因為現在的重點在於了解尼采如何界定在他的心目中的蘇格拉底所代表的力量。

「自然是可以探索的」所代表的信念是，自然就它的內在實質而言，是人類精神可以認識的東西。它是可以理解的，或者用柏拉圖的話來說：類似者認識類似者。身體的感官對世界的物體面向作出反應，精神則揭示那作為永恆範式而奠基世界的理型。在認識行動裡，人類與真正的存有發生關係，他變成他早已經是的本然。他回到家。「知識」的觀念裡蘊涵著期待作為認識者的自我與世界的和諧關係，在柏拉圖身上，這一切都只是在思考的世界裡，還不是經驗性的世界宰制，但這樣的未來也已經不遠了。

就柏拉圖詮釋下的蘇格拉底而言，「知識的普遍療效」在面對死亡時證明了自己，而對於蘇格拉底之死的敘事正是柏拉圖主義的宣言。在這裡，知識的精神面臨前所未有的真理的試煉。走向死亡的蘇格拉底戰勝了悲劇。蘇格拉底克服了恐懼與驚慌。「走向死亡的蘇格拉底」是一個靠著知識、憑藉所認識到的理由去克服死亡的恐懼的人。尼采把該形象稱為「掛在知識的大門上面的盾徽，用來提醒每個人，知識的使命在於讓存在變得可理解，因此也顯得可以正當化」（1,99; GT）。存在之所以變得可理解且正當的，是因為蘇格拉底所謂的知識的涵蓋範圍比現代人所謂的知識更廣闊。蘇格拉底的知識不僅是經驗的、寫實主義的、擬態的。它不是揭露未知的事態，不像現代的科學理解一樣強調和客體的關聯。尼采談到「知識的普遍療效」時，他指的首先是精神的分受，而它在蘇格拉底與死亡的關係裡尤其顯著。蘇格拉底證明了知識便是分受一個超越經驗自我的精神。人類早已經被拋到這個精神裡，但是重點在於如何在自身發現它，同時接納它對於自身生命的主宰，包括面對死亡的時候。在自我裡體驗人們所分受的超越的精神，蘇格拉底稱為「完全擁有自己的靈魂」。當我們回到這個對於靈魂的理解時，並非和世界割裂，沉浸在一個沒有世界的內在性裡，而是和一個世界性的存有發生關係，而我們的身體只是從它分裂出來的一塊。以現在的概念來說：靈魂代表客觀性的東西，因此是有內容的，也是真正有世界性的。身體和感官是主觀和短暫的東西，沒有本質，因此也沒有世界性。但一個人如果跟隨著蘇格拉底的教導回到自己的靈魂裡，他不會變得沒有世界，而是正好相反：只有當一個人凝視其靈魂時，他才是真正進入世界，進入對的世界。柏拉圖關於蘇格拉底之死的敘述想要證明的因此是：並非每個人都只是為自己而死，死亡也不是一個人最寂寞的片刻。蘇格拉底並不孤獨。在思考和知識的自我經驗當中，他找到那馱負著他的存有：他是它的一部分，直到個體消滅仍然是如此。

在蘇格拉底和學生的最後一場對話裡，重點不在於靈魂不朽的零星證明。光是大費唇舌的那些「證明」，就足以顯示它們不無疑問。蘇格拉底因此也稱之為「救生筏」，可以讓我們試著「泅游過生命」（Platon 4,339）。關鍵在於精神的自我體驗，它是一個活生生的本質，超越個別身體的界限。這種精神的自覺需要謹慎地擴及它的每個外在表現。換句話說：真理蘊含在思考的自我體驗，也就是在行動當中，而不是在那推論的而且可以闡明的個別論證裡頭。正因為如此，關於靈魂不朽的個別「證明」的可靠程度頗為有限。也因此，蘇格拉底也不忌諱回到神話去尋找出路。蘇格拉底表示，如果一個人事先以理性去思考，就可以大膽地相信神話。他把對於神話的信仰（蘇格拉底指的主要是靈魂轉世的神話）稱為「美麗的冒險，而且一個人應該與它討論一下」（Platon 4,339）。因此，對蘇格拉底而言，思考的自我體驗（理性）與神話之間並沒有根本的衝突。理性的精神帶領他進入存有深處，然後他的洞見在神話裡得到證實。

自覺的精神和神話應該一起構成存有的基礎，基於這樣的聯盟關係，尼采稱柏拉圖的蘇格拉底為「科學的玄祕家」（Mystagoge der Wissenschaft）（1,99; GT）。對尼采而言，蘇格拉底式的知識與悲劇式的知識兩者的差異在於：蘇格拉底不知道（圓周上的）那個點，知識在那裡「凝視著無法照亮的東西」（1,101）。在蘇格拉底的世界裡，精神所到之處都是明亮的，而且如果還有黑暗繼續存在，也只會是暫時的。蘇格拉底的樂觀主義確信，有朝一日，一切黑暗都會變亮，成為白晝。我們對於知識應有如此的信賴。但是這樣的信賴感是怎麼來的呢？它源自於一個蘇格拉底和柏拉圖式的直觀，亦即世界的本質是善。陰影或黑暗形成的原因只可能是知識的闕如。

儘管對柏拉圖的蘇格拉底而言，知識還沒有明確以對於世界的經驗性和實踐性的宰制為目標，尼采還是認為這樣的發展已經在「知識的普遍療效」所蘊含的樂觀主義認識論裡埋下種子。在一個世代以後的亞里斯多德身上，知識和對自然的宰制的關係就更明顯了。尼采如是描繪蘇格拉底和柏拉圖的存有學與現代自然知識的關係：「塵世的和諧」（irdische Consonanz）（1,115）：認識的主體和客體是同類的，或者是由於它們有共同的精神基礎，或者是它們有共同的物質基礎。兩者沒有任何裂痕，沒有跨不過的深淵。

「塵世的和諧」的假設影響了現代自然知識的長足進步，直到形上學的舊上帝終於成為真正的「機械之神」為止。祂不再需要悲劇，而在實踐上斐然成章，也就是作為「機械和熔爐的神」，一個應許「藉由知識為世界做最實際的修正」的神（1,115）。一個科學取向的生命理想成為規範，而人類此後便在特定的習題範圍裡游走，似乎一切事物基本上都會有答案。知識樂觀主義在這裡得到了充分的開展。世界基本上是可以認識的，世界本身具有知性的本質，這樣的信念的根本前提是，人與世界有一個基本上和諧的關係；不和諧和黑暗終究可以克服的，不是現在以正確的方法，就是將來藉由知識的擴充。一旦蘇格拉底的原理結合歷史發展的觀念，對理論的好奇就踏上勝利的坦途。不過，如果實在界漸漸容易被知識穿透和宰制，同時如果這個知性文化的物質成就在科技、生產、醫學和日常生活領域裡歷歷呈現，而自然界原來可怕的毀滅性力量也成了理所當然的、可以計算的、基本上也可以控制的因果關係，那麼，尼采說，一個樂觀主義的生命感受甚至會擴及社會底層，讓他們也可以夢想一個「全人類的塵世幸福」（1,117）。如果自然因為科學而更加容易操控，那麼社會內部的不義為什麼不能完全消除呢？如果自然的命運幾乎被解密為因果關係，如果人類至少可以把部分的因果鏈掌握在手上，那麼我們為什麼要相信社會環境的命運是個無法克服的力量？由於顛覆命運的嘗試一再得逞，連最宿命的人們也漸漸強烈要求享受種種生命的愉悅。組織和體制的公平與否，決定了生活和發展的機會的分配。不幸的人現在將他的命運了解成歧視和不公平，可以循法律的途徑控訴。

尼采認為科學無論就其結果或倫理而言，都已經和暴民式的民主精神結合在一起。蘇格拉底以他對宰制性的輿論的輕蔑證明了這一點。力量被帶到辯證的競技場裡，對話的正反雙方都脫掉真理的盔甲，辯證不能容忍要求絕對服從的命令。蘇格拉底的邏各斯不相信任何「無從比較的意見」，而悲劇裡的「駭異者」（1,81; GT）對他來說只是不義的東西。而不義不是喜歡躲藏在黑暗裡尋求庇護嗎？因此，對於蘇格拉底的精神來說，黑暗是充滿嫌疑的。如果有人談到「無法照亮的東西」，那麼他不是要掩飾什麼嗎？最後，尼采明白表示他的想法：民主的精神是在「蘇格拉底文化的懷抱裡」（1,117; GT）被孵化出來的，因為在蘇格拉底的知識型態裡，個人並沒有任何地位。雖然天才及其偉大發現在科學裡扮演重要的角色，用現在流行的話來說，科學的真理和發現的有效性畢竟是「互為主體性」的。真理的意義脫離主張真理者的階級；真理由自己代表自己，必須禁得起各方的檢驗。無法被普遍化的個殊經驗，沒有資格被稱為真理，真理基本上應該可以被所有人承認。真理之前，人人平等，沒有任何人享有特權。

必要的殘忍

如此，在尼采的看法裡，蘇格拉底精神、科學的進步和民主的變革彼此環環相扣。但是，如此的發展為什麼讓他如此怏怏不樂？為什麼他要害怕民主？前面討論過尼采如何為奴隸制度辯護（第四章），答案也已經可以在那裡找到。現在我再引述《希臘城邦》前言裡的相關的句子：「為了替文化的發展提供一個既深且廣的沃土，就必須有多如繁星的人們為少數人服役，撙節個人的需求，屈就於奴隸的困苦生活。」（1,767）尼采擔心，如果知識和見解在那些人當中流傳，結果會是一場恐怖而破壞文化的暴動，因為野蠻的奴隸階級「矢志不只要為自己，同時為所有的世代復仇」（1,117）。對尼采而言，這個可怕的報復是「蟄伏在理論知識文化懷裡的災難」。

新舊奴隸社會的秩序要能維持，前提是生命根本的悲劇性格要被視為「自然事物的殘酷性」（1,119）的作用，因此得默然接受。奴隸忍受殘酷，那是戴奧尼索斯智慧的一半，而文化菁英對此也知之甚詳，因此在藝術的保護傘後面尋求庇護，這是戴奧尼索斯智慧的另一半。為什麼尼采沒有注意到這個思想明顯的犬儒色彩呢？原因似乎在於他自己相信創造文化的菁英（如果他們真的是菁英的話）也在痛苦地承受著存有的殘酷，而且基於這種悲劇性的認識，他們才有必要撐起藝術的保護傘。悲劇存在於社會殘酷的底層的奴隸階級裡，而文化的菁英則是意識到悲劇，如此，某種公平性畢竟還是再度建立：一部分的人活在不幸裡，另一部分的人則是看到不幸。在這個脈絡裡，指出下面的事實應該不至於是畫蛇添足：尼采對時政的觀察也透露了他的悲劇世界觀，他反對縮短工時（在巴塞爾由每日十二小時減少到十一個小時）；他贊成雇用童工（在巴塞爾十二歲以上的孩子每天工作十到十一個小時是合法的）；他反對成立工人的教育學會。不過他認為，過度的殘酷也應該避免：工人的生活要能勉強接受，「如此他們及其後代才能為我們的後代好好地工作」（2,682; WS）。

尼采在《悲劇的誕生》裡賦予蘇格拉底的形象，宛如一個古代的社會民主黨人。當然，尼采與蘇格拉底之間的問題還沒有解決。尼采跟他還沒有了結恩怨，而且終其一生都不會有。他「永遠在與他作戰」，而且自《悲劇的誕生》以來始終如此。他原先預定要在第十五章裡以反省蘇格拉底的貢獻結束那本書，但後來又多出了十章，特地處理華格納的戴奧尼索斯式的悲劇革新，而對蘇格拉底最尖銳的批評也出現在那裡。然而，在第十五章裡，也就是原構想中的結論，尼采的語調卻十分和緩。他指出，從某個角度看來，我們可能也會感激蘇格拉底。蘇格拉底是世界史的「一個轉捩點、一陣旋風」（1,100），因為在他的協助下，求知欲約束了破壞性的力量。現代巨大得讓人咋舌的知識金字塔也是一道堤防，保護全體人類免於集體自我毀滅。尼采說，我們只要想像一下，如果這麼多的力氣沒有用在知識的追求上，而是用在「個人與各民族的現實或即自利的目標上，那麼不難推知，可能的結果是，在全面性的毀滅性戰爭與持續不斷的民族遷徙當中，本能性的生命喜悅將消磨殆盡，以致於在自殺的習俗裡，個體或許才會感受到僅存的一點點責任感，像斐濟島的居民一樣，當作兒子的人掐死父母、作朋友的人掐死朋友的時候」。蘇格拉底的求知欲的影響至少阻擋了「現實悲觀主義的瘟疫，它甚至會基於憐憫而提出種族屠殺的殘酷倫理學」（1,100; GT）。

嘗試冷淡的對待

尼采曾在一八七五年以及其後的札記裡警惕自己「不應該錯怪知識」（8,47），這一方面意味著對於蘇格拉底較為溫和的評判，因為他代表對於理論的好奇，另一方面也是對蘇格拉底的批評，因為他在知識領域裡的態度不夠澈底。他把他和其他古代哲學家做比較，尤其是德謨克利圖。為什麼是德謨克利圖？因為他冰冷、漠然，帶有真正的科學性格，不著墨於「個人幸福論」的主張，沒有像蘇格拉底「醜惡地自詡為幸福」（8,103）。

德謨克利圖實驗了一個很類似現代自然科學的世界觀，而尼采對他也越來越有好感。在《瞧，這個人》的回顧裡，他曾經提及與華格納決裂後的人生階段。「我充滿憐憫地看著瘦骨嶙峋而憔悴的自己：在我所知範圍裡，幾乎沒有任何實在性可言，『觀念性』僅僅對魔鬼有些許用處！——飢渴幾乎要焚燒了我：從那時起，我只接觸了生理學、醫學和自然科學。」（6,325; EH）古典語言學家尼采經由古代的自然哲學去探索現代的自然科學。原子論者德謨克利圖打動了他——因為他的冰冷。

在虛空裡墜落的原子

的確，德謨克利圖異常大膽地與擬人神論的傳統決裂，將一切道德的投射排除到世界觀之外，它因此也被中性化和務實化，而顯得很「冰冷」。真正存在的只有在虛空裡墜落的原子，原子由於大小不同而以不同的速度墜落，因此像撞球一樣互相撞擊，形成漩渦，凝聚成我們所看到的物體。人類的靈魂和精神也只不過是極微的原子鏈聚集而成的。「除了原子與虛空以外，什麼也沒有，其他的一切都屬臆測」（Lange 1,18），德謨克利圖如是說。

道聽塗說的意見，包括以目的因去界定的自然觀，無關乎事物的本質。德謨克利圖發現如此的目的論是擬人神論的投射。因為人類自己有目標和意圖，並以此作為行為的依據，所以他想像宇宙也是如此。德謨克利圖宣稱，我們不應如此想像。原子的墜落、撞擊和結合，雖然遵循著因果法則，但它們都只有作用因，而沒有目的因。那是一個「盲目」的必然性，沒有目的，因此也沒有「意義」可言。德謨克利圖的原子宇宙是「無意義」的。尼采為德謨克利圖如是注解：「世界完全沒有理性和衝動，跌撞在一起。諸神與一切神話是多餘累贅的。」（8,106）德謨克利圖說，人類強加給事物的感官性質很容易誤導我們，「甜味、冰冷、顏色僅存在於意見裡；事實上，除了原子與虛空以外，什麼也沒有」。

德謨克利圖用「事實上」這幾個字，就像現在的自然科學一樣，打破了我們熟悉的生活世界。我們看到太陽從地平線升起，卻知道事實不是如此。從德謨克利圖到現代的科學都告訴我們，我們的感官完全不能相信。原子層次的實在是肉眼看不見的，最多只能計算。德謨克利圖就已經強調數學的地位。當然，人類還會繼續使用感官，也會抱持道德信念，但是德謨克利圖解釋說，這一切都不過是細微的原子彼此糾纏的運動。在德謨克利圖的宇宙裡，並沒有任何統一且引導萬物、而又具有道德意義的精神存在。善與惡並非宇宙裡的實在者，只出現在人類的道德想像裡。由於德謨克利圖否定有普遍有效的道德意義，因此他的世界觀是虛無主義的，尼采也是作此理解，而當時從理型論的立場反駁他的柏拉圖也是作此理解。傳說柏拉圖燒毀了德謨克利圖的作品。

對於德謨克利圖的沒有靈魂的宇宙，柏拉圖以理型論回應他，眾所周知的是，他把共相視為實體，因此認為比作為抽象活動的來源的實在界更實在。樹的觀念比任何個別的樹更實在；善的觀念比任何個別的善行更實在；美的觀念比任何個別的美麗事物更實在。理型高高在上，超越感性和感官觸及的實在，因此也越來越空洞。但是由於柏拉圖對它們如此執著（因為他正是要藉助它們帶動道德生命的翻轉），最後難免要為它們穿上神話的外衣，甚且發明理型的存有層層分受的神祕理論。思考成為有成就的生活的操練。在它的面前展開了一個概念的層級，讓它可以循著抽象的天梯往上爬。到哪裡？從新的高點向下看，整個存有界將呈現為一個秩序井然的善。柏拉圖描繪一個有靈魂的全體，一個涵攝萬物的和諧，而思考則必須和它諧韻。柏拉圖式的知識是發現世界的善，並藉此讓自己成為善。

我們很難想像有什麼理論可以跟德謨克利圖的虛空、原子、無意義和意圖的運動構成更尖銳的對比。德謨克利圖的自然有崇高的冷漠，超越一切善惡。對柏拉圖而言，存有的全體是一個善，惡是知識的闕如，因為它表示個人不知道如何融入整體。柏拉圖將存有與善視為等同的存有論，是對於德謨克利圖的中性化宇宙的回應，是為世界實體重振道德和神話的生機。為什麼會出現柏拉圖主義的理型論反動？尼采的答案是：「對自身的不安成了哲學的靈魂。」（8,106）覺醒的個人無法長期忍受生活在一個冰冷而只有原子的宇宙裡，它需要有個家的感覺。所以，哲學不外是回家的渴望。尼采在比較德謨克利圖與柏拉圖以後確信，柏拉圖的哲學是「嘗試要窮究一切且成為救贖者」（8,106）。尼采對希臘城邦的歷史了解得夠清楚，知道在柏拉圖的理型論背後隱藏著政治性的憂慮，擔心在德謨克利圖破除了存有的神祕以後，現實的啟蒙精神的勝利可能會瓦解希臘城邦的道德基礎。柏拉圖是在對抗道德虛無主義的幽靈以及唯物主義的去價值化。

尼采在札記裡首次提到他後來一再感到驚奇的事實：柏拉圖主義在基督教的西方世界竟然會所向披靡。柏拉圖原來只是要在精神上維護城邦的小圈子，但結果卻顯然為整個歐洲文化圈創造了維持數百年的精神背景。因為不管怎樣修正，柏拉圖和基督教思想的基調始終不變：善惡並不是自身沒有真理值的、約定俗成的價值判斷，而是客觀世界的「真實」面向。如今，對尼采而言，「無意義」的宇宙是對科學家眼中的世界而言恰如其分的說法。然而，由於蘇格拉底（和柏拉圖）無法承受這種冷酷的洞見，於是重新將世界給道德化和理想化，尼采後來也以「蘇格拉底的影響」為題寫出讓人訝異的句子：「毀滅了科學。」（8,108）它之所以讓人訝異，是因為尼采在《悲劇的誕生》裡讓蘇格拉底以科學和理論精神的代表人物的身分登上歷史舞台。

尼采在一八七五年駁斥刻意的自我魅惑、神話的復辟和宗教的情操，而為求知意志辯護，也因此，他對蘇格拉底（和柏拉圖）的批評也有了轉變。蘇格拉底之所以值得批評，不是因為他有求知欲，而是他的求知欲不夠澈底和「冷酷」。他缺乏知識的勇氣，摻雜了太多的浪漫和理想主義的感情氾濫。真正張開眼睛來認識的人（德謨克利圖可以證明這點）在當時就已經看到一個可怕的宇宙，而尼采其後最喜歡的作家之一巴斯噶（Blaise Pascal）也如是描述：「我被吞沒在無盡寬廣的空間裡，對它我一無所知，而它對我也一無所知，我感到戰慄……這個無限的空間永恆的沉默讓我顫抖。」（Pascal 113）他接著說：「每當我思及……人類……被丟給他自己，像在宇宙一隅迷路的人……一陣恐懼就會向我襲來。」（Pascal 321）。

《人性的，太人性的》

咬緊牙關忍受這種恐懼，而不（像巴斯噶一樣）托庇於某個宗教裡，但也不在新宗教裡把人工的神話或藝術當作防護與療方（1,101; GT），在某個期間裡，這便是試驗冷酷眼光的尼采心中的理想。在十年後的《人性的，太人性的》序言裡，尼采回顧該時期的轉折：「當時我決定進行一場漫長而持久的戰爭，對象是每個浪漫的悲觀主義不符科學的基本偏好，也就是將特殊的個人經驗擴大且膨脹成普遍判斷，甚至是對舉世的譴責。」（2,374f.; MA）

即使面對的是可怕的事實，如果知識能夠不為所動地審視駭異者，還是可以成為勝利者，這便是知識行動裡蘊藏的樂觀主義。認識者驕傲地宣示：我會承擔我的知識，就算它差一點要了我的命。尼采為自己開了樂觀主義的藥方，好治癒那耽溺於悲劇、而在樂聲終了後沉浸在賽倫女妖離開的哀傷的意識。「樂觀主義，以重建為目的，為了將來有一天可以再度成為悲觀主義者，這個你們懂嗎？」（2,375）

第八章
ACHTES KAPITEL

《人性的，太人性的》

概念的化學變化

邏輯的否定世界和世事圓融的實用主義

同情

社會性的駭異者

歡愉的自然主義

形上學的批評

無知的存有的謎

以因果律替代自由

《人性的，太人性的》

世界、生命、自我，它們或許是駭異的，或許也是悲劇性的，但是尼采現在想要試驗一個非悲劇性的知識及其樂觀精神。那能有多少成果呢？在他選擇幾條可能發展的路線以後，會看到怎樣的光景？讓人不得不擔憂的是，窺探祕密的欲望此時可能會撲了個空。解謎者所重視的世界的「祕樣性格」（12,142），如今卻得自願接受治療：強化那追求清晰和清醒的意志，抗拒朦朧美的誘惑。沒有激情、沒有感動，只有冰冷的眼光。「置身於知識所宰制的文化高度發展，需要的是情感的澈悟，以及語言的強烈專注。」（2,165）「語言的專注」指的是：改變陳述的風格。「清醒」不應該是慢條斯理的，也不應該像狂想曲、哀歌那樣，或是過於慷慨激昂。而現在的尼采認為他過去的作品正好犯了這些毛病。澈悟的語言不像「為歌者而寫」的《悲劇的誕生》那樣。它必須很尖銳、一語中的，並且有意想不到的洞見。因此，「語言的強烈專注」以警句為其風格。不過，此時尼采並沒有馬上想到要寫一本箴言錄。在一八七五年至一八七六年間的轉折期裡，尼采計畫的作品仍然是《不合時宜的觀察》。他列出了標題和主題。在一八七四年十月二十五日，他致信麥森布格，說他有足夠的題材可以寫五十篇「不合時宜的觀察」，打算先把它們寫成篇幅較大的文章，在其後幾年裡陸續擴充成書。他在擬定該計畫時，也替自己準備了一個解毒的療程。「如果我把體內負面的、讓人不滿的一切都排出體外，那會是什麼樣的感受。」（B 4,268）在療程裡，「構成『現代世界』的整個極致發展的對立體系會得到釐清」（B 4,269）。這一切，都只是為了終於可以繼續創作，再度喚回自己的創造力。我們不清楚的是：什麼樣的創作？他要作曲、寫詩、要發明一個世界觀，還是他夢想著翻轉一切價值，頒佈新的「法版」？他不曾透露他要「創造」什麼，或許他自己也還不知道。他確定的是：他不想當一個對其他人品頭論足的二手作家，他要當個第一手的作家，讓別人探討他的作品。

在一八七五年，他整理完《不合時宜的觀察》第五篇〈我們語言學家〉的材料，說道：「我的願望是，寫出值得讓別人像語言學家推敲他們的典籍一樣捧讀的書，不是蹲在別人寫出來的書上面孵蛋。而且，一般而言，低水準的創作在位階上也高於討論既有的創作。」（8,123）但是他知道，在經營自己的作品的時機成熟之前，他還必須突破幾道障礙：「假使我已經自由，我就不會如此掙扎，而是可以試煉自己，傾力嘗試完成一部作品或一個事蹟。現在，我只能希望一點一滴地得到自由；而且到了如今，我已經可以感覺到自由在繁殖著。那麼，我真正開始工作的日子還沒有到來。」（8,94）尼采在一八七五年如是說，我們已經看到，在當時，尼采正在經歷一個轉變。追求知識和清醒的認識的意志逐漸佔了上風。因此，在夢想著自己的「創作」的那個夏天裡，尼采會說：「把隱藏在人類心裡的非理性暴露在陽光下，不必感到羞恥——讓人類的認識向前推展！」（8,45）這樣的認識應該有什麼方向，它的目標在哪裡？

對於這個問題，尼采的回答出奇地實際，也彰顯了他逐漸遠離華格納的悲觀主義和救贖神話的美學。尼采解釋說，他的研究目的在於區分人類的行為當中哪些惡是「根本的、無法矯正的」，哪些是可以「被矯正的」。如此，原先計畫中的個人解毒療程變成普遍的啟蒙綱領。當尼采決心參與「讓人類的認識向前推展」的工作時，他同時也明白，這樣的工作只能藉由逐步的探勘和推進去完成。畢竟，突然敞開在他眼前的大陸是如此無邊無際，怎麼可能系統性地、全盤地掌握呢！但對於如此的任務，他太缺乏耐心，而且，就像他自己承認的，太「殘酷」。他喜歡攻擊，只有「在攻擊裡才會有擲地有聲的遊戲」，他後來這麼說。但是他不想再攻擊史特勞斯、哈特曼之類的當代人物。他要剪除密覆著人生事實的意見葛藤。不久前他還為神話的意義挺身辯護（例如華格納的藝術神話），現在，他把它看作必須對抗的神祕。

然而，尼采的自我觀察也做得夠仔細，看得出來，他殘酷的攻擊性是怎麼來的。在一八七六年九月，他從拜羅伊特回來以後寫說：「一個沉重的內在情境如何評價：活在內在壓力下的人，容易放蕩不羈，在思想方面也是如此。殘酷經常是內心裡需要麻醉的不安情緒表現在外的記號，不留餘地的殘酷思想也是如此。」（8,315）他不留餘地的啟蒙綱領包括在一八七六年夏天裡的十二個寫作計畫，打算談論「財產與勞動」、「宗教」、「女人與小孩」、

「社會性」、「國家」、「解放」，談論「自由精神」、「教師」和「淺薄的人」。尼采打算把它們寫成長文，不是警語集，不過，每一篇觀察的後面都將附上警語作為「附錄」（8,290）。

由於尼采身體的不適，包括神經痛、視力障礙、偏頭痛，在那段時間裡越發嚴重，從一八七六年秋天起，他請了一年長假，也獲得批准。他計畫與朋友們，特別是新朋友保羅・瑞伊（Paul Rée），一起住在麥森布格位於索倫特（Sorrent）的家裡。在離開拜羅伊特到前往南義大利之間的幾個星期裡，他整理了有關「自由精神」的《不合時宜的觀察》的筆記，被歸類在「犁鏤」（Pflugschar）的標題下。在工作進行當中，尼采勢必發現了，這些材料無法組織成一篇《不合時宜的觀察》，並且始終保留警語的特性。自此，他就一直懷疑警語的形式是否意味著他的失敗。他沒有足夠的能力寫作結構嚴謹的作品嗎？「人性的」、「太人性的」，其後包括「超人的」無盡新大陸，可以放到一個結構嚴謹的、甚至體系性的形式裡嗎？無論如何，尼采面臨一個新的難題。他後來在《偶像的黃昏》（*Götzen-Dämmerung*）裡宣稱：「我不信任任何體系性的主張，所以跟它們保持距離。創造體系的意志代表著不夠正直。」（6,63; GD）其實，他自己的態度並不是那麼明確。當尼采在一八八〇年代開始執筆寫作《權力意志》時，寫信告訴他的出版商說：「我現在需要多年來渴望的寧靜：因為，我正準備提出我的整個思想體系。」（B 7,297）那不就是思想體系嗎？黑格爾極端封閉的體系固然讓他望之卻步，但是構作一個思想脈絡，卻始終是他的目標。在此，他所考慮的是內隱的體系，而不是外顯的。「難道你們認為，（不得不）一段一段地寫給你們的東西，就一定是拼貼的作品嗎？」（2,432; MA）警語集不應該被誤解為「拼貼的作品」，但是它們也宣告了，至少對他來說，創作完整而體系性的作品的時機還沒有成熟。尼采要自己承認這點，而且他也注意到自己非常難為情。因為他面對必須寫作鉅著的挑戰，一個幾乎可以讓人住在裡面的作品；他的審美觀如此要求他。他感覺到這股誘惑，不然的話，他對「體系性主張」的警告也不會那麼貼切：「它的主張者要填滿一個系統，也因此把地平線改成圓的——他們想要表現出完整而同類的強者本性。」（3,228; M）此時，尼采還抗拒著擺出「強者本性」的姿態的誘惑。

在啟程前往索倫特以前，也就是一八七六年秋天，材料的準備工作（《犁鏤》）已經就緒，差不多構成《人性的，太人性的》的第一卷。同時，他也決定採用警語形式。在接下來的一年半裡，其他的章節也陸續完成，它們的標題顯示計畫中的《不合時宜的觀察》系列都收錄在裡面。《人性的，太人性的》卷一的標題是「論最初的和最後的事物」（Von den ersten und letzten Dingen），特別論及一八七五年的危機性轉折，也就是求知的意志戰勝藝術和神話的意志。真理的問題在這裡成為焦點，並從不同的角度仔細地反省。在這一章裡，尼采為自己創造一個舞台，從此以後不必再離開，可以採取各種立場，試驗不同的觀點。

現在讓我們回想尼采在〈非道德意義下的真理與謊言〉裡如何生動地描繪出意識面臨存有的真理時的困境：「就像趴在作夢的老虎的背上一樣。」(1,877; WL) 如果我們從「意識的陋室」探頭往下看，「隱約感覺到那對其無知的漠不關心的人類其實是被無情、飢渴、貪婪且凶殘的東西馱負著」，我們的好奇心不會很舒服的！這意味著：窮究真理的意志讓我們去面對難以忍受的事實。這個難以忍受的真理應該如何掌握呢？弔詭的是，唯有離開「意識陋室」的意識才看得到。意識如何走出自己，去掌握沒有扭曲、不依觀點而改變的實在呢？

尼采發現，對於窺見駭異者的意識，必須比《悲劇的誕生》或〈非道德意義下的真理與謊言〉更精確地界定其概念。我們記得（見第四章）他曾經把這個超越性的意識稱為戴奧尼索斯的智慧，但沒有著手討論知識論裡錯綜複雜的邏輯性和理論性的問題。那是「物自身」的老問題。任何關於知識界限的反省在反省時已經就踰越了該界限，超越性的分析隱然假設一個絕對的實在的概念。這樣的實在是個前提，即使它只能被推斷為定義不清楚的某物，讓意識或知覺的歷程有指涉的對象。我們可以把絕對實在的概念視為理論性的殘留物或多餘的範疇，但是，那不是尼采在寫《悲劇的誕生》時的目標。當時的重點在於絕對者如何顯現在出神、恐懼和陶醉的感受裡，在預感和異象裡。如此的顯現必須比憑空的想像更為強烈，不僅能闖入意識，而且滲透到存有裡。那不是擬態的關係，而是一種分受。我們不要忘記：尼采的戴奧尼索斯哲學是來自於分受駭異者充斥於一切的實在性。那是關於在出神狀態裡的合而為一。所謂「音樂性的狂歡」便是旨在合而為一。尼采的主題不是在想像裡的駭異者的存有學，而是在恐懼和陶醉裡的。

概念的化學變化

然而現在尼采想要保持必要的距離。他開始節食：再也不要任何美學或形上學的揮霍！因此，在《人性的，太人性的》裡，他輕描淡寫地將絕對實在稱為以邏輯「推論出來的世界本質」（2,30）。藉由這樣的概念，尼采要走出「宗教、藝術與道德」：它們在預感、感受和出神狀態裡隱約領略到世界的祕密。可是尼采宣佈說那些都是想像，「觸碰不到『世界自身的本質』」。我們待在觀念的領域裡，沒有任何感知可以帶領我們走出去。然而，我們也無法放棄「推論出來的世界本質」的概念。它是個必要的邏輯設準，讓我們藉以明白實在界的呈現隨著角度的不同而有相對性。對於推論出來的世界本質，我們沒有任何進一步的認識，其作用只是把我們從世界觀的禁錮中解放出來。「推論出來的世界本質」是個虛點，但是它也是個無窮後退的輻輳點，指出一條朝向不確定者的出路。由於我們可以藉由不確定者而將一切性質都給相對化，這個無規定性的輻輳點就成了阿基米得點，讓我們可以槓桿出一個世界觀，因為我們只要存疑其真理值即可。其後，尼采如是描繪該思想：「我們能得到的只有詮釋，沒有文本。」文本的存在是每個詮釋的邏輯設準，但是沒有人看過這個推論中的文本。「推論出來的世界本質」亦復如此。在戴奧尼索斯時期打動他、吸引他的元素，尼采現在顯然棄之如敝屣：對於絕對實在的出神分受。他把該歷程稱為「冷凍」（Vereisung）（2,16）。

在一八七〇年代中期，他研讀哲學家阿弗利堪・史畢爾（Afrikan Spir）當時早已被遺忘的《思考與實在》（*Denken und Wirklichkeit*）且玩味再三。在《人性的，太人性的》第十八節裡，他引述史畢爾，卻沒有點出他的名字，只是加注說這段話出自一個「傑出的邏輯學家」筆下（2,38）。史畢爾哲學的出發點是：實體這個概念沒有任何實在指涉，因為實際上存在的唯有不斷的遷流變化。同一律 A＝A 僅僅在邏輯空間裡有效，在現實世界裡，沒有任何東西與自己同一，因為即使在做比較的片刻裡，也沒有任何東西可以維持不變。因此，對史畢爾而言，被邏輯空間和語言給遮蔽的世界本質是絕對的遷流變化。

尼采在經過戴奧尼索斯的狂歡期以後，本來將「推論出來的世界本質」僅僅視為冷卻下來的邏輯設準。現在有個邏輯學家提議說，變化的世界就是絕對的實在，他自然如獲至寶，因為這個嚴謹的思想家讓他想到赫拉克利圖對於世界的觀照。儘管如此，尼采此時不想沉浸於圖像和異象裡，而要著手一個澈底的唯名論實驗。在〈非道德意義下的真理與謊言〉裡，唯名論已經隱然成形，而真理也被視為「敏捷的隱喻軍團」（1,880）。現在，在史畢爾的鼓舞下，尼采開始建構一個從唯名論出發的批判。什麼是語言？它是存有的房屋，但是不要忘記：這個房屋是蓋在駭異者的言語道斷的幅員裡。如此的唯名論讓尼采揮別了思考全能的幻想：思考沒有清楚意識到存有和語言的差異。「人類長久以來相信事物的概念和名稱是永恆的真理，讓人類驕傲地認為自己高於其他動物：他真的相信藉由語言可以認識世界。」（2,30; MA）人類驕傲地在認知世界裡活動，以為在裡面也找到「其他世界的槓桿點」。

如果唯名論拆穿了這種自我欺騙，那麼反過來說：至今顛撲不破的認知世界是否也被槓桿推翻了？一切是否都已經搖搖欲墜而不確定？從認知的夢境中醒來，面對一片不確定的汪洋大海的人類，是不是應該擔心一種存有學的暈船？如果我們嘗試反轉因為相信語言而造成的「天大的錯誤」（2,31），實在界會是什麼樣子？那麼，即使我們無法想像，也必須承認，主體不存在，客體也不存在，沒有實體，也沒有可以貼在事物上面的性質。一切都是文法的虛構。甚至「我思故我在」也是文法的誘騙。「思考」是個謂詞，和其他每個謂詞一樣，都需要一個主詞。所以，我們就宣佈「我」為主詞，把它變成一個行為主體。然而實際上是有了思考活動，才可能產生自我意識。對於思考而言，必須先有行動，然後才有行動者。語言和文法的誘騙已經如此深入我們內心，以致於其作用變成我們的實在性。

在《人性的，太人性的》第一卷裡，尼采嘗試非悲劇性的思考，他認為「幸運的是，現在要反轉那以（對語言的）信仰為基礎的理性發展」為時已晚。為什麼這是「幸運的」？因為這個錯誤現在正是人類全部的財產，它編織成我們的世界，它編織出好意為我們遮翳世界的薄紗。「如果有人為我們揭開世界本質的祕密，將會為每個人帶來最難以忍受的失望。那意義豐富的、深刻的、美妙的、懷抱著這麼多幸與不幸的，不是物自身的世界，而是表象的（錯誤的）世界。」（2,50）那麼結論應該是什麼？我們應該不計一切後果追求真理，直到墮入無盡的「失望」嗎？我們應該一步一步拓展我們的認識，直到我們所熟悉的世界完全粉碎，一切的確定性與方向感都在不可測度當中湮沒嗎？

邏輯的否定世界和世事圓融的實用主義

對尼采來說，無庸置疑的是，窮究真理的意志的結果將是「邏輯性的否定世界」（2,50）。尼采於此指的不是叔本華由對於意志的否認推論出來的對於世界的否定，而是反省自身的認識以後得到的見解：我們所熟知的世界不是真實的，而是被我們佈置過的世界。「邏輯性的否定世界」意思是否定我們平常熟悉的世界的真理價值。「邏輯性的否定世界」不同於在恐懼和陶醉裡體驗戴奧尼索斯的世界，它既沒有戲劇性，也沒有悲劇性。

「邏輯性的否定世界」相當於康德的「物自身」。我們可以放心地把它擺在一旁，它也只是提醒我們，每個認識都是「對我們」才有真偽可言，而無涉於事物「自身」。它是個完全冷凍起來的超越者，只是我們所見的「表象」永遠看不見的背面。對於表象以外的世界的好奇心，雖然有時也讓康德感到煎熬，但是他也只能藉由對理性的二律背反的精闢剖析去安慰自己。他指出，理性經常被它無法回答也擺脫不了的形上學問題糾纏著。這是理性本身的自我矛盾，因為它不得不追問絕對者，卻永遠掌握不了它。我們必須忍受這個矛盾，而且事實上也不難做到，因為在知識上受到先驗囿限的我們可以跟一個不可知的世界「自身」相安無事。我們不能得到絕對的認識，但是坐擁充分而有用的知識，甚至讓我們對自然的宰制日益強大。

康德的「物自身」有一段很奇特的旅程，在封閉的認識世界裡，它就像一個洞，不斷有冷颼颼的風穿進來。康德的後繼者，黑格爾、費希特、謝林，不讓「物自身」有片刻安寧，他們不計任何代價地想捕獲它，他們要接近事物的心臟，最後把它稱為「我」（費希特）、「自然」（謝林）或「精神」（黑格爾）。他們要揭開幻力的面紗，而且他們如果找不到所需的咒語，就自己發明，就像浪漫主義者一樣。

如果「戴奧尼索斯」是尼采從前用來擾醒世界清夢的咒語，那麼他現在便是嘗試康德的淡泊。他明白強調說，邏輯性的、唯名論的否定世界（質疑被認識的世界的絕對真理值）跟「實踐層面的肯定世界」（2,50）可以並行不悖。

警語第十六節的標題是「現象與物自身」（2,36）。對於經驗世界與物自身的差異，尼采分析幾個可能的回應方式。我們可能驚覺自己「被一個神祕的力量強迫放棄我們的理智」（2,37），而與不可知的本質同化。我們試圖去體會那不可知者，「讓我們自己成為本質性的存在，藉此去把握本質」。尼采在此描寫的顯然是戴奧尼索斯式的激情。

另外一個可能性是，與其「歸咎理智」，不如控訴世界的本質，因為它隱藏自身，把知性誘入歧途。現在人們只希望斬斷一切葛藤，讓自己「從存有中解脫」。此即尼采對於叔本華的進路的詮釋。

第三個可能性則是他正在試驗的：對於可經驗的世界與世界本質之間的差異淡然處之，而著重於「思想形成的歷史」的經驗性問題。在這個漫長的歷史裡，人類曾用無數的眼睛觀察世界，在世界裡行動，有激情、幻想、道德和知識。世界因此漸漸成為我們的世界，「森羅萬象、讓人畏懼、意義深刻、充滿靈性。它變得五彩繽紛，而我們當然就是它的調色師。我們現在稱為世界的東西，是無數的錯誤與想像累積出來的結果。它們在有機體的總體發展中漸次形成，交織成一體，成了過去留給我們的寶藏——一個寶藏：因為，人類的價值全部建立在上面」（2,37）。要把這個經驗的歷史洪流看作一個「寶藏」，前提是放棄絕對的參考點。我們應該不再為「最初的」與「最終的」事物抱頭苦思，讓眼光離開垂直的高度，才能重新看到水平的廣闊。水平的科學不會讓我們解脫「古老的觀察習慣的桎梏」，我們也不應該懷抱著如此的希望。事實上，只要觀察力提升，原則上有限的知識能夠不斷擴充，我們就可以感到滿足。重要的不在於超越者，而是距離。我們自己的歷史、習慣、知識和感受，這一切我們可以從科學的角度去「照明」，「而且至少在短暫的片刻裡，我們可以超越這整個歷程」（2,37f.）。「或許我們可以俯瞰，」尼采如是作結：「明白原來物自身只值一陣荷馬式的大笑：它似乎是那麼寶貴，似乎就是一切，但是實際上卻相當空洞，也就是空無意義。」（2,38）

在《人性的，太人性的》裡，尼采嘗試強調實踐性真理的意義，讓它足以抗衡駭異者的賽倫女妖歌聲和悲劇情懷。尼采開始稱頌實用的科學，「而它再也不能跟自然科學切割」（2,23）。他也想要藉由他的研究幫助擴充關於人類的知識。但是對他而言，如此的現實主義是一層薄冰，每跨出一步，它都可能碎裂。但他也不以為忤，因為他深知掉入駭異者的深淵的快感。我們在下面可以看到，他仍然被那個領域吸引著，那個「讓你墮入死地而最終復活」的領域（Benn 3,345）。喜歡故作神祕以及「音樂性的狂歡」依舊是他的基調，因為他在尋找另一個狀態，尋找出神狀態，因為他愛深淵甚於安穩的平地。他在內心深處是個莫名的浪漫主義者，實用科學只是偶爾開給自己的處方。

同情

尼采曾經想要存而不論的駭異者，經常泛指存有的奧祕。但是還有另一個比較狹義的駭異者現在對他也構成挑戰：社會層面的駭異者。尼采對此非常敏感，因此尼采也積極尋找「出走」的可能性，尋求一個距離，一個安全的距離。

尼采對於社會性駭異者的坦率基本上是一種善感所造成的。對於這種善感，他本來就嗤之以鼻，後來更是大加撻伐：同情心。一個有敏感的同情心的人，直覺地看穿了源自人際關係的痛苦的因果鏈。如果這裡的行動和那裡的不幸結果之間的因果鏈比較短，我們就稱為罪，如果比較長，我們就稱為悲劇；在更長的因果鏈裡，罪和悲劇可能被稀釋成不安。一個正義感太敏銳的人，可能在這個難以理清的不安裡發現一個尷尬，因為他算是一個活到現在的人，而他的存活是因為別人承受苦難或犧牲生命。有悲劇的熱情與同情的天賦的尼采，發現所有人類生活的債務關係也是一個駭異。

然而，現在尼采卻因為自己富有同情的天賦而困擾不已。對於一個批判同情的道德的哲學家而言，一種幾乎滲透一切的憐憫能力和義務是其特色。尼采永遠無法像他其後所謂的「超人」那樣冷酷、強硬和無情。他不只對天氣變化很敏感，對人們也是如此。這讓他進退維谷。雖然識見狹隘的母親和妹妹經常折辱、貶抑尼采，他卻不自覺地處處為她們著想。他的太容易體諒別人也讓他苦不堪言。他很難貫徹自己的立場。他才剛剛發誓再也不寫信給母親，一收到瑙姆堡寄來的襪子和香腸，「佛烈茲」就乖乖回函道謝，並且聽母親的話，跟他的妹妹再度和好。他成了一個軟心腸的天才，跟自己的願望有很大的落差，「同情的義務」顯然是他的「第一」天性，是他的天能。同情不像他有時要自己和別人相信的那樣，是襲自叔本華的教條。在一八八三年七月，他寫信告訴麥森布格說：「但是叔本華的『憐憫』為我的生命帶來最大的荒誕……。那不僅是會讓每個眼界開闊的希臘人嘲笑的軟弱，而且有嚴重的實際危險：一個人應該讓他理想中的人類成為事實，他應該用這個理想驅策且征服別人和自己；也就是說，發揮創新的能力！這其中包括略為約束自己的同情心，而且把違反這個理想的一切視為敵人；您已經知道了，我是怎樣『解讀道德』：但是我在獲致這個『智慧』之前，幾乎賠上了性命。」（B 6,404）

他的「第一天性」顯然缺少與人為敵的天賦。他必須在自己的「第二天性」裡發明和培養它，不過後來他就會把敵意給養大。尼采有一陣子跟他的「第一天性」一直糾纏不清，而且也太像叔本華了，使他既看不到生命歷程裡駭異的殘酷和凶險，也沒辦法把同情評價為向駭異者開放自己的熱情。

社會性的駭異者

《人性的，太人性的》卷一裡的兩個警語頗有想像的空間，它們的主題是社會的駭異，人類整體關係的殘酷。尼采描述社會的不公平，也說明每個人都不過是自我保存的利益的俘虜。只因為每個人都把自己看得比其他東西更重要，他們才能夠忍受這個事實。人們管窺這個世界，他們在「想像力上的貧乏」，讓他們在戰爭裡絕不手軟。人們不應該對於普遍的苦難產生同情。「如果有人真正去體會苦難的話，對生命的價值必定產生根本的懷疑。」

（2,53）個體意識的「觀點主義」（Perspektivismus）在此確保一種社會性的免疫力。「人類的全體意識」並不是像德國觀念論（特別是黑格爾）所想像的那樣有揚升的作用，反而只有毀滅性。尼采指責席勒在驕傲地宣示「相互擁抱吧，百萬生民」時，根本就是不知所云。如是的「全體意識」不僅必須感受人類互相施加的無數痛苦，也無法對以下事實視而不見：那就是人類「整個來說並沒有什麼目標」。在限縮其觀點的保護下，個體或許可以替自己訂定目標，但是整體始終都在終點，因為它已經是個整體。如此一來，我們原本在進步的概念裡可以得到的「慰藉和支撐」也瓦解了。如果一個人窺探在自我保存的藩籬外面的世界，他就難免在社會生活歷程裡發現「揮霍的性格」。「的確，」尼采如是作結：「作為人類（而不僅僅是作為個體）而感受到自己被揮霍，就像感受到一朵花被自然浪費一樣，那是超越一切感受的感受。」（2,53）在原稿的筆記裡最後是個感嘆：「一切本來應該在此結束。」（8,179）在《人性的，太人性的》裡，尼采如是延續這個思考：「誰有能力忍受這個超越一切感受的感受呢？當然，只有詩人做得到：而一個詩人隨時都知道如何尋找慰藉。」（2,53; MA）然而在這本書裡，尼采要讓追求真理的意志戰勝幻覺，他要拋棄那讓我們看不到難以忍受的真相的美學和神話的黑色斑點。執著於真理的尼采顯然不能滿足於「詩人的慰藉」的說辭。因此，在下一個警語裡，他劈頭就問：「一個人可以執意佇留在虛妄裡嗎？」（2,53f.; MA）。所謂的「虛妄」在這裡不只是表示被詩人的美麗表象給蠱惑；在現實生活裡，把知識囿限於個人的利益也是虛妄的。那麼，我們除了美學和知識論的自我保存以外，只能選擇因為憐憫而導致的絕望嗎？

歡愉的自然主義

面對這個兩難時，尼采試圖探索第三種可能性：一個順其自然的、歡愉的自然主義，其最重要前提是：人類不能再「強調人類勝過自然」（2,54）。那會是一種「淨化的知識」，但是不可以和叔本華對意志的否定混為一談，因為對現在的尼采來說，那已經是一種形上學的暴力。尼采所謂的「淨化的知識」，不是用來對付有形體的存有者；它是一種自然本能，人類本性可以得到淬鍊。那不是形上學對世界的征服，不是因憐憫而毀滅，也不是戴奧尼索斯狂歡的合而為一，更不再是盲目的自我保存。這一切都應該避免。現在浮現眼前的歡愉的自然主義，真的是一種「翱翔」。「強烈的欲求的舊動機」必須被壓抑，而且其結果是，靈魂漸漸脫離地心引力，解除自我保存的意志的武裝，遠離喧囂，「許多從前令人擔驚受怕的事，現在像看戲一樣地冷眼旁觀」（2,54）。關於靈魂的雲淡風輕，尼采形容為「自由而無懼地翱翔在人類、道德、法則和傳統的評價之上」（2,55）。

我們可以說，尼采在《人性的，太人性的》嘗試重新看待「人類、道德、法則」，就好像一個「無懼地翱翔」其上的人在俯瞰它們。不過，我們也得立刻補充說，如此的翱翔有時會不斷盤旋，接著俯衝攻擊發現到的獵物。在人類關係上面翱翔、盤旋、俯衝的他，一旦獵物到手，就會露出「獰笑」，把它完全扭轉過來。他想要知道，「如果有人把這些東西顛倒過來，它們看起來會是什麼樣子」（2,17; MA）。「獰笑」需要一個驚奇的效果：如果最後發現在它們的背後根本沒有什麼，虛有其表的櫥窗隱藏著一個醜陋的背面。不過，驚奇的效果也會損耗，尼采擔心，即使「重要的科學真理也可能變得日常而庸俗」（2,208f.）。但是，如果其他人對任何侮辱都已經麻木不仁，那麼在自身裡至少還有充滿敬畏、浪漫、渴望形上學的部分可以去傷害。

形上學的批評

尼采在《人性的，太人性的》一開頭便批判一種他也有的形上學思考方式。他想要把自己從所謂的「最初與最後的事物」當中解放出來。

形上學的一個原理說，開端、起源和生成的原因就包含了全部的真理，真正的存有、完整性、純粹性和源泉，都要到那裡去找。如果就如形上學所主張的一樣，起源包含了真理，那麼，真正的關鍵便是在於，在擾攘的時間裡，在有空間的形體裡，重新發現源初的模式和真實的結構。尼采駁斥「真理和完整性存在於開端裡」的形上學幻覺，他要創造「概念與感受的化學變化」（2,23），對於源頭的研究的最後結論應該是：「最艷麗的顏色源自於劣等的、甚至讓人棄如敝屣的材料。」（2,24）接著，尼采以這個「化學變化」的原則去解釋其他東西，例如說，道德的起源和道德完全無關，知識也成長自表象和欺騙。而他的懷疑心理學也完全忠於這種「化學變化」：人的舉止、言談、感覺、思想，都是虛有其表。我們看看它們的源頭，就會發現它們的尊嚴和誇耀的真理根本不是那麼一回事。

對尼采而言，反形上學的「科學」原理意味著不再認為開端、起源或基奠更有高度、更有價值、更豐富。一個人如何看待起源，決定了他所從事的是形上學或是科學。如果說形上學關心的是崇高的起源，那麼科學便是顛倒過來，從完全不同的假設出發，亦即在起源裡充滿偶然和渾沌，由其中漸次發展出更細緻、更複雜、更有意義的形態。「所有活得夠久的東西漸漸被理性滲透，因此它們看起來就不像是源於非理性的東西。」（3,19; M）科學不應該被形上學所謂「崇高的起源」的暗示給蠱惑：在起源裡尋找純粹的形式，那是柏拉圖留下來的遺產。尼采繼續指出，如果有一種思想認為只要認識事物的起源，就可以知道它是什麼，也就是說，在起源裡探尋事物的本質，那麼它就是柏拉圖主義的延續。「對起源的美化與歌頌，是形上學的根本衝動……讓人以為，在一切事物的開始裡蘊涵著最高的價值與最核心的本質。」（2,540）如果我們克服了形上學的根本衝動，那麼我們看到的歷史就不會是源自一個本質性的開端，也不會到達一個內容豐富的終點。我們看到的只是一個擾動，有高低起伏，也有興亡盛衰。意義和真理既不在開端也不在終點，真實就存在於中途的一切。而人類本身也是在中途。人們認識到了生成變化，而且最終也明白，不只是認識的對象，包括認識者都是變動不居的。所有哲學家的「傳統惡習」是：他們不願意知道，「認識能力也是變動不居的；他們甚至有人讓這個認識能力虛構出整個世界來」（2,24; MA）。這不外是意味著承認人類的認識能力也有一段漫長的生物演化的史前史。如果人類讓「這個認識能力虛構出」整個世界，那麼他也會發現，他自己以及他的認識能力也是這個世界虛構出來的。他認識了一個可以讓他認識的自然。他只是自然認識自身的自然史裡的一個事件。它在人類身上搭起自我顯現的舞台，在短暫的片刻裡，自然透過人類這種「聰明的動物」看到了自己。「那是『世界史』上最癡妄、最虛偽的一刻，」尼采在〈非道德意義下的真理與謊言〉裡說：「但也僅僅是片刻。在大自然的幾個鼻息之間，這個星球就凝固了，而聰明的動物也難逃滅絕的命運。」（1,875; WL）認識隨人類而生，也隨人類而死。

無知的存有的謎

那麼，一個還沒有或不再映現在認識裡的世界會是什麼樣子呢？我們所認識的有機或無機的世界本身是無知的。一顆石頭不知道自己的存在，植物也是，實際上動物也是。知覺的雛型、反應和感受的方式漸次發展出來。但是，在人類身上出現的認識意味著：人認識到他有知覺，而且知覺到他有認識。人類的認識能力的雙重性和反身性，也包括了對於認識能力的歷史性的洞察。在此，認識嘗試深入它所發源的黑夜。除了黑夜以外，我們還能如何想像一個完全無知的狀態？「認識的生物學進化」的命題讓我們推論出一個無知的世界。那是我們根本無法想像的黑夜，因為我們無法想像一個沒有想像的狀態。我們無法認識「無知」。如果在太陽系偏僻的一隅裡，「聰明的動物」在一個星球上「發明了認識」（1,875），如果接著在大自然的幾個鼻息間，人類就滅絕，這個星球也一片死寂，那麼自然會怎樣繼續活下去，而且完全不被認識？在認識的眼光與它相遇以前，這個自然又是怎樣的面貌呢？

一般相信，世界最簡單的事，就是一個東西的存在。但是，仔細一想，它卻又是個神祕難解的謎。其實想像一個上帝或一個充滿靈魂的自然的存在反而容易且自明多了，因為人們只要把自己、他的精神、意識和靈魂推及於外在世界就夠了。盲目、陰暗而單純的存在要如何思考，是最大的挑戰。一顆不知道自己存在的石頭如何能夠存在呢？它在嗎？它在空間的哪裡，在時間的哪裡？如果不是一個有觀點的意識可以規定時空座標的話？一顆石頭怎麼「過活」呢？它如果知道自己只是石頭，此外什麼也不是，它受得了嗎？諾瓦里斯（Novalis）曾說，石頭是變硬的眼淚，有些山看來好像在看見人類以後才嚇得變成石頭。米開朗基羅（Michelangelo）相信雕塑的原型早已經在石頭裡：一個人只要敲掉多餘的部分，它自然會顯露出來。

尼采在發掘認識的性質時觸碰到「無知的存在」的難題。他認為，認識傾向於在整個自然裡重新發現它自身的原理，正因為無知的存在本來就無法想像而且陌生。「我們在前人類的整個歷史裡到處都預設了精神，從來沒有打算認真地把它視為人類的特權。」（3,41; M）因為人們將精神看作自然的公共財，如果祖先是動物、樹木或石頭，也不會讓他難為情。充滿靈魂的自然、無所不在的精神，如此的觀念不是人類的自我意識的過度膨脹，而是謙虛的表現。「當我們了解到，」尼采在《晨曦》（*Morgenröte*）裡說：「精神讓我們跟自然連結在一起，而不是讓我們跟它分道揚鑣，我們就會更加謙虛。」（3,41）我們凝視自然，就好像自然會回望一樣，這絕對不是傲慢。一個人如果捕捉到自然回望的眼光，在這個片刻裡，他就與自己的源頭相遇。一個人如果猜想真理隱藏在源頭裡，而去尋覓自己的源頭，那麼就會想要認識那讓他能夠認識的東西。源頭——那無非經驗到：認識的意思就是被認識。自然用大眼睛看著我，它的意義支撐著我，這個活生生的世界，我把它託付且顯現給我的一切回報且反映給它。它就是我的源頭，而且我永遠切不斷與它的關係。

對於這樣的認識而言，自然無疑是充滿精神和靈魂的。這個認識卻還沒有回到自己本身，我們可以說，它無拘無束地走出自己，在自然裡找到自己的相仿者。作為認識的存有者，人類也發明了諸神；他凝視祂們，因為他覺得自己被凝視。諸神就是理想的自然，如果我們望著它，它就會回望。這或許會讓人有壓迫感，讓人覺得自己被跟蹤或監視。但是這也帶來了無比的驕傲。人類望著無垠的宇宙，同時也相信「宇宙的四面八方都有眼睛遠遠望著他的行動和思想」（1,875f.; WL）。於是，即使是最謙虛的人，也會驕傲得「立刻像水袋一樣脹起來」（1,875）。

但是，如果認識不再那麼愜意地走出自己，從外面的自然裡看到自己的映像，而是回頭向內看，那麼，可能的結果是，他會把自己理解為在無知的自然裡的一個孤寂的原理。認識變成自我指涉，它發現自己有一種特殊的自閉症。認識的動物與自然的紐帶斷裂了，自然變成陌生的他者，人類無法跟它溝通，只能解釋它。這種對自然的認識讓人類得心應手，甚至比從前更能夠駕馭自然，但是也發現自己和自然完全割離。自然不再像從前在宗教和巫術裡一樣回答人類的言語。自然已經不再是替人類劃定界線、提供意義的起源，而隨著源頭的失落，「宇宙最終目的」的觀念也已經瓦解。超越所有的變化或作為偉大的目標的存有，變成一個站不住腳的觀念。並沒有先於一切變化的存有，也沒有在一切變化背後或以後的存有。

以因果律替代自由

執著於存有的背後世界的形上學傳統，想把世界當作一個文本，「以靈性的方式」去閱讀它（2,28f.; MA）。但是在形上學以外，世界展現在認識前面的，卻只是一個變化的歷程，沒有任何授與意義的開端，也沒有完成意義的終點。雖然自然有動態的發展，但是不斷推進的因果律卻是「盲目」的，因為它沒有任何意圖。它沒有意向性，但是人們如果熟悉它，就可以利用它完成自己的目的。宗教和巫術儀式的意義在於以精神性的關係為媒介去影響自然。對於科學性的自然認識而言，這個關係已經破裂。它所得到的補償是，可以利用自然的法則讓它為自己工作。

科學文明帶來現實的便利，尼采完全承認這點。在道德的領域裡，它也減輕人類的負擔，因為隨著自然因果律的知識的擴充，幻想的和道德的因果律的領土也會萎縮。例如，如果雷電被化約為大氣的物理關係，那麼它就不再像上帝的懲罰那樣讓人們良心不安。每次在自然的因果律被發現以後，道德的領域裡就會少掉「一點恐懼和強制力」（3,24）。

自然經由科學知識大規模的除魅以後，世界不再有事件的意向性，也沒有富含意義的開端、完成意義的終點以及兩者之間目的取向的歷程，而世界也化約成因果律的宇宙，在其中，因果鏈彼此交織纏繞，並且繼續產生新的未知因果。尤有甚者，宗教和形上學思考的第三個聖物，也就是自由的觀念，也跟著流失了。因為既然在外在自然裡的因果律被發現了，而且漸漸容易操控，於是因果律的原理最後也襲向認識者自己。如果說宇宙過去曾經是充滿靈魂的、精神遍在的，也就是整體的存有是精神性的，那麼現在則出現了另一個極端：存有的整體被中性化了。起初自然是「具形的」精神，現在精神不過是昇華的自然。從精神主義到自然主義的路上，自由的觀念被冷落到一旁。但是，如果自由消失了，那麼自由的代價也就一筆勾銷：行為能力以及責任。

尼采以「虛構的知性自由」為題，概述責任如何消失的歷史。「如果我們層層追溯，」尼采說：「人類依次必須為他造成的結果，他的行為，然後是他的動機，最後為他的本質負責。但是現在我們發現，這個本質也沒有任何責任，因為它完全是個必然的結果，是過去和現在的事物的元素和作用塑造出來的：因此，人類根本不須承擔任何責任。他不必為自己的本質，也不必為他的動機、行為和結果負責。於是我們明白了，道德感的歷史是一段錯誤的歷史，責任是個錯誤的觀念。」（2,63; MA）尼采自己相當明白這個論證的蘊涵：「人類對他的行為與本質完全無法負責，這是認識者必須吞下的最苦的一滴藥劑。」（2,103; MA）苦味來自於一個事實，也就是在責任消失的前提下，讚揚或譴責人類的行為就跟「讚揚或譴責自然與必然性」一樣沒有意義。

然而，此後尼采還是會評斷人間的種種是非，就好像人類可以做選擇和決定。所以，他也會陷入二律背反的糾葛裡——康德如此稱呼這個問題。尼采否認了自由的存在，卻仍舊使用著自由，包括在否定自由的時候。他擁有自由去否定自由。自由的二律背反意味著，我們可以從兩個觀點去經驗它。作為可以自主行動的存有者，我在內心的舞台感覺到行動的自由。而知性卻根據因果律告訴我說，自然不做任何跳躍，我自己也是，一切都受到因果律的管轄。我們現在是行動者，而且在事後，我們永遠可以發現我們的行動裡的必然性和因果。只是，在行動與選擇的片刻裡，因果律對我們並沒有幫助，我們還是得做決定。對自由的經驗有如一個旋轉劇場：我們活在自由裡，但是一旦我們以概念去掌握它，它就無影無蹤。這個二律背反是整個康德哲學幕後的重心。康德自己也承認這點：他在一封信裡面說，讓他從「獨斷論的迷夢」中醒來且走向理性批判的，正是自由的問題：「人類是自由的，而且相反地：自由不存在，一切都是自然法則的必然性。」（Gulyga 143）

尼采也無可避免地陷入自由的二律背反的糾葛裡，尤其是他的「回歸理論」：他倡言人們必須愛他的命運（amor fati）。愛必然性意味著，為它添加某種會讓它改變的東西。「被愛的命運」跟僅僅是「被忍受的宿命」已經不再完全相同。因此，我們可以確定，帶著「獰笑」讓自由消失的自由精神，不久後又會把它變回來。

第九章
NEUNTES KAPITEL

告別教授生涯

思考、身體、語言

保羅．瑞伊

從《人性的，太人性的》到《晨曦》

道德有不道德的基礎

宗教與藝術面臨考驗

褻瀆神廟之舉

文化的雙閣制

告別教授生涯

尼采在一八八〇年一月初寫信向他的醫師奧圖・艾瑟（Otto Eiser）說：「我的存在是個難堪的重擔：我早就想拋棄它，如果不是因為在苦難和幾乎絕對厭離的狀態裡正好可以讓我在精神和倫理的層次上進行最發人深省的考驗和實驗——這個求知若渴的歡悅把我推向巔峰，讓我戰勝所有的酷刑和絕望。大致上，我比從前的任何階段更快樂。」（B 6,3）尼采寫過無數像這樣的信，提到他的身體痛苦和精神勝利的關係。在一八七七年到一八八〇年間，他的身體狀況尤其惡劣。劇烈的頭痛、嘔吐、暈眩、眼壓、幾乎全盲的視力衰退，定期地侵襲著他。一八七六年到一八七七年的冬天在索倫特的日子讓他得到些許緩解，但是尼采在一八七七年上學期於巴塞爾大學繼續任教時，他的病痛再度來襲。他選擇例行性的主題開課，捱過了新學期。他辭去中學輔導課的教學義務。他的朋友們開始擔心他。伊達・歐佛貝克在日記裡說，他的妹妹在談話裡羅列「她的哥哥可能被送進瘋人院」的理由（15,76；年譜）。尼采自己也心生恐懼，因為他已經到了父親死於腦疾的年齡。他害怕類似的命運會臨到他的頭上。在拜羅伊特有一批人因為他的啟蒙轉向而大吃一驚，現在他們流傳著艾瑟醫師的診斷：尼采最近的作品透露了「初期腦衰敗的徵候」（15,86；年譜）。

尼采拖著孱弱之軀授課到一八七九年年初，同時也賣力撰寫《人性的，太人性的》第二卷。在一八七九年完成了第二卷的校樣以後，他寫封信給彼得．加斯特說：「我的老天，或許這是我最後的作品了。像我所感覺到的一樣，在裡面有一種大膽的寧靜。」（B 5,389）特別是在《人性的，太人性的》第二卷的警語錄裡，我們感覺到尼采如何激勵自己用精神力量去平衡肉體的痛苦壓抑。「所有的好東西都是刺激生命力的藥劑，包括每一本旨在否定生命的好書。」（2,386; MA）

這個看法蘊含著一個重要的訊息，告訴我們尼采對思想所期待的不僅僅是命題的真理；在和肉體的痛苦對抗的內在舞台上，真理還有其他判準。我們可以把它稱為存在和實用的真理判準，它的意思是：在一般的情況下，痛苦會佔據我們全部的注意力，而一個思想如果觀念豐富且活躍，足以對抗痛苦的統治，那麼它就有真理性。這個思想的自我暗示的側面，其後在永恆回歸（Wiederkunft des Gleichen）的觀點裡扮演重要的角色。如果我們僅僅把永恆回歸的概念斥為宇宙論的或形上學的玄想，對它的了解就不夠充分。當然尼采也相信它的命題真理，但是更相信它讓存在蛻變的力量。他把它理解為一個呼籲，讓生活的每個片刻在回歸的時候不會讓人害怕。這個思想要讓眼前的片刻閃閃發亮，為生命賦與駭異者的榮光。我們在後面會詳述這點。

思考、身體、語言

對尼采而言，思想唯有存在於美麗而洗練的語言軀殼裡，才能夠有對於身體的轉化力量。尼采對風格的感覺幾乎就是對身體的敏感性。他對語言的反應表現在身體的徵候，從輕盈好動到疲累和嘔吐。他搜索著可以打動自己和別人的句子，而且經常在踱步時擬就並捕捉音韻。有時他也讓我們一窺他的語言和思想工作室內部的陳設：「當我們發現或聽到一個自己也感到新鮮的句子，我們就應該跟蹤且監聽我們自己。或許我們不喜歡它，因為它顯得僭越而狂妄：我們在無意中問了自己，我們是否應該在它旁邊擺一個對反的句子，或者是否在後面掛上『也許』、『時而』等詞語；甚至『似乎』這兩個字也帶來報復的快感，因為它打破了絕對者令人不堪其擾的暴虐。反之，如果那個新句子以較溫和的態勢出場，溫和謙卑得彷彿沉陷在對立者的臂彎裡，那麼我們就會嘗試另一種形式的專斷：這個軟弱的東西，我們能不助它一臂之力、撫摸它、餵養它，給它力量、內容、真理，甚至絕對性嗎？」（2,389; MA）

在這個舞台上，一個句子的力與美幾乎就是它的真理值。無論如何，求知的意志必須與風格和音韻攜手偕行，如此一個句子才會產生細膩、醉人、讓人敬畏且充滿魅力的印象。其中，思想必須非常活躍，就好像它是許多「個體，你必須跟他們打鬥、結盟，必須庇護、照料和供養他們」（2,389; MA）。在內心的舞台上，思想就像人一樣，在戰爭中分出勝負，而尼采關於希臘悲劇的評論，也可以用在這個思想劇場：「這個戰爭的魔力在於，旁觀者也必須加入戰局！」（1,102; GT）

對尼采而言，思考是有極高的情緒強度的行動。別人的感覺方式就是他的思考方式。裡面有激情，有感動，思想劇場永遠也不會只是對生命的反省或學術的例行公事。「我還活著，我還在思考：我必須活著，因為我必須繼續思考。」（3,521）他在這裡沒有談到任何道德義務；不，對尼采而言，思考是無可比擬的快樂，無論如何也不願意放棄，而且他也很感謝生命為他帶來這樣的快樂。他想活下去，這樣他才能思考，而且思考使他經得住那讓他了無生趣的身體痛苦。他琢磨著語言和思想，旨在創造出能「對抗一切」的、甚至「不朽」的東西（2,391; MA），然後讓它在時間流裡漂蕩。尼采夢想著這個小小的永恆，而且發現一個精工完成的思想，就算再可怕，也會為他帶來榮耀。一個人必須把自己的思想視為「獨立的權利主體」，那是「一報還一報」的關係（2,351）。尼采和他的思想之間的激情歷史，無異於一般充滿曲折的愛情故事，在裡面有誤解、破裂、忌妒、貪婪、厭憎、怨恨、擔憂、陶醉。對思考的狂熱催促尼采把自己的生命安排成值得思考的情節。他不僅僅要生產被傳誦的句子，而且要把生命經營成可供思考援用的基礎。生命是思考的彩排舞台。

當尼采在一八八〇年一月初寫信談到創作的喜悅和身體的痛苦的統一性時，《人性的，太人性的》已經竣工，而且在筆記裡已經寫滿了一年半後發表的《晨曦》的材料。對尼采來說，這兩部作品屬於同一個創作期，因為它們都在身體極度的痛苦折磨下帶來了滿足求知欲的愉悅。「我從來不曾在自己身上發掘到比生命裡那段最多病、最痛楚的時期更多的幸福，」他在《瞧，這個人》裡說：「只要看看《晨曦》或《流浪者和他的影子》（*Wanderer und seinen Schatten*）（即MA II），就知道我所言不虛。」（6,326; EH）

保羅・瑞伊

這兩部作品同屬一個時期的另一個理由是，尼采在那裡開始了「翻轉」道德、藝術和宗教的實驗，也就是說，了解它們其實並不像歷史所說的那樣特別接近真理。關於尼采的分析的基本原理，有個簡潔而很有啟示性的說法，是他當時的朋友保羅・瑞伊所說的。他曾針對道德的問題表示：「人的道德並沒有比人的身體更接近睿智的（形上學的）世界——因為睿智世界並不存在。」尼采第一次（不完整地）引述它，是在《人性的，太人性的》裡（2,61; MA），而且直到《瞧，這個人》都一再重提。但是，尼采比保羅・瑞伊更進一步：他不只褫奪道德感的形上學真理基礎，也對宗教和藝術這麼做。在一八七七年發表《道德感的起源》（*Der Ursprung der moralischen Empfindungen*）的保羅・瑞伊對這個更大膽的決定深表讚佩：「我看到我自己的自我以更大的比例被投射到外界。」（15,82；年譜）他在收到《人性的，太人性的》卷一以後，寫信給尼采表示他的驚豔。

尼采在一八七三年認識保羅．瑞伊。他是在波蒙（Pommern）的猶太地主的兒子，在大學讀完法律以後興趣轉向哲學，為了聽僅僅大他幾歲的尼采所開的課而來到巴塞爾。一八七六年到一八七七年間，在麥森布格位於索倫特的家裡，兩人的友誼攀升到頂點。他們成了密切的工作夥伴，互相朗讀自己的稿件、提供建議、批評和修改。五年以後，在一八八二年秋末，兩人的友誼因為與露．莎樂美（Lou Salomé）的感情糾葛而破裂。瑞伊在與尼采決裂後繼續發表幾部關於道德哲學的作品，接著攻讀醫學，在父親的農場開設診所；他是托爾斯泰的追隨者，獻身服務農民，在他們當中成了異類，甚至有如聖人。尼采死後，瑞伊搬到西爾斯．瑪莉亞（Sils Maria）附近，在那裡的山區行醫。尼采過世一年以後，他在散步時從平滑的岩石上墜落，至今無法確定是意外還是自殺。他在死前不久曾表示：「我必須做哲學思考；如果我不再有任何哲學思考的材料，那麼對我來說，最好是不要再活下去。」（Janz 1,644）

從《人性的，太人性的》到《晨曦》

在他們關係破裂以後，保羅．瑞伊想要把他的新書《良心的形成》（*Entstehung des Gewissens*）題獻給過去的朋友尼采，卻被他回絕。不過，尼采從來沒有否認瑞伊曾給他靈感，儘管他後來更強調他們在理論立場的差異，甚至在《道德系譜學》（*Genealogie der Moral*）前言裡宣稱幾乎沒有任何其他作品會讓他如此堅決地「逐字逐句、對每個論點」（5,250）加以反駁。他贊成瑞伊對道德的形上學基礎的批評，而嚴詞批判瑞伊認為道德源自人類的利他天性的想法。和瑞伊相反的，尼采在《人性的，太人性的》裡，尤其在《晨曦》裡，將道德的軌跡回溯到非道德性的基礎。道德的歷史無關道德，而且活躍在道德感裡的不是人性的善，而是文化習慣和薰陶的漫長歷史。生理學的因素也扮演了一定的角色。我們的行為如果合乎道德，就可能覺得自己有道德，但是在我們身上的「行為者」其實是生理的歷史和文化史。它們的「行為」方式是什麼？首先，它們將人一分為二。尼采在《人性的，太人性的》裡說：「道德預設了『自我分割』的能力。」（2,76; MA）我們身上的某物下命令給另一個某物。我們有一個良心，一個沒完沒了的自我評論與自我評鑑。然而，權威的傳統卻提到「個體」，也就是人類有個不可分的核心；而尼采則認為個體有「核分裂」的可能性，相關的根本原理是：「在道德裡，人類不把自己視為個體，而是視為分裂體。」（2,76）因為個體不是一個統一體，它也可以成為一個內心的世界史劇場，如果有人要探索它，就得跟尼采一起成為「探險家，揚帆行遍那個名字叫做『人』的內在世界」（2,21; MA）。

道德有不道德的基礎

道德這個主題是尼采一生的執著。他深思以後發現人類的基本關係是一種自我關係。人類（所謂的「分裂體」）可以也必須跟自己產生關聯。它不是一個單聲部的存有者，而是多聲部的，他的詛咒也是他的機會：他必須以自己做實驗。個體的生命與個別文化的生命因此是自我實驗的系列，「人類是沒有論斷的動物」（5,81; JGB）。如果一個人無法論斷自己，那麼一切便在於他如何與自己交往。尼采的思考是回答自由的強人所難，同時卻也把自由給打發掉。不過，他對內在的多聲部相當熟稔，多聲部讓人們選擇去詮釋哪一個聲部。我們傾向於將多聲部了解成豐富華麗，但是難道沒有別的可能嗎？或許在最初只有強者與弱者的存在，而他們的差異便是在於意志的內在一致性（Einhelligkeit）或即強度。堅強的意志可以讓軟弱的意志低頭，它可以下命令。弱者會聽從，但是命令的螫刺會留在他們的身上，作為一個異物，它漸漸被包覆，「被併吞」。它變成良心。或許「分裂體」就是這樣形成的，一個被命令的螫刺刺傷而分裂的存有者，艱苦地學會將對服從的狂熱蛻變為對命令的著迷，卻始終為良心不安所苦。一個以前學會服從的人，現在必須學會下命令——尤其是命令自己。在此，人們必須能尊重自己，能在自身裡找到自己的主人。人們如果澈底學會服從，在自身裡就會遍尋不著一個膽敢下命令的主體。被內化的命令不只分裂了個體，同時也喚醒對自己的猜忌。在這個複雜的歷史裡，最後形成的便是在下個世紀裡所謂的「深層心理」，那是由背後的意義、深層的意義和荒謬組成的內在迷宮。

尼采明白，這個「分裂的」存在方式已經不可考了。我們再也無法回溯人類的內在關係裡的原始「單聲部」（如果它確曾存在的話）。這個斷層，這個內在的分裂，如今已經構成人類的存在條件（conditio humana）。

儘管如此，尼采還是一再要求我們「應該成為整全的人」（2,92）。但是，這種完整性並不是指明知不可能而仍然執意克服分裂的存在方式，而是有效的自我形塑和自我工具化，人們應該當作自己的生命衝動的導演，在分裂中尋找平衡點，指揮嘈雜的多聲部。高深莫測的「權力意志」（我們在後面會看到，在他晚年裡，它升格為解釋全宇宙的原理，「大政治」〔großen Politik〕的指導原則），在尼采的手裡也是依據調性去調音的，因而是意味著：贏得控制自己的權力。整個來說，尼采的作品正是一個在自我征服的嘗試裡盤根錯節的事件紀年。我再次引述（見第二章）尼采的道德令式：「你應該成為自己的主人，也成為決定你自己的德行的主人。從前它們是你的主人；但是它們只能是你的工具，就像其他工具一樣。你應該掌控你的好惡，知道如何根據你更高的目的而收放自如。你應該學習了解每個價值判斷裡的觀點。」（2,20; MA）他想要藉此揭露的自我關係是指完全的主權，「中產階級的道德已經不能在此發言」，因為它要求的是可以信賴、穩定和可以預測。尼采認為「成為一個整全的人」是每個人的最高任務，而且就在一個生命周期裡面可以完成。該任務的賦與並不是來自於道德的歷史，因為它顯然「最不想要」個體變成「整全的人」。相反的，那個歷史是個血腥的瘋狂，人類在其中不斷被剝削。如果說人們可以把自己變成整全的人，那是因為他克服了歷史。

關於大夢初醒的道德歷史的概述見於《人性的，太人性的》，在《晨曦》裡有進一步闡釋，而在《道德系譜學》裡，對於道德的「非道德」歷史的分析便告一段落。

在《人性的，太人性的》裡，尼采就試驗過一個在其後的作品裡地位驟升的主題：在善惡的區別背後隱藏著「高尚」和「卑劣」更古老的區別（2,67; MA）。高尚是什麼？尼采的回答：高尚是指夠堅強、果斷、無畏，所以在遇到不公平的對待時膽敢「報復」。高尚就是敢為自己說話，有能力保護自己，為自己復仇。高尚的人們的行為就是善的，正因為他屬於善的族類。「惡」就是指「卑劣的人」。卑劣的人之所以卑劣，是因為他在自身感受不到足夠的價值，讓他有保衛自己的意願，就算是以最有限的手段。所以，「高尚」和「卑劣」是指不同程度的自我尊重。從高尚者的角度來看，壞人就是卑劣的人。他一點也不需要害怕這種人，因為連他自己都不尊重自己。

但是，從高尚者的角度來看，卑劣者也可能構成危險，如果他們勾結起來，以數量彌補他們的弱點，轉守為攻，無論是在身體層次的現實的奴隸叛變，或是在精神層次顛覆價值和德行的位階，也就是以容忍和謙卑的道德取替了統治者的德行。尼采在《人性的，太人性的》裡就暗示了他對道德感的批評，他先駁斥叔本華的同情的道德，把重點從同情本身轉移到引起同情的行動。在他看來，引起別人的憐憫只是弱者的武器。他們找出強者的弱點，也就是對別人產生同情的能力；弱者於是善加利用強者的這個弱點。弱者的力量在於能夠引起別人的同情，如此一來，受苦的人發現了一個可以「傷害別人」的辦法（2,71）。

尼采要為憐憫的辯證關係（受苦者藉由引起同情心去傷害別人）脫掉情緒的外衣，揭露隱藏在底下的權力鬥爭。對尼采而言，主人和奴隸的戰爭包含了憐憫的辯證關係。一個人引起別人的同情，「他自然會想，他還有足夠的重要性，可以讓這個世界疼痛」（2,71）。一個產生同情心的人，則會覺得自己是不義的一方，因此受到拘束，儘管他以前都是扮演主人的角色。

道德如何變成和道德無關，底下有多少的鬥爭持續著，對此的另一個例子就是「感激」。尼采極富挑釁意味的命題是：它是一種溫和的報復方式。某個人從另一個人那裡得到某個東西，因此也感受到他的力量，在這個情形下是友善的，卻仍然不夠友善。因為他會覺得自己虧欠別人。於是他以行動表現他的感激，而且他的回報甚至可能超過他的獲得。他想要重獲自由，於是把負債的關係顛倒過來。在這個脈絡裡，尼采提到史威夫特（Swift）的一句話：「一個人表現多少謝意，他就有多強的報復心理。」（2,67; MA）

尼采對道德的分析是根據一個近乎偏執的傾向，也就是揭開道德的面具底下原始的殘酷。因此對他來說，公開的殘酷也就是真理顯現的時刻。遠古的仇恨被還原到我們眼前，原始的元素突穿了文明的外殼。「現在殘忍的人們，其實是早期文化的餘緒：人性的山脈在此展現了我們平常看不到的深谷。」（2,66）

在《晨曦》裡，尼采更進而分析人類的關係裡深層的殘酷。他描繪一個「精緻化的殘酷」（3,40; M）如何變成公認的德行。如果人們以值得讚嘆的方法追求卓越的表現，難道不是想要藉由展示自己高人一等去「刺痛」別人嗎？他不是在享受著別人嫉妒的眼光嗎？藝術家創作的喜悅難道不是包括預先品嘗把競爭者比下去的「滋味」（3,40）嗎？文化的競技性格整體而言難道不是殘忍的鬥性的昇華嗎？在修女的貞潔裡隱藏著什麼私密的貪婪？「她們以什麼樣的懲罰眼光睥睨著世俗的女人！她們眼中流露著什麼樣的報復快感！」（3,40）

尼采在宗教裡找到不勝枚舉的例子來證明殘酷是文明的創造性根源。在許多的文化圈裡，人們想像中的諸神是殘忍的，必須獻祭以求和解。顯然他們認為諸神喜歡享受折磨和屠殺的畫面。甚至基督教的神也必須藉由犧牲自己的兒子去滿足自己。如果有人想要讓神高興，就必須為祂準備一個殘忍的節慶。神的快樂是人的快樂的極度放大，因此我們可以說：「殘忍是人類最古老的慶典樂趣之一。」（3,30）

雖說尼采將道德感的歷史稱為「一個錯誤的歷史」（2,63; MA），但是他並不否認該錯誤始終有形塑文化的功能。道德感如果被理解為真理的工具以及人類真正本性的透顯，那麼它就是一個錯誤。雖然如此，在這樣的自我誤解裡，它正好成了必要的錯覺，為人類帶來文化上的自我形塑。無論道德法則如何壓抑人們，仍然讓人類感到很特別的自我提升。近親相姦便是一個例子：人類可以觸犯這個禁忌，他的本能和生理，也就是說他的天性，並不會攔阻他。在這裡，要求他不踰矩的不是生理的界限，而是道德的：服從變成了自我克制，對於文化而言，這是不可或缺的要素。只有能夠自我克制的人，才可能學會自我尊重。

無數的文化禁忌都是為現實的目的而設的：無論是優生學、經濟、健康或政治。但是尼采在此警告，「不要」把經常在後來才出現的實用性投射到開端，而視為最初的目標。對於自我克制而言亦復如此。它也不曾被當作教育的目標，而僅僅是客觀的道德律令的主觀性結果。道德存在的意義不在於讓個人得到好處，它不是為個人而設計，而是要讓整個文化能夠生存發展的。這是誰的目的？不是個人，也不是統治者，而是文化歷程裡沒有主體的「主體」。這個「沒有主體的主體」就體現在道德和禁忌的系統裡。這個系統必須被尊重，無論個人是否看出它會給自己帶來什麼好處。如此我們才能解釋為什麼有那些令人費解的禁忌，看來似乎完全沒有意義也沒有用處。於是尼采說：「未開化的部族有一類習俗，它們的意圖似乎就在於習俗的存在本身。」（3,29; M）尼采以一個蒙古的堪察加族為例，據說他們以死罪禁止用刀子刮除黏在靴上的雪、用刀子叉起木炭或把鐵投入火中。這樣的禁忌顯然只有一個目的，「那就是讓人對習俗的存在不時或忘，讓它們的約束力深植在意識裡。它強調了作為文明起點的一個重大宣言：任何習俗都勝過沒有習俗」（3,29）。

習俗的作用方式有如用來制約衝動的系統。同樣的衝動在特定的習俗壓力下可能變成難堪的懦弱，也可能變成一種「很樂意的順從」（3,45），例如說，如果它是被基督教的道德置於人心的話。一個衝動本身起初並沒有任何道德性格，它是後來才長成的，變成了「第二天性」（3,45）。一個像古希臘一般的戰鬥性文化以及著重於平等的文化，對於嫉妒有完全不同的評價。對希臘人而言，想像諸神也會嫉妒並不是褻瀆，在古代的以色列，憤怒是最高的生命力的證明，因此憤怒是猶太人的上帝的首要特性。

在個別的文化裡，道德不僅僅是區別善惡的體系，也可以區別真偽。尼采認為，道德體系都是或明或暗地結合了一個自我合理化的形上學。但是，經過比較文化以後，個別形上學的真理解釋權都已經破損，偉大的真理碎裂成繁多的文化技術。尼采提醒我們，與外來文化的接觸所帶來的相對化，在古希臘就已經播下啟蒙的種子。希羅多德（Herodot）的民族研究貢獻在於打破希臘文化圈神話式的封閉性；在近代，經由文化比較去質疑真理的有效性的，主要是蒙田。而尼采也在這個傳統裡。僅僅因為道德所蘊含的形上學已經殘破不堪，就完全放棄道德的原理，這種決定對尼采而言也過於遙遠，因為他認為道德和習俗依然是必要的。他十分重視道德制約衝動和形塑「第二天性」的力量，因此他也曾主張：「如果人類根本沒

有道德假設的種種錯誤，他們到今天都還是牲畜。」（2,64; MA）

尼采在批判道德以形上學和宗教的自我證成時，並沒有抨擊它對制約衝動和創造「第二天性」的成就。未來只需更開明地利用它，並且清楚地管理它。道德體系應該從一個潮熱的計畫變為冷靜的。當然，「這種觀察方式會讓某些人嗅到嚴冬的氣息」（2,61）。但是那不應該影響我們在文化的自我啟蒙時勇於探索其操作祕密。如果一個文化阻止自我啟蒙，它的內部溫度就會升高。我們也可以把它稱作巢中的溫暖。如果一個人因為害怕自由、因為害怕形上學的無家可歸，那麼溫暖的巢可能變成汽鍋。因此尼采呼籲說，「在這個顯然漸漸要陷入火海的時代裡，更有思想的人們」（2,62）應該藉助各種科學去「滅火和冷卻」，對於當前的時代氣氛，以科學作為「借鏡和自省」（2,62）。

在《人性的，太人性的》裡，尼采對這種「自省」有很大的期許，而且不僅是對個人而言。他曾經認為，整個文明或許都可能訂下「普世的目標」，只要它能看透自己，並且揮別舊日宗教性的宿命信念。如果人類不想因為這個「有意識的集體統治」而毀滅，我們就必須擁有「比從前都更清楚地認識到文化的條件，以它作為普世目標的科學尺度」（2,46）。

至此，尼采已經很接近後來馬克斯・韋伯所強調的「價值的決定」以及「對於實現的工具的理性認識」的差異。科學沒有做價值決定的能力，不過一旦它清楚了文化的功能構造以後，它就可以替行為提供判準，以判定某個工具是否合於目的。同樣的，尼采認為科學所承諾的是去洞察「文化的條件」，讓我們藉以判斷「普世的」目標是否可能實現。談到這些目標，尼采其實從來沒有拋棄《悲劇的誕生》的願景。他的「人義論」（Anthropodizee）的基本原理一如往昔：人類與歷史只能藉由天才的誕生去證成；歷史的意義是偉大的個人和偉大的作品的「狂喜的巔峰」。

宗教與藝術面臨考驗

如果科學的觀察方式沖刷了形上學的真理河床，那麼首先受到衝擊的是道德，但是它當然也衝擊了宗教乃至於藝術。就宗教而論，尼采在《人性的，太人性的》和《晨曦》裡，起初把它理解成民眾的形上學，在風格上完全符合其時代的啟蒙主義的宗教批判。他試論一個直截了當的命題：宗教的功能在於「麻醉」（2,107; MA），因為有太多的惡無法掃除。如果對於自然的認識不斷進步，讓我們以真現的因果代替「幻想的因果」（3,24; M），那麼舉例來說，我們就不必把疾病看作上帝的刑罰。我們不須繼續祈禱、獻祭，只需吃藥即可。命運的力量（是各種宗教幻想的出發點）雖然沒有被打破，卻已經明顯被限縮。如此便削弱了「牧師」與「悲劇詩人」的影響力（2,107），在痛苦被治療而變成一種危機以後，它就失去了諱莫如深且寓意深遠的悲情。

如果一個宗教只是補償無法掃除的惡，並且以巫術去控制自然，那麼對它的批判工作也就到此為止。然而，尼采提出另一個思考宗教情感的角度。在他進入正題前，彷彿是要再自我確認，他先堅決而強硬地肯定啟蒙主義對宗教的批判的結論。「到目前為止，還沒有任何宗教蘊含任何真理，不管是間接或直接，是教條式的或譬喻式的。」（2,110; MA）對於神學把科學知識和宗教玄想混為一談的把戲，我們也不應該因此被混淆，如果一個科學任「宗教的彗尾劃入自己最終不可及的黑暗處」，那麼它也應該被批判（2,111）。宗教不應該用科學妝點自己，科學也不應該在辯論不下去的時候拿宗教當藉口。尼采要求清楚的劃分。不過他知道，如果只是發現宗教情感裡的錯誤，那麼我們仍未窮究該現象。

我們在宗教情感裡還能有什麼其他發現呢？那就是它讓人們心甘情願地覺得自己是罪人，尤其是在基督教裡。罪惡感是怎麼來的，其中隱藏著什麼東西？一個人可以「抹黑自己，把自己看得比實際上更罪惡」（2,121），實在令人詫異。古希臘宗教並沒有強迫人類把自己想得那麼污穢。相反的，由於諸神與人類有相同的德行和惡習，因此每個人都有被赦免的感覺。人類甚至讓他們的諸神反映自己本質裡的黑暗面。對於罪惡感的來源問題，尼采在《人性的，太人性的》裡提出一個解答，在晚期作品裡曾經數度修正：基督教在起初是被壓迫而困苦的人民的宗教，由於他們出身不高，因此也不認為有多麼高尚。這是一個缺乏自尊的宗教。基督教讓本來已經在「泥淖」（2,118）裡的人們陷得更深。

這個解釋無法令人滿意，包括尼采自己，因為指出貧困的處境和薄弱的自尊之間的關聯，畢竟了無新意。所以，尼采又作另一層的思考：或許對於羅馬晚期沒落的文化而言，罪惡感頗能帶來新刺激，也像毒品一般讓人成癮，尤其是因為在懊喪當中，「神的憐憫之光可以照進來」。或許他們是喜歡品嘗一個轉捩點、一個皈依的戲劇性、一種「情緒性的決堤」（2,118）？羅馬帝國在漫無止境的擴張後，涵蓋了半個世界，在它的領域裡，各地的人文景象越來越相似，歷史性的變化都被推移到遙遠的邊境以外——在這個情況下，內心的皈依不是為生命帶來無價的質感嗎？早期基督教的極端不是治療像瘟疫一般蔓延的無聊的好辦法嗎？如果一個文化衰老了，「自然感受的循環」（2,137; MA）已經重複了無數次，那麼如何「為生命發現一種新的刺激」就成了關鍵。或許基督教就是這種新刺激。皈依者的靈魂得以成為罪和救贖的舞台，另外一群人則在殉教者、苦行者、柱頭聖人（Säulenheilige）登場時找到他們的娛樂，因為「人與動物搏鬥的場面早已經看膩了」（2,137）。

不過，如此的解釋還是不脫基督教的歷史譜系的範圍，我們仍然無法理解它直到當代在人類情感裡的角色。為了進一步探究，尼采深入窺探聖人、殉教者、苦行者的心理，因為在這些人身上，宗教情感的奇花異草長得特別茂密。他們的宗教奇蹟顯示宗教情感裡蘊含了多麼龐大的自我超升的力量和出神的能量。在這裡，我們再也看不到任何卑劣和被壓迫的情緒，也看不到順從和謙卑；聖人和苦行者在心裡對抗那卑劣可憎的面向。但是他們其實是天人交戰的：他們既是卑鄙者，也是戰勝卑鄙者；是卑劣者，也是崇高者；是無能者，也是強者。內心世界如此豐富的人們，宛如活在一個鏡廳裡，一方面在「明亮的鏡子」裡看到神的影像，另一方面，他自己的本質卻顯得如此「渾濁」、如此「異常扭曲」（2,126）。在最祕密的片刻裡，他卻清楚知道，那面明亮的鏡子只是被放大的自己，他在神的鏡子裡看到的也只是自己比較好的可能性，在它面前，他同時感覺到自己的榮寵和屈辱。人類的「自我分裂」也有如此的鏡像，經由自我分割，他才能夠既是道德的存有者，又是宗教存有者。宗教性的「自我分裂」可以進一步激化成自我犧牲，其發生的條件是：「一個人愛自己的一部分，一個想法、憧憬、創作，甚於另一部分，因此他等於是將自己的存有切開，為一部分犧牲另一部分。」（2,76）因此，苦行者、聖人、殉教者勝利的途徑就是自我羞辱，對於自己的謙卑感到無比驕傲。「宗教大力鼓吹的……這種自殘、對自己的天性的揶揄，其實是正代表著最高的虛榮心。登山寶訓裡的整個道德訓諭都是屬於這一類：人類享受著無法達到的要求強暴自己的快感，而且事後在靈魂裡神化了那提出暴虐要求的東西。在每個苦行者的道德裡，人類把自己的一部分當作神來膜拜，因而也被迫把自己的其他部分給妖魔化。」（2,131）

宗教人物在決定性的時刻裡所意欲的和藝術家一樣：「強烈的情緒。」兩者都有足夠的野心去觸探「駭異者」（2,132），即使他們覺得可能會因此而毀滅。這種毀滅的方式，對他們來說便是「世界的狂喜巔峰」（7,200）。因為獻身給駭異者是宗教和藝術共同的偏執，尼采在《人性的，太人性的》裡寫完「宗教生命」以後，下一章的標題便是「看藝術家和作家的靈魂」。

宗教情感和藝術裡的「強烈的情緒」當然是很不尋常的東西；它是既強烈、緊綳、卻又鬆弛且不羈的創造力，是成功的幸福感，是力量的湧進和湧出，是升高的狀態，但是（而這便是尼采冷酷的反命題）在裡面卻無法發現更高的真理。我們不應該以宗教和藝術的出神者的自我理解去了解這種宗教和藝術的昂揚狀態，而視為隱藏的偉大真理的媒介。

褻瀆神廟之舉

但是，年輕的尼采直到寫《華格納事件》（*Der Fall Wagner*）的時候，都還相信藝術是更高的知識。如果我們進一步比較尼采在《人性的，太人性的》裡關於藝術的思考，就更容易明白為什麼他在前言裡說，他的啟蒙思想實驗是「褻瀆神廟之舉和精神的倒退」（2,16; MA）。直到一八七〇年代中期，尼采都把藝術稱為「真正的形上學事蹟」（1,17; GT），而現在他帶著強烈追求清醒和反信仰的意志登上了它的神殿。他暗中跟蹤自己的激情，開始心生疑竇，覺得裡面可能藏著不清晰的思想、朦朧的感覺、各式各樣的弱點和神祕化。為什麼他需要這種清醒的治療呢？在《人性的，太人性的》的前言裡，尼采提出一個答案。他想要排除一個危險，也就是「精神可能在迷失在自己的道路上，墜入愛河，醉倒在某一個角落裡」（2,18）。

一個開始對自己的激情起疑的行家，現在會怎樣看待藝術？而且如果他像一個剛戒酒的酒徒一樣，為了保住薄弱的清醒仍然必須不斷跟誘惑對抗呢？

「科學本身的問題，」尼采在《悲劇的誕生》裡說：「不可能在科學的土地上被發現。」（1,13; GT）他要「透過藝術的眼鏡來看科學，而另一方面，看藝術則得透過生命的眼鏡」（1,14）。現在，尼采把藝術看作問題。從前他針對科學所說的話，現在也可以用在藝術上：藝術的問題無法在藝術的土地上被認識。它的情況與科學相同；我們必須尋找新的觀點，我們必須跳脫它誘人的磁場，只有這樣，我們才可以避免淪為其自我神祕化的祭品。

藝術家從事塑造和創作，他帶來了新的實在。科學家則是認識實在。藝術家關切的是形象，科學家關切的是真理。從藝術的眼鏡看出去，尼采發現在科學裡也有被壓抑而不願承認的虛構性。科學要的是真理，但是想像力在裡面所扮演的角色遠超過它自己所承認的。科學可能發現真理，但也可能自己虛構它。然而，藝術則自承所憑藉的是想像力，它創造一個虛幻的世界，它編織著美麗的外衣，把它披覆在實在界上面；它所關涉的只有現象的表面。科學所要求的是揭開面紗，藝術則喜歡蓋上面紗。由於藝術對於虛構已經瞭如指掌，在科學裡有多少隱匿的虛構和雕琢的痕跡，都逃不過它的慧眼。但是科學根本不想知道有這回事，於是尼采稱之為從藝術的觀點顯現出來的「科學的問題」。

相反的，如果我們從科學的觀點去看藝術，那麼藝術的問題在哪裡？在於它也染指了真理。藝術通常也不承認這點，情形類似於科學裡的虛構性。藝術在假象裡掩蓋著它內隱的真理主張，而科學則在真理主張當中掩蓋了內隱的虛構性。尼采抨擊藝術，是因為它承諾了它無法提供的真理。他毫不妥協地宣稱：藉由藝術，我們「觸摸不到『世界自身的本質』」（2,30; MA）。藝術的感知或許讓人驚嘆、感動且發人深省，但是它們只是「表象」，不多也不少。它塑造了氣氛，卻並不因此就正確無誤。

尼采對自己的偏執有足夠的認識，讓他可以估量出破除幻象是多麼大的工程。一個久遠的形上學習癖構成龐大的阻力。窮究祕密的形上學渴望，想要認識是什麼東西凝聚了世界核心。當這個形上學的本能被驅逐出方法嚴謹的科學的邊界，便在藝術裡找到棲身之地。尼采以貝多芬的影響來說明它在啟蒙的「自由思想家」身上仍然有多麼大的作用。「他的音樂，」尼采說：「讓闇啞許久的、甚至早已斷裂的形上學琴弦」（2,145; MA）產生共鳴，例如在貝多芬的第九交響曲裡，人們感覺到自己彷彿「脫離了地面，飄浮在由星辰構成的穹頂上，心靈正夢見永恆不朽」。尼采此語是以華格納關於貝多芬的文章為基礎，不過他也批判自己曾說的「藝術是源初的形上學行動」，現在反過來主張，一個人如果想要在藝術裡滿足形上學的需要，就還沒有通過其「知性性格」的「試煉」（2,145）。藝術裡的形上學是不當取得的宗教遺產，一個帶著形上學的誤解的藝術用「不淨的思想黑紗」（2,144; MA）覆蓋了生命。在藝術裡尋找確切的思想和知識是枉然的。藝術的衝動會攔阻我們艱困而痛苦的認識工作，它會阻礙「全人類的男性化」（2,142）。善意地看，藝術是一種放鬆的倒退。它讓人們暫時放下卓越和現實的原理。在藝術裡，我們可以再度成為一個小孩子，「舊日的感受短暫地甦醒過來，我們的心跳又回到了一個被遺忘的節奏」（2,142）。但是我們必須小心，避免過度的倒退，否則「人類將趨於幼稚」。如果人類太常「放鬆生命」，那麼他就會失去「真正改善自己的狀態」的機會（2,143）。

人們非常明白地表示厭惡尼采強調的「悲劇心境」，轉而肯定實用性和現實的卓越。對於當代的渴求藝術，尼采提出很尖酸刻薄的社會學側寫。誰需要藝術，他要藝術給他什麼？一方面，有教養的人或許不再把乳香和一般的芬芳混為一談，但是他們還沒有自由到可以完全放棄「宗教慰藉」。而他們重視藝術，也是因為在裡面聽到已經沉寂的宗教的回音。另一方面，有些不夠堅決的人們，雖然盼望另一種生活，卻沒有「顛覆」自己的力量，因此追求藝術所承諾的新情境。再者則是空想者，他們不要「犧牲奉獻的工作」，藝術因此被當作懶人的吊床。此外還有家境富裕的女人，聰明又無所事事，她們需要藝術，因為她們的生命裡少了一個義務的圈子。最後是醫生、富商、公務員等等，他們雖然有體面的工作，但是「心裡有蟲」，讓他們對更高貴的事物心癢不已。

藝術對這些人的意義是什麼？「它得在幾個小時裡，或在短暫的片刻裡，為他們驅逐種種的不悅、無聊、淺淺的良心不安，甚至可以讓他們重新解釋自己的生命和性格裡的錯誤，把它們曲解為世界和命運的錯誤。」（2,447; MA）我們看到的不是幸福和健康的滿溢，而是缺陷感驅使人們去擁抱藝術。這些藝術的玩家都是跟自己處不好的人。尼采說，在今天，人們需要藝術的原因不是「自我享受」，而是「自我厭倦」（2,447）。

觀眾席上的自我厭倦和某些藝術家不顧一切的自我享受，其實是一體兩面。有時，他們如此漫無節制地熱愛自己的作品，以致於渴盼「一切事態都被顛覆」（2,149; MA），為的只是方便他們的作品有更大影響力。尼采於此沒有指名道姓，但是顯然是指華格納。他的確也在政治上成了革命份子——為了他的藝術。

圍繞著大藝術家的謠言與軼聞，有時也是由他們自己提供的養料，誇大渲染他們的靈感或是人類給他們帶來的痛苦，對於尼采而言，這都是藝術的神祕化。實際上，靈感所扮演的角色不如一般人所想像的那麼重要，「每個巨匠都是辛勤的工作者」（2,147）。至於「天才的痛苦」，我們也應該小心過濾。不少人宣稱，他們感興趣的不只是人類，還有人類的命運，而且他們不只是要創作一部作品，而是要翻新整個文化，卻找不到知音，到處遇到羈絆，讓他們痛苦不堪。對於某些藝術家這種捨我其誰的自我詮釋（他所指的當然還是華格納），尼采的建言是適度的懷疑。大藝術家只要「吹響他的笛子」，卻發現沒有人隨之起舞，就會感到滿腹委屈。這對藝術家來說當然會帶來不快，但是我們可以把它看得很「悲劇性」嗎？或許的確是，尼采尖刻地說，因為有時自認為不被了解的藝術家「的確非常痛苦，但那只是因為他的好勝心和他的嫉妒心太強烈了」（2,147）。

尼采很嚴苛地審視藝術與他自己對藝術的狂熱，甚至他對音樂的愛也不例外。音樂對他來說，是駭異者的語言、說出世界的戴奧尼索斯祕密的語言，過去如此，現在也是如此。對他來說，它是最神聖不可侵犯的。正因為如此，「褻瀆神廟」的動作不應該在它的面前退縮。他拿出了最大的膽量，甚至對自己也毫不客氣：「音樂本身沒有深度，也沒有意義，它不談『意志』，也不談『物自身』。」（2,175; MA）只有受過哲學教育的或被哲學敗壞的理智，才會把所謂深刻的意義嵌到音樂裡，我們只是「空想」著駭異者會透過音樂對我們說話。但是實際上透過它說話的是象徵、習俗、技術、投射、感受和誤解的歷史。音樂是「空洞的聲響」（2,176），是童年記憶、意象聯想、身體感觸讓它漸漸承載了意義。它不是「感覺最直接的語言」（2,175）。

這些說法都很尖酸刻薄；尼采想要一舉擊中所有言過其實、虛張聲勢的藝術。可想而知，華格納在讀到這些句子時會有多麼惱怒。科希瑪．華格納只是輕描淡寫地說：「我知道，這是惡人的勝利。」（15,84；年譜）

尼采為自己開了沉澱自己的藥方，因為他想防止詩人、音樂家、哲學家和宗教狂熱者「擾動心靈深處的感受」會在他的身上「蔓延」（2,204; MA）。所以，我們必須以科學精神去挑戰它；整體而言，科學精神會讓「一個人變冷、變得沒有信賴感，尤其是冷卻對於最究竟的真理的熾熱信仰」（2,204）。形上學、宗教和藝術的偉大救贖時代，尼采稱為一個「熱帶的」時期，並且認為，在當代裡，一個「溫帶的」（2,198）文化氣候正在形成。他想要影響且加速該氣候的變遷，但是，他的心裡並非完全沒有不安。他知道，冷卻也有它的危險性。它的危險在於把生命「表面化、外在化」（2,199）。

我們在前面看到，尼采在《人性的，太人性的》裡一步一步地推展冷卻的實驗，不過，就像在舞台上一個主角偶爾會作「側面」的透露，他的想法會超過我們所耳聞的，尼采也讓我們依稀看到，他的這些考慮都只是過渡性的。在還沒有被帶到一片沙漠以前，我們可以跟著科學精神走多遠？這個令人擔憂的問題不時浮現。的確，起初科學性的好奇帶來了新鮮的空氣、活力和自由。但是，在真理習以為常以後，它們也不再給我們喜悅。如果科學自己帶來的喜悅越來越稀疏，「它的猜疑同時也奪走了撫慰人心的形上學、宗教和藝術原先所賦與的喜悅，那麼，人之所以為人的歡樂的最大源泉就會漸漸枯竭」（2,209）。

文化的雙閣制

隨著如此的思考，尼采又開始準備把舞台轉到另一面：藝術的形上學魔幻和戴奥尼索斯式的悲劇性的世界體認，幾乎再度回到前景，但也只是「幾乎」。尼采沒有把舞台轉到底，突然停了下來，建議了一個令人意外的折衷方案。因為人們在文化和科技方面的啟蒙，使得沒有人會期待尼采提出如此的妥協，或許也因此很少有人注意到它。尼采所主張的，是一種文化的雙閣理論（Zweikammersystem）：一個高等文化應該「為人類的大腦提供兩個廳房，一個專司容納科學，一個容納非科學：兩者一牆之隔，互不干擾，可以分離，可以上鎖；這完全符合健康的要求。在一個領域裡有力量的泉源，在另一個領域裡有管制者：我們應該用幻想、片面性和激情去加熱，但過熱的後果相當危險，必須藉由明智的科學去預防」（2,209）。

在尼采的作品裡，雙閣體系的觀念經常乍現而又消失，這對他的哲學是個負面的消息。如果他堅持雙閣體系，或許可以省卻「大政治」以及帶有種族政治色彩的權力意志這些不聰明的幻想。

第十章
ZEHNTES KAPITEL

《晨曦》

真理或愛？對哲學的懷疑

尼采作為現象學家

認知的欲望

內在世界的哥倫布

語言的界限與世界的界限

蘇雷岩的靈感乍現

《晨曦》

我們應該用「幻想、片面性和激情來加熱」，尼采在《人性的，太人性的》裡如是說。但是他接著說：這還不是全部，為了人類的自我保存，為了文化的維持，我們還需要一個冷卻的科學，否則這些對於藝術而言相當有利的特質「過熱的後果相當危險」（2,209）。

在這個理論模型裡，科學被視為一種平衡的力量。個體的生命是有觀點性的（perspektivisch），被包覆在一個摻雜著瘋狂和無知的氣氛裡。不過，觀點的限制對於創造性的生命歷程是不可或缺的，藝術家對此看得尤其透徹，因為狂熱和偏執正是他們的原動力。但是他們也知道，有了冷靜的計算、知性的形式賦與、建構性的理智，熔漿一般的熱情才能成功地形塑成姣好的面貌，對於藝術而言如此，對於文化整體而言也是如此。活躍的生命歷程和激情的自以為是，都必須以科學為媒介去冷卻它們。「科學方法，」尼采在一八七七年的遺稿裡說：「為世界減輕了沉重的激情所帶來的壓力，它們證明了，追逐情緒的高昂是多麼的無謂。」（8,428）儘管科學也有觀點的限制，但是它們可以自己解除束縛：它們擴充了視野，讓自己的整個立場可以相對化。而且這也不是因為科學比較接近絕對真理，相反的，問題在於激情及其充滿活力的片面性把自己絕對化，不允許任何外部的存在。而科學卻保持方法性的距離，正因為如此，它們始終警覺到知識的相對性。激情要擁抱的是全部，而科學在尼采的理解裡教給我們謙虛：我們只能掌握到個別事物，永遠也無法掌握全體。然而，認識全體的渴望並沒有消失，要放棄追求偉大真理的「激情」是難上加難。「當對真理的興趣漸漸不能帶來快樂時，那興趣才會止息。」（2,209; MA）

如果科學的貢獻在於冷卻激情，那麼它們也不應該走過頭，因為對一個社會構成威脅的，不只是脫韁的激情，科學的冷卻系統也可能使它僵化。尼采所草擬的雙閣理論便是用來應付雙重的危機：一方面是失控的生命力，另一方面是虛無主義的僵化。這種虛無主義的威脅的出現，是因為新發現的真理開始令人感到無聊，而除魅的法力也因為習慣而消失。因此，僅僅是用科學去抑制激情是不夠的，我們還必須有足夠的靈敏度，知道何時必須幫助生命的執著去對抗科學知識。如果說尼采期待一個高等文化應該「為人類的大腦提供兩個廳房，一個專司容納科學，一個容納非科學」（2,209），那麼他是在鼓吹一個生命藝術。它必須充分明白一個事實，那就是一體成形的生命已經不可能存在；生活世界是由許多世界構成的，因為「科學」與「非科學」的世界又進一步分裂成個別科學與不同的文化領域，如宗教、政治、藝術、道德。我們不能確定的是，哲學應該判定給哪一方：它究竟是科學，或者是生命的創造性和藝術性的表現形式？

在《人性的，太人性的》和《晨曦》的時期裡，尼采傾向於將傳統的哲學看作充滿想像力的勵志作品，不算一種嚴格的科學。現在則有了轉變。他的思考工作應該成為精確性的示範，當然不是在實證主義的意義下，而是去反省「可思考的」和「可以生活的」兩者的關係。在這裡，他跨越了知識的範域，觸及生命的執著，幫助它抵擋自我透視的無理要求。他提出哲學性的考慮，防止求知欲以不當的方式奪權。尼采的哲學思考化身為科學的自我反省，不僅僅觀照它們的方法，也反省知識與生活世界的關係。這樣的思考既謙虛也不謙虛。它是謙虛的，因為它提醒了我們知識在原則上的有限性和相對性；它是不謙虛的，因為它引導生命智慧去抗衡那科學理性不可抑遏的自主邏輯。知識有自己的軌道：雖然它的工作是冷卻激情，它自己卻也可能「引發新的激情，不怕付出任何代價，而且基本上唯一害怕的只有它自己的消滅」（3,264; M）。這種知識的激情可能帶來不幸，例如它可以摧毀人們的友誼或熟悉的生活圈。知識的美德要求犧牲和付出。如果說我們願意付出代價，那麼這樣的犧牲值得嗎？我們可以得到什麼？

尼采在寫《晨曦》時思索這個問題。那是在一八八〇年夏天，當時的他在瑪琳巴德（Marienbad）療養，感傷地憶及他和華格納破碎的友誼。他曾經如此崇拜和愛慕他，也覺得自己被愛、被敬重，那是一種為他帶來創造力的親密友誼。為什麼這一切都得要破滅？「這一切都已經結束，」在連續幾天夜裡夢見華格納以後，他在一八八〇年八月二十日從卡爾斯巴德（Karlsbad）寫信給彼得．加斯特說：「雖然從幾件事情來看，我是對的，他（華格納）是錯的，但是，這對我來說有什麼用呢！難道這個逝去的好感就可以因此從記憶中抹去嗎？」（B 6,36）他所謂的華格納的錯誤，指的是他認為自己對於華格納的藝術形上學、虛有其表的崇高、救世者的熱忱的批評是對的。但是即使他是對的，那可以抵得過失去的愛嗎？

真理或愛？對哲學的懷疑

在瑪琳巴德的夏季裡，在和一個華格納迷舒適地閒聊時，他深陷在對於以前的友誼的記憶裡，對於他的哲學有何實際價值的懷疑也悄悄爬上他的背脊。它可以補償失去的愛嗎？人應該為了真理而拋棄愛嗎？對於一個自己平常看重的人，因為一個自認為重要的思想就翻臉，那是聰明的做法嗎？人無論如何必須貫徹他的立場嗎？如果一個人退讓或者聽任差異繼續存在，那算是一種背叛嗎？信仰本身必然意味著排他性嗎？自我保存也有純度的問題嗎？這些問題始終縈繞在尼采的腦海裡，他在前揭的信裡還說：「在與一個素昧平生的人愉快地談了一個小時以後，到現在我的整個哲學都還在搖晃，我覺得以愛作代價去證明自己是對的，那真是愚蠢的事。」（B 6,37）

而尼采在瑪琳巴德度過夏天以後，撰寫《晨曦》的工作也中斷了數週，在十月二十日的信裡，他向彼得．加斯特承認：「在寫過那封八月的信以後……我的筆就不曾蘸過墨水：我的狀況是如此令人反胃，還需要耐心等待。」（B 6,40）到了冬天，尼采在熱內亞找回續航的活力和朝氣，他在《晨曦》裡談論了「高度精神性的存有者」裡頭的「機械錯誤」：「只要有個天才在我們的身上作祟，我們就無比大膽，甚至像著魔一樣，完全不顧慮生命、健康、名譽；我們比一隻老鷹更自由地翱翔於白晝……但是突然間，它離開了我們，而恐懼也一樣突然臨到我們頭上：我們再也無法了解自己，一切經驗到的、經驗不到的，都讓我們痛苦不堪……就像因為風吹草動和黑影而恐懼的無助的童稚心靈一樣。」（3,307）童稚的心靈需要庇護，它們很容易受傷害且渴望愛。它們還不知道什麼是真理的戰士。《晨曦》裡的警語消解了一隻翅膀疲乏的老鷹在一八八〇年夏天的低潮裡的苦悶。

尼采振作自己：讓他對真理的價值產生懷疑的，不過是一個「無助的童稚心靈」罷了。我們必須頂得住在我們最渴望愛的時候的外界侵襲。如果真理在愛的力量前面變得虛弱，那麼就必須將追求真理的意志轉化成激情。在這個意義下，尼采在《晨曦》裡說：「真理需要權力——真理本身根本不是權力……它反而必須拉攏權力。」（3,306）在這裡，他所說的不是國家的權力或其他政治或社會的權力，而是指生命力。重點在於，知識本身的動力因素是否有足夠的「權力」，讓它可以跟其他本能周旋和抗衡；是否可能至少以某個動力把知識和「真理」連結起來，讓它們具有生命力。從一八八〇年夏天以後，這個思考脈絡就盤據在尼采的腦中，而他也因此找到了「具形」這個概念。在一八八一年八月，這個概念首次出現他的筆記簿裡，那是在西爾斯．瑪莉亞的蘇雷岩上得到「永恆回歸」的靈感以後。尼采說：「保有作為一切認識基礎的衝動，但是必須知道，它們在何處會轉而與認識敵對：從整體上

看，必須觀望，知識與真理在什麼程度上可以具形。」（9,495）

尼采在一八七五年了解到，當一個對生命有好處的幻覺被看穿時，我們就不能刻意抓著它不放，而他也自居為「自由思想者」的角色，「最希望的莫過於每天失去一個令人心安的信仰」（B 5,185; 22.9.1876），自此以後，對他而言已經不再有任何「禁忌」的真理，彷彿為了生命好就不應該把它們說出來。他揚棄這種「真理的節食」，不僅是因為他要重新當個知識英雄，也是因為他漸漸清楚意識到，人們並沒有真正認識自己，沒有探索自己的深處。在這種無知的情形下，我們如何估測我們的生命的活泉在哪裡，我們可以給這個生命什麼樣的試煉。對生命有好處云云如何，只是佯稱自己知道什麼是生命、它迫切需要什麼、對它有益的是什麼。但是那不是事實。「我們曾經克服極大的困難，才知道外在的事物實際上不是像它們看起來那樣——那麼，內在的世界也是如此！」（3,109; M）

在一八八〇年到一八八一年間，尼采在哥倫布（Kolumbus）的家鄉熱內亞結束了《晨曦》的撰寫工作，並以哥倫布的發現之旅來比擬自己在人類的內在世界這塊處女地的探險。哥倫布擁有船隻和航海術，而尼采擁有靈活的語言。但是，對於這塊充滿懸疑的內在大陸而言，它還是不夠靈活。語言的界限就是實在界的界限，我們的文字只能對應身心歷程裡「最高程度的且最極端的狀態」。由於在欠缺文字的領域裡，我們已經無法作精確的觀察，所以對於意識而言，「存有的領域」的盡頭也就是「語言的領域」的邊界。憤怒、憎恨、愛、憐憫、欲求、認識、喜悅、痛苦——這些都是語言可以攫獲的「最高程度的」內在狀態，因此它在文化板塊中具有能見度和親和度，「我們沒有注意到那些較溫和的中度狀態、甚至永遠像遊戲一般的低度狀態，而我們的性格和命運的線料正是用它們紡織出來的」（3,107; M）。

尼采作為現象學家

我們在這裡必須把佛洛伊德有如地下室的潛意識結構擱置在一旁。尼采並沒有使用他的觀念去思考。對於無以名之且不曾（或許也無法）被掌握的對象，尼采反而是從音樂的角度去思考它們：它們像是發出共鳴的音，本身沒有辦法被聽出來，卻也為我們所聽到的聲音染上了不會混淆的色調。在無限多潛意識的波動當中，只有微乎其微的一小部分可以被意識到，尼采知道，他在指出這點以後，只是勾勒出一個極其龐大的工作藍圖。尼采自己並沒有這麼說，但是其實那不外是一個現象學的計畫。他要以更專注的觀察力，藉助細膩的語言，去彰顯在一片混沌當中共振的感動和觀念，就像置於放大鏡底下一樣。這一切因此與解釋或系統建構都無關，只是讓它現前（Vergegenwärtigung）並且直觀它。這些考慮的前提卻是一個假設，也就是潛意識原則上可以轉化成意識。

尼采認為，生理學、知覺和意識是一個連續體，而注意力就像是一個活動的光束，錯落在生命裡的不同片段，把它們照映成可以觀看且思考的亮面。隨著光束的移動，此處的一切漸漸明晰，彼處則再度沉沒在潛意識的黑夜裡。但是黑夜不表示闕如（Abwesenheit），而是一個作用者的臨在（Anwesenheit）退縮為無法察覺的東西和被忽略的東西。

如此的計畫是現象學式的，因為其根本原理是：只有成為現象者才能被認識；因此，重點在於讓觀察力（和語言）更銳利，以盡可能獲得更多的現象。在意識裡呈現的都是現象，而意識的探索則是經由縝密的內省去觀察意識現象的內在秩序。它既不解釋也不說明，而只是試著描述現象自身對我們的呈現。這種對於意識歷程的觀照，在剎那間讓本質和顯象的二元論消失於無形，或者更精確地說：我們發現，如此的劃分本來就是意識作用的一部分。意識以非常獨特的方式意識到它的知覺所忽略的東西，而一切被意識到的東西都是現象，因此這種「不可見」也是意識的現象。本質不是躲藏在現象背後的東西，事實上，它自己就是現象，只要我把它當作思考的對象，或者只要我思考著自己如何忽略掉它。即使是康德的「物自身」——尼采喜歡揶揄的「絕不顯現者」的概念妖怪——也是一種思想物，也是一種現象。

對於外在世界，尼采不想再次提出虛張聲勢的、獨我論式的懷疑，相反的：他把內在世界（Innenwelt）理解為一種內心的外在世界（innere Außenwelt），對我們而言，它也只是作為現象而存在，結果是，駭異者不僅僅在外面，也在裡面。意識本身卻既不是在外面，也不是在裡面，而是在兩者中間。它每每停靠在被意識到的對象上，如果被意識到的是外在世界的一棵樹，那麼它就是在外面的「彼處」；如果被意識到的是一個疼痛、一個願望，那麼它便是在裡面的「此處」，在疼痛和願望出現的地方。尼采要保持更高度的清醒與注意力，並且謹記著：「我們一切所謂的意識，或多或少都是對於一篇未知的、或許是不可知的、卻可以隱約感覺到的文字充滿想像的注解。」（3,113; M）

認知的欲望

所以，意識是什麼呢？它不是一面空無的鏡子，它不是一個等待著被裝滿的容器。意識盛滿了它所意識的存有，事實上，意識也就是意識到自己的存有。因此，它還不是整個存有，但是它也不多不少是存有。它與存有並不是分離的，但是每每在睡覺時，它就經驗到從被意識的存有到沒有意識的存有的神祕過渡。意識親臨駭異者的深淵，它不是以「對象」來填滿自己原來的虛空，而是始終和對象物有關。它便是這個關係，它是這個關係本身。意識沒有「裡面」，它一直是自己的「外面」。如果我們一步一步深入自己的意識，我們就會不期然而然地發現外在事物，我們幾乎可以說是被往外拋到它們面前。尼采說，意識的行動來自於一種「飢餓」（3,112; M）。尼采在這個意識分析裡預告了現象學家在同樣的脈絡裡所說的「意向」或「意識的意向性結構」。

各式各樣的意識歷程也就是各式各樣的意向。以一個有距離的意向去掌握某物，只是意向性意識可能的形式之一。我們經常誤以為它就是意識的全部，但是除此之外還有許多其他的意向，也就是「指向某物」的形式。而且這並不表示是先有一個「對象」被「中性地」把握，然後再額外加上一個行動，如「意欲」、「害怕」、「喜愛」、「貪求」或「評價」。意欲、評價、喜愛，本身就各有不同的對象指涉，在這些行動裡，「對象」也以完全不同的方式被給與。同樣一個「對象」，會隨著我把握它時是基於好奇、希望、懼怕，是實踐或理論的意圖而有所不同。尼采是個善於區別世界經驗裡微妙的色調和明暗的大師，而且，他也把自己的痛苦經歷看作他的哲學思考的挑戰，他對於在痛苦的條件下所描繪的世界經驗，因此也更加令人印象深刻。從現象學的角度來看，這些都是意向性的世界構造的標準分析，因為尼采要的不是單純的表現或自我抒發，而是以自己的經驗去分析，以尋找一個問題的答案：一個創造了受苦的意識的世界，是什麼樣的世界？「一個承受著深刻的痛苦的人，看一切事物的眼光有著駭人的冷靜：以正常人的眼光來看那些事物時，通常它們都會沉浸在一個小小的幻術裡，但現在這些幻術都消失了：甚至，他自己也像被拔光了羽毛，蒼白地站在自己面前。假設他到目前為止都活在一個危險的幻覺裡：痛苦所帶來的極度的清醒便是把他從裡面拉扯出來的手段，或許也是唯一的手段。……意圖與痛苦抗衡的理智所承受的龐大壓力，致使它所看到的一切都有了全新的面貌：而新的照明所帶來的難以言喻的新奇，經常有足夠的力量可以抵禦一切自殺的誘因……。他輕蔑地看著溫暖舒適的迷霧世界，健康的常人

毫無警覺地在裡頭遊蕩著。」（3,105; M）

內在世界的哥倫布

的確，尼采的一個重大貢獻，在於證明了我們的意識其實是非常微妙而多變的，而意識在「意識」自身的活動時所用的機制卻非常幼稚而粗略。在一般的圖式裡，此處是主體的內在空間，而彼處則是客體的外在空間，然後人們就會循此追問，被人工切割開來的兩者如何重新聯繫，世界怎麼觸及主體，主體怎麼觸及世界。尼采說，我們的知覺和思考的歷程經常不同於我們所「思考」的。那是對於由純然忘我的行動組成的湍流的不連續照明。直到第二層的反省，也就是對於意識的意識，這個世界才被割裂成此處的主體（自我）與彼處的客體（世界）。但是，在意識經常忽略的連續性的生命歷程裡，這條界線不斷被淹沒。尼采的哲學嘗試去敞開意識，讓它能面對更崇高的、打破界限的經驗，而事實上，我們的身心早就已經纏繞在其中。尼采藉他的描述推開了一扇門，而且像他自己所預感的一樣，面臨了一個超乎想像的視野：意識的世界，被意識到的存有。它是如此多樣而充滿生機，任何富有新意的描繪都必然牴觸以系統性和規則性為取向的科學概念。所以，尼采一生的作品（如果我們把卷帙浩繁的遺稿也算進去）本身也成了他試圖描述的意識流的外在表現。於是，尼采開始去追求系統。儘管他仍然是個熱情的單元論者（Singularist）。對他來說，這個世界完全是由個別細節構成的，而他自己也是個由許多細節構成的細節。同樣的，對他來說，歷史並不存在，存在的只有片刻和事件。一個清醒的意識因此永遠沒有盡頭，也沒有結束。每個綜合性的結果都將解散成個別的細節，在此，令人駭異的是：存在的只有個別的細節，它們就是全部，整體並不存在。對於豐饒的細節而言，每個整體都太狹小。但是，尼采越深入了解認識的原始衝動，就越明白，追求整體和綜合的意志不僅僅是哲學性的建築癖好的表現。

他一再回到早期作品〈非道德意義下的真理與謊言〉裡的一個獨特的直覺：他在認識裡發掘了對於生命有實際必要性的粗略化、窄化和簡化。認識在識破自己的詭計後，發現自己是建構性的，它是世界的建構者，把認識單純視為世界的映象則根本是個誤解。認識與其說是摹仿（Mimesis），不如說是創作（Poiesis）。現在，尼采還是尾隨著這個想法，但是比〈非道德意義下的真理與謊言〉更加激進而細膩，其中重要的差異在於他不再侷限於外在世界的現象性（Phänomenalität），而擴及於內在世界。尼采對此終其一生不曾再鬆手，而且直到了一八八八年冬天，在他精神崩潰的前一年，他說：「我始終堅持世界的現象性，包括內在世界：我們所意識到的一切，都已經完全被擬想好了、被簡化、公式化，而且被詮釋過。」（13,53）「現象性」意味著：即使是我們所「擁有」的內在世界，也沒有所謂的意識與存有的統一。在意識裡的顯象都必然是他物的顯象，但是這個他物永遠都不會跟顯象完全同一，即使是「內在」經驗的顯象也是如此。在自我知覺的內在舞台上顯現的「自我」，只是「自我存有」（Selbstsein）的大戲裡的角色之一，這個「自我存有」永遠不會顯現，但是有了它，一切顯象才有可能。

語言的界限與世界的界限

尼采的思考一步一步推向傳統哲學的一個命題：「個體不可言說」（individuum est ineffabile）。個體之所以不可言說，不是因為它藏有許多的祕密，或因為它滿載了生命的內容，它的存有溢出了自己，是內在的豐滿，不應該被廉價買賣。祕密和豐盈都是事實，但是那並不是重點，真正的關鍵在於一個結構性的問題：即使是對於自己的存有的意識，也不過是一個意識，無法與存有融為一體。存有和意識的同一點（Identitätspunkt）根本就不存在——但是，至少一個自身觀察的自我意識已經很接近那個點，因此這個意識想像自己具有如此的同一性，更精確地說：它希望自己具有這樣的同一性。關於上帝的思辨也是源自這個經驗，而它瞄準的便是不可言說的豐盈整體駐足的那個點，在那上面，存有與意識在難以捉摸的光亮裡得到同一性。

這些無疑都是腦袋和心靈的「天馬行空」，然而，它們都是可以原諒的，因為，為什麼腦袋和心靈不應該嘗試憑藉己之力去探索那個同一點，那個「在己為己的存有」，儘管意識在其中可能始終原地打轉？「自由思想」存在的目的絕非旨在禁止自己的「天馬行空」。尼采不想落入這樣的嫌疑當中。他完全沒有理由反對馳騁、慶典或狂歡的喧鬧，就算思想的收支因此失去平衡。如果說他執著於存在和意識的差異，那絕對不是為了追求啟蒙精神的清醒，而是為了堅持存有奧祕的性格。「個體不可言說」這個根本原理的意義在於，在個體的個別性裡也可以發現駭異者。但是，誰會喜愛駭異者呢？通常我們會躲避它，退縮到已知的、熟悉的港口。也是因為如此，「絕大多數」的人都是急著尋覓一個「自我的魅影」，用來防衛自我裡的駭異者。我們在哪裡找到這個魅影呢？在別人身上。別人對我的論斷，或者在我的想像裡別人對我的論斷，以及我自己在外界為自己塑造的特定形象——這些印象和行為的結果是，「我的自我是在別人腦袋裡捏造出來的，而這個腦袋又是在其他腦袋裡捏造出來的」（3,93; M）。

實在界有多麼實在呢？在這個「詭異的魅影世界」裡，一切都是實在的，但是，這是集體的自我逃避的失控暴力的實在性。在此，尼采要做的不是文化批判；自我逃避的劇坊首先是人類學的課題，然後才間接與文化史有關。由個體的不可言說所推論出的結構性的自我逃避，對此，後來海德格（Martin Heidegger）如是說：「每個人都是別人，沒有人是他自己。」（Heidegger 128）自己的個體性有如高溫的鐵板，掉落的水滴在接觸到它以前就被蒸發掉了。被個體的單一性蒸發掉的，包括「人」或「人類」這些或平凡或高貴的概念——它們完全是虛構出來的，卻強勢到足以支撐社會生活的舞台劇的表演。每個人都陷入了普遍的實在性裡，卻找不到敘述自己的實在性的語言。他在行動時，不知道在自身裡的行動者是什麼；他在說話時，它在他體內沉默著。我們可以理性把握的，是錯綜複雜的人際關係，我們可以知道點與點之間的關聯，但是無法知道個別的點本身究竟是什麼。此物和彼物的關聯是可以理解的，但是某物本身是什麼卻無從追究。我們把總體關係當作人或物的本質內容，但是，「個體不可言說」意味著：單一個體是無法解說的。在這裡，在無法被化約為關係的個體裡，隱藏著真正的祕密，而且自柏拉圖以降，每一種神祕主義的特性都在於，將對於單一個體的非理性的感覺轉移到其他關係或領域。這裡所謂的其他領域包括：抽象的共相、民族性、國家、階級、客觀精神、歷史法則、上帝，這些都是巨大的真理圖騰或瘋狂的意象，一般人——包括海德格所謂的「人家」（man）——都是躲到那裡面，以逃避自己的「不可言說」，逃避他自己。

《晨曦》便是在探險這塊人類的處女地，而且尼采一再從不同的出發點開始：如迷宮般的交錯路徑，從我到自己、從我到你、到我們、到你們——在他面前敞開一片現象學研究的遼闊田野。就個體的不可言說和自我逃避而言，尼采在《歡悅的智慧》（在他的構想裡，它是《晨曦》的續集）裡有最扼要的論述。第三五四號警語以一個令人喘不過氣的速度和前所未有的密度開展一條思路，其內涵豐富到足以寫成幾本書。尼采說，在我們開始了解到大部分的生命歷程都不需要意識時，意識的難題才會出現在我們面前。對於植物性的、動物性的、生理性的歷程而言，這是理所當然的。但是即使是意志、記憶，甚至思考等「精神」層次的行為，也不完全需要這種伴隨性的鏡像和自我指涉；它們都不需要有意識地被完成，甚至意識本身也沒有必要被意識到。它的自我複製並沒有結構上的強制性。簡言之：「如果生命無法透過某種鏡子看到自己，還是無損於它全部的可能性：就像直到現在，我們的生命裡絕大部分的歷程都是在沒有鏡像的反映下完成的。」（3,590; FW）如果意識本質上是「多餘的」，那麼它的存在有何意義呢？尼采的回答：意識是一個中間地帶。人際關係是個溝通的系統，而意識的功能便是把個體編入溝通的結構裡，藉此去管理它。「意識本來就只是人與人之間的聯絡網。」（3,591）在這個聯絡網裡，語言的功能是作為「溝通的符號」。當然，此外還有別的溝通符號，如眼神、姿態、事物的造形、整個象徵系統的世界。尼采由此得出了一個結論：「意識並不是人類的個體存在的一部分，反而屬於他的社會天性與群居天性。」個人藉由這個群體化的意識幾乎不可能「理解」他的獨特性。那根本不是意識的用途。它是個交流的現象，不是自我理解的媒介，而它如果還是如此被使用，那麼一個人會失去自己，他的自己會脫離自己的掌握就不足為怪。不可言說的自我沒有辦法用這種社會化的語言網和意識網去捕捉。尼采說，每個人都有過這樣的經驗：在嘗試理解自己時，「在意識當中浮現的都只是非個體的部分」（3,592）。

尼采在這裡再次印證了自己是個唯名論者（見第六章），因為他將上帝不可言說的、絕對的單一性移轉到一般的個體。個體就跟從前的上帝一樣，是無窮盡的、不可言語的。用唯名論的語彙來說，它是「此時此地的這個」（Haecceitas）。人們既害怕又嚮往的「聖祕」（das Numinose），從前只能指稱上帝，現在則代表了個體的具體實在性。而且，就如同我們的意識必然無法把握上帝一樣，它也難免要和個體擦肩而過。個體離我們最近也最遙遠，它是崇高，也是深淵和奧祕。超越性可以有兩個方向，而穩固的地面則只存在於社會化的意識所構成的中間地帶。因此，我們必須認清——尼采稱為「真正的現象主義（Phänomenalismus）和觀點主義」——這個意識的世界只是一個「表面世界與記號世界，一個被普遍化和庸俗化的世界——被意識到的一切因此變得膚淺、單薄、相對和愚蠢、普泛，它們都成了記號，群居動物的辨識記號」（3,593）。

不過我們現在不應該認為，尼采提出他的現象主義和指出意識是溝通的場所，是打算要撤退到沒有語言的、「神祕的結合」裡。對他來說，這無疑是浪漫主義式的閃躲。我們無法離開我們的語言世界和意識世界，不可言說者不是可以言說和討論的世界的漆黑剪影，我們對語言捕捉不到的對象的經驗，就像是截肢者的幻痛。一個語言在明白了自己的囿限以後就會擴張。它向外擴張，藉此補償存有的匱乏，也因此而變得更富裕。它到現在為止，尼采說，已經累積了「溝通的力量與藝術的龐大資產」，讓「後世」可以相當揮霍（3,591）。它們（指後世）雖然沒有命中正確的目標（因為透過語言與意識無法得到完全的正確性），但是在溝通中形成的「第二世界」有自己的豐富性。語言與意識的遊戲是沒有止境的，而且即使它們不是「真實」的，它們還是有力量以其第二次行動去成為「真實」的。畢竟，語言與意識的世界作為中間地帶，同時也是我們活在裡面、在裡面勞作和存在的世界。

在這裡，尼采自然處處碰到自古有名的難題：如果要描述豐盈的意識活動，那麼基於方法上的理由，他會面臨一個誘惑，也就是讓它源自一個本來的點，或把它掛在一個定點上。如果有人像尼采一樣，決定要避免這種自然主義的或心理主義的化約，同時也拒絕類似神的觀點，那麼他就必須探尋新的可能性，讓他可以明辨意識的活動，卻不因而毀壞它，而且他必須開發一個新語言，比一般的語言更有表現力；他必須離開社會溝通的中間地帶。如果他有足夠的天賦，他會成為詩人。自柏拉圖以來，詩就是哲學家祕密的或不安的靈感和誘惑。

尼采的稟賦讓他更強烈感受到思想和詩的關係。尼采的身上有個現象學家，他問：我在思考時的心境如何？尼采身上的詩人於是接著把弦外之音、色調、細緻、難以描繪者全部形諸文字。於是尼采寫出了《晨曦》裡如下美好的文字：「如此迂迴從之的哲學，究竟要到哪裡去？它所做的，不就僅僅是將一個持久而強大的衝動翻譯成理性而已嗎？這個衝動擁抱的是和煦的陽光、清爽而流動的空氣、南方的植物生態、有海潮味的呼吸、清淡的蛋、肉和水果、熱飲、終日沉寂的漫步、不多說話、少量而謹慎的閱讀、寂寞的居住環境、素淨、簡樸、有如在軍營裡的生活習慣，簡單地說，就是我覺得最美味、最有益健康的一切。我們要的哲學基本上不就是調配最佳的飲食的本能嗎？這個本能不是走了遠路，取道大腦尋找我需要的空氣、地理高度、氣候、我照顧健康的方式？哲學或許可以尋求其他的、更高的尊貴，不必然都是比我自己的更晦暗、更難解——但是或許其他的哲學都也不外是把個人的衝動帶上了理智的遠路？」（3,323f.; M）

「衝動」（Triebe）一詞很容易引起誤解，因為它馬上讓人聯想到粗野的、生物的原始衝動體系，那正好悖離尼采的本意。他所說的是細膩的感動交織而成的結構，在這裡，感性與精神也總是互相滲透。這是最細緻的事件的匯流，在這個背景前面，再「深刻」的思想都顯得很膚淺。在這裡沒有任何化約，而是在每個哲學的思想活動裡證明了所有的感官如何參與其中。思想是肉體與生命的共同創作，這聽起來容易，但是尼采的確嘗試亦步亦趨地理解這個歷程，並且盡可能地把它轉換成文字，帶到意識的層次。這樣的嘗試要能成功，他的語言可以說必須完全舒展關節，必須收放自如、靈活、柔軟，甚至或許得展開雙翅，才能飛越廣闊的人性田野，目光銳利，卻不以搜尋獵物為目標。在《人性的，太人性的》裡，尼采說這種認識形式是「自由的、無畏的翱翔」（2,55; MA）。

在這裡，愛的精確性也扮演一定的角色。愛不會讓它認識的對象在其「把握」當中被破壞，而是保有原貌。我們不要搞混了：尼采也說過完全相反的話，也就是對於知識而言，愛並不是個適任的顧問。他在《歡悅的智慧》裡說：「『包著一層表皮的人』讓每個沉浸在愛

裡面的人都感到噁心、不可思議，像是一種對神與愛的褻瀆。」（3,423）

有時候，愛閉上眼睛，它不願意解剖，它要活生生地掌握事物和人們：對於熱愛生命的求知欲而言，自然法則、機械論、解剖學和生理學，或許都是對於生命的「可憎的」侵害。尼采說，這種沒有愛的認識，我們必定都也親身經歷過，追根究柢的思想必定會和死結盟。為什麼？因為源自強烈感受的知識不是唯一的東西，人們還是得冷卻下來，擺脫一切幻想，但不是要永遠守候在冰冷而死寂的地帶，而是要穿越它，為重生作準備。我們必須熬過冬天，才有資格享有春天。我們不應該害怕黑夜，因為如果我們接納它，得到的禮物會是一個新的早晨，一道無可比擬的晨光。尼采在《人性的，太人性的》第一卷的最後以一個哲學的「流浪者」及其夜晚和早晨的狂想曲作結。「這樣一個人，」尼采在第六三八號警語裡說：「當然會經歷難堪的夜晚，在疲憊不已的時刻，希望找到休憩的處所，市鎮的城門卻已經鎖上。」這非常糟糕，因為「沙漠延伸到城門前，可怕的夜幕卻像沙漠上的第二個沙漠落在他的身上」。但在他接受過一切挑戰以後，或許歡迎他的是個美好的早晨。「到了黃昏，就可以看到繆斯女神在氤氳的山霧裡簇擁著舞蹈而過，接下來，帶著上午留在靈魂裡的安寧，沉靜地在樹下棲身，從樹和枝葉的隱祕處掉下了美好而明亮的東西，盡是孤獨地散居在山上林地裡的自由精神拋下的禮物，他們跟他一樣，都是旅人與哲學家，有的欣悅，有的沉靜。」這個漂泊的哲學家，「在神祕的晨曦中誕生」，就是變成現象學家的尼采。他的現象學便是破曉的哲學，午前的哲學。

這種對於意識世界的現象學觀察，需要和日常生活裡的規律和糾葛正好相反的觀點，因為我們在那裡有太多的牽扯，被義務和習慣、謹言慎行和機會主義團團圍住，因此不夠灑脫，可以任由世界發生在我們的身上；我們沒有準備好舞台，讓它出現，讓它成為神的臨現，豐溢又神祕，讓它在與我們邂逅的時候可以彼此產生好感。為了要為這一切保留可能性，我們還不能完全定居下來，完全習慣我們的環境。我們需要有個空間，讓意識可以注意到自己，但不是像一個自閉症的患者，而是可以獨自經驗到對世界的開放性。無疑的，這種對於世界的存在如何向我「呈現」的觀察，意味著和自然的世界觀決裂，這樣的決裂我們在每個早晨醒來時都可以經驗到。

在這個過渡的片刻裡，我們有機會以全新的眼光去看世界，世界暫時隱沒於黑夜裡是有必要的，因為如此我們才能重新獲得世界，在日常生活裡是如此，在哲學的層域裡也是如此。在清晨中醒來的意象或許太過輕快，在裡面，我們還看不到決裂和世界暫時的消殞可能帶來的痛苦。但是，尼采認為，決裂的痛苦會因為發現一個非常多樣的內在存有學而得到補償：這裡有層層無盡的作用者和實在者的王國。記憶、懼怕、渴望、希望、思想的對象都是淹沒清晰的主客體界線的「實在」，尼采鍾情於巨大的湍流、海洋的寬闊性、起錨航向未知的海岸等等意象，他覺得自己是第二個哥倫布，希望從熱內亞的海岸出發，航向遠洋。「我們這些精神領域裡的飛船航員！」尼采以這句話開始《晨曦》的最後一段警語（3,331）。

蘇雷岩的靈感乍現

在一八八〇年到一八八一年的冬天，尼采在熱內亞結束《晨曦》的寫作工作，並於初春修潤校稿。他建議他的老朋友葛斯朵夫（兩人曾經決裂了一段時間，因為尼采反對他的結婚計畫）到突尼斯來居住一、兩年。在那裡吸引人的有陽光、白沙漠、乾燥的氣候，而且他自己再次渴望著一個全新的開始。我們的現象學家想要以新的眼光，從遠方看他舊日的歐洲。「我打算與伊斯蘭教徒度過一段美好的時光，而且就在他們的信仰最固執的地方。如此，我對來自歐洲的一切的判斷、對它的觀察才會更銳利。」（B 6,68; 13.3.1881）

葛斯朵夫躊躇不前。後來，因為在突尼西亞戰爭爆發，尼采放棄了前往當地的旅行計畫。現在，他夢想著墨西哥的高原。為什麼要留在歐洲？畢竟他的作品就足以擔保這裡的人不會忘記他。尼采知道他的時代就快要到了。雖然經常發病，但只要一想到自己在一八八一年初夏出版的新作，他就會意興風發。他把手稿寄給出版商恩斯特．斯麥茨納（Ernst Schmeitzner）時，加注了一句話：「這樣的一本書就是所謂的『決定性的一步』——與其說是一本書，不如說是一個命運。」（B 6,66; 23.2.1881）在寫給巴塞爾的朋友法蘭茲．歐佛貝克的信裡，他則說：「這是一本可能會跟我的名字永遠連在一起的書。」（B 6,71;

18.3.1881）在母親和妹妹面前，他的筆調更直率，雖然加入了諷刺性的頓挫。他把剛印好的新書寄給她們，注記是：「就是這個東西，它讓我們不太好聽的姓氏永垂不朽。」（B 6,91; 11.6.1881）他所得到的反應讓他知道，在那裡人們還沒有真正了解他。對母親來說，她的兒子還只是個落魄的教授，百病纏身，到處旅行，娶不到老婆，老是得一路寄襪子和香腸給他。尼采感覺到了這一點，因此以嚴肅的口吻致信給母親和妹妹說：「從它所必須負荷的巨大的工作來看，我的神經系統實在是值得誇讚……因為有了它，我才能寫出所有人類的心靈與腦袋當中的最果敢、最高貴、最深思熟慮的書本。」（B 6,102f.; 9.7.1881）

才過了兩個月，他對《晨曦》的評斷就急轉直下。在寫給保羅．瑞伊的信裡，他說：「而且在這一年，在那本書問世的同一年裡，還有另一本書要問世，它的連貫性、貫穿它的金鏈會賦與我的哲學全新的面貌，讓人完全忘記從前那種可憐的拼貼之作！」（B 6,124; 8.1881）《晨曦》在不久前還是「不朽」的作品，現在就已經成了「可憐的哲學拼貼」？對於自己的作品的評價會有如此急劇的轉變，當中勢必發生過什麼事情。

從一八八一年七月起，尼采就客居在上恩加丁區（Oberengadin）的西爾斯．瑪莉亞，這是尼采第一次住在當地。事情就發生在那裡：在一次沿著希法帕蘭納湖（Silvaplana）的遠足時靈光乍現的經驗。後來，在《瞧，這個人》的「查拉圖斯特拉」一章裡，他把它描述成一個關係到全歐洲的事件：「在十九世紀末葉，還會有人清楚知道，盛時的詩人所說的靈感指的是什麼嗎？如果沒有，那麼我將做個描述。如果在一個人身上還殘留著些微的迷信，那麼他的確很難拒斥一種壓倒性的力量會佔有一個人，用他來作為自己的軀體、喉舌、媒介的觀念。天啟這個概念，也就是說，突然間，無比確切地、微妙地看到了、聽到了什麼，在最深刻的意義下，它震懾、沖垮了一個人，這個概念不過陳述了一個事實。他聽到了，但不會去搜尋；他接納，但不會去問給的是誰；一個思想像閃電一樣劃過，帶著必然性，外觀上沒有絲毫的猶豫——我毫無選擇的餘地。一陣痙攣，它無與倫比的張力有時隨著淚水決堤，我的腳步不由自主地時而慌亂、時而遲滯；完全的出神，分毫不差的意識清晰分辨了無數細微的寒顫和傳到腳趾頭的涼意……我完全任它擺佈，卻又像奔騰而來的自由感受，不受任何條件限制的、握有權力的、神性的感受……一切都顯得好像是最趨近的、最正確的、最簡單的表示，彷彿真的……是事物自己走了出來，讓自己成為比喻……這是我的靈感體驗；我一點也不懷疑，時光必須倒流數千年，才可能找到一個人，可以告訴我說：『這也是我的體驗』。」（6,339f.）

時光必須倒流數千年，才可能找到一個類似的靈感體驗，這樣的話他並不是在一八八一年八月六日的蘇雷岩事件發生後立刻寫下來的。然而，無論如何，這是一個在生命中留下割痕的事件；他立刻明白，他的生命如今已經被切成兩半：之前和之後。他在記事簿上寫下：「海平面以上六千英尺，而且是離人世的事物更遠的高處！」（9,494）他被擲到一個高處，連他自己的俗務都被拋在下面。在那上面，他的感受如何呢？彼得．加斯特是第一個聽到尼采提到這個經驗的人：「在我的地平線上浮現的，是我前所未有的思想——我不想用文字來描述它們，要保持無可撼動的寧謐。我想必還有幾年要活！啊，朋友，偶爾一個念頭會跑過我的腦海：我過的是個極端危險的生活，因為我算是一部會解體的機器！我的感覺的強度讓我戰慄、發笑——已經有好幾次，我無法離開我的房間，理由很可笑，是因為我的眼睛發炎了——為什麼？每次都是在前一天散步時，在路上哭得太厲害，但流的不是感傷的眼淚，而是喜極而泣；同時我還會唱歌、語無倫次，內心被一個新的景象充滿，一個我比任何人都早看到的景象。」（B 6,112; 14.8.1881）

在靈感決堤而來時，尼采同時也保持警覺。畢竟他在《人性的，太人性的》裡曾說，靈感就像其他看來崇高的東西一樣，不過是虛有其表。此外，他在一八七七年秋天曾在筆記本裡寫說：「我們的虛榮心促成了天才和靈感的崇拜。」（8,475）

在八月十四日寫給加斯特的信裡，我們看到尼采如何致力保持冷靜。他要盡可能專注於整理且檢驗那傾瀉而下的駭人思想，然後導出結論。但是他現在知道：他得到一個無法預測的結論，而且從今以後，他必須為這個蘇雷岩的思想而活。在一八八一年八月的這個日子到來之前，他隱約預感著自己的使命，現在，他已經找到了。他的內心忽而希望無窮，忽而惶恐不安，因為，要求自己僅僅作為一個從天而降的信息的「喉舌」，並不是一件容易的事。

在事件發生半年以後，他寫信告訴彼得．加斯特說：「對我來說，要擁有我的那些『思想』，可以說不費吹灰之力，但是，在想要把它們甩開的時候，要擺脫它們卻是比登天還難！」（B 6,161; 29.1.1882）

事實便是如此。尼采在宣告前還留給了自己一些時間。他將在一八八二年夏天，在《歡悅的智慧》第四卷最後輕描淡寫地暗示，接著又過了一年，他才讓查拉圖斯特拉登場，小心翼翼地、幾乎猶豫不決地把這個思想交到他的手上：它需要「『幾千年』的時間，才能成為一個像樣的東西」（B 6,159; 25.1.1882）。他如果跟朋友談起這件事，特別是他在一八八二年夏天的情人莎樂美，也都只是輕聲細語。

第十一章
ELFTES KAPITEL

在西爾斯・瑪莉亞思考全宇宙

去人性化的自然

崇高的算計

永恆回歸論

熱內亞神聖的一月

幸福的日子，歡悅的智慧

梅西納

在西爾斯・瑪莉亞思考全宇宙

在「永恆回歸」的思想出現以前，在尼采的腦中盤旋的是什麼呢？這個思想是他不期而遇的嗎？我們沒有理由懷疑尼采關於靈感出現的描寫，但是，這個洞見來得如此突然而洶湧，的確也是讓人難以理解，因為有無數的證據顯示，他以前就已經接觸過這個思想。繞著自己旋轉的、重複演出其有限「內容」的時間——如此的觀念是哲學和宗教的著名傳統。我們可以在印度的神話、先蘇期的思想家、畢達哥拉斯學派、歐洲異端思想的伏流裡找到它，尼采在學生時代就已經知道了。在一八六二年的〈命運與歷史〉裡，他就以世界時鐘的圖像隱喻一個不斷繞著圓圈的時間：「這個永遠的變遷沒有一個結束嗎？……從一個小時到另一個小時，時針不斷往前走，過了十二點又從頭開始；世界進入一個新的周期。」（J 2,56）。但是世界周期的觀念並不是新的：因為，「鐘面的數字就是事件」，因此，在新的世界周期裡，所有的事件都會重複，一個字一個字地重複。

在叔本華身上，尼采也可以找到許多與〈命運與歷史〉裡的世界觀相應的想法。雖然叔本華完全不接受投胎轉世的觀念，卻也主張意志有個不滅的核心，在現象世界裡有多樣而殊異的具現，因此也一再地回歸。尼采在《悲劇的誕生》裡就呼應了這個思考，他說在「表象不斷地破壞的同時，有一個存有的核心的生命是永恆的」（1,59; GT）。而且，叔本華的時間圖像也是一「不斷自轉的圓圈」（Schopenhauer 1,386），和他把「現在」定義為在清醒時不會遺失的當下一樣，都令尼采印象深刻。叔本華說，「現在」是在「永恆的正午」垂直照射進來的陽光：「地球從白天轉動到黑夜裡。個體會死亡，但是太陽自己在永恆的正午當中永無止息地照耀著。」（Schopenhauer 1,388）對叔本華而言，不會遺失的當下意味著，在時間流裡，一切都可以改變，但「現在」的形式則否，它始終如一。窗外的風景會改變，窗戶本身則不會變。但是，現在之窗的恆常不變為什麼無法確切被經驗到？叔本華沉思這個問題。他解釋說，「現在」是與時間的圓在某一點交會的正切線。這個點不隨著圓圈一起轉動，它是停駐的點，這表示說：它是永恆的現在或永恆的正午。我們的問題在於，我們注意著轉動的圓圈，沒有注意到不動的正切交會點，雖然在停駐的點的對比下，我們才能觀察到旋轉的運動。作為有時間性的存有者，我們屬於轉動的圓圈，但是作為精神的臨在和專注，我們自己也是太陽與永恆的正午。尼采在《查拉圖斯特拉如是說》裡，在永恆回歸理論的脈絡裡，都借用了永恆的正午的比喻，可見他對這些思想的感觸有多深。在那裡，他談到了「偉大」的正午、「正午與永恆」。

關於不斷死去又重生的戴奧尼索斯的神話裡，也蘊含著永恆回歸的理論，而且，由於尼采的思路起始自戴奧尼索斯，我們也可以說，他的回歸說不是後來的發現，頂多我們只能說它或許暫時從他手中溜走，現在則失而復得。那麼，如果他在知性上早已經熟悉永恆回歸的理論，那麼與它再次相遇時，一定發生了其他事，否則我們實在無法了解，為什麼他會如此激動不已。所以，我們應該問：為什麼一個早就熟悉的想法會有如此的爆發力？為什麼是在此刻？是怎樣的思想外圍讓它突然被引爆？什麼念頭掠過他的腦海，射進他心裡？我們應該去檢視，在該重大事件發生前後幾個禮拜的筆記可以提供什麼線索。

尼采在一八八一年初夏以「思想大綱！」（9,442）為標，記錄一個對他而言不算新穎的思想：人類用「錯誤的尺度」去編造自然和他自己的存有，換句話說，他無法認識實在。「在我們自身裡進行著的一切，就其本身而言是我們所不知道的另一回事。」但是，他接著卻給這個早就熟悉的看法一個新的轉折。他幾乎要因為那阻礙與實在界的單純接觸的折射介質而勃然大怒，他把該折射介質稱為「一個關於『我』與一切『非我』的幻想」。在《晨曦》裡，他還鼓吹觀點主義式的觀看和認知。他似乎與觀點主義和解了，並且在裡面發現現象學的豐富性。但是現在呢，去他的觀點性！我要飛出觀點限制的鳥籠！他畫了粗線強調這句話：「不要再把一個虛幻的自我當作自己！一步一步學習拋棄臆測的個體性！」但是怎樣才能做得到呢？難道我們得採取一個利他主義的認識觀點嗎？那豈不是說，我們得透過許多不同的眼睛去看嗎？我們應該委身一個研究團體，加入關於實在界的實在性永無止盡的辯論，期待如此就可以找到某種持久的中間值和共識嗎？不，尼采說，「戳破自我中心的錯誤」不表示必須選擇認識論方面的「利他主義」。一定還有其他出路。接下來的兩句話，尼

采畫了更粗的強調線：「跨出『我』和『你』！去感覺全宇宙！」（9,443）

現在我們或許會以為，尼采跟布魯諾（Giordano Bruno）一樣，尋求一種小我和宇宙的整個有機體的融合，與世界靈魂的共融。但這正好不是尼采的意思。雖然，「感覺全宇宙」當然是表示開始接觸那個把我也涵攝其中的駭異者，但並不表示要把駭異者視為有機體。因為這樣一來，駭異者也就變得太融洽、太人性化、太忠於人類。在一段幾個禮拜後寫下的筆記裡，他說：「關於上帝的信仰，有一個現代的、科學的對應信念，就是相信宇宙整體是個有機體：這令我很反胃。」對於這個黏稠的、軟趴趴的、蕪蔓龐雜的整體，他棄之如敝屣，完全不容許自己有任何對於子宮的嚮往。他要擺脫一個慈怙的上帝，為的不是爬回宇宙類似神性的母體裡。「在我們的思考裡，宇宙整體正好應該盡可能地遠離有機體！」（9,522）

去人性化的自然

有機體的真理蘊含在無機物裡，石頭是最高的智慧。如果尼采說，我們「應該讓物（而不是讓人）佔領自己」（9,451），那麼他指的真的就是事物，要盡可能的冰冷、死寂。他嘗試著去感覺無生命物，讓他形諸文字的，不是對海洋的憧憬，而是對於礦石的嚮往。有情的生命是個大錯，一個氾濫，一條遙遠的冤枉路。應該回到石頭的寧靜和沉默。「我們對於有感覺的世界和無生命的世界有完全顛倒的評價」，他說。接著他又說：「『死寂』的世界！

永遠在運轉著，從來不曾出錯，力與力對抗！在有感覺的世界裡只有錯誤與自大！從這個世界過渡到『死寂的世界』，其實是個慶典。」（9,468）

尼采試驗了各種說法，畫上強調或刪除的線條，在句子裡加上連續的驚歎號、問號，中輟，又重新開始，省略了一些文字。草率和堅決劇烈地交替著。他激動地譴責激情，因為它讓人們眼前充滿煙霧；他情緒性地咒罵情緒，因為它曲解了實在界；他以強烈的感覺去讚嘆無感覺的狀態，認為它讓我們更接近存有。感覺毫無用處，它們代表「存有的失誤」（9,468）。如此的失誤難道不能改正嗎？《晨曦》的現象學家如今安在呢？他不是可以為事物和世界搭蓋一個觀察的舞台嗎？他不是準備一個完全不同的慶典，讓所有感官共同展現一個戰勝那剝奪生命的化約（Reduktion）暴力的世界嗎？而「從這個世界過渡到『死寂的世界』」的冰冷的「慶典」應該如何進行呢？例如說，讓思想挺進到一個一切的對象都可以「計算、測量」的層面（9,468）。它只需計算可以計算的對象，測量便是認識一切事物的標準。「在以前，」尼采說：「深不可測的（心靈或精神）世界更令人敬畏，然而，我們在別處看到了永恆的力量。」（9,468f.）

尼采在生理學的範圍裡徘徊了一陣子，將精神的活動和情緒的波動解釋為以生理歷程為基礎的徵兆。尼采只是蜻蜓點水地交代一下，我們很容易就看得出來，此刻他的焦點在於盡可能地拉近有情生命和無生命的、機械性的、或者至少無精神性的層域之間的距離。尼采在此可以說興高采烈地把精神逐出存有的領地，最後，他還為此找到一個說法：「我的任務是：還原自然的人性化，接著在『自然』的概念純淨了以後，再把人給自然化。」（9,525）

崇高的算計

這是在蘇雷岩的靈感體驗後寫下的句子，同時它也顯示永恆回歸的思想不僅沒有干擾或打斷這個如石頭般冷硬的形上學實驗，甚至顯然必須從這個脈絡去理解。不管我們會感到多麼驚訝，這個理論之所以征服了他，是因為它在計算、數量和物理學上面的明證性。它最基礎的計算是：物質也好，能量也好，宇宙的力量的總和是有限的，時間卻是無限的。在無限長的時間裡，所有可能的物質與能量序位，也就是說環繞著生物和無生物所有的事件，都必然已經出現過，而且也必然會重複無限次。對於永恆回歸的主題，除了無數簡短的省思，在他的札記中只能找到一個有組織的段落。在這裡，我們讀到幾個尼采此後不斷重複的句子；我們看到靈感的熔岩的確凝固成冰冷的石頭一般的理論。「由力量所構成的世界不能容忍任何停頓：因為否則存有的鐘也將會停擺。所以，力量的世界永遠不會達到平衡，它永遠得不到片刻的休息，它的力量與它的運動在任何時刻都維持不變的數量。不管這個世界走到什麼樣的狀態，它都是回到從前出現過的狀態，而且不只一次，而是無數次。所以，眼前的這個片刻從前就已經出現過，而且是許多次，在將來也一樣會再出現無數次，一切的力量也是相同的情形。而且，產生這一刻的上一刻，以及它自己所產生的下一刻，都是如此。人啊！你的整個人生將會像一再倒轉過來、一再漏完的沙漏一樣——在中間是綿長的一分鐘，直到在世界的循環系統裡造成你的出現的每個條件重新聚集在一起為止。」（9,498）

這個思想像是一個算數習題的答案，我們很難想像除了對於構想巧妙而且計算漂亮的得意以外，還有什麼其他感受。思慮周密的頭腦（例如齊美爾）後來驗算的結果，儘管證明我們的哲學家的計算有失誤，但那不是重點。對尼采而言，他解開一道數學難題，而他高興得有如出神般的陶醉。「喜極而泣，淚如泉湧」，尼采在一八八一年八月十四日寫給加斯特的信裡如是說（B 6,112）。

「永恆回歸」是宇宙裡冰冷的數學性和機械性的法則，但也因為如此，它始終讓人無動於衷。畢竟，它無論如何也無法成為體驗的一部分。

而在尼采那裡的情況似乎是：某個已知的想法，以前曾經是宗教的幻想和思想的直觀，現在以嚴謹科學的尊嚴出現在他的面前。在一八八一年早春，尼采讀了麥爾（Julius Robert Mayer）的《天體動力學論叢》（*Beiträge zur Dynamik des Himmels*），興奮不已地把這本書介紹給加斯特說：「在麥爾的樸素而充滿愉悅的書裡，我們聽到天體的和諧，這樣的音樂是只給有科學精神的人們聽的。」（B 6,84; 16.4.1881）

在一八七八年辭世的麥爾醫生，是十九世紀末葉最旗幟鮮明的唯物論者，他從事科學研究，以能量守恆的假設修正物質守恆原理。他認為，宇宙裡的基本力只有質的變化，其數量則始終如一。一切變化都只是能量狀態的改變，例如從能量變成物質，從熱變成運動。在這些變化之間，我們可以得到總量不變的關係式。

尼采後來則拋棄麥爾，指摘他把一個怪力亂神的總力量偷渡到物質性的天體和諧裡。不過，此時的尼采至少暫時受到他的鼓舞，而且我們也可以推斷，在他的蘇雷岩體驗裡，閱讀麥爾新作的心得也扮演一定的角色。麥爾並沒有把能量守恆原理聯結到序位和狀態的重複出現的假說，那是尼采自己添加的，是他從無限的時間的連續性得出的結論。這是一個假設，不過他也從自然科學、唯物主義的文獻裡得到充分的支持。在那幾個月裡，他雖然有嚴重的眼疾和頭痛，卻也馬不停蹄地閱讀。

永恆回歸論

尼采在札記裡不只談到他的欣喜，也談到這個認識所帶來的驚駭和惶恐，並提及了讓它「具形」的困難（9,504）。在後來，這種讓認識「具形」的能力甚至成了「超人」的特徵。但是，驚駭也好，欣喜若狂也好，我們面臨的問題完全相同：這個算術性的學說如何能滲透到體驗裡？這個無盡的循環會讓人懼怕的前提是：意識對它有回憶的能力，也就是說，它在時間流裡一直是同一個東西，而且也知道這個同一性。但是如果意識相信自己不斷重新開始，而且如果它正是在這個重新開始的幻覺裡不斷重複自己，那麼對意識而言，只有一次又一次的重新開始，沒有重複，就算它見到一個似乎證明了永恆回歸的計算結果。在重複被計算出來以後，我們還沒有經驗到它。但是，驚駭（和欣喜一樣）只能是一種體驗。

在一八八一年的札記裡，我們也找不到任何驚駭的印象，反而是看到他以冷靜的論證去探勘永恆回歸的理論在什麼情況下會讓人驚駭。他所談論的不是真實的驚駭，而是推想的，所以他說：「不必有實際的感受或期待，甚至只要想到（永恆回歸的）可能性，我們就會感到戰慄、深深受到衝擊！永恆的詛咒的可能性就可以挑起怎樣的驚駭！」（9,523f.）

顯然的，因為永恆回歸的理論而欣喜若狂的尼采，也因為可以藉此讓別人惴惴不安而興奮莫名。他忍不住想像著未來的淘汰現象：有些人可以承受這個見解，有些人則會因此而絕望和毀滅。「一個新學說最終找到它最好的提倡者，自始及被保護、也提供保護的存有者……。虛弱者、空洞者、病態者、貧乏者就是感染了新病毒的那些人」（9,497f.）——而且也因而毀滅。在內在的舞台上，尼采想到自己可以散播驚駭和惶恐，而自己卻是少數可以從永恆回歸的理論吸取生命實踐的蜜汁的英雄人物，就會對此陶醉不已。在一八八一年的札記裡，我們就已經可以看到這樣的思考。

在尼采自己的了解中，永恆回歸確實是命題式的真理，不過，他也把它當作形塑生命時實用的、自我引導的輔助工具。藉此他也為一個「冰冷」的認識在實存方面予以加溫。由於每個片刻都會再回來，我們的「現在」與「此處」也有了永恆一般的尊榮。我們在做每一件事時都會問自己：「這就是我想要重複無數次的方式嗎？」（9,496）想要消除「你應該」的思想框架的尼采，在這裡也提倡一種新的「你應該」：你應該讓你活過的每個片刻重臨時不會讓你害怕。對音樂著迷的尼采要的是生命的迴旋曲。「讓永恆在我們自己的生命上留下印記！這個思想的內涵超越一切的宗教，它們輕鄙地把這個生命看作浮光掠影，教人把眼光放在朦朧的另一個生命上。」（9,503）康德強化道德命令的辦法是賦與它們無條件的絕對性，「彷彿」它們是上帝所頒佈的一樣，同樣的，尼采也說，我們活過的每一刻都應該「彷彿」是永恆的，因為它會永恆回歸。尼采用這個論證去支持追求一個如出神般強烈的此岸（Diesseitigkeit）的律令。

所有的出神，所有的喜悅，升天的感覺，以前耽溺於彼岸的對於強度的渴求，現在都要駐足在當下的此岸。永恆回歸說應該發揮的效果是：把超越者的力量保留給內在性，或者，像查拉圖斯特拉即將宣告的一樣：「對大地保持忠實。」在蘇雷岩體驗的半年後寫成的《歡悅的智慧》裡，尼采則以豐富的意象去歌頌永恆回歸的觀點帶給他的當下的喜悅。他要讓時間循環的觀念和赫拉克利圖偉大的世界遊戲結合起來，讓這個觀念不再那麼沉重而讓人癱瘓。我們知道，遊戲的基礎也是重複性，但是這樣的重複卻是愉快的。對尼采而言，在上帝死後，人類的存在的冒險性格和遊戲性格就彰顯出來。因而，「超人」就是一個輕快有力地闖進那不斷重複的世界遊戲的人。尼采所謂的超越正是朝向一個作為存有根基的遊戲。當尼采觸及了這個根基時，他的查拉圖斯特拉在跳著舞；他像印度宇宙神濕婆一般地舞蹈著，而精神崩潰前的尼采也在房間裡舞蹈著，赤身裸體，在杜林的最後幾天裡。這是他的房東太太透過鑰匙孔看到的。

以上就是關於永恆回歸的思想的實存和實用的面向，它之所以為真，就是因為它實現了自己。但是我們也不要忘記，尼采認為該學說就命題的意義而言也是真的：它如實地描繪了世界。姑且不論尼采如何因為這個強烈的真理主張而陷入自我矛盾，因為他究竟將知識視為一種「發明」，「就連數學的型態」（他的永恆回歸也是藉此運算出來的）也不例外（9,499），換句話說，姑且不論他根本就不應該主張他的學說有命題的真值，他所要求的還不只於此。他要為它配備形上學層次的尊嚴。反形上學的尼采為了加深我們的印象，讓這個真理登上形上學的舞台。他用自然科學的見解來支持自己，卻不接受自然科學純粹的內在性，因為這樣的內在性自始就割離了形上學的問題。傳統形上學會問：「隱藏在現象世界背後的是什麼？」並且藉此過渡到各種超越者，而尼采正是要思考這個問題。尼采自己也提出這個形上學的問題，他搭起完全一樣的舞台，只是從前登場的是上帝、無限者、精神，現在這些充滿意義的顯赫角色，已經被有豐富萬千的序位和循環重複的力量總合給取代了，當然，它們在激情的舞台上表演的不是一齣實證主義的戲劇，而是形上學式的，因為整個演出都是由形上學式的好奇所主導的。如果尼采褪去了形上學的意義遊戲，他的永恆回歸理論可能被斥為無聊的思想。尼采自己也感覺到這點，也因此很猶豫要不要把它帶到聚光燈前。他注意到，這個學說只適合扮演先知或丑角。

熱內亞神聖的一月

在西爾斯．瑪莉亞靈感乍現的夏季，讓尼采情緒高昂，卻也帶來難以忍受的頭痛、胃絞痛、嘔吐。白天，尼采有時在外面走了八個小時，到了晚上，他坐在狹小的斗室裡，透過窗戶看到的是永遠潮濕的岩壁。在八月，房間冷到他在裡面也得戴手套。在那個夏季裡，尼采不是只有喜極而泣的經驗。他用拉丁文寫了一封信給歐佛貝克（他不想讓歐佛貝克的太太與聞書信的內容）：「疼痛戰勝了生命與意志。噢，我度過了怎樣的幾個月，怎樣的一個夏季。我經驗到的生理折磨，多到像我所看到的天空上的雲象。在每一朵雲裡都藏著雷電，以我始料所未及的力量擊中我，讓可憐的我倒地不起。我曾經有五次以醫師的角色斷定自己要交給死神，而且希望昨天是我人生的最後一天——這樣的希望也一再落空。在大地之上，我們要去哪裡尋找一個永遠晴朗愉快的天空，我的天空？珍重吧，我的朋友！」（B 6,128; 18.9.1881）在幾天後寫給加斯特的信裡也有同樣的哀號，另外還附記說：「我現在不得不認清，原來連續數月無雲的晴空對我而言已經成了存活的條件。」（B 6,131; 22.9.1881）

接著他暫時恢復健康，到了氣候完全不同的地方。在熱內亞，他有幸度過一個很少生病、而且經常有陽光的冬天。《歡悅的智慧》前三卷脫稿以後，他在一八八二年一月二十九日寫信告訴加斯特說：「多美好的時光！噢，這個美麗的一月帶來的奇蹟！」（B 6,161）為了紀念這個冬季，「我一生當中最美好的一個冬天」，他還以「神聖的一月」作為《歡悅的智慧》卷四的標題。

該書在原計畫裡是《晨曦》的續集，在一八八二年年初寫成，旨在勾勒尼采在夏日的靈思所啟發的關於生命和認識的景象。《歡悅的智慧》思路奔放，尼采有幾個禮拜的時間沒有身體病痛的侵擾和壓迫，在熱內亞近郊陽光普照的路上醞釀整體的構想，描繪他如何熱愛形貌多變的海岸、奇岩、在山腰上星羅棋布的別墅和花園木屋、攤開在眼前的海景。繁茂的生命在他面前開展的場景，在本書裡可以說無所不在，例如他曾說：「這個地方四處散佈著大膽而專制的人們的形象。他們曾經顯赫一時，而且想要流傳千古——他們所建的房子如此告訴我，它們是為好幾個世紀而建造和修繕的，不是為了稍縱即逝的幾個鐘頭：他們對生命很體貼，不管他們曾經對自己有多嚴酷。」（3,531; FW）

但是，除了自始至終明朗的筆調，是不是也有個能夠開展出一切的核心思想？尼采一再提醒我們，我們在面對他千頭萬緒的思想時，尤其不應該跳過其中「具有開展性的根本思想」（12,139），同時，他也特地對他的朋友說，他的警語作品裡有著內在的統一性。他說，他的作品是「關於某個哲學感性的邏輯鋪陳，而不是數百個弔詭或異端思想的糾纏」（Löwith 120）。但是要去把握這個涵攝且開展整體的「邏輯」，總是很為難的事。尼采自己也很明白，為什麼他無法單純且率直地呈現這個邏輯，為什麼只能兜圈子，以影射、隱喻和暗示去表現，而且經常是以第二現場為起點。尼采所設計的理論花園，讓每個在裡面尋覓核心主題的人總是覺得自己是個野人，他自己躲藏在迷宮裡，希望別人經過迂迴曲徑才能找到他。而且，人們為什麼不可以在找尋他的過程裡迷路？這甚至可能就是最好的結果，因為，他也讓查拉圖斯特拉告訴他的門徒說：你們太早找到我了，如果你們還沒有找到你們自己的話。所以，尼采在其作品裡的安排是，人們最好是在尋覓核心思想的過程中撞見了自己的思想。他是否找到尼采，並不是那麼重要；關鍵在於，他是否找到自己的思考。自己的思考便是指引前路的線索。

然而，永恆回歸論並不是該書當中外顯的核心思想。在前三卷裡，只有緊接著一八八一年夏天的筆記寫下的第一〇九號警語提到它。尼采說：「整個音樂盒一再地重複它那絕不能稱為旋律的調子。」（3,468; FW）直到第四卷最後的兩個著名的警語裡，尼采才明確談到永恆回歸，而且以「悲劇的起源」（Incipit tragoedia）為題，查拉圖斯特拉首次登上了舞台。所以，永恆回歸的思想即使沒有直攻台前，也有幕後的操作。

在此，以下的思想面向才是重要的角色：永恆回歸論所想像的宇宙是個封閉的整體，充滿著無情的必然性。宇宙的歷程成了一個「音樂盒」（Spielwerk）。我們在其中彈奏，卻也只是被彈奏而已。

第一個警語就已經鋪陳了這個思想，因此，許多其他的警語讀來像是這段文字的注解。第一個警語也為整部作品設定了明快且諷刺的調性，因為，既然世界歷程其實是個傀儡戲，只是到目前為止還沒有被揭穿，我們又怎能不一笑置之呢？表面看來，我們似乎還活在「悲劇、道德和宗教的時代裡」（3,370; FW），其實上演的卻是「存有的喜劇」。在幕前，我們為自己訂立目標，覺得自己好像很崇高、有英雄氣慨、有想像力，但在我們的背後推動的，卻是「物種根本的自我保存衝動」而已。「為了讓必然的、無所謂或沒有目的的行動看起來要似乎有個目的，同時讓人類以為它就是理性、就是最終的命令，於是倫理學的老師就出現了，他便是傳授存有的目的的老師。」（3,371; FW）

即使自然的生命覆蓋了一層虛幻的目的世界的薄膜，原始的物種保存衝動並不會因此而減弱；它只是更加精緻、巧妙、曲折，而且更有想像力。人的生命變得更細膩，他們發明了工具和方法，讓自己更加多采多姿。回歸粗糙的自然是很愚蠢的事，人類是一種很會發明的動物，他向生命做了承諾，讓自己也可以對它有所期待。人類也是「充滿幻想」的動物，他在想像力學苑裡學到了很奇怪的驕傲；比起其他的動物，他現在多了一項必須滿足的「存在條件」：「人們必須時時刻刻相信自己知道為什麼存在，如果沒有周期性地對生命產生信

心、相信生命中的理性，那麼人類這個種屬就無法如此興盛！」（3,372; FW）

這個「生命中的理性」表面上很豐富，其實卻很貧弱。它自認為絕對而無條件，卻不過是眾多的事物之一。在巨大的「音樂盒」裡，它只不過是一個小齒輪或小螺絲。它覺得完全自由，卻離不開自然的呵護。它以為自己在產生作用，卻只是一個作用的結果。這不是很滑稽好笑嗎！但是，為了維持自尊，理性不容許有人笑它以及它的發明能力。但是，如果尼采現在笑了起來，也不是為了要嘲笑這個理性。《歡悅的智慧》裡的笑並沒有指責的意思。這個笑是要承認甚至享受人類的虛構能力，但是我們不可以忘記，這裡還是虛構的作用。尼采的目標不在毀謗，而在減輕負擔。

尼采談到「物種的自我保存衝動」（3,371; FW）。尼采既解決不了也無法躲避，因此形成了全書暗潮洶湧的一個大問題，我們可以如是說：知識和對真理的意志，真的是隸屬於物種自我保存的衝動，或是衝出了藩籬，甚至把矛頭轉過來對準生命？對真理的意志是否可能不再服侍生命，反而掌控生命——甚至最後帶來毀滅生命的結果？生命意志和物種的自我保存，以及對真理的意志，兩者是否會構成二元論？

尼采在第十一號警語裡評估了這個二元論的可能性。在研究過相關的生理學和演化生物學研究以後，尼采說，意識是有機體最晚且最終的發展；它還沒有完成，也還沒有力量。人類這個生物完全不能倚賴他的意識，他本來就經常誤入歧途，如此一來又更「容易犯錯」

（3,382; FW），如果他更早的「和本能的聯盟」沒有為他「管控」它的話。我們不應高估意識，尤其不應該忘記，它本身還沒有建構完成，還在發展和成長。在目前，意識還沒有充分的胃納，可以「消化」（einzuverleiben）令人駭異的實在界——它的周期性流動，沒有目的、沒有實體、沒有意義。尼采於此又回到他在一八八一年的筆記裡著墨不少的「具形」（Einverleibung）概念。「具形」的意思是什麼？例如，我們知道，我們居住在一個行星上，它在漆黑的宇宙裡繞著太陽不停地轉；我們也知道，一切生命都是來自於太陽，而且它有朝一日會燃盡而熄滅，因此人類必然會面臨一個末日，即使不斷循環的世界歷程會讓整個生命戲劇一再重演。這一切都是我們腦袋裡的知識，還沒有具形。我們還是跟從前一樣看到太陽升起，不覺得我們的腳下是移動的大地，同樣的，我們沒有把末日和新天新地融入我們的生命感受裡，我們在自己四周張開了一片想像中的時間視域，它沒有實在性，卻讓我們一直相信它的重要性。我們雖然經歷到哥白尼（Kopernikus）的宇宙觀——現在則被愛因斯坦（Einstein）的宇宙觀取代——從它具形的進度看來，我們卻還停留在托勒密（Ptolemäus）的水準。「我們必須理解，」尼采說：「到現在為止，具形的只有我們的錯誤，我們一切的意識都建立在錯誤之上！」（3,383; FW）

意識成長的動能既是生物性的發展也是文化的開展，在這個預設下，尼采開始想像，如果腦袋裡不斷成長的知識澈底滲透且改變了整個人類的身體和生活、感覺和情緒，如果這個詭異的具形真的實現了，情形會是如何。難道最後的結果不會是，生命因為精神而覆滅；這麼多意識的沉重負擔不會讓人類崩潰嗎？意識的動物或許原來只是演化史上的一個錯誤？意識不是一種不該存在的腫瘤嗎？

尼采在此處和其他段落提出這些想法時，並沒有把它們當做主張；這些都只是他的考慮，而且，他也旋即提出反面的考慮，也就是科學雖然證明自己是帶來「巨大痛苦的使者」，但是也蘊含著一個「反作用力，具有無可比擬的能量，可以照亮新的喜悅星河」（3,384; FW）！那會是什麼樣的喜悅，我們於此無從得知；但是，我們已經見到尼采如何熱中於現象學的清醒和觀察力，也知道他在其中得到多大的樂趣。而且我們還可以記得，尼采在蘇雷岩上如何因為永恆回歸的思想高興得流淚，不僅是因為發現的喜悅，更因為一個有存在性和實用性影響的信念，也就是個體的生命由於不斷重複而變得無比重要，把觸角探向最遠的地方的思考——他稱為「對宇宙的」思考——在最近的地方衝到頂點，因此最私密的、最個人的生命感受，都被賦與永恆性的尊嚴。如此一來，就沒有任何朝菌夕蛄的東西。沒有任何宇宙性的闃暗會廣袤到足以讓如沙塵般的「個體」失去意義。

我無法失去我自己——這或許是一個愉悅的句子；但是我們只要換個說法，就可以變得極端恐怖：我永遠也擺脫不了我自己！

幸福的日子，歡悅的智慧

不過，在《歡悅的智慧》裡，尼采不願意讓任何的低潮左右自己。他以昂揚的情緒對抗它，但是這其中卻也藏有許多蓄意的成分。他不是單純地被這樣的情緒拋向雲端，而是必須要設法鼓舞自己。《歡悅的智慧》在一八八二年夏天出版以後，他寫信告訴莎樂美說：「我受盡了多少折磨，什麼樣的寂寥，什麼樣的生不如死！針對這一切，可以說針對生與死，我為自己提煉了這個藥劑，這個屬於我自己的思想，它的上面一小塊無雲的晴空。」（B 6,217; 3.7.1882）在後來所寫的一篇前言裡，他回顧說：「感激之情不斷盈溢著。」（3,345; FW）

這個感激之情從何而來呢？對於真理的意志難道發現了一個和解的實在界圖像，為他傳達一個能夠以此為家的感受？恐懼、失落、空虛都不見了嗎？求知欲到了最後一刻是否又與「將自然去人性化」（9,525）的計畫脫鉤了？如果確實如此，那麼生命和認識的二元對立就得到解決，以保存生命為取向的知識驅動原理就戰勝了與生命為敵的種種情感。這些情感顯然存在，而且也可以和求知欲結合在一起。尼采在昂揚的情緒裡也保持頭腦的冷靜。他說，一個人就算在幸福和出神的時刻裡，也應該是對於他的自我的誠實「詮釋者」，而「宗教的創立者」從這個角度來看都缺乏「品格」，他自己則願意保持「理性的飢渴」，因此，他要「像做一個科學實驗一樣嚴格地審視」昂揚的情緒（3,551; FW）。這種分析帶來什麼樣的結果呢？

他看到情感的條件性。例如，一個認識可能取決於偶然的氣候因素以及它對生理狀態等等的影響。尼采在一八八三年一月二十日的一封信裡回顧《歡悅的智慧》，表示這部作品不過是一個「過於激昂的喜悅流露，因為連續有一個月的時間，我的頭上頂著一片無雲的天空」（B 6,318）。構成條件的可以是天氣，也可以是其他受到制約的生理歷程，簡單地說：終究都是本能原理，或者更精確地說，是無限雜多的本能原理，為認識賦與了動機、能量、方向、色調，產生打底的和伴隨的感覺，允許、遲滯或拒絕「具形」。

如果在這個方式之下，意志的本能原理始終無法被從認識當中移除，那麼這就意味著：意志與真理永遠也無法分離。如此，生命與認識之間可能的衝突就不過是在本能層次的一場戲。在一八八一年夏天的札記裡，尼采說：「所以，我們在這裡也發現一種作為我們的生命條件的黑夜和白晝：求知的欲望和犯錯的欲望是潮與汐。兩者當中有一個取得了絕對的權力，人類就會走上毀滅。」（9,504）

我們無法由此知道求知的欲望究竟是潮還是汐，因為它也就是對於誘惑的自制和撤回，那誘惑以自身的投射淹沒了實在界。若是如此去看，漲潮就是代表犯錯的欲望的圖像。但另外一個詮釋也是可能的，也就是，求知的欲望是潮，因為它代表與實在界的接觸，而犯錯的欲望就是汐，因為它就是撤退到自己的想像世界（而不是實在界）。漲潮是向前躍去（就跟認識一樣），展開攻擊，退潮（犯錯的欲望）則膽怯地撤回。在《歡悅的智慧》讓人印象深刻的第三一〇號警語「意志和潮浪」裡，尼采又回到潮汐的隱喻，在此，求知的欲望和犯錯的欲望在意象上的搖擺更甚以前，呈現為一個解不開的「祕密」。「波浪貪婪地潛入了岩縫最隱蔽的角落裡」，接著又「慢慢撤退，仍然帶著興奮的白沫——它失望了嗎？」接著又是下一個波浪進行同樣的遊戲。當波浪充滿好奇而即遮即顯，當它因為貪婪的好奇而化成洶湧的白沫，它就「在我與陽光之間形成一堵牆……而整個世界只剩下碧綠的暮色和泛綠的閃電」（3,546; FW）。

尼采以這個隱喻戛然而止，求知的欲望和犯錯的欲望在這裡被視為兩個背反卻一體的本能事件。但是其結果卻是，對於「真」、「偽」的判斷而言，我們已經無法跳脫到這個本能事件以外的立足點，只能就感動的力量、好惡、可行性、習慣性作程度上的區別。「知識的力量不再以真理去度量，而是以它的新舊、它的具形性、它作為生命條件的性格。」（3,469; FW）

尼采接著從這個觀點去回顧真理糾結的歷史。在一個全新的認識出現時，首先會造成一陣「暈眩」。約定俗成而且構成生活的一部分的「真理」就變得可疑。如果一切都只是知性的動搖和創新，就不會有多大的影響。但是，如果新的認識衝擊一個文化的生命和習慣的狀態，如果它牴觸了已經「具形」的知識——那麼就會引發重新「具形」的爭奪戰。此時，新的認識可能會被視為精神錯亂而遭到強烈的抵制，因為它聳人聽聞地將一個文化的生活條件變成懷疑的對象，而它自身在文化裡的接受度卻沒有相對提高，或者它本身還沒有足夠的力量為自身「具形」。「具形」的意思因此就是：真理之所以為真理，取決於它讓自己現實化的力量。真理在「具形」裡證明了自己。

尼采於是就以這個方式否決了他在其他脈絡裡主張的認識和生命的二元性：認識源起於本能原理，而且它也是因為與本能原理結合而產生作用。尼采說，無論如何，「否認本能在認識裡的角色，究竟地把理性看作完全自由、完全自發性的活動」是錯誤的（3,470; FW）。

的確：認識中的本能原理是無法否認的。但是，這還是沒有辦法改變一個事實，也就是在承認本能的影響力時，我們還是可以主張有不受本能制約的真理有效性存在。如果這個命題只是本能的表現，它就不是真的；如果它不是真的，那麼我們可以推知它不是本能的表現，這又與命題的主張矛盾。如此一來，這個命題就和其他主張真理有效性的命題一樣失去根據，掉到無底洞裡。它就會變得毫無意義。因此，必然有個真理判準，除了本能原理以外，還導入其他的因素。尼采被困在這個自我指涉的迷宮裡，絕望無助，有時會大笑、挖苦諷刺，有時是先知，有時是丑角。到最後，在他精神崩潰時，或許在他可以或必須從他的思考鏡閣中消失的那一刻，他看到一條出路。但是，我們不要忘記：在這一整片關於真理問題的混亂當中，對尼采而言，始終有個判斷的判準具有不可懷疑的自明性。對他來說，思想不是反映，而是（自我）塑造。在這個內在的舞台上，一個思想為「真」的要件是，在意義與風格的統一性之中，成為一個夠強韌且有生命力的事物，可以幫他負荷那難熬的疼痛，形成一個有生命力的平衡力量。

一直在思考生命的鬥爭性格的尼采，現在也把鬥爭的元素引進思考的核心。精神和肉體的競合，形成首要的鬥爭現場，在這裡同時還進行著另一場關於真理的鬥爭，重要的不是命題的真假問題。如果一個人沒有一再告訴自己，真理確實是個有精神有肉體的實在，而且它的實在程度只有激情的感受可以比擬，那麼他永遠也無法了解尼采。他的思想——尼采應該會這樣說——怎麼可能不為「真」呢，如果它們像他在《歡悅的智慧》裡所說的一樣，被捲入一個極端不尋常的運動，「經常像是拾級而上，也像是休憩在雲端」（3,529; FW）。

在一八八二年一月，尼采更甚以往地體會到認識是一種享樂。認識永遠是和感覺、感受結合在一起，換句話說，永遠和本能事件有關。但是，伴隨性的、支撐性的感受，如今在他的經驗中已是主角。這就是他情緒亢奮的原因。認識不是削減或限縮那完整的存有，而是要提升它。就算呈現在認識面前的是駭人聽聞的事物，它也是一個提升，例如，如果永恆回歸的說法是正確的，我們就完全沒有跳離時間的出口。在認識的亢奮裡，儘管意識到「自己仍然對古老的人性和獸性、整個洪荒時期和有情世界的過去，繼續在創作、在愛、在恨、在推論」，他也不會因而感到壓抑（3,416f.; FW）。他覺得自己彷彿從夢中醒來，但也意識到，他「必須繼續做夢，才不會走向毀滅：就像一個夢遊者必須繼續做夢，才不會摔跤」。生命可以如此「自我嘲謔」，以致讓他覺得，「在這裡，除了假象、鬼火和幽靈的舞影以外，什麼也沒有」(3,417)——然而，在這個春意盎然的一月裡，他還是與認識墜入了愛河。下面的警語幾乎可以說是對於《歡悅的智慧》的書名的詮釋，因此就像一份藍圖：「不！生命並沒有讓我感到失望！反而，我一年比一年覺得它更真實、更值得擁抱、更神祕——從偉大的解放者震撼我的那一天開始；那是一個思想，它說，生命可以是認識者的一個實驗，不是一個義務、不是一個災難、不是一個謊言！而認識本身：或許他人有不同的了解，例如，把它看作休憩的客房，或者前往客房的道路，或者一個消遣，或者恬適的散步——對我而言，它是充滿危險與勝利的世界，在那裡，英雄式的感動應該得到舞蹈和競技的場地。『生命是認識的工具』——心懷這個根本思想，一個人不只可以勇敢地活，甚至可以歡悅地活、歡悅地笑！」(3,552f.; FW)

梅西納

尼采在熱內亞待到一八八二年三月底。春天已經來了，也漸漸出現夏日一般炎熱的天氣。在這個時節，通常尼采會到北方地勢較高的地區。但是他破天荒以一艘貨船唯一的乘客的身分，幾乎沒有告訴任何人，就前往西西里的梅西納(Messina)，令許多人百思不解。他想要與在巴勒摩(Palermo)度假的華格納不期而遇嗎？或者吸引他的是梅西納附近以威廉．封．格勒登(Wilhelm von Gloeden)(他在當時因為在擬古背景下所拍攝的年輕男子裸照而聞名）為首的同性戀聚會？以尼采的同性戀生活的缺憾作為詮釋角度的人們如是猜測。但是，我們無從確切知道真相。可以確定的是，對尼采來說，南方代表感性的解放和無拘無束。對於「解脫者之島」，他十分願意無止盡地夢想下去，在《查拉圖斯特拉如是說》裡，他派遣「振翅倏飛的渴盼」奔向比「任何雕塑家夢想過的更熱的南方：在那裡，跳著舞的諸神會因為衣服而感到羞恥」（4,247; ZA）。一八八一年十一月底，尼采在熱內亞第一次觀賞比才（Bizet）的歌劇《卡門》（*Carmen*）。在它的魅惑之下，對南方的幻想在他的心中油然而生。後來，他在清算華格納的作品草稿裡談到《卡門》時，這個撩撥人心的南方（想像的或親身經歷的）又出現了：「這種來自非洲的幸福，宿命的歡愉，有著誘人、深沉而可怕的眼神；摩爾人的舞蹈充滿媚惑的憂鬱；閃爍著的激情，像一把匕首一樣迅捷而銳利；橙黃色的午後從海面漂來的氣味讓人心窒息，彷彿想起一個被遺忘的島嶼，它曾經駐足在那裡，它應該永遠駐足在那裡……。」（13,24）

在來到島上的幾天之後，尼采寫信給加斯特說：「那麼，我已經來到我所謂的『大地的邊緣』了，根據荷馬的說法，這是極樂國土。事實上，我從來不曾像過去一個禮拜那麼愉快，而我的新鄰居非常熱情地寵壞了我。」（B 6,189; 8.4.1882）他被寵了四個星期，然後焚風趕跑了他。它把他趕到羅馬，在那裡，他開始了和莎樂美的一段戀曲。她是一個比焚風還更大、更難纏的災難，在挺過那段日子以後，尼采如是說（B 6,323; 1.2.1883）。

第十二章
ZWÖLFTES KAPITEL

同性戀

性愛的戴奧尼索斯

與莎樂美的戀曲

以查拉圖斯特拉作為碉堡

人性的，太人性的

達爾文式的誤解

毀滅性的幻想

「悲劇性的姿態和話語真是讓我厭倦」

同性戀

尼采以「神聖的一月」（Sanctus Januarius）作為《歡悅的智慧》卷四的標題。雖然是在訴說他如何熱愛在一八八二年熱內亞那個神采飛揚的一月，卻也是題獻給殉道者聖雅納略（Sanctus Januarius）。在拿波里，被稱為「聖熱內羅」（San Gennaro）的他特別受人景仰，尼采在那裡見到許多他的畫像和雕像。這位殉道者是個有些許女性特質的男人，他長得柔美婉約，為周期性的出血所苦。在人們的想像裡，他殉道時所流的血裡混雜著經血。他同時是男人，也是女人，因此成了半男半女的聖者。在拿波里的聖熱內羅主教堂的地下禮拜堂裡，當時供奉著他的頭顱和兩瓶血，據說能顯神蹟。《歡悅的智慧》卷四的楔子便是在歌詠這個拿波里人又稱為「娘娘腔」（femminiello）的聖者：「你烈焰的矛／穿透了禁錮我靈魂的冰層，／於是它飛快奔向／它終極的希望之海：／越來越明亮，也越來越健康，／在最可愛的必然裡品嘗自由：／所以它歌頌你的神蹟，／最美麗的雅納略！」（3,521; FW）尼采如是衷心推薦他的朋友葛斯朵夫閱讀這卷獻給半男半女的殉道者的作品：他的作品「訴盡我的衷曲，甚於我寫給摯友的幾百封書簡。請務必從這個角度來閱讀『神聖的一月』」（6,248）。有些詮釋者認為尼采間接承認了他的同性戀傾向。但是我們從這個角度去了解尼采能夠得到什麼呢？有些人以為如此就掌握了理解尼采生命中的難題和全部作品的鑰匙。

性愛的戴奧尼索斯

我們看到一長串的猜測。這個小孩從小就失去了父親，在女人圈裡長大。有人說在他的早年看到兄妹戀的徵兆，或許，小「佛烈茲」還把伊麗莎白（Elisabeth）拉到他的床上，後來因而一直良心不安？人們把性祕密的線索追溯到舒爾普福塔的時期，那時有個放蕩的、無家可歸的詩人恩斯特·沃特烈（Ernst Ortlepp），在瑙姆堡一帶被崇拜、被咒罵。同學們把這個落魄的天才當作神，他在林地裡遊蕩，幾乎永遠都醉醺醺，到了夏天，就在教室的窗下朗誦自己寫的詩、唱歌。他身上散發著一股神祕的氣息，對於基督教的褻瀆攻擊讓他惡名昭彰，以大聲的叫喊干擾教堂的禮拜。他的名詩是〈十九世紀的天父〉（Das Vaterunser des Neunzehnten Jahrhunderts），最後一節是：「舊日的宗教／被今日之子蔑視，／整個地球獰笑大喊：／『你的名字沒有列聖品。』」（Schulte 33）尼采在舒爾普福塔時期的詩冊裡也選錄了幾首沃特烈的詩作。人們懷疑，沃特烈這個被社會排斥的異類有雞姦的傾向。在一八六四年七月初，他的屍體在路旁的溝壑裡被尋獲。尼采跟他的朋友們募款為他訂做墓碑。

在〈十字架前〉（Vor dem Cruzifix）這首詩裡，十八歲的尼采把這個神祕人物描寫為一個醉醺醺的瀆神者，對著十字架上的耶穌大叫：「下來！難道你聾了嗎？／這瓶酒給你！」（J 2,187）根據史密特（H. J. Schmidt）的考證，沃特烈可能是尼采人生裡的第一個戴奧尼索斯式的誘惑，不僅是在想像的世界裡，也在性愛的領域。尼采既受到創傷，又深深地被吸引，以致於（有些人推測）此後再也無法擺脫有血有肉的戴奧尼索斯的第一次征服。這個事件因此可以說是戴奧尼索斯經驗真正的原始畫面，後來的尼采也只能帶著噬人的罪惡感，吞吞吐吐地指認它，例如他（剛好就是）在《瞧，這個人》裡說：「關於我是什麼，最終的答案就投射在一個偶然的現實上——關於我的真理，在一個令人戰慄的深處說話。」（6,314f.）

如果我們把沃特烈的性誘惑（甚或是強暴）所謂的原始畫面以及因而被喚醒（或是被強化）的同性戀傾向植入這個「令人戰慄的深處」，那麼我們會在他的作品裡到處看到該經驗的重現——而且戴上了假印象和假記憶的面具。但是如此時時挑戰著尼采思想的生命的駭異，便被簡化為性的祕史。它就成了真理活動的一個特許場地。性就是人的真理。這或許就是二十世紀最有地位的真理妄想，而在十九世紀就已經成形了。

從性經歷去解釋一個人，這種追求真相的意志裡的粗暴和隱藏的攻擊性對尼采構成了傷害。雖然他也研究過本能衝動，但是他在其中發現無限的多樣性，對此，他是個多神論者，並沒有膜拜「性決定論」這種想像力貧乏的一神論。華格納正是以性經歷的嫌疑心理學去騷擾他，甚至「極盡能事地」侮辱他。

一開始，華格納頗為審慎且友善地向尼采建言，要治療他在一八七〇年代初期的憂鬱和低潮的藥方，就是不要為了維持和男人的親密友誼而放棄女人。華格納在一八七四年四月六日的信裡對尼采說：「例如說，我發現在我自己的生命裡，不曾有像你在巴塞爾的晚間和男性朋友那樣的聚會……現在看來，這些年輕的男子似乎少了女人：當然你們會說……去哪裡找？難道去偷嗎？但是，不得已的時候，為什麼不能偷？我的意思是，您必須結婚。」（N/W 241）

不只是華格納夫婦在為尼采找老婆，他的母親，尤其是麥森布格，都盡一切努力要讓尼采成家，而且他自己也沒有堅決反對。有時，他甚至請別人幫忙介紹。但是，華格納卻在背後散播另一方面的猜測。尼采到後來才聽到這個事情，顯然是在華格納死後不久，也就是一八八三年年初。但是在這之前，娘娘腔、長期的自瀆的流言就此起彼落，而且在一八八二年夏天於陶騰堡（Tautenburg）與莎樂美的可怕而動人的邂逅時，就很可能已經傳到尼采的耳中。

與莎樂美的戀曲

一八八二年三月十三日，保羅．瑞伊在熱內亞拜訪過尼采以後啟程前往羅馬，在麥森布格家裡認識了二十歲的俄羅斯女子露．莎樂美。她是胡格諾派（Huguenot）的俄國軍官的女兒，天資聰穎，在父親於一八八〇年過世以後，隨母親離開俄國，到蘇黎世的大學求學。這名年輕女子有嚴重的肺疾，醫生表示她只有幾年可活，因此，她更分秒必爭地研究哲學、宗教和文化史。她早熟的知性熱情、她的好奇和活力四射，都令人印象深刻。在一八八一年秋天，她在蘇黎世完成的詩作〈生命的祈禱〉（Lebensgebet）讓尼采傾倒，於是他以〈生命禮讚〉（Hymnus an das Leben）為題為它譜曲，並且在一八八七年，雖然和加斯特的關係早已破裂，卻仍然請求他改編為合唱和管弦樂曲——這是唯一他打算付梓的音樂作品。在此，他特別欣賞的詩句是：「確實，朋友就是這樣愛朋友，／就像我愛著你一樣，生命的謎——／……活幾千年！思考幾千年！／用雙手擁抱我：／你已經不再給我快樂——／那麼——你還有痛苦可以給我。」（Lou Andreas-Salomé 301）。

莎樂美在一八八一年年底中輟了在蘇黎世的學業，因為當地的氣候讓她無法適應。醫師們建議她到南方去療養，因此，她和母親來到羅馬。在麥森布格的家裡，她很快成了交際圈裡的靈魂人物，而保羅．瑞伊到訪以後，立刻就愛上這位聰明的俄國女子。兩個人在羅馬的街道整夜偕行，他們的深談似乎永遠也沒有盡頭。瑞伊向女孩解釋他正在撰寫的道德哲學作品裡的觀念。如此的談話對象，她在他談完其思想以前就已經預知其結論，瑞伊寫信告訴尼采，這是他不曾有的經驗。他非常陶醉，而且他希望尼采也能分享這個經驗。但是，男人之間的情誼不應該因此受影響。他邀請他的朋友前來羅馬。麥森布格也寄了邀請函，她也對年輕的俄國女子印象深刻，而且相信尼采無論如何也得認識她：「一個特異的女孩……我覺得，她在哲學思考的成就大抵和您差堪比擬⋯⋯瑞伊和我的共同願望是，有機會看到這個不世出的女子跟您一起出現。」（Janz 2,121）

羅馬的邀請，關於莎樂美的傳聞，讓他十分好奇，也重新拾起結婚的計畫。他盼望著一個生命伴侶，可以像他的妹妹從前那樣為他料理家務，幫他完成祕書的工作，而且，有別於他的妹妹，甚至也可以作為有相同知性高度的談話對象。在這方面，尼采有時也會當機立斷。例如在一八七六年四月，我們就看到他突襲式地向瑪提德．川佩達赫（Mathilde Trampedach）求婚，在當時，他們僅僅在聚會中見過三次面。這位女士驚恐地拒絕了，尼采則撤回求婚，彷彿什麼事也不曾發生。看不到任何墜入愛河的跡象或起伏的情緒。在羅馬的消息傳來以後，他也同樣再度突然萌生結婚的念頭。

在一八八二年三月十七日寫給歐佛貝克的信裡，他首先抱怨略有故障的打字機，接下來是眼睛的毛病，然後，在談到一部會朗讀的機器應該是不錯的幫手以後，他繼續說：「我需要有個年輕的人跟在我身旁，夠聰明，也有足夠的知識，可以跟我一起工作。為此，我甚至可以維持一、兩年的婚姻——在這個情況下，當然還要考慮其他幾個條件。」（B 6,180）在三月二十一日寫給保羅．瑞伊的信裡也談到相同的願望，只是他的語氣像是個嘲諷而躊躇不前的登徒子：「替我問候這個俄國女孩，如果這有任何意義的話。這個類型的靈魂引起我的貪欲，我已經準備好要去狩獵了——在我未來十年的工作裡，我會用得到她。至於婚姻那又完全是另一回事——我至多只能接受為期兩年的婚姻。」（B 6,185f.）不過，尼采並沒有立刻前往羅馬，而是先到梅西納。他從保羅．瑞伊的口中得知，因為這趟旅行，他在俄國女孩眼裡的地位又更加重要，幾乎可以說，這場戲演得很成功。瑞伊在信裡說：「您的這一步（前往梅西納）最是讓年輕的俄國女孩吃驚、苦惱。現在她更急著想見您，與您說話。」（15,120；年譜）

這段關係因此在它真正開始之前就開始了。在四月底，兩人終於第一次見面，在羅馬的聖彼得大教堂。尼采的第一句話：「我們是從哪些星球來的，竟然會在此相遇？」（Janz 2,123）就像對六年前遇到的瑪提德一樣猴急，他在幾天以後就第一次向莎樂美求婚。這是一段糾纏不清的故事，因為他請朋友瑞伊出面提親，但是瑞伊自己也有同樣的野心。莎樂美拒絕了，以經濟因素作為託辭，但對於他們三個人成立工作和研究的團體，搬到一個共同的住所（在維也納或巴黎）的計畫卻頗為熱中；為了避嫌，也可以讓莎樂美或瑞伊的母親或尼采的妹妹加入。在求婚不成以後，尼采對這個計畫也感到興趣，而且一整年都不曾放棄。這種知性的「三人團」也頗合乎莎樂美的品味，在她的回憶錄裡，她說自己夢想著一個「舒適的工作室，堆滿書本和花朵，兩側有臥房，而且在這裡進進出出的工作夥伴形成一個愉悅而嚴肅的圈子」（Janz 2,125）。尼采完全可以想像這種鬥志昂揚的工作團隊，因為在蘇雷岩的經歷以後，他決定要以澈底的自然科學研究去支撐永恆回歸的理論。

五月初，在回德國的路上，尼采在北義大利的沃塔湖與莎樂美見面；現在，兩人終於有了一起散步的機會。步道通往沙克羅山（Monte Sacro），在尼采後來的回憶裡，那是一段神聖的往事，充滿希望，但後來都沒有實現，也許下許多承諾，也都沒有遵守。在沙克羅山上發生了什麼事，我們無從得知。尼采自己沒有透露隻字半語，莎樂美則最多只曾輕輕帶過；她後來對一個朋友說：「我在沙克羅山上是否吻過尼采——我已經不記得了。」（Peters 106）無論如何，尼采受到了鼓舞，在兩人接下來在琉森（Luzern）見面的機會裡，第二次向她求婚，這次不再透過中間人。既被尼采吸引卻又厭惡他的莎樂美再次拒絕了。吸引她的是他和她糾纏不清的思考探險，但她厭惡尼采過度的熱情，而他既主張自由思想，卻又死板拘泥，也讓她很反感。她覺得那是故意惡行惡狀去譁眾取寵。不過，尼采還是散發足夠的魅力，可以讓瑞伊吃醋，他想要從莎樂美口中知道，在沙克羅山上面究竟發生什麼事，並且告訴她對尼采下一次的求婚要有心理準備。他不僅僅是在開玩笑，也是充滿了不安。

在第二次求婚被拒以後，尼采轉而期待三人團隊的計畫的實現。其間尼采已經漸漸看出，雖然他們形成三人團隊，他和好友卻仍然是情敵。因此，友誼的恆久性就必須特別被強調：「沒有人能夠以比我們目前更美好的方式去維持友誼」，他在一八八二年五月二十四日寫給瑞伊的信裡如是說。他在同一天寫給莎樂美的信裡又說：「瑞伊從每一點看來都是比我更好的朋友，在未來也是如此；請您好好地注意這個差異！」（B 6,194f.）到目前為止，他們聚會的時間只有幾天或幾個小時，尼采希望有更多的機會跟莎樂美單獨在一起。或許他有機會贏得她的芳心。但是他真的了解自己的願望嗎？他曾明白告訴加斯特，「愛情這個概念」（B 6,222; 13.7.1882）在這裡其實是文不對題的。在草擬一封給麥森布格的信裡，他把這個關係定義成「堅固的友誼」。他稱莎樂美為「真實的英雄式靈魂」，表示希望她「成為自己的女學生，如果我的生命不夠長的話，那就成為我的繼承人和發揚者」（B 6,223f.; 13.7.1882）。尼采也曾對莎樂美說過相同的話。他必須掃除她的疑慮，讓她不會以為自己只是要讓她當個祕書，因此，他在信裡說：「我從來沒有想過要讓您為我『閱讀、謄稿』；但是我十分希望可以當您的老師。最後，我想告訴您全部的真相：我現在正在尋找可以繼承我的人；我心懷裡還有許多思想是在我的作品裡讀不到的——因此，我尋覓著一塊最美的沃土。」（B 6,211; 26.6.1882）莎樂美當然沒有必要把這種信視為情書，基本上，尼采寫給莎樂美的信都不會太露骨，但是在裡面還是有些句子讓她感覺到深海的地震。「我必須沉默，」他在一八八二年六月二十七日給她的信裡說：「因為只要一談到了您，我每次都會被擊垮。」（B 6,213）

接著就是在杜林根和陶騰堡的夏天，莎樂美接受了尼采的邀請前往該地。在這之前，她欣賞了拜羅伊特的音樂節，到華格納的家作客，認識了尼采的妹妹。伊麗莎白充滿妒意地見識了她在沙龍和接見的場合當中如何擄獲人心。在那裡，對於叛離的尼采，人們並沒有好話，而伊麗莎白則認為這個年輕的俄國女子應該極力為她的哥哥辯護才對。但是她並沒有這麼做，反而出賣了他，跟著在背後中傷他，至少這是伊麗莎白的經歷，更重要的是：她後來也跟尼采這麼說。

在一同乘車前往陶騰堡的路上，伊麗莎白與莎樂美發生激烈的爭吵，而且從那一刻起，尼采的妹妹成了報復心強烈的敵人。在後來伊麗莎白聲稱，當她指責莎樂美有失厚道時，莎樂美說尼采是個偽君子，以精神層次的友誼作掩護，心裡想的卻是一個狂野的婚姻，他非常自我中心，而且他的作品基本上流露出瘋狂的跡象。莎樂美當時究竟說了什麼，我們無從得知；但是尼采的妹妹如此告訴了他，讓他因此而幾乎「發瘋」（B 6,435; 26.8.1883）。

雖然心裡有敵意，伊麗莎白還是跟莎樂美以及尼采在陶騰堡一起待了幾個禮拜——不過，兩人都對她不太在意，在深入的對談時，她也始終被排除在外。由於瑞伊在此時開始以嫉妒的眼光看待兩人的關係，莎樂美就以給瑞伊的書信的形式來寫那幾個禮拜的日記，對陶騰堡的田園生活有很翔實的描繪。她說，在抵達以後的幾個小時裡，他們就已經把「瑣碎的閒言閒語」拋諸腦後，重拾過去的親密友誼。他們住在不同的房子裡，尼采在早上到莎樂美的住處接她，兩人一起散步了很久，而他們的談話也似乎永無止盡。「我們在這三個禮拜裡，」莎樂美說：「可以說是拚命地交談……。很奇怪的是，我們在談話時不由自主地走到危崖，讓人昏眩的地方，人們常會獨自攀岩到那裡，一睹腳下的深淵。我們始終選擇羊腸小

徑，而且如果有人在一旁聽到我們的談話，一定會以為是兩個魔鬼在聊天。」（15,125；年譜）

他們的話題是什麼？他們幾乎不曾觸碰到對於彼此的感覺，只有尼采輕聲細語地說：「沙克羅山——謝謝您帶給我生命中最心醉神馳的夢。」（Peters 133）他們主要談論上帝之死與對宗教的渴望。「我們根本的宗教天性是我們的共同點」，莎樂美說：「它會有那麼強烈的外顯，或許正因為我們是最激烈的自由思想者。在自由思想裡，宗教情感不以上帝或外在的天空為依歸，因為那樣的宗教的建構力量是懦弱、懼怕和貪欲。在自由思想裡，隨宗教而形成的宗教需要……可謂被拋回給它自己，成為其存在的英雄力量，為了更遠大的目標而奉獻自己。」尼采的天性強烈地顯露英雄特質，因此，在未來我們還會看到「他以一個新宗教的宣告者的身分登場，這樣的宗教將會吸引英雄作為它的使徒」（Peters 136）。觀察力敏銳的莎樂美寫下這段話時，是在尼采以《查拉圖斯特拉如是說》真正宣告一個新宗教的半年以前。

他們在陶騰堡的那幾個禮拜相處得愉快而緊湊。但在某些時候，莎樂美也看到了尼采陌生而令人不安的一面。「在我們內心的某個深處裡，」她說：「我們彼此的距離有幾萬里——尼采的心像一座舊城堡，有許多暗室和隱祕的地窖，只有泛泛之交的人完全無法察覺，但裡頭藏著他最真實的本性。怪異的是，最近有個念頭襲來：有一天，我們甚至會變成敵人而針鋒相對。」（Peters 134）結果她一語成讖。尼采根本不願意明白莎樂美沒有以他所希望的方式愛著他；他把兩人的深厚關係以及莎樂美在談話中的高昂快樂誤認為愛情的幸福感，但是對莎樂美來說，其中並沒有愛情的成分。他完全不能責怪她，因為感情不能強求，如果有人發現自己被蒙蔽了，也不一定是因為別人欺騙了他。莎樂美並沒有對他做過任何表示，兩個人的嚴重誤解和傾斜關係，她後來也做了斬釘截鐵的釐清。在她三年後寫成的《為上帝而戰》（*Im Kampf um Gott*）裡說：「從感性的激情到精神層次的內在共鳴的道路並不存在——從後者到前者的路卻有許多條。」（Peters 157）

在尼采那裡，顯然從「內在的共鳴」發展出感性的激情，但是莎樂美卻完全無法回饋他。而且，感性元素在尼采心裡的角色也很曖昧，兩人的關係破裂後，他在他寫給瑞伊的弟弟的一封沒有投遞的信裡談到她，大肆嫌惡莎樂美的身體：「這隻乾瘦、骯髒、難聞的母猴以及她那不對勁的乳房——真是一場浩劫！」（B 6,402）

在他的回顧裡，這整個故事彷彿是個「幻覺」（B 6,374; 10.5.1883）。他如是自圓其說：他在那段日子裡無疑成為一個隱士；他去掉了跟別人來往的習慣，因此對他們漸漸生疏。現在他無助地任由他們的指爪攻擊：「可以說，我的靈魂少了一層皮膚與一切自然的保護機制。」（B 6,423; 14.8.1883）因以他沒有看透別人在跟他玩什麼樣的遊戲。他被誘騙到羅馬去跟莎樂美認識，或許，麥森布格和瑞伊是一片好意，或許他們只是要替他找個有趣的談話對象？好友瑞伊沒有向他透露自己對莎樂美的感覺，因此騙了他。而尼采自責說，他對於這一切都被蒙在鼓裡，是因為他其實太不了解人性了。接著，他接納組成三人團的建議，並沒有察覺（那是後見之明）原來他們只是要給他安慰。離開陶騰堡以後，莎樂美和瑞伊還勉力維持該計畫一陣子，而且也只是為了讓他安靜入睡。當他堅持著三人團體這個主意時，莎樂美和瑞伊就已經把在柏林共同生活的想法付諸實現。然後又是可怕的惡意攻訐，經過他的妹妹傳到他耳中，而且越感覺到莎樂美和瑞伊在敷衍他，他就越相信這些流言。這三個中傷——他是自我中心的人、他在理想主義的大衣下真正的目的是男女關係、他的作品是在半瘋狂的狀態完成的（B 6,399）——已經烙印在他的心裡，很難再擺脫。

的確，他沒有免疫力，他缺乏「自然的保護機制」，像是以習慣性的來往方式來打發別人。這個隱士受盡了自己的想像力的折磨：尼采在後來讀到福樓拜（Flaubert）的《聖安東尼的誘惑》（*Versuchung des heiligen Antonius*）時，在裡面重新了解何謂被自己的想像力的酷刑擊垮。但是，尼采現在正在為對於自我的權力意志而戰，他對於自己的疑慮也有了懷疑，因此，他也突然可以用全新的眼光去看這一場大騷動。然後，他所看到的莎樂美，在一八八三年八月十四日他如是說，再度成了「第一等的人品，令人永遠感到可惜……我想念她，包括她那些不好的特點」。（B 6,424）

她有哪些「不好的特點」，他從來沒有明講，我們因此只能猜測。他對她和盤托出他自己精神層面的存在，而他不曾對別人那麼做過。在他的感覺裡，他們兩人之間有一種不曾有的相知相惜。她觸到他的「才思」和「意向」的核心（B 6,254; 9.9.1882），他覺得她幾乎完全了解他：「在精神倫理的視域裡有幾個重要的觀點，是我最有力的生命源泉，我非常高興，因為我們的友誼正式在這片土地上生根，長出希望的嫩芽。」（B 6,204; 12.6.1882）他們甚至「太像了，猶如近親一般」（B 6,237; 14.8.1882），其結果是，尼采在給妹妹的信裡為莎樂美辯解說：「她遭受到的每個誣衊，都會先侮辱到我。」（B 6,254; 9.9.1882）直此，他的鏡閣也就裝設完成了，因為，在分手以後，他如果誣衊莎樂美，就是在攻擊自己。但是，我們還是要問，他對她的指責是什麼？她對他的了解如此正確，難道這也是指責的理由？不是，問題在於，她如此了解他，卻帶著對人類澆不熄的好奇心繼續去探究別人，而不是成為他的俘虜；她把他當作知識旅程的一站，於是又離開他，把他拋在身後，這對尼采來說情何以堪。他沒有辦法當著莎樂美的面說：另外有一個國王請妳去用餐……尼采沒有查拉圖斯特拉那種王者般的泰然自若，要求他的門徒，放下一切，在真正發現他以後離開他。

莎樂美正是因為擺脫了他，走上自己的道路，而深深傷害了他。他覺得自己被利用、被剝削。一個女門徒告訴他，她已經了解他，而且也知道去尋找另一個老師的時間到了。尼采覺得那是莫大的侮辱。他拋棄了自己的一切，到最後也被她拋棄了。在一八八二年到一八八三年的冬天，他覺得碰了壁，而那是他不曾有的經驗。他在一八八二年十二月寫信告訴法蘭茲・歐佛貝克說：「現在我寂寞地面對著我的工作……我需要一個堡壘來對抗最令人無法忍受的事。」（B 6,306）兩個禮拜後，他在十天裡像著魔一般地寫完《查拉圖斯特拉如是說》的第一卷。無疑的，這部作品就是那個「對抗最令人無法忍受的事」的神祕堡壘。

以查拉圖斯特拉作為碉堡

撰寫《查拉圖斯特拉如是說》的工作——它其實不應該稱為工作，而是出神的遊戲——讓尼采進入一個未曾有的狀態，他離開人群的熙來攘往、風風雨雨，躍上尊貴的啟示清新如洗的晴空。「我覺得，」他在一八八三年二月十日寫給法蘭茲・歐佛貝克的信裡說：「那好像是一道閃電——在那個瞬間，我完完全全是我自己，浸在自己的光照裡。然後，它又消逝了。」（B 6,325）

《查拉圖斯特拉如是說》最初的幾個場景裡可以明顯看出幾個禮拜以來的屈辱與絕望的痕跡，因為它一開始即描述查拉圖斯特拉如何拋棄獨處的快樂而走進人群，成了眾人笑罵的對象。我們在前言裡讀到查拉圖斯特拉離開他的家鄉，到深山之中幽居了十年。在那裡，「他與精神獨來往」（4,11），直到過剩、直到它真正外溢，「這個杯子想要被倒空，而查拉圖斯特拉則想要再度成為一個人」，與眾人分享他的豐饒，「因此，查拉圖斯特拉開始走下山」（4,12）。尼采不久就明白，這樣的慷慨激昂如何讓人感到滑稽。當他在一八八二年因為莎樂美而與母親、妹妹發生爭吵且憤而離去時，他的妹妹就挖苦說：「因此，查拉圖斯特拉就要下山嘍！」（B 6,256）她在一八八二年的《歡悅的智慧》裡讀到這個句子，在那本書的卷四的最後，尼采讓查拉圖斯特拉首度登場。

當查拉圖斯特拉下山走向人群時，也是他的沉淪，而這也是尼采在一八八二年陰錯陽差得到的經驗。在寫完第一卷並且回顧那個夏天以後，尼采在給歐佛貝克的信裡說：「我在純粹理想性的觀念和事件裡浸淫久了，變得很容易被刺激，因此我在與現在的人們來往時，有著難以想像的痛苦和空虛。」（B 6,337; 22.2.1883）

人性的，太人性的

尼采讓他的查拉圖斯特拉帶給世人的第一個訊息，就是「超人」的理論。查拉圖斯特拉在不好的時機和錯誤的地點宣告它，人們聚集在市場，觀賞著走索人的表演。他們要的是娛樂，想要享受走索人的危險所帶來的快感。查拉圖斯特拉對著尋找刺激的觀眾說話，彷彿他們是渴望形上學的團契，還得耗費精神去說服他們去享受世俗的快樂。「對大地忠實吧！」查拉圖斯特拉向看熱鬧的人們呼喊：「不要相信那些談論著天國的希望的人！」（4,15）查拉圖斯特拉怎會有如此偏頗的印象，以為他的眼前盡是誤信「天國的希望」的人！在這裡，這看起來再多餘不過。查拉圖斯特拉帶著福音來到這裡，但是他對人完全不了解，因此，他的悲憤聽起來那麼滑稽。尼采有意導演了荒唐的一幕，因為查拉圖斯特拉必須在（前言裡）最後明白，他必須用不同的方式來開始他的福音工作：「我突然醒悟：查拉圖斯特拉不應是對群眾說話，而是對同伴說話！」（4,25）

因為查拉圖斯特拉從此不再涉足市場，只需尋找同伴，他宣道的語調也就不必有所調整。他不再迴避熱情，而只跳過那些讓熱情特別難堪的場合。「他對一切人說話，也不對任何人說話」，他對「兄弟們、朋友們」說話，但也承認，他的談話是一場與自己的對談，第三者——朋友、門徒、人類——都只是杜撰的，為的是讓「我與自己」的對話不會停留在內在。「第三者是一顆木塞，防止雙方（即我和自己）向深處沉淪。」（4,71）在前言裡，一般的觀眾被當作抵抗的第三者，但是後來尼采就放棄了為查拉圖斯特拉尋找一個對手的作法。因此，查拉圖斯特拉在完全沒有遇到抵抗的獨白顯得如此單調。在查拉圖斯特拉從大眾的市場、從可能在光天化日下出醜的場合裡撤回以後，他就只對著虛空說話。尼采應該把「最後一批人」留在舞台上才對，他應該讓查拉圖斯特拉與他們作戰，唯有如此，他的超人理論才能夠充滿對比而輪廓鮮明。

那麼什麼是超人，我們應該如何想像？首先，那是尼采在《不合時宜的觀察》的時期裡就盤旋已久的主題的新說法。該主題即是自我形塑和自我超升。在〈教育者叔本華〉的觀察裡，尼采藉由他自己對叔本華的體驗，來說明一個年輕的靈魂如何遍訪一切對他產生影響的典範，以發現他「原來的自我」的「根本法則」（1,340）。一個堅定而鬥志高昂的靈魂，將會在其中找到上坡的路。每個典範都是對他自己的激勵。一個人必須在典範的陪伴下走出自己，好攀上其可能性的巔峰。尼采在當時說，人不是在自身裡發現真正的自我，而是在自己的上面發現的，「你真正的本質不是深藏在你內心，而是莫測高深地在你的上面，至少是在你在平常想像中的你的上面。」（1,340f.; SE）因此，人不應該背叛他更高的自我（人們「成為」自我，因而「是」他的自我）。人們應該也可以對自己有所期待：不只是一般性的生命本身而言，而是一個人也可以向自己作承諾，而且應該遵守該承諾。到目前為止，我只是它不完整的體現。在自我超升的意義下的自我形塑的每個嘗試裡，「對於超人的意志」已經在發揮作用。

在這個意義下的超人仍然與生物學沒有任何關係，它只是人類自我形塑的精神力量，指的是循著超升的上坡自我駕馭且自我鍛鍊的能力。對於如此的超人理想，尼采在《人性的，太人性的》裡就已經有個很簡要的說法：「你應該成為自己的主人，也成為決定你自己的德行的主人。從前它們是你的主人；但是它們只能是你的工具，就像其他工具一樣。你應該掌控你的好惡，知道如何根據你更高的目的而收放自如。」（2,20）如果查拉圖斯特拉宣告說：「我愛那具有自由的精神和心靈的人。」（4,18; ZA）那麼他指的便是這樣的超人。

但是他所談論的超人也不只是自我形塑的運動員。查拉圖斯特拉的宣示裡也摻雜著些微的生物學性的色彩。他說：我們目前所看到的人類是從猿猴演變而來的，在他們的身上還留下太多猿猴的習性、太多的慵懶，讓他們想要再度回到動物界裡。人類是一種過渡性的存有物，他來自猿猴，或許有朝一日會成為超人，但是現在他還在半路上。「猿猴對人類而言是什麼呢？不過是一個笑話或一個痛心的恥辱。而人類對於超人而言也應該是如此：是一個笑話或一個痛心的恥辱。」（4,14）

在《查拉圖斯特拉如是說》裡的譬喻方式，對於生物學的內容只是輕描淡寫，但是在查拉圖斯特拉時期的札記裡，尼采的態度就相當明顯。他在裡面說，最終的「目標」在於塑造「整個體格的高等型態，不僅僅是大腦」（10,506）。如果他太明白指出人類體格的高等發展，那麼跟查拉圖斯特拉的熱情就會顯得很不搭調。如此一來，查拉圖斯特拉或許必須談到超人的毛髮、肌肉的構造、手臂的長度或身高？那只會徒增不必要的詼諧罷了。就超人主題的體格層面而言，尼采因此就僅限於給打算步上紅毯的人們一些指示：「你不應該只是繁衍子孫，而是應該孕育更高等的！願婚姻的花園助你完成這個目的。」（4,90）

尼采相當熟悉當代的優生學和演化論思想，他在一八八一年夏天就託人把相關的文獻寄到西爾斯．瑪莉亞。如果達爾文主義所刺激的生物演化思想的巨大潮流沒有影響到尼采，那麼他必然是個無知之輩。儘管尼采批評達爾文（Darwin）的某些觀點，但始終無法擺脫該思想的強烈蘊含。在此，有兩個基本思想已經成了那個年代的知性文化的公共財產，因此對尼采而言也成了理所當然的背景假設。

其一是演化的思想。就精神文明與意識的領域而言，它並不算新。整個黑格爾主義以及繼起的歷史主義學派都已經引進它作為精神蛻變的演化法則。達爾文的創新在於（而這便是第二個基本思想）將演化的假設應用在生物性的實體。

由動物界發展出人類來的生物演化史，一方面對人類構成嚴重的貶值。猿猴變成人類早期的親屬，因此尼采讓他的查拉圖斯特拉宣示：「你們從前是猴子，而現在，人類比任何猴子還更像猴子。」（4,14）將人類定義為生物演化的產物的結果是，所謂的精神也被理解成身體器官——大腦、骨髓、神經系統等等——的機能。

在這個意義下，尼采也著眼於精神歷程的生理學面向，因而在《查拉圖斯特拉如是說》裡談到身體的「巨大理性」：「有創造力的身體創造了精神，讓它作為意志的手臂。」（4,40）但是，精神的自然化以及人類的特殊地位因而被相對化，也就是他的貶值，只是達爾文主義的影響的一個面向。

它的另外一面卻完全相反：人類對於更高的演化的幸福願景。因為，現在我們也可以把進步的思想應用在生物的演化。如果演化造就了人類，那麼，它有什麼理由只到人類為止？為什麼它不會帶來比人類更高等的生物，為什麼不會有作為更高的生物類型的超人來臨？達爾文不曾用過「超人」一詞——但是這個關係到人類的「生物未來主義」，對他而言並不陌生：演化思想的邏輯必然會招致如此的幻想。達爾文說：「當人類為此感到驕傲時，他們並沒有錯：儘管不是藉著自己的努力，他們仍然爬到生物之梯的最上層；同時，因為他是如此爬上來的，而不是一開始就被放到這個位置，於是他也可以盼望在遙遠的未來可以得到更高的質性。」（Benz 88）

不過，達爾文還是抱持著懷疑。他無時或忘，勾勒出如此的未來的，是頗有侷限的人類精神，其中有一定的異想天開和自我膨脹的成分。「如果人類的精神如我所相信的，是從最低等的動物和低等的精神演化而來的，那麼我們相信它會得出這麼了不起的推論嗎？」（Benz 89）

但是，達爾文主義者就沒有那麼多疑慮。例如，尼采曾激烈抨擊的史特勞斯就毫無保留地接納生物學的進步觀念，而尼采對他的批評並不是針對達爾文的演化思想本身，而是在於史特勞斯對於更高等的、卻仍然如家畜般的人類類型的安逸想像。特別是尼采在一八七五年曾經引用也在其中獲益匪淺（後來因此對他尤其冷嘲熱諷）的歐根·杜凌（Eugen Dühring），他以冗長的論證發展出一個思想：演化導致大部分的物種的退化和絕跡，但是，對人類而言，似乎還會有一段無可比擬的成功歷史將要來臨。一切的跡象顯示，有個發展即將出現，「將來，它不會在最後讓人類成為死屍，而是讓他過渡到更尊貴的、型態完全不同的新物種」（Benz 102）。

如果我們把「超人」理解成生物學的類型，那麼它便是完全符合潮流的達爾文主義的變體，尼采對此也覺得很不自在。尼采很排斥在觀念上的和光同塵。尤其對於世俗化的達爾文主義，對於當時的相關論戰，他更刻意保持距離。他的超人必須是前所未有的、獨一無二的。

他也想切割另一層親屬關係。卡萊爾（Thomas Carlyle）和愛默生（Ralph Waldo Emerson）——對於後者，尼采甚至表示肯定——都曾經有以下的說法：人類可以也必然會經過超人的各個階段而登峰造極：英雄、天才、聖者；這些魅力無窮的典範人物在藝術、政治、科學和戰爭等領域裡，皆表現了人類的創造性。在這裡，進化的思想也扮演吃重的角色，因為在卡萊爾和愛默生的眼中，路德（Luther）、莎士比亞（Shakespeare）或拿破崙，並不只是某個文化裡的幸運兒，而是預告著人類深層的質變的先驅們。

達爾文式的誤解

尼采否認他與達爾文主義或理想主義的「超人」概念有任何關聯。在《瞧，這個人》裡，他抱怨自己的「超人」觀念完全被誤解：「『超人』一詞是指最健全的新類型，與『現代人』、『好人』、基督徒以及其他的虛無主義者相反——這個詞在查拉圖斯特拉，在這個道德的毀滅者的口中，是個深思熟慮的語詞，但是如今到處都以和查拉圖斯特拉的形象對立的價值很天真地去詮釋它，也就是成了更高等的人類的『理想主義』類型，半為『聖人』，半為『天才』……另一批學術的蠢牛因而懷疑我是達爾文主義者；甚至，我極度不留情地否定的卡萊爾的『英雄崇拜』，那種明知故犯的、違背良心的冒牌貨，也可以在裡面找到。如果有人聽到我輕聲耳語，他應該尋覓的是波吉亞（Cesare Borgia），而不是不相信自己的耳朵的帕西法爾（Parsifal）。」（6,300）

如果尼采抱怨他的「超人」被誤解成「更高等的人類的『理想主義』類型」，那麼他顯然忘記自己的出發點。因為，在《悲劇的誕生》，尤其在〈教育者叔本華〉裡，他曾經構想一個「天才」的概念，跟後來在這裡批評的「半為『聖人』，半為『天才』」的類型幾無區別。「誰可以容許自己如此狂妄，」尼采在《悲劇的誕生》前言的草稿裡說：「膽敢宣說沙漠裡的聖者錯認了世界意志最高的意圖？」（7,354）天才與聖者對尼采來說是世界的「陶醉巔峰」，他們是苦行者、出神者，是精神性和創造性的人類，但還不算是波吉亞的類型，不是熱力四射的英雄和勇士，也不是沒有道德觀念的運動家。在查拉圖斯特拉時期及其後，尼采從他的超人形象剔除了幾個理想主義的和半宗教性的特徵。直到《歡悅的智慧》卷五（寫於《查拉圖斯特拉如是說》之後），超人才變成放浪形骸的大玩家、對於中產階級的挑釁者、沒有道德意識的勇士。他在那裡談到「一種精神的理想，一種天真的精神，也就是說，自然流露的力量和泉源，將至今被視為神聖的、善的、不可侵犯的、神性的一切玩弄於股掌間……這是人性且超人性的善行和善意，但經常顯得不近人情」（3,637; FW）。

在崩潰前的一年半寫成的《道德系譜學》裡，尼采於是向我們介紹那個惡名昭彰的「金髮野獸：他以如猛獸般的良心的純真……或許在殺人、放火、強暴、酷刑等諸般惡行後，還能坦蕩蕩地昂首闊步，彷彿只是完成了一場學生抗議而已」（5,275; GM）。不過，我們在脈絡裡不是很清楚，這樣的「高等人種」（尼采認為在義大利文藝復興可以找到代表性人物）是否的確具體呈現翹首以盼的將臨的超人類型。他選擇這樣的例子去描繪在人類身上沉睡著的生命力。但是，他並不贊成單純的放蕩不羈，也是可以確定的事實。對尼采來說，形塑的原理始終是最重要的。巨大的力量必須透過強大的意志去賦與一個形式，因此，查拉圖斯特拉警告說：「你想要到自由的高空，你的靈魂渴望著星辰。但是，你最低劣的本能同樣也渴望著自由。」（4,53）在放棄了理想主義式的超人形象與叔本華的否定生命的天才以後，尼采還是不準備將精神逐出強者的競技場。

叔本華式的「天才」否定了世界，因為他所體會的世界在道德上是很齷齪的，然而天才又是如此堅韌，因此可以在內心征服世界——如此的形象，對於查拉圖斯特拉時期的尼采而言，蘊含著太多的基督教道德訓諭。尼采雖然沒有放棄叔本華的自我超克的理想，但是完全無法認同他的厭離世界。對尼采而言，自我超克是權力意志的一個環節，也就是自制的權力。超人為自己訂下行動的法則，因此是個體性的法則，有別於傳統的道德，它對一般人有約束力，對於超人卻只構成阻礙。

所以，超人也成了一個只遵守自己選擇的規則的大玩家，但是，他不會讓遊戲進行到讓他精疲力竭或興味索然。超人的主宰能力也包括中止遊戲的權力。有權力的人就是決定遊戲何時應該結束的人，而超人便是這種有權力的玩家。他也可能短暫參與我們稱為道德的遊戲，但是他不會有什麼約束。對他來說，「定言令式」並不存在，因為它像是擊中虛弱的主體良心裡的閃電，他只承認適用於生命藝術的遊戲規則。超人的特質也包括充分發揮那一般人眼中的「邪惡」本能和衝動。但是，它們不可以太粗俗，必須經過形塑。經過塑造以後，超人應該學會人類生命力的整個光譜。在《權力意志》的筆記裡，尼采的說法是：「在偉大的人物身上，生命中最特殊的性質，例如不義、謊言和剝削，都最為突出。」（12,202）

因此，超人不應該沾染理想主義的毛病。尼采對於「理想主義式」的誤解的澄清，我們就講到這裡。但是，尼采在《瞧，這個人》裡激烈駁斥的另一個誤解，也就是達爾文主義的誤解，情形又是如何呢？《查拉圖斯特拉如是說》裡關於超人的最初宣告的說法——「你們已經走完從一條蟲到一個人的漫漫長路，然而在你們的身上仍然有許多部分仍舊與蟲無異。」（4,14）——如果沒有達爾文的話，根本難以想像。尼采其實也堅持達爾文的兩個基本原理：其一是狹義演化論的物種起源理論，其二是作為演化驅力的物競天擇。不過，尼采並不是把物競天擇理解為生存競爭，而是把它詮釋為宰制的競爭。對此，在尼采的「權力意志」哲學的脈絡裡將可以得到說明。

既然尼采顯然如此貼近達爾文，他為什麼必須反駁達爾文主義的誤解呢？尼采說：「達爾文忘記了精神（多麼像英國人）！」（6,121; GD）他批評達爾文將動物界的演化邏輯的無意識作用套用到人類身上，那是不對的，因為在人類世界裡，所有的演化歷程都因為意識的介入而中斷且被反省，這意味著：人類更高等的演化不可以沿用無意識的自然發展的模式去思考，而要被理解為自由的行動和創造的產物。所以，對於將臨的超人而言，我們不可以聽任自然的發展，而必須自己動手。但是怎麼做呢？

尼采很清楚生物主義（Biologismus）裡的物種起源理論和遺傳理論，因而有主張生育控制的優生學思想。但是他談得並不多。「你不應該只是繁衍子孫，而是應該孕育更高等的！」（4,90; ZA）我們在前面已經講過。什麼是生物學意義下的「更高等」，雖然尼采語焉不詳，但是至少查拉圖斯特拉清楚表示，我們不能讓「過剩的人」（viel zu Vielen）毫無限制地繁衍。「過剩的人活著，他們賴在樹枝上太久了。但願一陣強風吹來，把這些腐爛的、被蟲咬過的人們從樹上搖下來！」（4,94）我們必須阻止自然的蔓生，不應該繼續任由偶然和數量的力量主宰我們：「現在我們還一步一步地抵抗著偶然這個巨人，支配著整個人類的仍然是廢話和無意義。」（4,100; ZA）為了防止世世代代以來的「瘋狂」在現在和未來的人類當中發作，讓整個歷史終結於嚴重的「墮落」（4,98），我們必須定立規準。怎樣的規準？

在查拉圖斯特拉高唱他的詠嘆調的激情舞台上，尼采不需要有清晰的口齒：「我的兄弟們，當你們的精神想要講述譬喻時，你們要全神貫注：那是你們的德行的源頭。」（4,99）因為有了譬喻，查拉圖斯特拉便以暗示的方式說：「善與惡的所有名字都不過是譬喻：它們沒有道破，只有隱約的表示。」（4,98）一個人如果僅僅提供讓別人解讀的暗示，就很容易可以擺脫責任。他只需說他被誤解了。而查拉圖斯特拉談話的場景是，這位先知不必擔心會有任何反駁、追問或需要澄清的壓力。他對著一個沒有回音的空間說話，在那裡，沒有人會用某一個意義去詮釋他，查拉圖斯特拉令人捉摸不定。關於「過剩的人」，查拉圖斯特拉說：「但願有勸人早點死的傳道者出現。」（4,94）我們可以理解為他鼓吹在弱者或病人繁殖之前就先把他們消滅掉。但是查拉圖斯特拉並沒有這樣說。然而，當尼采對於庸俗的人群所造成的窒息忿忿不平時，偶爾會有這樣的想法。一八八四年年初，尼采在筆記本裡寫說，將來的關鍵在於「獲得駭人的強者能量，一方面經由優生學，另一方面藉由消滅數以百萬計的缺陷者，來塑造有未來性的人類，而不是因為人們咎由自取的、前所未見的痛苦而滅亡」（11,98）！

在最後幾部作品裡，尼采將會揭下所有的掩飾，放棄譬喻，在舞台上公開其結論，讓人對超人思想產生不祥的預感。「如果那些烏合之眾的人類為了一個特殊而更強壯的人種的成長而被犧牲——我們可以稱為進步」（5,315），他在《道德系譜學》裡如是說。在《瞧，這個人》裡，我們則看到那些惡名昭彰的句子，探討著「生命的未來黨派」的使命。我們正走向一個「悲劇的世代」，他寫道。為什麼是「悲劇」？對生命的肯定必須以凶殘的否定去武裝自己，以對抗一切讓生命變得卑劣、把生命變成家畜的行為。「我們可以把眼光放在一百年後，讓我們假設，我剷除了兩千年來對自然的悖離以及對人性的玷辱。生命的新黨派一肩挑起培育更高等的人種的至高使命，其中包括以最無情的鐵腕毀滅所有的劣種與寄生蟲，那麼，生命的盈溢（Zuviel von Leben）在地球上就會再度變成可能，戴奧尼索斯的狀態也才能復甦。」（6,313; EH）

為了獲致「生命的盈溢」，我們就必須阻止「過剩的人」繼續繁衍，甚至完全消滅他們——對於尼采而言，這種真正的屠殺思想來自於「戴奧尼索斯狀態」。為什麼尼采會將戴奧尼索斯與種族屠殺的前景放在同一個脈絡裡？尼采回答說：如果一個人對戴奧尼索斯和悲劇的世界感受有夠深刻的體驗，就會明白，早在希臘悲劇裡，真正的要旨就是在於「永恆的生滅變化本身的喜樂，而那喜樂也蘊含著毀滅的喜樂」（6,312; EH）。

毀滅性的幻想

尼采藉著查拉圖斯特拉為這個「毀滅的喜樂」賦與了聲音與形象，但是他自己也因此覺得很不自在。在一八八三年八月底寫完《查拉圖斯特拉如是說》卷二以後，尼采寫信給彼得・加斯特說：「對於整個查拉圖斯特拉的形象，不管走到哪裡，我在內心始終懷著最可怕的敵意。」（B 6,443）在卷四完成以後，他寫信告訴好友歐佛貝克說：「現在我的生命只有一個願望，那就是一切事物都和我所理解的不一樣；而且有人可以打破我的『真理』。」（B 7,63; 2.7.1885）

和超人的形象聯想在一起的毀滅性幻想有兩個根源：其一是思想的演繹，其二是實存的問題處境。

就思想的演繹而言，我們看到在《悲劇的誕生》裡的一個命題的窮究：文化的價值在於偉大的作品與偉大的人物。如果人類不是「為了自己」而存在，他們的目的「僅僅在於其登峰造極，在於偉大的『個體』、聖者與藝術家」（7,354），那麼把人類當做創造一個天才、一部傑出的作品或者超人所需的材料，也就不足為怪。而如果群眾構成障礙的話，那麼場地就應該被清理出來——不得已的時候，甚至要淘汰掉「劣種」。但是，即使是在毀滅性的幻想裡，尼采還是個心腸很軟的人，因此，他偏好的一個可能性是，「劣種」的人會有「自知之明」，因而自願「犧牲」自己（11,98）。

至於實存的處境，環境不斷地貶損和侮辱他，也影響到他的毀滅性幻想。尼采想要透過思考去創造「第二天性」，它應該比自然的本性更偉大、更自由、更自主。關於他的第一天性，他曾說：「我是一株植物，生長在上帝的田地附近。」他的思考對他來說就是一個嘗試，也就是事後讓自己獲得一個過去，「一個人們希望擁有的過去，而不是一路實際走來的過去」（1,270; HL）。致力於「第二天性」的尼采顯然得花更大的力氣，以防止「第一天性」復辟。託庇於自我追尋和自我虛構的他，覺得自己處處都可能被傷害，他待人始終客氣，但是任何的夥伴關係都可能刺痛他。如果有人覺得和他沆瀣一氣，他就覺得被侮辱。任何把他往下拉的事物，他內心的痛恨與日俱增：瑙姆堡的環境、他的家庭、他的妹妹、他的母親，甚至他的朋友，當然包括華格納。他們都不了解他，卻都認為有權力要求他報以友誼和理解。沒有人看到他的高度。在查拉圖斯特拉時期裡，他對於矮化的刺傷特別敏感。「我覺得，」他在一八八三年八月寫信告訴歐佛貝克說：「我好像注定必須沉默不語或者對每個人虛與委蛇。」（B 6,424）

他很清楚那個讓「更高等的人」和其他人隔絕的「距離感」（B 6,418），但是內在與外表並不協調。他是誰，或他以為自己是誰，與在舞台上亮相的他有一段差距。他堅信，「像查拉圖斯特拉這樣的人，在今天沒有任何一個活人可以做得到」（B 6,386）。必要的話，別人的忽略他還可以忍受。別人可以不知道他的存在，但是不可以把他往下拉，這是他完全無法接受的。一次又一次，在他自認為寫得相當成功的作品完成以後，他的肌膚就會感受到四面八方都有一股把他拉下來的力量。在《查拉圖斯特拉如是說》卷一完成不久以後，他就寫信告訴加斯特說：「過去的一年……我看到太多的徵兆，顯示人們（包括我的『朋友』和親

屬）根本上藐視我的生命和我的作為。」（B 6,360; 17.4.1883）

在他的認識裡，這些侮辱、刺傷和藐視，都是來自於令人窒息的庸人世界。對於「怨恨」（Ressentiment）強烈批判的尼采，有時也因為一般人對他的怨恨而心懷報復，例如在《查拉圖斯特拉如是說》裡，他對「過剩的人」大發雷霆，要為他的超人騰出空間。尼采覺得自己被那一批「最後的人」包圍，他們沉浸在一朝一夕的小滿足裡，「眨著眼睛」發明了工作的快樂，高瞻遠矚者對他們來說卻太無聊：「什麼是愛？什麼是創造？什麼是憧憬？什麼是星星？——最後的人這樣問，然後眨著眼睛。」（4,19; ZA）他們只會妨礙那搏扶搖而直上者。而尼采的回覆便是毀滅性的幻想：將來，他們有朝一日都會認識超人，他們都不會有好下場……

尼采的「超人」是個曖昧的形象，而且裡面也蘊含了一個存在層次的戲劇性。「超人」代表更高的物種，他可以是優生學計畫的結果；然而，他也是一個典範——如果人們希望超越自我，培育自己的「德行」，擁有創造力，懂得彈奏人類的思考力和想像力的所有琴鍵。超人是人類潛力的可能性極限的完整呈現，因此，尼采的超人也是對於「上帝之死」的一個回答。

我們回想到《歡悅的智慧》裡著名的一幕，在那裡，尼采描述一個瘋人在明亮的上午提著燈籠四處走動，叫喊著：「我在尋找上帝！我在尋找上帝！」（3,480; FW）然後又說：

「是我們殺了祂！……這個滔天大罪對我們來說不是太大了嗎，為了配得上這樣的罪行，我們自己不是得成為諸神嗎？」（3,481）上帝的凶手自己必須成為神，也就是必須成為超人，否則的話，他就跌落在凡庸裡——尼采所構想的那一幕便是用來展開這個思想的。問題在於，人類的稟賦既然如此神通廣大，而足以構想出整個大界，那麼，它是否能夠保留下來，或者在諸神的批評之後，它也跟著被掏空了。上帝已死，因為人類發現到是他自己發明了祂，那麼現在的關鍵在於，創造諸神的稟賦能力怎樣被保留下來。超人代表對於「此岸」的神化，那是對於「上帝之死」的回答。超人不需要宗教：他沒有失去它，而是把它收回到自身當中。相反的，一般人的虛無主義，「最後的人」，就只是失去了它，讓庸俗化的生命墮回到貧瘠的泥塗裡。但是，尼采想要藉由他的超人為此岸尋回神性的力量——以對抗其庸俗化的虛無主義傾向。

在《歡悅的智慧》裡，尼采用豐富的意象去體現該思想，卻沒有《查拉圖斯特拉如是說》裡那種說教的口吻：「那裡有一片湖，有一天，它拒絕再讓水外流，而且在洩水處堵上一座水壩：從此，湖水便不斷漲高。或許，那種厭離本身也可以給我們力量，讓我們可以承受如此的厭離；或許如果人類不再往上流向上帝，從那一刻起，他自己就會不斷漲高。」（3,528; FW）「超人」是個普羅米修斯型的人，他發現自己有創造諸神的天賦。在他以外的神已經死了；但是我們知道神只能透過人類得到生命，只能活在人類身上，那麼祂又是活生生的，祂成為人類的創造性力量的代名詞。而這個創造性力量又讓人類得以參與存有的駭異。《查拉圖斯特拉如是說》卷一如是作結：「一切諸神已死：現在，我們要超人活下來。」（4,102）在《查拉圖斯特拉》卷二〈在幸福之島〉裡，尼采說：「從前，人們遙望海面時會說：上帝啊。但是現在我要教你們說：超人。上帝是一個臆測，但是，我希望現在你們的臆測不要凌駕你們的創造性意志——你們可以創造一個神嗎？——那麼，讓我們閉嘴，不再談論任何神！但是，你們卻可以創造超人。」（4,109）當人類發現且肯定自己有創造諸神的力量時，他就學會敬畏自己，不再鄙視自己的作品。因此，查拉圖斯特拉才會呼喊說：「人類未來的山現在才開始有了分娩的陣痛。」（4,357）在上帝死後，這個超人是一個不需要取徑於上帝才能夠相信自己的人。

但是，我們還沒有突破到尼采的超人的關鍵性層面。要能觸及它，我們必須先記得，讓尼采願意宣告他的查拉圖斯特拉的，其實是「永恆回歸」的理論。但是，到了卷三的〈論幻覺與謎〉裡，尼采才半推半就地談到這個理論。在那裡，我們終於也可以明白，對於尼采而言，查拉圖斯特拉原來的意思是什麼：那是一個夠成熟的人，可以完全領略那個理論的駭異，而且可以承受它。超人就是一個不會在那個理論前面倒下的人，一個（我們用尼采自己的話來說）可以「消化」它的人。尼采用另人怵目驚心的一幕來作說明：一個牧童臉部扭曲，在地上翻來覆去，他的嘴上掛著一條黑蛇，而查拉圖斯特拉則要求他，克服自己的嫌惡與恐懼，將正要潛入他嘴裡的蛇的頭咬下。牧童照做了，從此也開始走上超人的道路：「不再是牧童，不再是人——一個蛻變者，一個大笑著綻放光明的人。」（4,202; ZA）

蛇意味著循環性的時間，咬下牠的頭表示戰勝恐懼。超人強大到足以認識到：我們無法逃離時間，也不存在著沒有時間的彼岸。一個人無法走出存有的球體，沒有任何「非存有」可以把我們從裡面解救出來；因為我們（根據回歸理論的說法）將一再醒來，一再意識清醒。在我們缺席「當中」流失的那段時間也根本不存在——因為這個時間也只能在意識裡存在。

「悲劇性的姿態和話語真是讓我厭倦」

但是尼采在《查拉圖斯特拉如是說》裡始終無法擺脫一個問題，那就是回歸理論如果直接闡釋為一個思想，就會顯得特別平庸而瑣碎。在一八八二年與莎樂美共度的陶騰堡夏天，他說：「人們要宣說的真理越抽象，就越是得先把感官引誘到真理前面。」（10,23）藉由大門通道、侏儒、牧童與蛇等等浪漫主義式的恐怖劇情，尼采的確想盡辦法為感官彩繪這個理論。而且他也約略談到該理論可能會被認為很瑣碎或被誤解。對於查拉圖斯特拉的傳道，侏儒十分「鄙夷」，彷彿聽到什麼老生常談似的。他說：「所有的直線都是謊言……一切真理都是彎曲的，時間本身是個圓圈。」而查拉圖斯特拉很無奈地回答說：「你這個鈍重的精神！……不要看得太簡單！」（4,200）查拉圖斯特拉覺得不知所措且失望，因為顯然沒有讓別人感受到他的學說有多麼駭異。現在，他始終低語，「因為我開始害怕我自己的思想和背後的念頭」（4,200f.）。誠如莎樂美所說，那便是尼采在對她談到「永恆回歸」時的那種神祕低語。而莎樂美和尼采曾經親口講述該理論的人們都有同樣的遭遇：她被他的語調和手勢深深打動，卻對得到的訊息感到失望。在陶騰堡的夏天裡，尼采也感覺到了。因此，我們在關於「永恆回歸」理論的筆記裡找到如是加粗線強調的句子：「啊，悲劇性的姿態和話語真是讓我厭倦！」（10,33）但是那並沒有持續多久。因為在一八八三年一月到一八八五年一月之間完成的四卷《查拉圖斯特拉如是說》充滿著他在一八八二年感到如此厭倦的「悲劇性的姿態和話語」。

尼采在寫完卷三以後，在一八八四年二月一日寫信給彼得．加斯特說：「我的《查拉圖斯特拉如是說》已經在十四天前完成了，全部完成了。」（B 6,473）也就是說，他認為這部作品的寫作工作已經結束，「永恆回歸」已經宣示過了，那包含著「因為我愛你，噢永恆」這個重唱曲的〈七封印〉（Sieben Siegeln）也已經唱過了，照理說，他已經可以著手其他工作。但是在一八八四年至一八八五年間的冬天，尼采決定發表《查拉圖斯特拉如是說》卷四。在這裡，他似乎是以歌德的《浮士德》（*Faust*）卷二為範型。就像浮士德在經過催眠術而於第二生命裡甦醒，現在我們在卷四的開頭見到的查拉圖斯特拉，則是一個幾乎可以說很歡愉的老人。

尼采在撰寫卷四時對朋友們所說的話，讓人覺得他顯然想要淡化悲劇性而高貴的激情。他談到「戴奧尼索斯的舞蹈、愚人之書、魔鬼行徑」（B 6,487; 22.3.1884），他後來說，他是以「蠢蛋的心情」寫下最後的部分。事實上那是一種化裝遊行，裡面有各式各樣的精神型態，像「卜師、有責任感的精神、魔術師、自願的乞討者」。在面具後面，我們可以猜想到特定的參考型，像是布克哈特、華格納、歐佛貝克、俾斯麥（Bismarck）等等。他們來到查拉圖斯特拉居住的洞穴裡。由於他們都皈依永恆回歸說，都已經踏上超人的正途。但是，他們仍然太過畏縮而膽怯，因而沒有辦法做到。不過，至少他們還有資格掛上「高等的人」的頭銜。可以看得出來，尼采努力要以淺薄、輕鬆、有時類如喜歌劇的語調去宣說。但是結果不盡理想。前三卷高亢的語調最後還是冒出來了。

但是在第四卷裡，有幾個地方出現了清醒的自我批判，而且接近痛苦的極限。尼采認為激情裡藏著生命的謊言。「我可以猜中你：你讓每個人著魔，但是面對你自己時，你已經不再有任何謊言與詭計可用——在你自己面前，你已經揭去神祕的面紗！」（4,318）

第十三章
DREIZEHNTES KAPITEL

再談查拉圖斯特拉

如此沉重的輕

愛的意志與權力意志

預備階段與開展

暴力與世界遊戲

顯然的問題：自我超升與互相扶持

一條通往沒有寫下的主要作品的岔路：
《善惡的彼岸》與《道德系譜學》

再談查拉圖斯特拉

查拉圖斯特拉在傳教，但是不僅僅是對著別人，他也得說服自己。對此，尼采在其筆記裡很直截了當地說：一個教師只能在傳授時「消化」自己的理論。但是，在他與侏儒的談話當中，我們得到的印象卻是，尼采沒有辦法讓別人感受他的「永恆回歸」學說有多麼駭異。這些思想依舊抽象，因此，侏儒才會以「鄙夷」的評論回應他。

尼采是否因為注意到他還沒有談到關鍵性的問題，所以才在一八八五年又寫了卷四，儘管在寫完卷三時，他就認為《查拉圖斯特拉如是說》已經竣工？但是，在寫完卷四以後，在尼采心中，他的《查拉圖斯特拉如是說》還是沒有完結。現在，他暫時放下這個人物，但是沒有放下用查拉圖斯特拉作為「喉舌」的那些學說。這些學說還留下了不少工作，尤其是學說裡的三個命題，永恆回歸、權力意志與超人之間的聯結還必須加強。尼采意識到，最決定性的論述還沒有找到、還不夠充分。

如此沉重的輕

在一八八一年夏天，在蘇雷岩的靈感的時期裡，尼采為「永恆回歸」理論的闡述訂下了如下的綱要：「『一切發生過的事物皆將再臨』的學說必須在最後才提出，首先必須栽植一個傾向：創造出在這個學說的陽光下將會百倍茁壯成長的某種東西！」（9,505）在原計畫裡，《查拉圖斯特拉如是說》的先後順序因此是：首先應該讓生活藝術的輪廓浮現，透顯人的存有的價值和珍貴。查拉圖斯特拉想要跟太陽一樣，帶來光與喜悅。他以充滿善意的姿態登上舞台，但是，這個關於生命喜悅的理論聽起來簡易而輕快，要實現卻十分困難，如果不是完全不可能的話：重建赤子之心；或者，換一個哲學性的說法：中介過的直接性（vermittelte Unmittelbarkeit）。查拉圖斯特拉在〈論精神的三變〉（4,29）裡找到鮮明的比喻：一個人首先是駱駝，背負著許多「你應該……」。駱駝變成獅子，跟整個「你應該……」的世界對抗。牠對抗，因為牠發現自己的「我要……」。但是，只要牠還對抗著，牠就與「你應該……」有著否定性的牽扯，牠的存有的可能性都耗在叛逆的衝動裡。在這個「我要……」裡還有太多抗拒和僵持，還沒有創造性的意志那種真正的灑脫，牠還不是完全的悠然自得（bei sich selbst），還沒有到牠的生命王國。要到達如此境地，得等到獅子變成一個小孩，在更高的層次上重獲生命最初的純真：「小孩是天真，是遺忘，一個新的開始，一個遊戲，一個自己滾動的輪子，一個最初的運動，一個神聖的肯定。」（4,31）

愛的意志與權力意志

接下來，他經常談到「創造的遊戲」與「神聖的肯定」。查拉圖斯特拉努力指出重建的健康和純真的生命哲學的具體面向：我們應該傾聽身體當中的「巨大理性」，正確地攝食，把跟別人的來往減少到容易消化的程度，有限度地透露自己的感覺、經驗和思想，才不會被誤解，甚至讓自己的東西被眾人的饒舌扭曲變樣，回到手上時已經面目全非，那只會讓人們偏離自己。因此，人們不應該被意見市場左右，但是也不可以「把頭埋在天堂事物的沙堆裡」（4,37）——那也意味著疏離了生命的中心點。但是，我們可以在愛裡面找到這個中心點，查拉圖斯特拉如是說。他講了一句弔詭的話：「我們愛生命，不是因為我們習慣了生命，而是因為我們習慣了愛。」（4,49）並不是生命構成愛的理由，而是反過來，愛是創造性的，因此是維持生命的力量。人們一旦習慣了愛，就會概括承受生命的其餘部分。有了對於愛的意志，才可能發現生命中值得去愛的面向，否則，人們通常只會看到厭惡的、醜陋的、充滿痛苦的一面。人們應該利用對於愛的意志去變幻周遭的世界和他自己。因此，人們應該要愛上這個愛。

如此的反轉和自我指涉一直都是尼采或即查拉圖斯特拉的特徵，現在只是從意向的對象回到意向的行動本身。於是，「對於……的意志」成了焦點。就認識而言也是如此。被認識的對象並不證成認識的快樂，只有對於認識的意志才可能是快樂，它甚至馱負且承受著難以忍受的認識對象。尼采在《晨曦》裡說，人們總是會忘記，「即使實在界是醜陋的，對於它的認識也是美的」（3,320）。為什麼？因為認識本身就是一種美。因此，「認識者的喜悅」

可能可以衍生出「世界的美」。然而，我們不可以忘記，這個美是從哪裡來的。它的泉源是認識的快樂，不是被認識的對象的特性。但是，由於在認識的歡悅和快樂裡很容易產生如此的混淆，因此，要保持「誠實」而不錯亂地成為「物的歌頌者」（3,321），是非常困難的事。認識是如此，愛也是如此。只有在人們緊握著愛的活力，生命才會找到值得去愛的內容。對於愛的意志如何得到滋養呢？它只能從自己身上，而不能從世界找到糧食。對於愛的意志不外是一種特定的權力意志，因為，有什麼力量大過讓某物變得值得去愛的魔法呢？

「權力意志」是查拉圖斯特拉除了「超人」和「永恆回歸」以外的第三個重要學說。它第一次形諸文字是在查拉圖斯特拉關於「戰勝自我」的談話裡，三首歌為在那裡發展出來的思想預作了準備，〈夜之歌〉、〈舞之歌〉和〈墳塚之歌〉，它們的主題是愛與生命，也呈顯前述愛的自我指涉性的危險面向。「但是我活在我自己的光輝裡，我把從我嘴裡噴出的火燄給吞回去」（4,136），他在〈夜之歌〉裡如是說。在〈舞之歌〉裡，查拉圖斯特拉遇到一群跳舞的少女。他想要一起跳。雖然滯重的精神羈絆著他，但是在他的身上也有一個躍躍欲試的「小神仙」，一隻人馬獸，一個牧神，祂想要律動，祂向他要「蝴蝶」。所以，查拉圖斯特拉想要跳舞，但是在他的自我指涉當中，他僅僅思索著舞蹈，沒有真正地跳起舞來；他跟一個跳舞的少女說話，因此也妨礙了她的舞，但同時又把她美化為生命的象徵。她嘲諷他說：「雖然我對於你們這些男人而言意味著『深刻』、『誠實』、『永恆』或『神

祕』！——但你們這些男人始終都是用自己的德行致贈給我們——啊，你們這些有德者！」（4,140）

「生命」讓查拉圖斯特拉意識到，讓生命顯得深刻和神祕的，不過是種種投射而已。唯有不置身在生命裡的人，自己不跳舞的人，才會在裡面發現深度。只有遠處的東西才會有神祕感。如果想跳舞，就不該思索。生命是要去活的，而不僅是去思索的。但是，查拉圖斯特拉還是和跳舞的少女們保持距離，獨自擁抱自己的「智慧」。對他來說，它是生命的代言人——查拉圖斯特拉說：「它讓我清楚憶及生命。」（4,140）——但是不是生命本身。更糟的是：他的「智慧」本來應引誘他去擁抱生命，卻替他趕跑了跳舞的少女們。因為，她們只想要跳舞，不想被證明。因此，和他的智慧獨自留在原地的查拉圖斯特拉，又陷入了自己的沒有「緣由」當中。舞者離去以後立刻回來騷擾他的那些問題，只有在跳舞的時候才會被一掃而空：「什麼！你還活著，查拉圖斯特拉？——為什麼？有什麼用？靠什麼？哪裡去？何處？怎樣？繼續活著不是一件蠢事嗎？」（4,141）智慧意欲闡釋生命，卻也和生命保持距離。如果它把快樂都趕跑了，那麼它還是戴奧尼索斯的智慧嗎？在跳舞的少女面前，查拉圖斯特拉無法成為戴奧尼索斯，不管他有多麼願意。他的成果十分有限：「他只能透過薄紗去看，只能隔著網子攫取。」（4,141）

在〈舞之歌〉之後是〈墳塚之歌〉。查拉圖斯特拉來到年輕時代未能實現的夢想和希望的墳墓前，他跟它們說話，彷彿它們是鬼魂，彷彿被它們背叛，因此提出嚴厲的控訴。它們伴奏了舞曲，然後把音樂敗壞掉了。為什麼非這麼說不可？他的過去難道那麼沉重？沒有活過的生命對他構成那麼大的障礙，把他跟一個不願意消失的過去鐐銬在一起？查拉圖斯特拉說，阻礙他的是梟鳥，那是哲學之鳥「密內發（Minerva）的貓頭鷹」的變種。查拉圖斯特拉跟自己的智慧有了齟齬，它敗壞了他跳舞的興致。「只有在舞蹈當中，我才能說出關於至高事物的譬喻——而現在，我至高的譬喻滯留在肢體裡，沒有被說出來！」（4,144）查拉圖斯特拉累了，受傷了。但是不消多久，他的傷口就癒合了。他驕傲地宣稱，他又從他的生命的墳墓中復活了：「我的身上現在有了一種永遠不會受傷的、永遠不會被埋葬的東西，一個可以開碑裂石的東西：那就是我的意志。」（4,145）

思想的道路，從愛的力量，經過生命之舞以及認識對它的限制，經過受傷以及致命的僵化，走向權力意志的哲學，而它也終於在〈墳塚之歌〉之後的〈論自我超克〉裡成了主題：「有生命的地方，就有權力意志」（4,147），他在那裡說。他的語調改變了。〈夜之歌〉、〈舞之歌〉與〈墳塚之歌〉的抒情風格，被粗硬的組句或哲學學說的片段給取代：在以前思索生命和認識的衝動原理的作品裡，曾經隱約提過它們，但是尼采直到查拉圖斯特拉時期才開始作系統性的闡述。

在《查拉圖斯特拉如是說》裡勾勒的「權力意志」學說由以下的原則構成。在它的最核心是自我超克的原則；權力意志首先就是自我宰制的意志。從〈夜之歌〉、〈舞之歌〉到〈墳塚之歌〉的順序顯示，從窒息生命的低潮中獲得重生是可能的，而最重要的途徑便是回想自身所擁有的創造力。由於它稍縱即逝，所以必須刻意且果敢地捕捉。顯然如果沒有「對……的意志」，就不可能有任何追求可言。即使創造力也需要創造的意志。如果有所謂孟許浩森效應（Münchhausen-Effekt）的話，那麼就是在這裡：一個有要自己的意志生命，可以靠自己走出陰霾，走出泥淖。什麼是權力意志？查拉圖斯特拉這麼問，然後回答說：「你們還要創造一個世界，讓你們會在它的前面雙膝下跪：這是你們最後的希望、最後的酩酊。」（4,146）

藉由創造一個全然由觀念、圖像和情節形成的想像世界去戰勝自己，查拉圖斯特拉的構想絕不只是所謂的自我保存。它是一種自我超升，而這便是權力意志的第二個側面。如果我們只能在生命中發現自我保存的衝動，就太小看生命了。在人的身上，自我是個擴張性的力量，人的特質是攀升和蓄積。單純的保存只會導致毀滅，只有向上攀升的人，才能保存自己。不過，尼采對於自我保存的批評似乎有點太簡單了。查拉圖斯特拉宣稱，主張自我保存的理論家如達爾文等人所謂的存在意志，事實上根本不存在，「因為：不存在者，不會有意志；但是已經存在者，它怎麼還會有追求存在的意志」（4,149）！

我們可以反駁說：如果生命經由意識的媒介去反思自己，一個積極的自我肯定既是可能的，也是必要的。一個人當然可以歡迎或排斥自己存在的事實。一個人可以藉著自己的行為讓自己的存在消滅，也可以被自己的存在意志感動而堅持自己的存在。尼采可能會承認這一點，但是回應說，積極的自我肯定不僅是存在的意志而已。如果人們不向自我毀滅的力量屈服，而跟它對抗，以「肯定」去回應「否定」，那便是權力意志與正面迎擊的精神在他的身上發生的效應。他這時不僅僅是要保全自己的存在，而是要戰勝消極否定的力量。在札記裡，尼采也以物理和力學的例子來說明這個思想。在一物遇到另一物的阻力時，必然有定量的作用力。力量小的時候，它會讓步，力量大的時候，它會勝過他物。如果有個對象維持其形狀和界限，那是力量均衡的結果。

查拉圖斯特拉時期的尼采不再將「權力意志」等同於自我超克和自我昇華的心理學論式，而是擴大解釋為一切生命歷程的總樞紐。前揭《查拉圖斯特拉如是說》的「有生命的地方，就有權力意志」，對此已有初步的表示：權力意志不僅蘊含在有機與無機的世界裡，也蘊含在認識本身當中。認識就是權力意志的表現。「你們要將一切存有物變成可思考的對象；因為你們有很好的理由可以懷疑，它們是否可以被思考。」（4,146）所以，在權力的認識裡也有一個詮釋學的循環：認識裡的權力意志在被認識的世界裡發現了權力意志。

以「權力意志」的觀點對世界做存有學的通盤詮釋，並不完全是什麼新嘗試，在尼采早期的作品裡，我們就可以看到端倪。寫完《查拉圖斯特拉如是說》以後，在一八八五年至一八八六年間，為所有已發表作品重寫前言的他，顯然意識到那段過去。他寫這些前言的外在誘因是斯麥茨納出版社瀕臨破產，而尼采也早就想要離開那個「反閃族主義者的巢穴」（B 7,117）——因為拜羅伊特那個圈子在該出版社發表著作，所以尼采給它這個別名——尼采的舊出版商於是又成了他的新合夥人：出版過《悲劇的誕生》和兩篇《不合時宜的觀察》的佛利曲（E. W. Fritzsch）。

克服了經濟困境的佛利曲，現在想要將「整個」尼采納入他的出版計畫。在轉移出版社的談判當中，尼采才知悉，原來他的作品的初版在斯麥茨納出版社裡堆積了三分之二的滯銷庫存。他意識到，他現在在德國雖然有了一定的名氣——有些人還把他看作華格納派的人，有些人認為他的思想危險且敗德——但其實那只是謠傳，並沒有認真的讀者。他全部的作品的銷售總數不過在五百本左右，而尼采發現，斯麥茨納在過去十年裡幾乎不再出貨給書店。他的書只在有人堅持要訂書時才會賣出。至於《人性的，太人性的》則除了寄給書評人的樣品書和贈書以外，根本就不曾發行。他已經寫了十五年的書，現在必須對自己承認，他的作品並沒有市場和讀者。他以前的老東家，也就是現在的新出版社，應該創造一個較好的開始。因此，反映其發展的前言正是要為他所出版過的書開發更大的讀者群。尼采表示，從《悲劇的誕生》到擴增了卷五的《歡悅的智慧》的五篇新前言，「或許是我到目前為止寫過最好的散文」（B 7,282; 14.11.1886）。此外，它們也是一種「發展史」的回顧（B 8,151;

14.9.1887），讓他為「自己到目前為止的存在畫下句點」（B 8,213; 20.12.1887）。

預備階段與開展

在重寫前言且畫下句點的那一年裡，尼采決心要撰寫一部重要的作品，題目是「權力意志：重新解釋發生過的一切的嘗試」（Der Wille zur Macht/Versuch/einer neuen Auslegung/alles Geschehens）。從一八八五年八月起（前揭的標題即出自該時期）直到一八八八年，在杜林的夏天，尼采不斷構思內容配置、目錄、標題，他的草稿紙上寫滿了主題的札記。一八八七年三月十七日草擬的綱要，後來被其妹和彼得．加斯特當作從卷帙浩繁的遺稿裡彙編出《權力意志》的依據。從一八八五年至一八八六年起，尼采就展現了完成主要作品《權力意志》的意志。他把該書的寫作視為外在生活的焦點，在一八八六年九月初，他寫信告訴遠在巴拉圭的妹妹和妹夫：「接下來的四年已經預訂給共計四卷的代表作；標題就已經足以讓人膽寒：「權力意志：一切價值的翻轉」（Der Wille zur Macht. Versuch einer Umwerthung aller Werthe）。為了寫這本書，我需要一切的一切，健康、寂靜、好心情，也許還有一個女人。」（B 7,241; 2.9.1886）

尼采在過去幾年裡的作品都是警語集和題材廣泛的短論，現在他有了「緊迫感，必須在未來幾年裡構築一個融貫的思想體系」（B 8,49; 24.3.1887）。在低潮的時候，在他特別寂寞時，寫出代表作的念頭就成了他的精神支柱。在一八八七年十一月十二日寫給歐佛貝克的信裡，尼采說他有「一個使命，它不讓我為自己多作考慮……這個使命讓我生病，也會讓我恢復健康，不只是健康，而且再度變得友善等等」（B 8,196）。

尼采到一八八八年夏天都沒有放棄寫作該巨著的計畫。原先擬作副書名的「一切價值的翻轉」，在一八八八年最後的計畫裡被改為主書名，但是計畫裡的基本思想仍然維持不變：權力意志，作為生命的根本原理，現在應該被看作一切道德觀念的改弦更張或即一切價值的翻轉的基礎。在精神崩潰前一年的構思當中，如此的結論，也就是價值的翻轉，就益形重要。彷彿他預感自己即將崩潰，他幾乎是手忙腳亂地趕時間，倉促略過了他擬想好也完成的較為吃力的存有論、自然科學和宇宙論的詮釋。以權力意志作為主軸的的世界新詮釋，其結果應該是價值的翻轉。但是，有如此的結論，尼采就已經感到滿足，而不再費心作系統性的證立：時間緊迫，因此，他在一八八八年秋天將《反基督》（*Antichrist*）付印，首先是作為《一切價值的翻轉》的第一卷，然後又成了它的全部。

也就是說，「權力意志」這個主題宣告消失，然後第二個主題「一切價值的翻轉」也不見了，最後只剩下「反基督」。「我的『一切價值的翻轉』以『反基督』為書名，現在已經完成」，尼采在一八八八年十一月二十六日寫信告訴保羅．朵伊森說（B 8,492）。然而，原來的《權力意志》的構想並沒有在《反基督》裡完全被落實，事實上，《權力意志》的準備工作都已經陸續併入其他的作品裡。儘管尼采並沒有用完他所準備的材料，但是他認為在《善惡的彼岸》（*Jenseits von Gut und Böse*）、在一八八六年所寫的《歡悅的智慧》卷五、在重寫的前言、在《道德系譜學》、在《偶像的黃昏》，最後在《反基督》裡，最重要的思想都已經被提及了。基此我們可以說，尼采在崩潰前已經注意到，《權力意志》的寫作計畫基本上已經可以擱下了。最重要的都已經說完了。

暴力與世界遊戲

尼采一八八三年在《查拉圖斯特拉如是說》裡說到「有生命的地方，就有權力意志」，他以此概括了讓他逐步找出權力意志的線索的往事。如果我們在尼采的作品裡追溯這段往事，我們首先發掘到的觀點將會是藝術與藝術家的力量。尼采在分析戴奧尼索斯和阿波羅的力量在希臘文化裡的角色時，他所談論的無非就是這種藝術性的生命力量。藝術的力量是什麼？它創造了一個由形象、想像、樂音、觀念構成的魔圈，吸引且改變落入圈子裡的每個人。藝術的力量是一種生命的力量，因為它讓人感觸到黑暗的和悲劇性的生命境緣，但是同時在裡面創造了一塊讓人可以活下去的隙地。由於人類的生命在意識中一分為二，也因而有了與自己為敵的潛能，所以藝術的力量永遠有反作用力：它保護生命免於自我毀滅的可能危險。

藝術的力量也包括了打開各種表現的空間的可能性。它將各種力量殘忍的戰鬥昇華為競賽和遊戲。在《悲劇的誕生》裡，尼采就提示到生命的鬥爭性結構的思想，並且在關於「荷馬的競技」的作品裡做了闡釋。他想要解讀古希臘文化的基本模型，也隱約感覺到以此捕捉到一個存有學的原理。達爾文和他的信徒的研究，讓他認識到「生存競爭」的主張。但是對他來說，這些學說還不夠動態。我們前面已經聽到，他所關切的不是被動的自我保存，而是強勢的自我提升的原則。生命是一個擴張性的事件，對於膽怯畏縮的中產階級而言，或許確保既得利益有其重要性，但是我們不可以將生命的總體看作非利士人的世界。關於生命自我提升的思想，在《查拉圖斯特拉如是說》裡有一段扼要的話：「不過，在有生命之處，就也會有權力意志：但是不是生存的意志，而是……權力的意志。」（4,149）那麼，這個權力事件的「意義」在哪裡呢？尼采把意義的問題歸類為將自然「人性化」的惡習並且駁斥之。不過他也沒有堅持多久，因為他的權力意志理論也要應用到意義的投射。而意義的問題和意義的投射也是權力意志的表現形式。以「意義」為名，一個原先沒有意義可言的實在界就闖進人類的權力範圍裡。「你們要將一切存有物變成可思考的對象……它們應該趨附你們，順應你們！」（4,146）在人類為事件置入意義以後，他就制服了它，為它套上一個符合期望的形式。世界成了精神的「映象」（4,146），他在裡面認識自己，但是也認識到一個全然的他者，一個與他對抗的他者。所以，認識是一個權力事件，創造性的力量於其中扮演一定的角色，而這個事件以成功的、有力的、有生命力的型態和理念為其極致。如此自我主張者，我們就可以稱之為真理。在這樣的事件裡，真理是一個權力，一個在自我實現當中讓自己為真的力量。我們在這裡所考慮的不是狹義的、科學性的知識，而是被認為有效的精神形象的創造。

年輕的尼采就已經注意到自身有效的權力遊戲。在精神的鬥爭中戰勝的形體，不僅僅用勝利來證明它的力量，而且更因為它作為潛能的巔峰而完全證成了生命。此即尼采從前認為的「天才的誕生證成了生命」。他以索福克里斯、華格納和叔本華為例討論該思想：這些精神上的英雄證成了整個文化的生命，因為他們的作品形成一個魔圈，人類的可能性極限於其中有效地展現和昇華。「陶醉的巔峰」是一個文化的意義，而且各種生命力的競賽就是攀登該巔峰的驅力。尼采在《悲劇的誕生》前言初稿裡說，「人類」不是為了自己而存在，「他們的目標在於偉大的『個體』、聖者和藝術家」（7,354）。年輕的尼采在一篇早期的論文裡說：「沒有任何文化趨勢高於天才的預備和創造。」（7,355）這個說法正是權力意志的前奏。在文化的權力鬥爭的田地裡，天才是權力的最高體現。

在這個（人性的、太人性的、超人性的）田地裡，尼采把權力意志的戲劇鮮活地搬上舞台。在那裡，權力鬥爭有明證性。不僅僅對於較狹義的文化而言是如此，對於整個社會的組織而言也是如此。權力的戲碼在人類的社會裡是最理所當然的。冷卻的社會意味著權力的平衡，熱滾滾的社會則是因為平衡的破壞而陷入動盪，開始尋找新的平衡，並且為此而發生鬥爭；尼采在《人性的，太人性的》裡已經詳述這種社會權力的型態學思想。力量的「平衡」，他說：「是正義的基礎。」（2,556）正義不是源自於高於鬥爭者的道德，而是力的平衡關係的結果。如果它產生變化，道德也會跟著變化。在前一刻還顯得正義的統治者，在下一刻可能就成了罪人，反之亦然。在革命當中，也就是在權力的平衡發生驚天動地的變化時，道德的真相就顯露。道德就是階級道德、黨派道德。就此而言，尼采所說的和較年長的馬克思並無二致。

尼采不僅僅很早就注意到權力當中的對抗元素，也看到了其中的想像性元素。權力沒有實體性，它只是關係性的產物。它僅僅存在於關係當中，意即：我們必須跳脫機械性的、純粹物質性的理解方式。權力蘊含著被認為很有權力，一個人的權力是在另一個人的想像力裡被鞏固下來的。一個有權力的人之所以有權力，是因為他「在另一個人眼中有價值、有實質、不可或缺、打不倒等等」（2,90f; MA）。如果權力關係與交互影響的想像力密不可分，那麼想像也是屬於「一個自然物的內在力量如魔術般的流出」的過程（1,349; SE）。

如是我們知道，尼采的權力意志涵攝了一切。他所謂的權力的作用場不僅包括人類和人類的世界，也包含了自然。尼采在 1881 年夏天，在蘇雷岩的靈感時期，曾針對「圖像語言」（9,487）的魅力提出警告。他把清晰而冷卻的思考視為當務之急：「自然的去人性化與接下來的人類的自然化。」（9,525）那麼現在，如果對抗性的人類世界解讀到的權力原理被轉嫁到自然上面，那無疑就是自然的人性化。然而，尼采還是覺得自己有權這麼做，原因之一是，認識本身就是權力意志，因此也是一種宰制；其二是，因為他並沒有把理想性的憧憬投射到自然裡，藉此將它「人性化」。相反的：權力鬥爭的殘忍和不人性，是自然所反映的內在祕密。我們可以看出來：他不是在客觀性的意義下要求「自然的去人性化」，他不是在尋求一個道德真空的、中性的認識領域，反而是要放棄鄉愿：世界應該露出它駭異的一面，駁回人類對於意義、安全感和溫暖的家的要求。

尼采認為，在地平線的外面始終埋伏著蛇髮女妖。而且，由於尼采不想隱蔽存有的駭異和驚悚，他才會那麼激烈反對以一個普遍實體為世界根基的形上學原理。尼采對於實體形上學的思維的懷疑是，它之所以尋找一個唯一，為的是在裡面找到平安，像奧古斯丁（Augustin）在上帝身上找到平安一樣。不過，現在談論權力意志的尼采就像談論根本原理的形上學家一樣。事實上，尼采的確脫離不了多少帶有形上學性格的「原理論」，但是至少他的原理不會成為一個休息所。相反的，它必須成為一顆不安的心，甚至是黑暗的心。如果人們發現權力意志是驅力根基，就會更強烈地被它打動，被它驅使。此外，權力意志不會是一個單數，只能是複數，而這也和形上學對於「唯一」的執著大異其趣。權力意志的哲學所見到的存有原理是一個對抗性的、動態的多數。尼采說：只有「許多意志的點（Willen-

Punktation）不斷在擴大或喪失權力」（13,36f.）。

但是，儘管尼采沒有滿足形上學尋求平安的需要和對於唯一的渴望，他還是無法跳脫形上學的「圖像語言」的人性化暗示。駭異者現在有了臉孔，更重要的是，它悄悄地成了「第一因」（causa prima）。這正是尼采想要避免的結果。對他而言，告別「第一因」是個天大的解放：「存有的樣式不可以回溯到第一因，世界既不是一個唯一者的感官，也不是它的『精神』，這才是個天大的解放。」（6,97; GD）

尼采在一八八〇年代中期開始咬著牙放手一搏，撰寫他的系統性巨著時，陷入可能輸掉這個「天大的解放」的危險。他要一個一體成形的理論，用它來解釋一切，讓一切都可以被理解，讓我們得到揭開世界之謎的鑰匙。他要用一個駭異的理論來擒獲駭異者。權力意志起初是自由的自我塑造和超升的原理，是藝術魔幻的轉化力量，是社會性生活的內在動力，現在終於也成了一個生物主義和自然主義的原理，而尼采也因此落入「第一因」的魔掌。

尼采對抗著道德的、形上學的與歷史學的「理性」——因為他愛生命。但是，在或許更加危及生命的另一個「理性」面前，在生物主義和自然主義面前，他卻完全無法保護自己。很不幸的，尼采思想始終是那個信仰科學的時代的產物，因此，在《人性的，太人性的》裡就已經充滿以自然科學去理解生命的暗示。他在那裡說：「我們所需要的，同時在目前各門科學的高度上可以得到的，僅僅是一個化學理論，可以讓我們藉以解釋道德、宗教、美學觀念與感受，以及我們在一個文化、一個社會大大小小的圈子裡，甚至在獨處時種種的情緒波動：而且，如果這門化學最後的結論是，在這個領域裡面，即使最艷麗的顏色也源自於劣等的，甚至讓人棄如敝屣的材料呢？」（2,24）

如是觀之，對於生命的貶值才到達其時代的高峰。對歷史法則的信仰、形上學實體的假設、宗教性的生命態度及其衍生的道德，它們對生命的貶抑，無論其影響如何，較之自然主義的對生命的除魅（把它分解為化學的、驅力經濟學的、物理的歷程），似乎無關痛癢。而尼采也不曾以「論自然科學對生命的長處與缺點」為題撰寫任何《不合時宜的觀察》。這個對於形上學的「背後世界」（Hinterwelt）的批判者禁不起自然科學的「背後世界」的誘惑，他接受物化人類的觀點：「人類不過是……而已。」一個人現在成了僅僅是腦神經生理學的過程、本能動力學的應力、化學反應的舞台。在這裡，傅柯（Foucault）所謂的「外部的思考」才真正得到勝利，從人類的外部去觀察人類，而內在的自我經驗最多只是副現象。當然，尼采並沒有放棄內在經驗。但是，他現在感受到壓力，有時還和侵略者同流合汙。他試探而戲謔地投靠敵營；他自虐而挑釁地對物理學歌功頌德一番：「我們（必須）成為一切的法則與必然性最佳的學習者、發現者：我們必須成為物理學家，才能在那個意義下成為造物者——而到目前為止，一切價值判斷與理想都是建立在對物理學的無知或與它的衝突之上。也因此：物理學是至高的！更高的是，強制我們走向它的東西——我們的誠實。」（3,563f.;

FW）

所以，一方面尼采毫無保留地把人類置於自然歷程裡，把人類中性化、去人格化，視為「普通的物」。然而，另一方面，尼采又說，我們可以成為「造物者」，實現連他自己都無法改變的法則。但是，如果我們完全受到自然法則的擺佈，那有什麼創造性可言呢？尼采的回答令人意外，而且如果撇開回答的慷慨激昂不談，其實相當貧乏：如果我們能夠承擔且忍受「存有完全受制於自然律」的看法，甚至正面去歡迎它而不被壓垮；如果絕對決定論裡的無意義不再讓我們惶恐，如果我們可以採取決定論而不落入宿命論的陷阱：那便是關鍵，也是尼采必須克服他自己以及對於即興演出的狂熱而努力去思考的點（Punkt）。他昨日所嘲諷的東西，今日卻親嘗它：從一個點去解釋全世界。《善惡的彼岸》在一八八五年至一八八六年間完成，《權力意志》原來的材料也有一部分置入其中。尼采在書裡說：「最後，假設我們全部的生命衝動可以解釋成一個意志的基本形態的擴大和分枝——亦即權力意志，像我的論點一樣——假設我們可以將一切生物機能還原到這個權力意志……那麼我們可以合理地將一切作用力清楚界定為：權力意志。如果我們從世界的內部去看……它就是『權力意志』，除此之外什麼也不是。」（5,55; JGB）

這種化約主義的構想主張「X其實即為Y」，而且「除此之外什麼也不是」，它代表在當時的科學相當普遍的態度，而尼采也曾對此嚴厲批評過。他認為，這種解釋方式是劣等的神話。但是，後來的尼采也襲用生物學達爾文主義和當時的物理學的幾個公理，組裝成一個「權力意志」的形上學哲學，作為一把解釋全世界的萬能鑰匙，因而成了一個奠基於若干基本公理的神話（幸好它沒有完工）：個別的生命是力量、能量。生命從整體上看是一個力場，在其中，能量的分佈是不平均的。在這裡，能量守恆原理是有效的，此外，「空無」的空間並不存在。有一物向前推，就會有另一物向後退，一地能量的增長就是另一地能量的減少。一個力量勝過另一個力量，將它吸收進來，接著自身會瓦解，被另一個力量吞噬：這是一場沒有意義但動態的遊戲——成長、揚升、壓制和鬥爭。

至此一切都非常融貫。但是我們對「融貫」的系統有這樣的認識：我們可以推論出來的東西，只有我們的前提所蘊含的。作為「系統建構者」的尼采也是如此。他在自然裡所發現的殘酷，只是推論自他某個時期的生命感受以及當時的唯物精神。

然而，自然歷程除了你死我活的「鬥爭」以外，也可以視為各種力量的「遊戲」。我們正好透過尼采理解到了，這一切完全視價值定立的觀點（Perspektive）而定。兩者都沒有強制性，但重要的是：無論把生命視為權力宰制下的兵荒馬亂或是一場遊戲，兩者都是越界——越界去鳥瞰整個生命。後期的尼采在這兩種觀點中間拉扯著，它們分別把普遍的世界遊戲和權力視為「第一因」。兩種觀點的差異在於：普遍的遊戲鼓吹自我相對化的幽默諷刺，權力意志作為「第一因的定理」則讓他可以想像性地報復他所受的羞辱和委屈：他沉溺在暴力的幻想，因而有《瞧，這個人》裡關於「生命黨派」的可怕句子：「生命的新黨派一肩挑起培育更高等的人種的至高使命，其中包括以最無情的鐵腕毀滅所有的劣種與寄生蟲。」（6,313; EH）

反之，世界遊戲的觀點則有完全不同的調性。尼采的妹妹和彼得．加斯特在編輯的作品的最後，收錄了尼采在一八八五年夏天的一段美妙而有名的文字；尼采以若干急轉直下的句子來說明那被理解為普遍的世界遊戲的權力意志的可能內容：「而且，你們知道『世界』對我來說是什麼嗎？我應該在我的鏡子裡映現給你們嗎？這個世界：一個力大無窮的巨怪，沒有開始，沒有結束，一個固態的、堅硬的力量，不會變大，也不會變小，不會消耗，只會轉化，它的整體是一個不變的總量，一本沒有支出或損失、但也一樣沒有成長或收入的帳簿，包圍它的除了它的界線以外『一無所有』，它不飄流，沒有浪費，沒有無限的擴延，它是定量的力，被置於特定的空間裡，而且不是一個有某些『虛空』的空間，而是充滿一切的力，是各種力量，力量的波浪的遊戲，即是一也是『多』，同時彼消此長，是一個兀自起浪、兀自漲潮的力量之海，永遠在改變著自己，永遠在回返自己，綿長的回歸之年，起起伏伏的形貌，從最簡單的向最多樣的變遷，從最寂靜的、最凝滯的、最冷的走向最熾熱的、最野性的、最自相矛盾的，然後又從這樣的豐盈返家，復歸簡單，從矛盾的遊戲回到單調的喜悅，並且在軌跡、歲月的重複性當中正面接納自己，作為必須永遠回返的人向自己祝福，作為生生不息的變化，不知道什麼是饜足，什麼是厭煩，什麼是疲倦——這是我的戴奧尼索斯世界，永遠自己創造著自己，永遠自己破壞著自己，這個雙重快感的神祕世界，這是我的善惡的彼岸，沒有目標，如果循環的幸福不算目標的話，沒有意志，如果不斷地向著自己掙扎不是蘊含著善的意志的話——你們要為這個世界找一個名字嗎？要它全部的謎的解答嗎？你們這些至隱祕者、至強者、至無畏者、夜行者，也要一道光線嗎？這個世界就是權力意志——除此之外什麼也不是！而且你們自己也是這個權力意志——除此之外什麼也不是！」（11,610f.）

這些句子與世界的音樂同步，在裡面也可以清楚發現和永恆回歸說的關聯。「在無限的時間裡，力的總量是有限的」，這個基本原則讓我們可以導出「一切可能事態都會重複」的結論。藉由「潮汐」的意象，尼采做了鮮明的譬喻。當然，這是形上學的「圖像語言」。尼采也很清楚這點，他知道，他是嘗試去認識不能認識的東西，去想不能思考的對象。在獲得靈感的一八八一年，尼采記下了這段話：「直到出現一個與絕對遷流對立的、想像性的反面世界，我們才能在這個基礎上得到某種認識。」（9,503f.）「絕對的遷流」是比喻無法認識的對象——相反的，每個思考和認識都是在一個「想像性的反面世界」裡活動；但是，「由於這些對立項是可以思考的」，換句話說，由於我們可以從想像的反面世界去反推，於是生命歷程不能思考的駭異就揭露了自己。然而，就這個駭異者而言，「事物的遷流的最後真理永遠拒絕被消化，我們（對於生命）的感覺器官就是設計來犯錯的」（9,504）。

這個嘗試接近駭異者的圖像語言所描寫的是一個戲劇性的流程，尼采在查拉圖斯特拉時期留下來的另一段遺稿裡甚至還賦與它豐富的情節：「突然間，真理可怕的房門打開了。對於最艱難的認識，我們在無意當中作好了自我保衛，小心因應，遮掩，防護……。現在，我將掀開最後一顆石頭：最可怕的真理就將攤開在我面前。真理將從墳墓裡被召請出來。我們創造它，我們喚醒它：勇氣與權力感的最高表現。……我們創造了最艱難的思想——現在讓我們來創造本質，讓思想變得輕快而幸福！為了能夠創造，我們必須給自己前所未有的自由；此外，我們必須從道德中解放出來，從慶典裡得到紓解。（未來的預感！我們慶祝的是未來，而不是過去！寫作未來的神話！活在希望裡面！）有福的片刻！然後再把布幕放下來，把思想轉向具象的、最近的目標！」（10,602）

顯然的問題：自我超升與互相扶持

這種「來自墳墓的真理」四周圍繞著浪漫主義式的驚恐。它的可怕（像在第十一章裡面所說的一樣）在於，人類本能所要求的一切，統一性、恆定性、意義、目的，在世界歷程裡都付諸闕如。不是每個人都能夠忍受這樣的事實；大部分的人需要眼罩，尼采說，我們必須「寫作未來的神話」，從「慶典」裡得到「紓解」。

但是，赫拉克利圖式的「巨流」的畫面真的有那麼可怕嗎？它所帶來的難道不更應該是崇高的感受嗎？的確如此。也因為如此，圖像語言才會有詩意的燦爛。真正的恐怖和令人戰慄的原因在別的地方。在一八八七年六月十日以「歐洲虛無主義」為題的草稿裡（這是《權力意志》重要的前置作業），尼采描寫了面對自然時真正可怕的地方。它涉及自然裡不可思議的不義和無情。它生產了弱者與強者，得天獨厚者與不受眷顧者。在這裡，我們看不到善意的神旨或生命機會的公平分配。在這個背景下，道德可以被理解為扭轉自然的「不義」，尋找制衡力量。自然命運的力量必須被制服。

在這個意義下，對尼采而言，基督教便是神來一筆的嘗試。它為不受眷顧的人提供了三個好處：相對於在變遷的河流裡的渺小和偶然，它賦與了人類一個「絕對的價值」（12,211）；第二，痛苦與災厄變得可以忍受，因為它們有了一個「意義」；第三，創世的信仰認為，聖靈充滿世界，因此是可以認識的、有價值的。藉此，基督教讓沒有被自然善待的人們不再「輕鄙自己、與生命對立」（12,211）。基督教的價值詮釋緩解了白然的殘酷，讓可能完全絕望的人們獲得活下去的力量，並緊緊抓住生命。簡言之，它讓「不受眷顧的人免於墮入虛無主義」（12,215）。

如果我們認為，人性要求我們不應該任由自然命運擺佈，而要為最多數人的生命建立可能的秩序，那麼，對於為這個世界引進「道德假設」的基督教，我們應該心存感激才對。對於基督教的價值創造的力量，尼采固然表示讚許，卻一點也不感激。為什麼？因為對於弱者的體恤，截長補短的道德，在他的眼中卻是阻礙了更高等的人類的演化與發展。

我們現在已經知道，更高等的人類在他的了解中只能是作為一個文化的頂點的「陶醉巔峰」，只能在圓滿的作品和個人裡找到。權力意志一方面釋放了這種攻頂的能量，但是另一方面也跟弱者站在同一邊，形成道德的「黨派」，因此成了阻礙文化攻頂的力量，而且到最後（這是尼采的診斷）導致全面的齊頭式平等和墮落。從「基督教的道德假設」引申出現代的結論的這些「黨派」，便是民主和社會主義，因此，尼采成了它們的死敵。因為對尼采來說，世界史的意義不在最大多數人的快樂與幸福，而是生命實現的個例。政治和社會性的民主文化，是他所鄙夷的所謂「最後的人」的事業。尼采對福利國家的倫理棄如敝屣，因為他認為它對於偉大的個體的自我塑造構成根本的障礙，而偉大的個人如果消失了，歷史僅存的意義也就跟著遺落了。尼采為了保衛歷史僅存的意義，對民主展開攻擊，並且宣稱至少要延緩「民主的群居動物的一片安詳」的實現（11,587）。

我們可以如是陳述此處的問題：尼采沒有辦法將自我超升與對世人的悲憫結合在一起，或者至少讓兩者彼此相安無事。基督教的批評者在決定性的一點上應該可以向它學習：數百年來，基督教的長處在於以巧妙的方式將對立的雙方結合起來，也就是對鄰人的愛和自我超升。與神的約定如果不僅僅理解為道德問題的話，就代表靈魂的無限擴展。精神性的纖細化

（Verfeinerung）提供了一個自我超升以及社會凝聚力的可能性，因為自我超升或飛躍並不被視為個人的努力，而是神恩，以致於出類拔萃的驕傲也被沖淡了。此外，自我超升也關涉到兩個世界的脈絡：上帝之城與地上之城。人類因此也可大可小，只要懂得如何活在兩個世界裡，要兼顧自我超升與對世人的悲憫，應該毫不困難。尼采在《人性的，太人性的》時期裡也思考過某種文化的「雙閣」體制：一方面是天才的熾熱，另一方面是常識性的冷卻和根據集體利害關係所做的調整。但是到了最後，尼采還是決定只要其中一個世界，因此拋棄奧古斯丁和路德的巧妙的兩個世界理論。因為這個緣故，他否定了根據福利國家的設計所規畫的民主生活。對他來說，這種世界意味著作為群聚動物的人類的勝利，而對他來說，最重要的需要是突顯他與眾人的不同，他的作品便是這個嘗試最大的心跡表明，記錄了他要蛻變成一個偉大的個體終生不斷的努力。

如果人們讚嘆且心儀於他的第一人稱思考、自我形塑的策略，卻不願意放棄民主與正義的概念，那麼尼采可能會認為那是一個劣質的妥協，是猶豫不決，是「最後的人曖昧的擠眉弄眼」。

但是或許他也應該想到，要求讀者帶著批判諷刺的保留態度去面對他的，正是他自己。「跟我站在同一邊完全是沒有必要的，甚至違反了我的本意：相反的，我覺得，幾分對於奇花異草的好奇，再調配充滿反諷的桀驁不馴，是一個人對我可以採取的最明智的立場。」（B

8,375f.; 29.7.1888）

一條通往沒有寫下的主要作品的岔路：《善惡的彼岸》與《道德系譜學》

在進行《權力意志》的工程時，尼采分別在短短幾週的時間裡寫下了《善惡的彼岸》（一八八五／八六）、新版的《歡悅的智慧》卷五（一八八六年十月）、《道德系譜學》（一八八七年夏天）；這些作品重述、強調且拓展了從前的作品談過的觀念，也使用了為《權力意志》準備的思想材料。我們要記得，尼采在漂泊的生涯裡雖然也會託運書箱，但是自己的早期作品還是經常不在手上。而且他也經常抱怨寫過的東西都從腦海裡消失了。例如，在一八八七年二月十三日《歡悅的智慧》第二版排版時，他請求彼得·加斯特校正打字稿，並且補充說：「現在我自己對於當時寫了什麼，也感到相當好奇。它們已經完全從我的記憶中消失了。」（B 8,23）有時候，他甚至不太願意翻閱他自己的作品。在撰寫眾多前言的那一年，也就是一八八六年裡，他雖然論及從前的作品，卻始終不想重讀它們：「事後看來，」他在一八八六年十月三十一日寫信給加斯特說：「所幸我在寫前言時，手上既沒有《人性的，太人性的》，也沒有《悲劇的誕生》：因為，我私下告訴你，我已經受不了那些東西了。」（B 7,274）他在低潮時如是評論。因為，兩年後在杜林的最後一個秋季裡，他在閱讀過去的作品以後，前所未有的歡欣鼓舞讓他不能自已，於是寫信告訴加斯特說：「四個星期以來，我開始了解我自己的作品——而且，我更重視它們。老實說，我從來不曾明白，它們的意義有多麼重大；從前，如果我會說，它們打動了我，那麼我便是在說謊——《查拉圖斯特拉如是說》除外。」（B 8,545; 21.12.1888）同年夏天，他請求梅塔・封・薩里斯（Meta von Salis）為他寄一冊前一年出版的《道德系譜學》。重溫問世不到一年的作品以後，他如是評論說：「看了第一眼，我就感到驚訝……基本上，我只記得裡面的三篇論文的標題：其餘的一切，也就是內容，都早已離我而去。」（B 8,396; 22.8.1888）

尼采的作品之所以經常會內容重複，原因也在這裡：他根本已經忘記自己寫過什麼。尼采在一八八八年談到《偶像的黃昏》說，他在裡面發表了他「最根本的異端哲學」（B 8,417; 12.9.1888），但其實這句話也可以用在《善惡的彼岸》。他檢視形上學一系列的假象，歐洲思想正是用那些假象虛構一個恆常的、統一的、不變的世界，以對抗赫拉克利圖所謂生滅不息的「絕對遷流」。尼采看到，沒有所謂「辯證」的對立，只有漸進的過渡；所謂的歷史規律性並不存在。理性的先驗性觀念（康德）不過是宗教性的殘餘，在有限的人類悟性裡討人喜歡的小小的永恆。「我」根本就是一個虛構。即使是在人類身上，我們也只能找到事件、行動，而由於人類無法容忍匿名的動態演變，就替行動外加了一個行動者。「我」

便是這種外加的虛構。簡單的幾句話就可以駁倒笛卡兒的「我思故我在」：在思考時正好可以發現，其實是思考的行動產生了行動者。並不是有個「我」在思考，而是思考讓我可以說「我」。尼采在一個關於意志的細膩分析裡說明人們對它的思考還太粗糙。意志不是像叔本華所希望的那樣，是一個動態的統一體，而是千百個渴欲的熙來攘往，是各式各樣的力量的鬥爭舞台。

在頗有啟發性的一章裡，尼采探討宗教的力量。在這裡，他的關鍵思想在於，基督教雖然以其「道德假設」保護了「不受眷顧的人」，讓他免於被不義的自然給犧牲掉或墮入「虛無主義」，但是正因為如此，它也是權力意志的表現。因為，基督教發明了整個精神性的生活世界，結束了古代世界，所以基督教的所向披靡正好活生生地證明了價值的翻轉是可能的。據此，他對於宗教領域的天才，如保羅（Paulus）、奧古斯丁或羅耀拉（Ignatius von Loyola）讚佩有加：他們的執著感染了歐洲大陸，他們旋轉了歷史的舞台，創造一個特有的生命世界，讓人類追求精神性的事業、呼吸精神性的空氣。與這些宗教健將相較之下，在除魅了的現代世界和虛無主義的時代裡的一般人，就像是一個沒有想像力的工作動物，一個可憐的受造物：「似乎，他們已經抽不出任何時間給宗教了，況且，他們也弄不清楚，到底這是一樁新的商務，還是一個新的娛樂。」（5,76; JGB）虛無主義的文化所認識的不是商務，就是娛樂。有鑑於虛無主義對生命的蹧蹋，尼采甚至出手護衛早期的宗教文化：它在創造且實現價值時的千鈞之勢鼓舞了他，讓他相信未來的價值翻轉（他視為己任）是可能的、有前景的。

次年所寫的《道德系譜學》以簡練而壯觀的完備性鋪陳早期作品所發展的道德分析和批判。尼采在前揭寫給薩里斯的信裡對該書的評論不無道理：「在當時，我想必是在靈感泉湧不絕的狀態下，所以，這本書像是這個世界最自然的事一樣地出現了，在裡面看不到任何掙扎。」（B 8,397; 22.8.1888）

《道德系譜學》是繼《悲劇的誕生》與《不合時宜的觀察》之後首次再度出現的完整巨著，概分為三章，討論「善與惡」、「罪」和「良心不安」，以及「什麼是苦行的理想？」。尼采根據他的根本原理（道德的基礎本身不是道德，而是反映鬥爭與強弱關係），在第一章將他在《晨曦》裡提到的著名思想，亦即「道德誕生於怨恨」，呈現為邏輯融貫的理論：「善與惡」的價值判斷以另一個更古老的判斷為基礎，即「好與壞」。他的命題是：把有威脅性的強者形容為「惡」的，是弱者與需要保護的人；從強者的觀點來看，他們才是「壞」的，其意思是平庸的、低下的。整個道德的世界都是根據觀點主義式的歸因和判斷而形成的。被生命冷落的人們要能在強者的極權下保護自己，就必須：第一，聯合起來；第二，將價值翻轉，也就是將強者的德行如無情、驕傲、果敢、揮霍、空閒等等定義成敗德，反之亦然，將他們的弱點的結果，例如謙抑、同情、勤勞、服從，都視為德行。「道德領域裡的奴隸叛變肇始於怨恨本身展現了創造性並成了價值的塑造者：這些存有者無法以行動真正反映其內心的怨恨，因此只能藉由想像性的報復行為去防範它的為害。」（5,270; GM）它的道德的鞏固是一種「想像性的報復」，當強者不得不從弱者的觀點去判斷自己時，他們就算成功了。如果強者在怨恨的道德觀所創造出來的想像世界裡被催眠了，他就算是被征服了。道德的鬥爭關鍵在於定義權：誰讓誰判斷自己。

定義權的鬥爭帶我們進入了自我評斷的鏡閣裡。一個人如何定義自己？作判斷的「我」是誰？被判斷的「自我」是誰？在第二章裡，尼采指出「史前工作」的無垠領域，那是人類最初把自己塑造成人類的漫長階段。人類將恆常性、甚至可預測性強加在自己身上，克制和調和自己的激情，編織儀式和行為模式的網絡，把良心套在衝動上，藉由告解阻斷欲念——這一切如何在數千年中漸次完成，它們的過程如何，都已經隱沒在史前的蒼茫暮色裡，幾乎完全無法得知。尼采提出的問題是：人類如何演變成一種「會承諾的動物」（5,291; GM）？那是一段漫長的歷史，在裡面，人類經驗到自己是一個分裂體，一個可分割的存在體，一個活生生的自我關聯，藉此變成了不可分的個體。人類身上如何裂出了一個痛處，以致於他有一部分是生命，而另一部分在思考；他一方面有偏好，一方面有良心；他的一部分下命令，另一部分服從命令？在這個漫長的歷史裡，基督教只是短暫的、到目前為止最後的一段插曲。

尼采認為，基督教與它的道德，如鄰人之愛、謙卑、服從等等，對整體而言，代表了「奴隸道德」的勝利，其結果是，強者固然繼續存在，但是被迫韜光養晦，接受各式各樣的妥協、變形、隱蔽和收斂。在第三章裡，尼采描述了苦行的理想的誕生和履踐。它是強者在宗教性的謙卑文化裡隱姓埋名的一個實例，因為，宗教苦行者是個穿著僧服的強人，發生在他身上的是權力的扭轉。苦行僧（就像所有的苦行者一樣）顯示了宰制者的性格，因為他對自己的肉體與形形色色的感官需要進行鐵腕的統治。苦行者是個說「不」的高手。他是一個反戴奧尼索斯的強權。苦行者將生命表現為一個如利刃般割斷生命的精神。尼采難掩自己對他們的仰慕，因為他自己儘管戴奧尼索斯地對生命說「是」，其實是更有苦行的性格。最後一章的力度正好與此有關：尼采注意到他自己就是問題的一部分，對於這個問題，他實際上意圖用「距離的熱情」（5,259; GM）來陳述。他把生命奉獻給知識，對真理的意志是他最強大的驅力。但是如果一個對於真理的意志必須對抗純真的生命傾向、善意欺騙的幻覺、對生命有益的視野限縮，如此的生命意志不就是一個苦行，一個割斷生命的精神嗎？如果對於真理的意志最後的結果是人類跟他的世界從中心點被推開，如果科學的工作是人類在浩瀚宇宙中的「自我極小化」（5,404; GM），如果真理的意志會喚起一個誠實的無神論思想，那麼「到最後禁止我們接受上帝信仰的謊言的，就是兩千年來對於真理的紀律所造成的令人敬畏的大災難」（5,409）。但是，這個「對真理的紀律」便是基督教的苦行。而尼采自己也知道，他也是這個紀律的後裔。所以，尼采在《道德系譜學》的最後就談到了自己：「如果不是那對於真理的意志意識到自身是個問題，我們的整個存在還有別的意義嗎？」（5,410）

那是在一八八七年西爾斯．瑪莉亞的夏季，尼采飛快寫就《道德系譜學》。八月就下了第一場雪，四周一片白色的寂靜，旅館中的遊客漸漸離去。尼采獨自留在那裡——他如果不是一個真理意志的苦行僧的話，又會是誰呢？他在八月三十日寫信告訴加斯特說：「儘管如此，我還是得到了某種滿足感和進步，在每個方面；尤其是，我許下一個好的願望，希望不再去經驗任何新事物，更嚴格克制走向『外在』的念頭，去做身而為人該做的事。」（B 8,137）

但是，身而為人該做的事是什麼呢？

第十四章
VIERZEHNTES KAPITEL

最後一年：思考他的一生

為他的一生而思考

占卜師的微笑

宿命與歡愉

海的沉默

杜林的最後一幕

最後一年：思考他的一生

崩潰前的最後一年，尼采繼續進行《權力意志》的寫作工作，他緊鑼密鼓地蒐集和組織與該主題相關的思想，擬定寫作大綱。但是，他的急迫感越來越強烈。他奔向一個目標，奔向他的目標：他必須實現「價值的翻轉」，他必須推論出對於道德問題的關鍵性結論。尼采感覺到他的時間不多了，因此，對他來說，總結算的時刻已經到了。年輕的時候，他心領神會了古代的哲學家，發掘了他們的宰制意志。對他來說，一個偉大的哲學家不僅是個討論會的成員，他的語言也是裁決的語言，在偉大的哲學家登場以後，歷史的舞台就被前後翻轉了。大哲學以快刀斬亂麻，就像從前在政治的領域裡，亞歷山大（Alexander）揮劍砍斷哥底烏斯（Gordius）的魔結一樣。在最後一年裡，尼采漸漸跟他所心儀的歷史人物融合在一起，到最後，他消失在他們當中，我們也可以說，他縱身躍入他們當中。現在，他覺得自己已經躋身大哲學家們的行列，他從時間的深度浮上來，爬到高處。現在他可以鳥瞰一切，準備要創造時代。高山經過了分娩的陣痛，一個新的訊息誕生了，現在必須傳佈給世人。尼采帶著新的法版從他的西乃山走下來，時候到了，他必須清楚地、甚至反覆地宣說，不再被反省壓低他的聲音，新世代的精神性前提必須斬釘截鐵地揭露出來。一八八八年夏天的《偶像的黃昏》所謂的以「鐵鎚」進行哲學思考，意思不只是像醫生聽診時一樣，對時下流行的思想和根本原理進行扣診，以斷定有無空隙。它更是意味著要粉碎一切偶像。在這裡有雙關的意思：一支小鎚子和一支一般的鎚子，檢查和粉碎，診斷和澈底的治療。

尼采快節奏地完成的最後幾部作品《華格納事件》（*Der Fall Wanger*）、《偶像的黃昏》、《反基督》與《瞧，這個人》並沒有發展出新的思想，只是概述且強調已知的東西，少了細部的差異、勸說的語言、矛盾的陳述，卻多了戲劇化與舞台效果的經營。自我指涉漸趨頻繁，《瞧，這個人》幾乎僅僅環繞著一個問題：我到底是誰，為什麼我有幸可以如此去思考？

為他的一生而思考

可以預期的是，尼采最後幾部作品的思想核心，便是權力意志的兩個版本（大政治與個人的生命藝術）：對充滿怨恨的道德的批判，對克服膚淺而沮喪的虛無主義的戴奧尼索斯生命的讚許。在這裡，我們找不到新的驚奇，但是有趣的是，我們可以看到尼采作為他的「第二天性」的創造者，如何漸漸跟他的藝術品融合起來。他一再強調，他毀滅自己、檢視自己，他用「許多的眼睛」觀察世界，也同時觀照著自己，也就是說，他透過更多的眼睛去看他的許多眼睛，他對自己的認識可以讓他精疲力盡、也可以讓他歡呼喝采，這個「自己」對他而言成了一塊等著被發現的未知新大陸，而一切的探勘行動不斷為他帶來新的創造力。這樣的創造力便是現實生命、藝術、道德乃至於科學的基礎；是的，科學也包括在裡面，他認為科學也是有創造性的想像力的表現形式，是以駭異者為背景的圖庫。但是，到了最後，創造的原理完全吞噬了始終抵抗著它的實在界。尼采扮演為自己設定的角色，佔據了舞台，其他的一切都必須讓路給這個想像世界裡激烈動盪的自我虛構。

在與他的「第一天性」對抗的時候，尼采自己虛構一個過去和身世。他在《瞧，這個人》裡說他是「波蘭的貴族」。在一八八八年十二月底，他寫了以下的話，起初還被出版商、加斯特和他的妹妹阻止公開：「如果我要尋找與我最為對立的特質，罄竹難書的卑賤本能，那麼我找到的始終是我的母親和妹妹。如果我必須相信自己跟這樣的邪佞有親屬關係，對於我的神性不啻一個褻瀆。」（6,268; EH）母親與妹妹兩人加在一起是一座「完美的地獄工廠」，他很驕傲自己出汙泥而不染。那完全要歸功於自己塑造「第二天性」的創造力。然而，他也不能就此完全高枕無憂，因為「永恆回歸」可以讓不幸回到他的身上。「但是我承認，」他繼續說：「對於我的思想裡真正的深淵，我的『永恆回歸』反駁最力者，永遠是我的母親和妹妹。」（6,268）直到他在精神崩潰、完全失去自己以後，他才不必在這種恐怖的方式下與她們相處。只要他的頭腦還清醒一天，如果他要脫離家裡的「地獄工廠」，就必須讓自己成為炸藥：「我明白自己的命運。有一天，我的名字會跟一個駭人聽聞的記憶聯想在一起——一個在地球上還沒有見過的危機，一個良心上最大的衝突，一個推翻到目前為止被

相信、被要求、被神化的一切的決定。我不是一個人，我是炸藥。」（6,365; EH）

在一八八八年，在杜林的最後一個秋季的那些希望無窮的日子裡，讓尼采駭異的是：他已經從「上帝已死」的發現推論出一切可能的結論，甚至包括最無關的。

「對抗受十字架苦刑者的戴奧尼索斯」（Dionysos gegen den Gekreuzigten），這是尼采在最後的信件中的署名。但是，不僅僅是這些後人所謂的「瘋人的紙條」，就連公開發表的、蓋棺論定的大手筆自我詮釋《瞧，這個人》，也是以這樣的話作結：「人們真的了解我了嗎？——對抗受十字架苦刑者的戴奧尼索斯！」（6,374; EH）

但是，我們已經知道，上帝已死的消息在十九世紀末已經不是新聞。尤其是對於尼采所訴求的知識份子而言，宗教早已被束之高閣。自然科學在征途上無往不利，完全以機械論和動力學的「法則」去解釋世界。人們不再尋找意義，著眼於萬物的運作，如果可能的話，人類如何介入運作，以為己所用。達爾文的勝利讓大眾習慣了生物演化的思想，現代人的主張是，生命沒有不斷走向既定目標的發展，偶然、突變以及天擇的叢林法則決定了自然史的演變。雖然思考的對象依然及於人類以外，但不是向神性上升，而是向動物性下降。現在的主題是猿猴，而不是上帝。不僅僅自然，甚至社會、歷史、個人，也都已經不是上帝的權責範圍。在十九世紀下半的思考裡，社會與歷史也都可以就其自身被理解和解釋。上帝的假設已經變得多餘。

「上帝是個太強烈的假設」，尼采如是說時，早就不是一個局外人。在當時，對上帝的信任感僅僅只是公式化的背景假設，勞工運動也為自然科學和社會科學的流行發揮了推波助瀾的作用，因此，現代的無神論也不再只是知識份子的思想和生活格調，也打入了「這個地球上被詛咒的階層」，雖然他們本來應該最容易被宗教的慰藉感動才對，但是在馬克思的影響下，他們也得到承諾說歷史的發展將帶來更美好的未來。尼采確切觀察到了信仰在社會中的瓦解過程。那麼，上帝已死的發現怎麼能算是一個令人「駭異」的宣示呢？尼采的福音不是來得太晚了嗎？他不是闖進了一道早已經全開的門嗎？

這個問題有許多的答案。

首先我們可以從他的生平來回答。這個在十二歲時被稱為「小牧師」的尼采，自認為是一株「生長在上帝的田地附近」的植物，並不是那麼輕易就脫離他的上帝，雖然他就這個問題在《瞧，這個人》留下一些假線索：「由我來向基督教宣戰，是再恰當不過的，因為我在這方面沒有感到任何宿命或心理障礙。」(6,275) 但那不是事實，而且他在幾頁以後就承認了，因為他說自己不得不攻擊基督教，是為了要克服一個弱點：同情別人的傾向。如此看來，基督教的憐憫之神對他來說正是肉中刺。因此，雖然在公眾的意識裡面，上帝可能已經死去好一陣子，尼采卻在憐憫心的道德裡感受到祂的餘溫。此外，他身上還留著謙卑帶來的某種癱瘓，他始終因為鄙視生命而苦惱不堪，而他認為這樣的特質也完全是拜基督教信仰所賜。畢竟，尼采對基督教的指控包括：它削弱生命的意志，自身也只是衰弱的徵兆，是庸才群起反叛強人族群的一個世界史事件。

謙卑的癱瘓深入尼采的骨髓，因此，他還必須費一番唇舌去說服自己肯定生命，有時候甚至表現出歇斯底里的果斷。在他的遊戲裡有太多的意圖，在他的意圖裡面的遊戲性質卻太少。尼采在《瞧，這個人》所說的話非常動人，但是與實際的情形有相當的落差：「我不知道除了遊戲以外，還有什麼其他承擔偉大使命的方式。」（6,297; EH）他所說的其實是願望而不是事實，儘管「權力意志作為一個巨大的世界遊戲」的觀點給他的思想突破是，遊戲終於可以被理解成一切存有的根基。尼采的查拉圖斯特拉在抵達這個根基時，他便會化身為舞者；他像印度的諸世間神濕婆一般地舞蹈著。尼采在杜林經營著報攤的房東的太太，在他崩潰前不久所看到的尼采便是這種樣子。她說她聽到教授先生在房間裡唱歌，其他不明的聲音令她感到不安，於是透過鑰匙孔一窺究竟：她「看到他在裸身跳舞」（Verecchia 265）。

無疑的，在狀況絕佳的片刻裡，尼采的語言與思想有如戲耍般的輕盈，一種明快的感覺，即使在痛苦時，或負載沉重的思想內容時，也能翩翩起舞，「無論如何」也不會失去歡愉的性格，那是狂喜和安詳的混合。他找到讓生命看來的確像是一個大遊戲的觀點。但是，在杜林的最後幾個禮拜，對於遊戲不可或缺的種種現實阻力也消失了，尼采開始在他的語言和脫序的思維構成的漩渦裡毫無顧忌地隨波逐流。如此的狂放不羈已經不能稱為遊戲，因為在那裡看不到遊戲者的掌控能力。

除了憐憫的道德和謙卑的癱瘓讓人得重新說服自己接受生命以外，對尼采而言，所謂的「頹廢」也是基督教的一項負債。尼采在一八八八年做《華格納事件》的總清算時，「頹廢」便是其中心主題。尼采承認自己的頹廢，但是他宣稱自己與華格納相反，因為他已經克服了它，而華格納的藝術性格完全受制於它。「我可以說跟華格納一樣，都屬於這個時代的子女，意思是，頹廢的年代：差別在於我了解了它，並且抗拒它。在我身上的哲學家在抗拒它。」（6,11; WA）

頹廢是什麼？對尼采而言，它跟戴奧尼索斯與阿波羅一樣，代表文化的一股巨大力量，是風格的統一性，它在藝術以及每個生命領域裡都留下了印記。關於頹廢最扼要的說法是：它是嘗試從消失的上帝所引起的幻痛裡得到微妙的快感。「在趨於貧瘠的生命土地上生長出來的一切，超越者和彼岸之類的偽幣，都在華格納的藝術裡找到了最崇高的代言人。」（6,43）在頹廢的世代裡，「歇斯底里者的問題」（6,22）都變得有創造性。人們不再有信仰，但是卻有了對於信仰的意志。當本能減弱了，就會有對於健康的本能的意志。由於萬物和生命都不再順遂，由於理所當然的遷流都停滯下來了，由於從前容易的事現在變得難上加難，因此，在所有的行動與事件前面都必須冠上啟人疑竇的「對……的意志」。思考、信仰、感受過去曾有不同的磁極，但如今那美好的棲風谷已經不再。從前，思考消融在思考對象裡，感官消融在感覺對象裡，意志消融在被意欲者裡，信仰消融在信仰的對象裡。一連串疾風驟雨般的消融，讓行動者變幻為他的行動，並把他禁錮在裡頭。但是，現在舞台反轉過來了，行動者走出他的行動，跟它面對面，然後說：看哪！這是我做的，這是我的感覺，這是我的信仰，在這裡，我「對……的意志」有所作為。頹廢與其說是一種快感，毋寧說是對於快感的快感，與其說是痛苦，毋寧說是對於痛苦的痛苦。頹廢是瞇著眼睛的宗教和形上學。但是，如果這就是頹廢的特性，如果它的典型公式是「對……的意志」，那麼要如何去理解尼采的「權力意志」呢？或許，它也只是「歇斯底里者的問題」？

被尼采「銜接」到他的哲學的「駭異者」，正是因為「上帝之死」而爆發的道德革命，「一切價值的翻轉」，而且尼采在他最後的作品裡也有非常尖刻的說法。例如，在《瞧，這個人》裡，他以一個嚴重的指控總結對於基督教道德的批判：「人們認為繁榮成長的必要性以及極端的利己主義……是惡的原理；相反的，它把毀滅的典型符號、與本能的衝突、『無我』、失重狀態、『去人格化』和『鄰人之愛』視為更高的價值，甚至是視為價值本身！……去除自我的道德是最典型的走向毀滅的道德。」（6,372）所以，「價值翻轉」首先就是提供「驕傲而健壯的人」，尤其是「說『是』的人」一筆特別的道德津貼。天擇的結果應該是，他們要戰勝「弱者、病者、發育不全者、自怨自艾者所構成的黨派」（6,374）。

在《偶像的黃昏》與《反基督》裡，尼采援用了他在杜林偶然接觸到的一本書的觀點。

那是路易．夏克里歐（Louis Jacolliot）翻譯和發行的《摩奴法典》（*Gesetzbuch des Manu*），據傳是以古印度的吠陀經典為依據的種姓道德法典。這部法典根據詭異的血統純正標準，將一個社會區分為嚴格隔離的階級，其殘酷的結論深深吸引了尼采。不同的種姓不能通婚，尼采認為那是很聰明的優生學政策，有助於防範品種的退化。最後，尼采在《偶像的黃昏》裡如是總結對於《摩奴法典》的看法：「我們可以如是設立最高的命題：如果一個人要創設道德，就必須有絕對欲求其對立面的意志。這便是我探索最久的一個巨大且讓人駭異的難題。」（6,102）

占卜師的微笑

尼采的角色扮演和假面遊戲，到頭來又多了一個新的面貌：他試著為自己貼上占卜師的微笑。他們不是擁有道德者，而是道德的創設者；他們不是自己去信仰，而是讓別人信仰自己。占卜師，這些狡猾的祭司聰明得可以放棄信念。他們彼此捻花微笑，可以哄騙別人而不是被哄騙的他們，正交換著神祕的眼神。尼采似乎認為，占卜師的微笑可以作為超人彼此相認的記號。

在搬到杜林以前，他從避冬的住處尼斯寄出去的書信，劃了一道從意氣消沉到希望無窮的心情弧線。例如，尼采在一八八八年一月六日寫信給加斯特說：「最後，我不想隱瞞的是，最近這一段歲月充滿了多層次的洞見和領悟，我的勇氣又漸漸增長，可以做『難以想像』的工作，可以將讓我與眾不同的哲學性的敏感度推展到最後的環節。」（B 8,226）。一個星期以後，一八八八年一月十五日，他又寫信給加斯特說：「有幾個夜晚，難熬的程度令人感到屈辱。」（B 8,231）

宿命與歡愉

「沒有什麼是真的，一切都是被許可的。」這句話他在幾年前就已經說過，而且還做了很興奮的補充：因此，現在我們可以任我們的創造力馳騁，去發明有利生命、提升生命的真理；現在我們可以提出若干定理，讓人類最優秀的品種繼續茁壯，現在我們走到一片曠野，航向創造性的精神未知的大海，地平線在倒退，駭異者侵入，佔領了我們……這些他都曾經講過，也曾有精神的實踐。但是，似乎現在完全解放的地平線不僅僅可以想像，而且相應的經驗也滲透他的整個生命情調，成為基本的感受。我們在他的身上發現了一種特殊的失重狀態，彷彿他的思考掙脫了纜繩，開始沒有棲止的漂流。

尼采如何從主動的掙脫過渡到絕望的撒手，我們可以仔細觀察它。在一八八八年二月三日寫給法蘭茲·歐佛貝克的信裡，尼采提到自己被「黑色絕望」團團圍住，無路可逃。他哀嘆自己「多年以來，不曾得到真正可喜的、療癒的、有人性的愛，它帶來荒謬的寂寞感，只要和別人有一點點接觸，都會造成新的創傷」（B 8,242）。而且由於他覺得自己是個被他認為不值一提的人們俘虜的巨怪，或者弔詭地說，由於他被「不在場者」（Abwesende）包圍，因此他必須突圍而出、攻擊、橫掃。如此，「任何的感動都讓人愉快，只要那是暴力的。現在，人們不應該從我的身上期待『美好的事物』」（B 8,242）。尼采的「掙脫」就談到這裡。

三個月後，尼采就在杜林經歷了「撒手」的片刻。在一八八八年五月十七日，尼采在寫給加斯特的信裡說：「親愛的朋友，請您原諒我這封或許寫得太歡愉的信。但是在我日復一日地『價值翻轉』、有充分的理由鎮日板著十分嚴肅的臉孔以後，現在歡愉成了我的一種無可逃避的宿命。」（B 8,317）如果歡愉成了宿命，那麼它就是他的遭遇，更確切地說，就是它載著尼采出航，把他推向駭異者。醺醺然的潮水拉走了他，最後，他的內在世界完全離開我們的視線。我們被丟在岸邊，最後，觀眾眼睜睜地看著他觸礁沉沒。奇怪的是：隨波逐流的尼采同時也是一個觀眾，站在岸邊。他觀察著自己。他的精神還跟從前一樣銳利且活躍。他被帶走，同時也看著自己被帶走。

尼采心裡充滿了計畫、幻想、思考，他也在享受著存在的小小樂趣，杜林的美食讓他很愜意，他四處發掘鄰近的小餐館，又開始注意自己的穿著，在露天座椅上喝咖啡；他要讓別人看見自己。他時時很滿意地注意著別人是怎麼注意他的。別人觀看他的時候，他喜歡觀看他們。賣菜的女人替他挑選最好的水果，路上的行人回過頭來看他，不認識的人向他打招呼；小孩子中斷他們的遊戲，敬畏地立在原地。房東太太進入他的房間時輕聲慢行。「在杜林這個地方，令人訝異的是我所散發出來的無邊的魔力——對於各個階層。每次的眼光相接，我都得到像王侯一般的對待，別人為我開門、端上食物的時候，都是如此慎重。在我踏入大型商店時，每一張臉都突然變得不一樣。」（B 8,561; 29.12.1888）他在崩潰前不久寄出這封寫給薩里斯的信，但是這樣的信他在初夏就已經在杜林寫過。尼采喜歡細看自己的雙手，一想到在他的手上，人類的命運將會斷成「兩截」，嘴角就不由得泛起了微笑。一個價值翻轉者會是這個模樣嗎？但是，他旋即想起《查拉圖斯特拉如是說》裡的句子：「引起風暴的，是最靜默的文字。鴿子的腳捎來的思想，統御了整個世界。」（4,189; ZA）他看著鏡子說：「我以前看起來不曾是這個樣子。」（B 8,460; 30.10.1888）他讀自己的書：「四個星期以來，我開始了解我自己的作品——而且，我更重視它們。」（B 8,545; 22.12.1888）他的心情舒適，感覺秋高氣爽，「重大的收割日」已經到了。「一切對我而言都易如反掌，一切都如此順遂，」他在信裡對法蘭茲．歐佛貝克如是說，但是，在舒暢的閒談氣氛下，還是爆出了以下的句子：「恐怕，我會把人類的歷史炸成兩半。」（B 8,453; 18.10.1888）我們應該怎樣解讀這樣的句子？他曾寄給加斯特一份「使用說明書」。別人應該把他當作「『輕歌劇』的材料」。但是，千萬不要把他寫成悲劇！「我常常跟自己開愚蠢的玩笑，腦際時時浮現令人發噱的念頭，以致於偶爾在街道上獰笑半個小時之久……我想，到了這個地步，一個人不是已經有資格作為『世界的救贖者』了嗎？」（B 8,489; 25.11.1888）

尼采是認真的，在一八八八年十二月十日寫給費迪南．亞維那流斯（Ferdinand Avenarius）的信裡，尼采透露說：「最深刻的精神同時也必須是最輕浮的，這幾乎就是我的哲學的方程式。」（B 8,516f.）在他心情無限暢快的時候，突然不覺得有什麼必要急著發表最後的作品，尤其是《瞧，這個人》：「現在我實在看不出來，為什麼我非要加速我的人生從《瞧，這個人》這本書開始的悲劇性災難不可。」（B 8,528; 16.12.1888）為什麼他不在這麼美好的地方多坐一會，品嘗他的咖啡，逛逛餐館，跟賣菜的女人打招呼，為什麼不好好享受杜林午後的光線和色調——「我從來不曾夢想成為一個克勞德．羅蘭（Claude Lorrain）。」（B 8,461; 30.10.1888）為什麼不繼續當個「羊男」（Satyr）（B 8,516; 10.12.1888）？《善惡的彼岸》有名而難解的第一五〇號警語說：「在英雄周圍的一切都將成為悲劇，在半神周圍的一切都將成為羊男戲劇；而在上帝周圍的一切——成為什麼呢？或許成為世界？」（5,99）如果他已經跨到羊男的層次，那麼他已經在神化自己以及走向世界的半路上了。

但是，直到最後幾個禮拜，都還有誘惑不安的時候。讓他失望的是他的朋友們。既然賣菜的女人都對他那麼尊敬，為什麼他的朋友們反而無動於衷呢？難道他們不應該在蠢徒的外表下認出半神嗎！唯一的例外卻只有彼得．加斯特。其他人儘管友善、熱心，卻無法讓他覺得自己受到應有的待遇。在去年，他就已經跟羅得決裂，因為他曾經對泰納（Taine）表示不屑。「我不允許任何人講出對泰納不敬的話。」（B 8,76; 19.5.1888）他在回信裡如是說，然後就音訊杳然。麥森布格針對《華格納事件》向他表示，就算對「舊愛」情意不再，也不應該如此惡言相向。尼采回答說：「我幾乎已經漸漸拋棄所有的人際關係，因為一再被誤認為另一種人，讓我感到厭惡。如今，下一個輪到的就是您了。」（B 8,457; 20.10.1888）她是一個「理想主義者」，尼采在信裡面繼續說，而這種人什麼也不了解，什麼也無法了解，尤其無法了解他這個人，無法了解「超人」的底蘊。一個理想主義者不知道什麼是殘酷，以及為什麼有時它是必要的。他責怪她把他想像成太過愛好和平了。他不是良善、規矩、理想主義的人，也不想當那樣的人。麥森布格從來沒有了解，也永遠不會了解的是，「一個不會讓我感到厭惡的人，剛好就是跟從前的偶像理想完全相反的類型，和他相似的人不是基督，而是波吉亞」（B 8,458; 20.10.1888）。

對於他的妹妹，對於家人給他的種種屈辱，他現在也毫無保留地搬出最尖刻的字眼。但是，我們看到的通常只是書信的草稿，跟實際寄出的信件內容是否相符，我們不得而知，因為他的妹妹像我們後來所知道的，隱匿了部分的文件。在一八八八年十一月中旬的一份草稿裡，尼采說：「你絕對無法想像，你會跟那樣的人和命運成為近親，而那是幾千年以來即已決定了的問題。」（B 8,473）

海的沉默

尼采漂浮起來了，而且如果他像俯瞰廣闊的風景一樣俯瞰下面的人與物，就會感到很快活。任何人或事物都不可以想要把他拉下來，否則他可能大發雷霆。如果別人不打擾他，或者如果他回到自己的高度，那麼他就會寫出像《瞧，這個人》裡的那種無比沉靜而從容的句子：「在這一刻裡，我已經向我的未來望去——一個寬廣的未來！——像望著一片有如鏡面的海洋：沒有任何欲求讓它起皺。我沒有絲毫的念頭，希望任何東西有什麼改變；我自己也不想要任何改變。」（6,295）

在這些句子裡，我們聽到了過去的回聲。十年前，他就在《晨曦》裡談過大海「無邊的沉默：這個駭人的靜穆突然襲來，它是那麼美，又是那麼殘忍，讓我的心腫脹起來……它害怕一個新的真理，它也無法說話……。說話，甚至思考，都讓我痛恨：我不是聽到了錯誤、幻想、瘋狂躲在每個字的後面譏嘲著嗎？我不是應該訕笑我的同情心嗎？訕笑我的訕笑？——噢，大海！噢，夜晚！你們是可怕的老師！你們教人們如何不再作人！人類應該投入你們的懷抱嗎？他應該像現在的你們一樣，蒼白、瀲豔、沉默、駭異、泊靠在自己身上嗎？或是超越自己嗎？」（3,259; M）

杜林的最後一幕

一八八九年一月三日，尼采走出他的住處，在卡羅．阿貝托廣場上看見一個馬車夫用鞭子抽打他的馬。他抽咽著撲過去，抱住動物的脖子，想要保護牠。在同情心的侵襲下，他在瞬間精神崩潰了。幾天之後，法蘭茲．歐佛貝克領走了神智失常的朋友。此後，尼采還活了十年。

他的思想故事在一八八九年一月結束，另一段故事，他產生的效應和他的影響，卻在那個時候開始。

第十五章
FÜNFZEHNTES KAPITEL

歐洲靡爛的上流社會發現了尼采

生命哲學的好景氣

托瑪斯・曼的尼采體驗

柏格森、謝勒、齊美爾

戰爭中的查拉圖斯特拉

貝爾坦與騎士、死亡和魔鬼

伯伊姆勒與赫拉克利圖式的尼采

反反閃族主義

踏著尼采的足跡：
雅斯培、海德格、阿多諾／霍克海默和傅柯

戴奧尼索斯與權力

沒有結束的故事

歐洲靡爛的上流社會發現了尼采

「就在歐洲靡爛的上流朋儕／品嘗波城（Pau）、拜羅伊特與艾普松（Epsom）餘暇，／他擁抱著兩匹駑駘，／直到房東拉他回家。」（Benn 177）

尼采崩潰的消息在幾個月之後也傳到了波城、拜羅伊特與艾普松。尼采成了知識階層與上流社會的一個新發現，他精神崩潰的結局為他的作品賦與一個黑暗的真相：顯然，那個人過於深掘存有的祕密，因此而失去他的理智。尼采在《歡悅的智慧》的著名段落裡，曾經把否認上帝的人稱為一個瘋人，如今他自己也瘋了。這當然刺激了人們的想像力。尼采最後的出版商瑙曼（C. G. Naumann）嗅出了商機，在一八九〇年就發行新版的尼采作品，現在，它們終於暢銷起來。他的妹妹在一八九三年從巴拉圭回來以後，機靈且厚顏無恥地接手哥哥的作品的問世。她在哲學家還在世時就在威瑪建立了尼采檔案館（Nietzsche-Archiv），並推動了第一套全集的出版工作。她充分顯現了權力意志，因為她為哥哥塑造了一個輿論裡的形象，而且肆無忌憚地虛偽造假。現在，這個事實已經是眾所周知。她要把尼采塑造成一個德意志民族沙文主義者、種族主義者和軍國主義者，而且在特定的圈子裡相當成功，尤其是正統的馬克思主義者，直到今天都是如此。但是她也知道要迎合時代精神裡比較精緻的需要。

在一八九七年，尼采檔案館就搬到「銀光別墅」（Villa Silberblick），在那裡，尼采的妹妹讓人搭了一座小舞台，把兩眼無神的尼采放在上面，當作精神殉道者展示。他的妹妹嶄露了華格納的本領，從哥哥的命運裡壓榨出崇高而聳動的效果。在「銀光別墅」裡，歐洲靡爛的上流社會目睹了一個形上學的實例。在半世紀前，在那個圈子裡頗負盛名的卡萊爾（在尼采的眼中卻不過爾爾）就曾經談到這種終幕的重點：「你必須知道，這個宇宙的確擁有它所誇耀的性質：它的無限性。千萬不可輕信你的邏輯消化力，嘗試去吞嚥它；如果能把巨椿機警地打到那混亂裡，以防止它把你吞噬，就已經謝天謝地了。」（Carlyle 83）這麼說，尼采是被吞噬了，因為他衝過頭了。他在生命的駭異裡失去了自己。

生命哲學的好景氣

「生命」這個詞有了全新的聲響，神祕而誘惑，雖然不完全是因為尼采的緣故，但是他的影響是最大的。然而，學院哲學的反應起初卻很冷淡。新康德學派的領袖里克特（Heinrich Rickert）說：「作為研究者，我們必須以概念去掌握和控制生命，因此必須揚棄生命的翻騰不安，走進一個系統性的世界秩序。」（Rickert 155）然而，在學院哲學的牆外，在一八九〇年至一九一四年間真實的精神生活裡，尼采的影響把生命哲學推上了勝利的道路。「生命」像從前的「存有」、「自然」、「上帝」或「我」一樣，成了一個核心的概念。它也成了一個兩個戰線的戰鬥性概念。一方面它要對抗學院的新康德主義以及中產階級的道德習俗所蘊含的半套觀念論。「生命」要對抗費力演繹出來的或者因襲傳統的永恆價值。另一方面，「生命」也要對抗沒有靈魂的唯物主義，也就是十九世紀末葉的思想遺產。生命哲學認為，新康德主義的觀念論雖然本身就是對於唯物論和實證主義的答覆，卻是軟弱無助。如果我們二元化地將精神與物質生活分離，那只是在幫倒忙，我們完全無法藉此去護衛它。我們必須把精神帶到物質生活裡。

生命哲學家的「生命」概念幅員廣大，也有延展性，以致於無論什麼東西都可以放進去：靈魂、精神、自然、存有、能量、創造力。生命哲學踵繼「狂飆運動」（Sturm und Drang）對十八世紀理性主義的抗議，在當時，「自然」是戰爭的口號。如今，「生命」的概念也有同樣的功能。「生命」是多樣的形態、豐富的發明創造，是一片可能性的大海，無法預測，充滿冒險，以致於我們根本就不再需要彼岸。此岸就已經蘊藏了足夠的內容。生命是向萬里無寸草處行去，卻又是在自家，是不斷要求形態的活力。「生命」成了青年運動、青年風格、新浪漫主義、改革式教育學的標語。對於查拉圖斯特拉所謂的「保持對大地的忠實」亦步亦趨。日光浴與天體營的愛好者也可以覺得自己是查拉圖斯特拉的信徒。

在尼采的時代裡，中產階級的年輕人都喜歡裝扮老成，當時一般認為嘴上無毛，做事不牢。因此，我們看到促進鬍鬚成長的藥劑的推薦，而眼鏡也是身分地位的象徵。年輕一代模仿他們的父執輩，穿戴著硬挺的高領，青春期的少年套上小禮服，並學習正確的走路儀態。

從前，「生命」被視為現實冷酷，年輕人必須在裡面被磨練得老成持重。但是，現在「生命」就是猛烈，就是崛起，因此就是年輕。「年輕」不再是必須掩飾的瑕疵。相反的：現在輪到老年必須替自己辯護，它有了暮氣和停滯的嫌疑。整個威廉二世時代的文化，被押解到「生命的法官」（Dilthey）面前，面對「這個生命還活著嗎？」的質問。

生命哲學是「屬於」生命的哲學：它不是對生命做哲學思考，相反的，是生命自己在哲學裡思考。哲學要成為生命的工具；它要提升生命，為它開拓新的形式和樣貌。它不只是要探究哪些價值應該被遵守，它有足夠的霸氣，可以創造新的價值。生命哲學是實用主義的生機論版本，它不去問某個見解有何用處，而是問它有什麼創造性潛能。對生命哲學而言，生命比任何理論都要豐富許多，因此它厭惡生物主義的化約論：它所要的生命是生機盎然的精神。

這種精神取向基本上是尼采造成的影響。一個人不必讀過尼采，也可以受到他的影響。尼采這個名字成了一個記號：如果覺得自己年輕有活力，如果自認為屬於高貴的族群，對於種種道德義務不會斤斤計較，就可以覺得自己是個尼采主義者（Nietzscheaner）。尼采主義於是風靡一時，在一八九〇年代就出現了首批的模仿、諷刺和攻擊的作品。例如，馬克斯．諾島（Max Nordau）就替中產階級的堅韌和固執抱不平，斥責尼采主義「等於告別了傳統的紀律」，並且警告說「人類的獸性有被鬆綁的危險」（Aschheim 28）。對於這些批評者而言，尼采是一個讓意識淪陷於沉醉和衝動的哲學家。某些尼采主義者的確也是如此理解他，因而相信，只要有歌聲、有醇酒美人，就差不多是戴奧尼索斯的境界了。

他們流傳著一個打對折的尼采。我們不應該忘記：尼采將「生命」等同於創造性的潛能，而在此意義下稱之為「權力意志」。生命意欲自身，要塑造自己。意識和生命的自我形塑原理有個緊張關係，既可以羈絆它，也可以提升它。意識可以帶來恐懼、道德顧慮、灰心喪志，盎然的生機可能被它阻斷。但是，意識也可以為生命服務：它可以自訂價值，鼓舞生命裡自由的遊戲精神，讓它更細緻且昇華。然而，不管意識的作用是什麼，它永遠是生命的工具，因此無論其結果幸或不幸，都是生命帶給自己的命運。這一次生命超越自身——因為意識；下一次生命毀滅自己——也是因為意識。至於意識的作用要往哪裡去，並不是由一個完全無意識的生命歷程去決定的，而是一個有意識的意志，也就是相對於生命的自由的環節。

尼采的生命哲學讓「生命」卸下十九世紀末的決定論的緊身衣，把它屬己的自由還給它。那是藝術家在面對其作品時所享有的自由。「我要成為自己的生命的詩人」，尼采曾經如是宣示，而它會為「真理」的概念帶來什麼後果，我們前面已經談過了。客觀意義下的真理並不存在，真理是對生命有用的幻覺。這便是尼采的實用主義，但是和英美實用主義不同的是，它是奠基於戴奧尼索斯的生命概念。在美國的實用主義裡，「生命」屬於常識的範圍，但是作為生命哲學家的尼采，正好是個極端主義者。英美哲學的索然無味，與達爾文關於生命歷程的「適者生存」和「天擇」的學說，都一樣讓他憎惡。他認為它們都是功利主義道德的投射，相信適應力在自然裡也可以換來似錦前程的獎賞。對尼采來說，「自然」是赫拉克利圖的意義下的一個玩著世界遊戲的小孩。自然塑造形體，繼而破壞它，一個無盡的創造過程，其中獲勝的是有力量和有生命力者，而不是適應環境者。存活不能算是勝利，滿溢、揮霍而盡情伸展的生命才是勝利者。這是一個慷慨而浪費的哲學，而波希米亞人和生命藝術家便是如此理解尼采。他的權力意志哲學本來就不是政治的主張，而是美學的觀照。查拉圖斯特拉關於創造性的巨大力量的名言經常被引用：「什麼是善，什麼是惡，還沒有人知道——除了創造者之外！是他為人類帶來目標，為大地提供意義與未來：是他讓一切的事物有善惡可言。」（4,246f.）因此，重點在於創造而不是模仿，而道德也必須臣服於創造性的動力。想像力取得了統治權！

根據尼采的主張，我們可以宣稱：如果藝術與現實兩者沒有一致性，對於現實只有打擊更大！我們應該把尼采解讀成鼓勵我們發現自己的創造性根基，我們應該下潛到無意識的領域。佛洛伊德知道，尼采已經實實在在地為他鋪好路。他在《自述》（*Selbstdarstellung*）裡說，他「始終迴避」尼采的作品，因為此人的「預感和洞見……與心理分析艱辛獲得的結果的吻合程度經常令人咋舌」（Gerhardt, Nietzsche 218）。為了贏取科學甚至自然科學的聲望，心理分析隱匿其源自尼采和美學的核心。這就是說：它不願意承認，在關於心靈的理論裡，其實發明多於發現。尼采自己則從來不曾懷疑它，因為對他來說，知識的意志——不僅僅是在探索心靈時——始終與想像力密不可分。

心理分析學界從尼采身上獲得靈感，起初卻對他敬而遠之，反而因此損害到自己。對於無意識臨界的各式各樣的本能衝動，尼采有他的直覺，更有他的語言，但在心理分析裡，本能衝動的理論卻變得矮胖——最後幾乎只剩下性和死亡衝動，而且十分不幸的是，如壓力鍋、水壓機和排水設施之類的象徵比喻，從此卻所向披靡。維也納在一九〇〇年左右落成的一座民宅設計，甚至成了理解心靈「構造」的範本。在尼采身上則看不到這一切。雖然他也使用圖像，甚至可以指揮一支「敏捷的符號大軍」（1,880; WL），但是我們幾乎不會有化約主義或物化的印象。在精密的分析裡，就算他深入每個細節，也不曾讓駭異者離開他的地平線。它為尼采的分析賦與一種獨一無二的深度反諷。尼采解讀沙灘上的痕跡，而且明白告訴我們，下一個浪將會讓它消失。

二十世紀初重要的藝術潮流，象徵主義（Symbolismus）、青年風格（Jugendstil）、表現主義（Expressionismus），都是從尼采身上得到靈感。在這些圈子裡，每個自命不凡的人都有自己的「尼采體驗」。凱斯勒（Harry Graf Kessler）曾經簡述他的那一代怎樣「經歷」尼采：「他不僅僅對理性與想像力說話。他的影響力是更廣的、更深的、更神祕的。他激起越來越大的迴響，這意味著神祕主義在一個理性化和機械化的時代裡破門而入。他在我們和實在界的深淵之間張開了英雄主義的薄紗，因為他，我們彷彿變魔術似地離開這個冰冷的時代，從這裡消失。」（Aschheim 23）

尼采讓「神祕主義破門而入」，某些作曲家也有如是的感受。史特勞斯（Richard Strauss）在一八九六年創作交響曲《查拉圖斯特拉如是說》，馬勒（Gustav Mahler）原先打算把他的第三號交響曲命名為《歡悅的智慧》。彼得．貝倫斯（Peter Behrens）與布魯諾．陶特（Bruno Taut）等建築師從尼采身上尋找靈感，設計了自由精神的空間。尼采曾在《查拉圖斯特拉如是說》裡說：「沒有跳過舞的一天，就是虛度的一天。」（4,264）因此，尼采會被搬上舞台，完全不會令人感到意外。瑪麗．魏格曼（Mary Wigmann）在一九二〇年代至一九三〇年代裡曾發展了一套所謂的戴奧尼索斯舞風，裡面包含了鼓樂並且朗誦《查拉圖斯特拉如是說》。

托瑪斯．曼的尼采體驗

尼采體驗的用途廣泛。對有些人來說，這只是一個時尚，另一些人則終其一生擺脫不了尼采。例如，托瑪斯．曼（Thomas Mann）在一九一〇年表示：「我們從他的身上得到心理的脆弱性、抒情式的批判主義、華格納經驗、基督教經驗、現代性的經驗。」（Aschheim

37）。尼采為托瑪斯・曼激起了一個驕傲拋棄了任何社會、政治等等目的的藝術意志，保存了藝術、愛和死亡共同蘊含的內在目的的尊嚴與人性的神祕。在寫作一九一八年的《一個不問政治者的觀察》（*Betrachtungen eines Unpolitischen*）時，托瑪斯・曼踵繼《不合時宜的觀察》，而且幾乎每個句子都與在同時間寫作《尼采：一個神話的建構嘗試》（*Nietzsche. Versuch einer Mythologie*）巨作的朋友恩斯特・貝爾坦（Ernst Bertram）相互切磋。藝術源自於戴奧尼索斯，後來因為諷刺性的轉折而有了阿波羅式的造型，托瑪斯・曼認為，那對於自己的創作是一個不可以須臾忘記的見解。在他一九四七年的《在我們的經驗眼光下的尼采哲學》（*Nietzsche's Philosophie im Lichte unserer Erfahrung*）——與他的《浮士德博士》（*Doktor Faustus*）成對的作品——他稱尼采為人類的精神史上「最無可救藥的美學主義者」，並解釋說：「一個生命只有在作為審美現象時才能被證成，這個說法正好可以用在他身上、他的人生、他的思想與詩作……直到最後一刻的自我神話化，直到精神錯亂，這個生命都是藝術表演……一齣抒情的、悲劇的戲劇，令人無限驚艷。」（Mann 45）托瑪斯・曼雖然對於肆無忌憚的「美學主義」警告說，「我們已不再是夠格的美學主義者，讓我們害怕去信仰善，讓我們不屑於真理、自由、公正等平凡的概念」，但是，他認為這些政治性的概念，從審美的角度來看，畢竟還是瑣碎的，在藝術的領域裡成不了氣候，這樣的看法，即使在他為了支持民主與反法西斯而巡迴演講時，也沒有任何改變。

托瑪斯．曼知道，藝術的邏輯和道德、政治截然不同，而且他主要是藉由他的尼采經驗知道這一點；但是，他也知道這些領域的清楚切割有多麼重要，因為兩者都是有害的：藝術的政治化和政治的美學化。

「假美學之名革命的人」經常忘記，政治必須捍衛的是習慣和妥協的東西；它必須是有益於生命條件的。而藝術的旨趣卻是在於至境，它是極端的，而且對於托瑪斯．曼而言，它更是迷戀著死亡。真正的藝術家對於強烈感受的渴望大於自我保存的意志，而後者則是政治的責任轄區。如果政治失去該取向，就會帶來普遍的危險。因此托瑪斯．曼也對「美學主義與野蠻」兩者之間「令人不安的接近」提出警告。

托瑪斯．曼終其一生都忠於他的尼采體驗，但是在晚年，他特別注意不讓美學的執著擴散到其他生命領域。馬克斯．韋伯在一九一八年便說，民主制度存活的條件是價值領域的分隔，托瑪斯．曼深明此理。戴奧尼索斯型的人要走上政治舞台，就必須先沉澱自己。托瑪斯．曼恪遵此原則，因此，他在美學領域裡喝酒，在政治領域裡宣揚白開水。他甚至以尼采早年的「雙閣理論」來支持自己的想法，一邊是才華橫溢的炎熱，另一邊是自我保存的冷卻。

托瑪斯．曼晚年的冷靜幾乎讓人忘記世紀初的尼采的狂熱崇拜。而達達主義者也都是來自於尼采的狂熱，美學和政治的分離對他們而言是全然陌生的。他們明白要求讓「社會在一切美學媒介和權力的結合當中重生」（Hugo Ball）；葛歐格詩社（George-Kreis）與象徵主義也相信國家與社會可以在獨立的藝術精神中「重生」。法蘭茲·韋爾浮（Franz Werfel）宣佈「心靈已經登基」，藝術全能的幻想享受著它的歷史性的一刻。尼采生命哲學的精神讓藝術掙脫實在性原理的傴僂關係，精神再度相信自己能夠勾勒願景，並且抗議卑劣的現實。「願景、抗議、蛻變」——這是表現主義的三位一體。

柏格森、謝勒、齊美爾

尼采生命哲學產生的作用包括，它在第一次世界大戰前的德國為柏格森（Bergson）的哲學的巨大影響奠定基礎。相反的，法國也因為柏格森而接納了尼采。一九一二年出現了柏格森的主要著作《創化論》（*Schöpferishe Entwicklung*）的德文譯本。跟尼采一樣，柏格森也開展了一個創造性意志的哲學，只是，柏格森沒有把它稱為「權力意志」。但是普遍者和個體的關係卻很類似。在外在的世界、在自然整體裡流行的力量，同時也是個體裡的創造性能量：柏格森認為，我們也可以在自身感受到在萬物裡作用著的力量。柏格森滿腔熱忱地談論創造性的宇宙時，跟尼采一樣挑中了波浪的比喻。但與尼采不同的是，對柏格森來說，自由的奧祕才是世界的心臟。雖然柏格森也如尼采一般，認為宇宙事件是個圓圈，但是他所想像的是個向上的螺旋運動。尼采也想要讓宇宙的永恆回歸結合超升的動力，但是始終不得要領。原因在於尼采無法擺脫把「時間」視為生命歷程開展的一種「空間」的傳統理解方式。柏格森則可以將時間理解為創造性而動態的力量。它不是一個可以「容納」他物的媒介，而是一個潛能，可以創造出他物。它不是戲劇的舞台，因為它本身就是一個演出者。而人類也不僅僅是經驗到時間，而是藉由他自己的行為產生了它。時間的內在感官是創新和自發性，柏格森認為，人類是一個創造開端的動物，在他的時間經驗的深處蘊藏著創造性自由的經驗。創造性的宇宙在人類的自由裡發現了它的自我意識。

柏格森的思想其實比較接近謝林而不是尼采，但是謝勒（Max Scheler）在一九一五年發表的《論價值的顛覆》（*Vom Umsturz der Werte*）裡將柏格森和尼采並列為生命哲學家，他認為兩者都有一個強烈的思想動機。謝勒解釋說，兩人都意圖將人類從「僅有機械性與僅可機械化的監獄」中解放出來，帶領他們「走向一個茂密的花園」（Scheler, Umsturz 339）。在尼采（和柏格森）的哲學裡，生命的熔岩終於突穿了乾硬且石化的表面。「我們置身在絕對者當中，在裡面迴旋和生活著。」（ibid.）

齊美爾在一九〇七年著名的演說中也將尼采詮釋為創造性生命的哲學家。他剖析了尼采面臨的問題情境和他開啟的意義新視野：從前，生命的最高目標和最高價值早已經預定，而到了現代，那一切已經都成了過去。社會複雜而紛擾的機制現在已經轉變成「手段和目的」的巨網，意義的核心已經不復存在。現代的意識「只知覺到手段」（Simmel 42），被困在一條無盡的、沒有終極目的的行動鏈裡。它已經失去了崇高的無限性，換得一個惡劣的無限性，像一隻關在轉輪裡奔跑的松鼠。「關於『一切有何意義和目的』的可怕問題」漸漸浮現（ibid.）。對於這樣的處境，叔本華的回答是把沒有意義的奔跑詮釋為意志的形上學個性。齊美爾認為，尼采讓叔本華的意志形上學結合了演化思想和超升的理念，但是，跟叔本華一樣，尼采也拒絕任何終極目的或發展的終點，因此，他必須嘗試思考一種沒有目的性的、開放性的超升，一種指向自己的超升動能：生命自身是自己的目的，但是它在本性上也必須探勘且開採自己的內在可能性，而配備了意識的人類，便是生命的自我探勘的絕佳場地。在人類身上，生命作了一個特別冒險的實驗，最後的結果如何，端視人類自由的戲劇如何去決定。就像恩斯特・布洛赫（Ernst Bloch）後來所說的，在人類的身上，正進行著一場「世界實驗」。

在一九一四年前的哲學就跟隨著尼采一路以崇高、迷人、困惑、昂揚和期盼的調性去處理「生命」這個主題。

戰爭中的查拉圖斯特拉

在一九一四年戰爭爆發時，生機論哲學的景氣攀升，主戰派的尼采主義開始抬頭。這時候我們看到了頗有攻擊性的對照方式：有生命力的（德國）文化和膚淺的（法國）文明；戴奧尼索斯的社群和機械化的社會；英雄和販夫走卒；悲劇意識和功利思想；音樂精神和計算型的思考。他們承繼了尼采的赫拉克利圖詮釋，宣佈戰爭為偉大的化學家：它分離了真和假，提煉出真實的物質。對於躍躍欲試的學術圈而言，戰爭是全民族的學位考試，它必須證明民族是否仍然有強勢的生命力。因此，戰爭是真理揭曉的時刻：「完整、偉大和廣闊的人類形象，在和平時期只能見到中間的一小塊灰色地帶……實際上，這個形象現在就展現在我們的眼前。戰爭讓我們可以測度人類本性的範圍和寬度；人類終於完整意識到他有多麼偉大、有多麼渺小。」（Scheler, Genius 136）

什麼樣的精神實質會在戰爭裡顯現？有些人說：那是唯心論的勝利。長久以來，它被唯物論與功利思想給扼殺，現在它再度破繭而出，而人類終於再度願意為非物質性的價值犧牲，為人民、為祖國、為榮譽。因此恩斯特．特勒慈（Ernst Troeltsch）說對戰爭的憧憬是「對精神的信仰」的復辟，它戰勝了「金錢的神格化」、「猶豫不決的懷疑」、「無底的享樂欲」與「對自然法則茫然的屈從」（Troeltsch 39）。另一批人，也就是生命哲學的尼采主義者，在戰爭中看到生命力的釋放，在承平時期，它們漸漸變得僵滯。他們為戰爭裡的自然原始力量喝采；他們說，文化現在終於和原始的東西有了交會。吉爾柯（Otto von Gierke）說：戰爭「作為最殘暴的文化摧毀者，同時也是最有力的文化塑造者」（Glaser 187）。

在大戰初期，尼采已經如此受歡迎，以致於《查拉圖斯特拉如是說》和歌德的《浮士德》、新約聖經被集結成給前線士兵閱讀的特輯，發行量是十五萬冊。因此，在英國、美國和法國，人們才會產生尼采是個戰爭販子的印象。大小說家托瑪斯．哈代（Thomas Hardy）的一封信最能反映當時英國的氣氛：「我認為，歷史上還沒有這種例子，一個國家因為一個作者而如此敗德。」（Aschheim 132）當時倫敦的一個出版商也指出，那是一場「歐洲尼采主義的戰爭」（Aschheim 130）。尼采在美國的出版商以「德國魔王尼采」（Aschheim 133）的軍事特務的罪名被逮捕。

在尼采的作品裡，的確可以找到為數不少的段落在讚美軍事才能。我們只需回想《偶像的黃昏》裡傳誦一時的有名段落：「獲得自由的人，更不用說獲得自由的精神，都用腳踐踏那種可鄙的安逸，那是雜貨商、基督徒、乳牛、女人、英國人與其他民主人士夢寐以求的安逸。自由的人是戰士。」（6,139f.）

傳統的民族主義者基本上很難理解尼采的意思，但是，其後在保守派革命裡衝鋒陷陣的有教養的步兵，卻從尼采身上得到不少激勵，尤其是他的一個重要思想：戰鬥的意義，甚至生命本身的意義，不是在於目標或目的，而是在於生命強度的提升。如果要在戰爭裡尋求或夢想著虛無主義的神遊，可以在《查拉圖斯特拉如是說》裡找到指引：「你們說，如果為的是好事，甚至戰爭也可以是神聖的？我告訴你們：美好的戰爭讓每一件事都變得神聖。」（4,59）恩斯特．雍格（Ernst Jünger）與奧斯瓦．史賓格勒（Oswald Spengler）都是這種虛無主義的神遊者，被尼采的查拉圖斯特拉所說的話深深打動：「勇氣是最佳的殺戮者——攻擊的勇氣：因為，在每個攻擊裡，都有琮琤悅耳的遊戲。」（4,199）

但是，赫曼・赫塞（Hermann Hesse）在一九一九年的《查拉圖斯特拉的回歸》（*Zarathustras Wiederkehr*）卻也證明我們可以用另一種方式去了解查拉圖斯特拉。赫塞提醒我們，尼采，尤其是他的查拉圖斯特拉，如何以令人髮指的方式被消費。尼采不是所有「群眾心態」的敵人嗎？赫塞這麼問，同時讓查拉圖斯特拉作為一個回歸的戰士登場。回歸的查拉圖斯特拉修正了尼采的籲求：「成為你原來的自我！」成為自我的意志（der Wille zum Selbstsein）被動員起來，對抗所有的奴僕心態——即使它披上戰士的外衣，以英雄的姿態大步走來，甚至宣稱自己是師法尼采。赫塞在崇尚武力的尼采仰慕者充滿恨意的歌聲中替他辯解。「你們沒有注意到嗎，」赫塞讓他的查拉圖斯特拉說：「不管這樣的歌在哪裡唱出來，拳頭都是在口袋裡緊握著，關鍵在於自私和自戀——啊，並不是高貴精神的那種自我超升和自我修練的自戀，而是為了錢和荷包，為了虛榮和妄想。」（Hesse 315）

貝爾坦與騎士、死亡和魔鬼

大戰一結束，恩斯特・貝爾坦《尼采：一個神話的建構嘗試》就問世了。在兩次大戰之間的時期裡，該書無疑是最有影響力的尼采詮釋。與貝爾坦交情匪淺的托瑪斯・曼見證了該書的完成，也對它十分推崇。托瑪斯・曼心中的尼采形象頗受貝爾坦的影響。貝爾坦是葛歐格詩社的成員，對於「精神性的領導」的觀念很熟悉。他把他的書命名為「一個神話的建構嘗試」，而它的性格也實際如此。

貝爾坦賡續了早期浪漫主義、華格納和年輕的尼采的路線：創造一個神話，讓它可以在宗教褪色以後，以一個共同的直觀去凝聚民族。尼采本身，他的生命和作品，必須被改寫為「一個人物的傳奇」（Bertram 2）。貝爾坦用尼采的語調表示：在裡頭沒有關於生平與作品的客觀描述和分析，而只有詮釋。而且，他的詮釋是要讓尼采成為反映德國靈魂的一面鏡子，它的苦難、它的興起、它的創造力和它的困厄。尼采要成為「他的生命的詩人」，貝爾坦也繼承了這個計畫，自己成為尼采的生命和作品的詩人。對於如此產生的「形象」，貝爾坦說：「它漸漸攀升到人類的記憶的星空上。」（Bertram 2）尼采不是一個學習的好榜樣，卻是一個確切的形象，栩栩如生且發人深省地表現了德國文化的張力、原始動力、內在衝突以及對於龐大的精神史的貢獻。因此，貝爾坦說，這個形象可以讓整個陷入危機的文化認識到自己的可能性和危險。貝爾坦引用賀德齡的一個問題：「何時你完整顯現，祖國的靈魂？」（Bertram 72）並且揭曉他的答案：它在尼采的身上一覽無遺，顯現其全部的自我矛盾。

首先，我們看到對音樂的熱情。音樂讓戴奧尼索斯的深層生命衝動發出聲音，它指向駭異者以及生命的悲劇性。音樂的狂熱讓貝爾坦找到了判別（德國）文化與（法國）文明的特徵。文化的泉源是悲劇的、戴奧尼索斯式的音樂精神；文明雖然不可或缺，卻停留在光明而樂觀的生活條件層面。文明是理性的，文化卻超越了理性，是音樂性的、神祕的、偏愛圖像符號的、英雄性的——姑且不論在什麼意義下。貝爾坦引述尼采的話：「文明所要的與文化大不相同：或許還完全相反。」（Bertram 108）是什麼的「相反」？文明是自我保存，是利用厚生；而文化則意味著探索生命深層的問題，用尼采在一八六九年五月二十二日寫給華格納的第一封信裡的話說：「我必須感謝您和叔本華，讓我一直沒有忘記日耳曼式的生命嚴肅性以及對於神祕而可疑的存在的深入觀照。」（B 3,9）

貝爾坦的詮釋來自尼采的兩段話，其一是一八六八年十月八日寫給羅得的信，尼采說：華格納與叔本華一樣，最讓他推崇的是「德行的空氣、浮士德的芬芳、十字架、死亡、墓穴」（B 2,322）；其二則在《悲劇的誕生》裡，他為叔本華與其英雄式的悲觀主義選擇了「和死亡與魔鬼同行的騎士的象徵，像杜勒（Dürer）所畫的一樣，一個戴著盔中的騎士，雙目炯炯，眼神剛毅，儘管同伴膽怯畏縮，已經完全沒有任何希望的他，還是不為所動，獨自騎著駿馬，帶著一條狗踏上絕路」（1,131）。托瑪斯・曼也用這個象徵去表現德國文化裡的英雄式的、迷戀死亡的、浪漫的、卻又拋棄一切幻想的精神，而對比於西方蒼白的樂觀主義和一廂情願的淑世態度。和死亡與魔鬼同行的騎士的象徵有讓人毛骨悚然的演變；騎士變成純種的雅利安人，最後則成為希特勒（Hitler）本身。後來也出現相關的詩作、戲劇和油畫，完全被納粹黨玷污的尼采檔案館則大力歌頌讚揚它們，但是和尼采、托瑪斯．曼以及貝爾坦的詩性的悲劇主義（Tragizismus）已經沒有什麼關係了。

對貝爾坦而言，尼采自己就是與死亡以及魔鬼同行的騎士。他也披上甲冑、戴上面具，不只是為了應付外來的危險，也包括來自內心的危害。貝爾坦說，尼采內心有一片創造性的混亂，也正因此很能夠代表德國文化；它也是必須收斂內心，對外必須自我保護，或許也必須戴面具。貝爾坦引用尼采所說的「一切有深度者，都喜愛面具」（Bertram 171）以彰顯文化和文明的差異。文化需要假面戲劇，因為它蘊含著太多的原始力量，而必須保護自己。戴上面具是要回答原始力量的經驗。但是，文明已經隔離了原始元素，並且建構在假面戲劇空無的中心四周。那裡不再有必須遮掩的深度。文明尋求安全地帶，文化卻偏好無底深淵的邊緣，它有對悲劇的渴望、對死亡的迷戀，隱約覺得犧牲比獲得更重要，它是奢侈的，喜愛豐富的和滿溢的東西。貝爾坦的《尼采：一個神話的建構嘗試》完全是以尼采為鏡去沉思以下問題：如果要有美好的生活，文明已經綽綽有餘，那麼文化究竟有什麼必要？如果一切順利的話，文明裡的一切都會清晰而明亮，尼采和跟隨他的貝爾坦都知道這點；貝爾坦在書末引用尼采的書信中的一段文字：「我在各式各樣的事物裡一再經驗到的正是：一切都是那麼清楚，但一切也都已經到了盡頭。」（Bertram 353）

尼采和貝爾坦都不想以讓人失望的清晰性作為終點。尼采自己就經常說：吸引著他的，是存在者的神祕性格。對於魔幻和奧祕的渴望，正是貝爾坦的作品的主旋律。在他的筆下，尼采是一個誘人而充滿預感地指出創造性的混亂的人物，裡面包括踏上毀滅的快感，貝爾坦從尼采那裡聽到賽倫女妖的歌聲，然後用自己的旋律把它唱出來。貝爾坦的尼采神話不是要鼓吹窮兵黷武的或條頓主義的世界。在最後，我們聽到了埃勒烏西斯祕教（Eleusis）的入會禮讚歌，圍繞著戴奧尼索斯的奧祕，這個「將臨的神」，他聖化了死亡與生成、欲望和激情、悲劇和出神。貝爾坦讓尼采和葛歐格（Stefan George）的藝術宗教匯流：「人類最高價值的存在，使我們身而為人的力量的恆久作用，是取決於一個重要因素：在世界某處有一個奧祕存在、被使用和傳遞，它是一個能夠創造精神且凝聚靈魂的巨大力量。在世界某處總是會有建立祕教的力量，以神為名，把兩、三個人聚在一起——那就足以維繫世界於不墜。」（Bertram 343）這個神就是尼采召請來的、和他一起回歸的戴奧尼索斯。在一九三八年，貝爾坦的語調不再溫和而哀傷，他不再偏好「鴿子的腳捎來的思想」（4,189; ZA），在《民族觀察者》（*Völkischen Beobachter*）裡，他把與死亡、魔鬼同行的騎士描繪成踏實而自信穩健的農夫，是浮士德、步兵和神祕主義者的混合體。但是貝爾坦從前關於尼采的巨著卻不一定會推論出如此的變身，因為它是一本獻給德國的戴奧尼索斯的書，而不是嗜戰的武夫。

伯伊姆勒與赫拉克利圖式的尼采

另一本兩次大戰之間頗具影響力的關於尼采的作品，是阿佛列德．伯伊姆勒（Alfred Baeumler）於一九三一年出版的論文〈尼采：哲學家與政治家〉（Nietzsche. Der Philosoph und Politiker）。尼采的妹妹和威瑪尼采檔案館以遺稿編纂而成的《權力意志》（一九〇六年），在貝爾坦的著作裡幾乎隻字未提，因為他認為戴奧尼索斯精神的尼采才是立論的核心，而在一九三三年以後和羅森堡（Rosenberg）一起競逐納粹黨意識形態龍頭地位的伯伊姆勒，則獨尊尼采的權力哲學。伯伊姆勒說，與其用哲學家不得已才虛構的一個希臘神祇，不如用一個的確存在的希臘哲學家來稱呼尼采的學說。「尼采觀照下的世界，正確的比喻不是戴奧尼索斯的，而是赫拉克利圖的世界。這個世界永不止息，是變化再變化；生成變化卻意味著戰鬥與勝利。」（Baeumler 15）

儘管伯伊姆勒成了納粹意識形態的台柱，但是在尼采研究裡，他畢竟在哲學上精確而縝密地重構一個在尼采那裡確實存在的思想脈絡。而該研究的錯誤在於其片面性。

伯伊姆勒以尼采的一個句子為開端：我們不再擁有真理，反而必須認識到，將經驗材料塑造成我們所謂的「真理」的，正是權力意志。真理的問題因此就是權力的問題，這是伯伊姆勒的大前提。由於對立者的衝突和鬥爭，也就是赫拉克利圖所謂的「戰爭」，決定了整體的生成變化，因此，真理的問題必須在諸多生命力量的衝突當中去解決。一個真理，伯伊姆勒問，怎樣獲得力量，怎樣戰勝？他在尼采所謂的身體的「巨大理性」（4,39; ZA）裡看到了這個問題的答案。唯有不斷得到身體和感官的力量挹注，思考才能夠壯大。伯伊姆勒引述尼采的話：「從身體出發，以它作為思考的主軸。它是更繁複的現象，讓我們可以作更精密的觀察。對於身體的信仰比起對於精神的信仰更確切。」（Baeumler 31; 11,635）

有多少身體的地方，就有多少權力。權力實體不需要證明自己，因為只有必須顧慮平衡的理性才用得到證明。然而，由於理性本身建立在身體上（它是它的器官），它虛張聲勢的普遍性也就此被戳破。沒有任何精神王國可以仲裁彼此鬥爭的權力，因此，一切事物的開始與結束都是偶性。世界的整體並沒有意義，只有個體的和集體的戰鬥、自我保存、自我超升的能量在激盪。在伯伊姆勒所謂的赫拉克利圖世界裡，脫離現實的規範性沒有存在的餘地：在肉體構成的實在界裡，人與人比鄰互限，在空間中互相碰撞，顯現差異，彼此隔離。敵對和戰爭的確是萬有之父。一個生命體只能存在在它的界限之內，它必須區隔自己，也只能在一定的界限內擴張自己。從生命不可解消的界限推論出鬥爭的對立雙方構成的實體性辯證——如果它僅僅被稱為辯證，就顯得太過無害。它是生死存亡的戰爭，沒有綜合的可能。因為，看起來像綜合的結果，其實是一方戰勝了另一方，而且勝利者可能吸收了戰敗者的某些性質。

如果對立者的鬥爭沒有任何綜合去涵攝它們，那麼世界史便是一部矛盾衝突的歷史，永遠也沒有解決，打鬥必須進行到分出勝負為止。整體或許是可以思考的，但沒有實際生活的可行性。我們只能生活在衝突分曉的過程裡，在仇恨對立的歷史裡。每個人都是早就置身在撕裂而敵意的對立裡，生下來就是矛盾的兩造之一，此即存在的偶性（Daseinskontingenz）。一個人不能選擇他自己的身體以及被稱為「民族」的群體。他的處所他也不能選擇，只能接受。至於他是不是屬於「好」的一方，這樣的問題也根本不存在。其邏輯應該是反過來：這一方是好的，因為我是它的部分，它是我們的。我們與他者，是一個自明的區分。我們該做的，只是釐清「我們」的界線在哪裡。它不斷移動，因為不斷有人喪失其歸屬。即使神話的集體記憶和哲學的概念整理回溯到太初，在那裡見證未分化的整體性，那麼他所得到的經驗仍然是地平線在往後退：人們無法跳脫敵對的歷史。

伯伊姆勒跟著尼采的腳步批評任何謀求和平的思考。他認為那只是自欺欺人。每一項和平計畫在調解雙方爭執時，自己都會淪為爭執的一方。例如，猶太人的神不是在嫉妒的驅策下和其他神發生衝突嗎？祂也認為非友即敵，無論是人類或諸神。馬太福音也讓耶穌說，他帶來的不是和平，而是刀劍。直到刀劍完成了它們的任務以後，它們才能被變成犁鏤，這是赫拉克利圖的智慧。

伯伊姆勒跟後來的傅柯一樣，認為尼采從存有的根基揭露了戰鬥的身體的偶性和各種力量的競爭。伯伊姆勒說，尼采要告訴我們的是：沒有所謂的人類，只有彼此對抗的具體而有限的單位。這些單位是「一個種族、一個民族、一個階級」（Baeumler 179）。

但是對此尼采恐怕不會這麼說。他會把不可分割的個體也看作具體的單位，只是，他會加上但書說，個體是歷史的後期產物。但是有了個體以後，權力關係的交織就更複雜難解。伯伊姆勒完全把尼采的權力思想應用到「種族」、「民族」和「階級」，因而開始了種族主義的意識形態，也把尼采扯到裡面。於是有了意識形態的僭越和做假。「一個人只要以身體作為思考的主軸，就不可能是個人主義者」（Baeumler 179），伯伊姆勒如是說。問題是，那是可能的。尼采已經證明過了，傅柯也會再證明一次。

至於權力思想與生物主義的結合，當時「新右派」的其他作家就已經略勝一籌，而且大部分也獲得尼采的妹妹與威瑪尼采檔案館的支持。他們以最生硬的方式複誦尼采阻止病弱者生育的主張。卡爾·賓冬（Karl Bindung）與阿佛列德·霍赫（Alfred Hoch）的一本很流行的書，鼓吹「開放毀滅沒有價值的生命的措施」（Aschheim 167）的主張，也是明白引用尼采為依據。

反反閃族主義

反閃族主義也在尼采身上找到支持。這個問題大致上已經有了定論。不可否認的是，尼采是一個「反反閃族主義者」（Anti-Antisemit），因為反閃族主義的具體人物，正是他所厭惡的妹妹與妹婿本哈特．佛斯特（Bernhard Förster）。他鄙視德意志民族的元素，他認為一八八〇年代的反閃族運動是平庸者的反動，他們只是因為自覺是雅利安人，就自我膨脹成宰制者。面對這樣的反閃族主義者，尼采甚至會主張猶太人在種族上的優越性而為他們仗義執言。他的理由：因為他們數百年來必須抵抗外來的侵犯，已經變得堅韌而有手腕，他們強化了精神的防禦力量，也因此為歐洲史帶來不可或缺的豐富內涵。尼采說，猶太民族曾「經歷過各民族最苦難的歷史」，因此才能產生「最高貴的人（基督）、最純粹的智者（史賓諾莎）、最有影響力的書與全世界最有效力的道德律」（2,310; MA）。他批判說，盲目的民族主義無論面臨「任何內外的逆境，都會把猶太人當作替罪羊」殺戮獻祭。

尼采對反閃族主義者的痛恨，在生命中清醒的最後兩年越來越強烈。他跟反猶太人的出版商斯麥茨納決裂，稱他的出版社為「反閃族主義者的巢穴」。在一八八七年十二月底打算寄給妹妹的一封信的草稿裡，尼采說：「當我看到查拉圖斯特拉這個名字甚至出現在反猶太通訊裡時，我的忍耐已經到了極點——我現在出於自衛，必須反對妳的丈夫所屬的黨派。這些可惡的反閃族跳梁小丑，不可以再染指我的理想觀念。」（B 8,218f.）在一八八八年秋天的札記裡，尼采整理了自己關於反閃族主義的心理學的思考，他說，那種人通常都太軟弱，無法為自己的生命帶來意義，於是恐慌而飢不擇食地加入任何黨派，只要能滿足他們對於意義的「專橫需求」即可。例如，他們之所以會成為反閃族主義者，「只因為反閃族主義者有個明目張膽、甚至令人不齒的目標——猶太人的錢」。尼采接著把該觀察結合到對反閃族主義者人格的一般性分析：「嫉妒、不滿、無力的憤怒，是本能的基本動機：自詡為『上帝選民』；在道德上自欺欺人——經常滿口仁義道德而大言不慚。這是典型的記號：他們完全沒有注意到，如此一來，他們跟誰最像孿生兄弟呢？一個反閃族主義者，正是嫉妒眼紅的、也就是最愚蠢的猶太人。」（13,581）

尼采「反反閃族主義」的程度，讓他在精神崩潰前的最後書信裡甚至寫說，「我方才下令槍決了所有的反閃族主義者」（B 8,575），但是他在《道德系譜學》、《偶像的黃昏》和《反基督》裡也創造一個理論，認為猶太宗教思想是「道德上的奴隸叛變」的始作俑者和啟蒙者。在《道德系譜學》裡，尼采甚至以驚嘆的口吻談到：在這裡，「怨恨」以未曾有的方式表現了創造性，因為首先是猶太的律法，後來是猶太的叛教者保羅對該律法的超越，讓「一切價值的翻轉」遍覆世界的每個角落。那正是一個「復仇真正的『大政治』的神祕黑色藝術」（5,269）。雖然現在有鑑於猶太人的價值翻轉，我們必須致力於昔日「高貴」的價值的文藝復興，但是猶太人的成功歷史還是值得尊敬。我們所看到的，正是一個無條件的權力意志，它完全了解如何拉攏弱者。對他而言，基督教的愛的誡命，是權力意志身段柔軟而高明的策略。在最後的作品裡，例如《偶像的黃昏》，以道德哲學為基礎的反猶太教立場就比較暴躁，甚至帶著種族生物主義的腔調：「基督教的根在猶太教，生長於猶太教的土壤，是對於優生學、種族和特權的道德的反動——基督教是最澈底的反雅利安的宗教。」（6,101）

尼采所輕蔑的反閃族主義者當然可以把他的若干思想當作靈感來源，雖然他們的雅利安統治者的種族形象並不符合被尼采當作主軸概念的「高貴」個性。在納粹黨出現以後，就很容易發現這點。他們雖然還是繼續利用尼采，但是對於尼采的自由精神也提出警告。恩斯特・克利克（Ernst Krieck），一個頗有影響力的納粹主義哲學家，曾經諷刺說：「整體看來：尼采是反對社會主義、國家主義和種族主義的。如果我們撇開這三個精神方向不談，那麼或許他可以成為優秀的納粹黨員。」（Riedel 131）

踏著尼采的足跡：雅斯培、海德格、阿多諾／霍克海默和傅柯

在納粹黨執政的時代裡，雅斯培（Karl Jaspers）和海德格在官方肯定尼采時，嘗試把「另一個」、非意識形態的尼采搬上舞台，據此發展出突破意識形態的框架或者至少不被囿限的思想。他們所嘗試的確實是一種顛覆式的解讀。

如果我們從雅斯培開始，那麼他在一九三六年的《尼采》（*Nietzsche. Einführung in das Verständnis seines Philosophierens*）裡所介紹的哲學家，在對知識的熱誠的催促下，離開了一個又

一個意識形態的陋室。對雅斯培來說，尼采是有高度實驗精神的哲學家，時時被「思想極端的魔術」（Jaspers 422）吸引。簡單說，雅斯培欣賞尼采的地方在於，他雖然放棄了超越界（Transzendenz），但是沒有放棄超越（Transzendieren）；他的思考走向曠野，因此重視的是思考的活動本身，而不是苦思的結果。尼采穿越了虛無主義的沙漠，正因為如此，他對於存有的奧祕有了全新的感受。不過，雅斯培以一貫的作風最終存而不論。他以假設語氣說：「尼采的偉大可能會在於，他知覺到虛無，因此可以更熱情而開朗地談論虛無的他者，也就是存有，因此，比起對於虛無或許感到不確定甚至茫然的人們，尼采更能認識存有。」（Jaspers 424）雅斯培細膩地描繪這個沒有尺度的思考的戲劇演出，窮追不捨，直到邊境，「在那裡，存有的滿足不再」，而且出現一張「鬼臉」（Jaspers 424）。似乎，雅斯培認為尼采肆無忌憚的權力哲學也是一張「鬼臉」（Possen）。他語帶保留，沒有直接挑明，因為否則的話，他就會太明目張膽地挑戰官方的解讀。儘管雅斯培如此戒慎恐懼，還是無法換取統治者的善意。我們知道，他在一九三〇年代末期被禁止授課。

海德格和雅斯培在同一個時間也開始講授尼采。他的講稿在戰後集結成書，成為學院中的尼采研究的經典文獻。在特別封閉的學院哲學裡，尼采因為海德格才得到了承認。

在辭去大學校長的職位以後，納粹意識形態的操盤者指控他是「虛無主義」。克利克在一九三四年寫道：「這個哲學的意義在於不加掩飾的無神論和形上學的虛無主義，就像只有由猶太作家才會提倡的一樣，換句話說，是裂解和啃蝕德意志民族的酵母。」（Schneeberger 225）海德格在一九三六年至一九四〇年間的尼采講演便將矛頭轉向，嘗試證明納粹意識形態所引用的權力意志並不是對於虛無主義的征服，反而是虛無主義的完成，但是尼采信徒卻都無法注意到這點。如此，關於尼采的講演變成是在攻擊他所謂的種族主義和生物主義的虛無主義形上學。海德格承認尼采對於統治者的意識形態有部分的利用價值——雖然他自己與它並不同調。另一方面，他試圖承續尼采，然而，他認為自己的思想是跟隨著尼采的足跡而超越尼采。

海德格討論尼采的「意志」概念，著眼於生長、對於壯大的意欲（Stärker-werden-Wollen）、超升和征服的意義。他跟從尼采對觀念論的批判，強調「對大地忠實！」的要求。但是正因為如此，他也批評尼采，指責他的權力意志哲學並沒有忠於大地。海德格認為，「對大地忠實」的意思是：在存有者（Seiende）的羈絆下，仍然沒有遺忘存有（Sein）。海德格說，尼采以權力意志的原理出發，把一切都置入價值取向的人類的視域裡。人類始終與存有有關，自己也是存有，但是現在存有完全被限縮為「價值」。尼采希望人類勇敢地做自己，伸張自己。海德格說，其結果卻不僅是伸張，而是反叛；那是科技和群眾的反叛，藉由科技的控制，群眾完全成了尼采所謂的「最後的人」，「眨著眼睛」安棲在自己的陋室和卑微的滿足裡，以最強烈的手段抗拒任何威脅到他們的安全感和財產的東西。「人類起而反抗，」海德格藉此也意指著德國的現況：「世界成了對象……大地只能把自己顯現為攻擊的對象……大自然到處都……呈現為科技的對象。」（Heidegger 2,166）根據海德格的說法，尼采為這一切都已經做好準備，因為在他身上，存有只能以審美、理論、倫理和實踐的價值觀點去思考，因此被錯過了。對於權力意志而言，世界僅僅是自我保存和自我超升的條件總和。

「然而，」海德格問：「除了把存有提升到作為價值的高度以外，我們還能給它更高的評價嗎？」他回答說：「但是，在存有被提升為一個價值的時候，它就已經被降貶為權力意志自己所定立的條件，如此一來，通往存有經驗的道路本身也就瓦解了。」（Heidegger 2,234）

海德格所說的「存有經驗」指的不是更高的世界，而是經驗到實在界的無窮無盡以及對於光照的無限訝異——如果人們意識到自然如何在人類身上睜開它的眼睛，注意到自然自身的存在。在存有經驗裡，人類發現自己是個「活動空間」。他沒有被存有物牽絆或禁錮。就像一個輪子在輪軸必須有轉動的「間隙」（Spiel）一樣，人類在事物裡也要有「空隙」才能活動。存有的問題，海德格說，歸根究柢，「就是自由的問題」（Heidegger 2,322）。

海德格認為，存有的思考就是對存有無盡的視域開放自己的「遊戲」（spielende）活動，而在這個視域裡，存有物才有出現的可能。認為「存有的問題終究應該有個解答」的無理要求，海德格深不以為然，他在尼采的講演裡說：「存有一無所有。」他的意思是：存有不是任何可以讓我們抓緊的東西。對於固定化和提供安全保證的世界觀而言，它是不斷消融的東西。存有的問題旨在預防世界變成了世界圖像（Weltbild）。對海德格而言，尼采還是一個世界圖像的哲學家。

而事實上，在海德格深入探討的永恆回歸理論裡，尼采的思考顯得特別有圖像化的封閉性。回歸的思想消滅了時間的向度，因為它被壓扁成圓圈；而尼采既然延續了赫拉克利圖的「生成變化」的觀念，原本應該讓思考跨入時間才對。這就是尼采和海德格的重要對立：尼采在權力意志的潛能裡去思考時間，在永恆回歸的理論下又把時間壓扁為存有。海德格則嘗試貫徹以下的思考：存有的意義是時間。尼采把時間變成存有，海德格把存有變成時間。

然而，正如卡爾・勒維特（Karl Löwith）在批評海德格的尼采講演時指出的，海德格和尼采，究竟誰的思考更澈底開放，誰在更上一層的統攝者尋找依歸，仍然是個懸而未決的爭議。畢竟，對尼采來說，統攝一切的「戴奧尼索斯式的」生命並不是一個承載的基礎，而是一個深淵，對於我們自我固定的「阿波羅式的」嘗試而言，時時是一個危險。或許尼采正好可以指責海德格在克服安全感的渴望時不夠激進；或許，他也可能把海德格的「存有」視為提供保護和棲止的柏拉圖式的背後世界。

海德格把尼采哲學解釋為形上學的最終形式。如此的形上學在作對象化和價值判斷的宰制時錯失了存有。海德格認為，「存有的遺忘」（Seinsvergessenheit）的黑夜從柏拉圖就已經開始，到了尼采也還沒有結束。海德格必然感受到尼采的吸引力，因為兩人有顯見的類似發展。尼采也認為，西方世界疏離了作為文化泉源的戴奧尼索斯，而那是始自柏拉圖和蘇格拉底的一個災厄。海德格說那是存有的遺忘，尼采則說那是對於戴奧尼索斯的背叛，兩人都宣稱，當代的災厄始自很久以前，在歷史的深處就已經開始了。

在海德格的尼采講演的幾年後，阿多諾（Theodor W. Adorno）和霍克海默（Max Horkheimer）在一九四四年發表《啟蒙的辯證》（*Dialektik der Aufklärung*）。在這部現在成為對於時代的批評的經典哲學文獻裡，與尼采的爭辯也佔有重要地位。阿多諾和霍克海默藉由這本書告別了他們從前的意識形態批判。以前，他們以中產階級啟蒙思想的價值去對抗資本主義的現實，在晚期資本主義世界的矛盾裡尋找和發現顛覆的可能性。當時，他們的寄託是啟蒙，但是現在，有鑑於戰爭、國家社會主義、史達林（Stalin）的統治、資本主義的文化工業，以及沒有反省性格的工具性科學的節節勝利，讓他們看到，啟蒙對於自身的啟蒙的時刻已經來臨了，也就是說，對於「啟蒙如何陷入巨大的炫目背景裡」的啟蒙。「在完全啟蒙了的地球上，災禍的勝利徵兆露出了光芒。」（Adorno/Horkheimer 9）

尼采和海德格把他們所說的災禍歷史歸罪到柏拉圖和蘇格拉底，而阿多諾和霍克海默為了窮究災難的結局的起點，甚至回到更早的歷史。對他們來說，「災禍」始自奧德賽為了抗拒賽倫女妖的甜美歌聲而讓人把自己綁在帆柱上。自我為了自我主張，必須硬下心腸，束縛自己，鞭笞自己。更重要的是：他不能被音樂軟化。「沒有音樂的生命是一個錯誤」，尼采曾如是說，而阿多諾和霍克海默現在則闡釋說，生命在決定為了自我主張而捨棄世界的音樂時，就沉陷在錯誤裡。

從兩個角度來看，尼采對於《啟蒙的辯證》的作者們影響甚巨。第一，他們循著尼采留下的戴奧尼索斯的線索前進。在有戴奧尼索斯的地方，生命在其創造性而浪費的擾動核心裡自得其樂。阿多諾和霍克海默認為，在社會化的暴力下敗壞的生命，那個他們稱為「在主體裡的自然」（die Natur im Subjekt）的生命，我們也一定會想像它是戴奧尼索斯精神式的，並且沉湎於賽倫女妖的歌聲。生命想要成為主體，就必須把自己綑綁在理性的自我主張的帆柱上；一個人如果要主宰自己，就不可以被賽倫女妖美得帶有毀滅性的歌聲吸引。成為主體意味著宰制外在的和內在的自然。但是，「自然」在這個脈絡裡就像在尼采那裡一樣，「超越經驗的界域，在事物本身的部分多於被認知的存有的部分」（Adorno/Horkheimer 21）。尼采的「戴奧尼索斯」、海德格的「存有」以及阿多諾和霍克海默的「自然」，這些不同的名字意指相同的對象，都是駭異者。

第二，阿多諾和霍克海默也以尼采的權力分析為出發點。如果尼采把對於真理的意志詮釋成權力意志的型態之一，那麼權力的遊戲就顯然是智慧的最後終局。無論如何無目的而且忘我地埋首在真理當中，我們終究可以找到權力意志。對於西方的理性完全失望的《啟蒙的辯證》的作者，大致也有相同的經驗：啟蒙思想裡的人文主義理念已經煙消雲散，舉目四望都是冰冷的權力之心，更精確地說，一個匿名的權力事件的動態結構。

《啟蒙的辯證》的基本藍圖因此是尼采主義的，因為它處理的是我們在尼采身上也看得到的瀕臨撕裂的緊張關係：權力與音樂；被綑綁的奧德賽與戴奧尼索斯這個未來的神。阿多諾其後則以自己的方式繼續作個戴奧尼索斯的信徒，他表示，從前一度存在的真實生命，他現在只能從藝術作品裡聽到遙遠的回音。

戴奧尼索斯與權力

戴奧尼索斯與權力，也是吸引傅柯去探討尼采的兩個主題。在一九六一年的處女作《瘋癲與文明》（*Wahnsinn und Gesellschaft*）裡，傅柯從近代理性世界的邊緣去分析該世界，也就選擇「瘋癲」這個被排斥和唾棄的區域作為觀察的側面——換言之，他將理性的反面描寫為對於古典時代文明的否定，並藉此給它一個身分。我們不難看出，隱藏在這個理性的反面背後的，是戴奧尼索斯的臉孔。當然，幫助傅柯把戴奧尼索斯思想家尼采視為另類理性的聲音而加以聆聽的人，是巴塔耶（Georges Bataille）。在一九三〇年代把出神者和神祕主義者尼采介紹給法國的思想界的人，也是巴塔耶。傅柯對於近代理性的誕生的研究，便是建立在這個基礎上。傅柯解釋說，我們必須將分離且分裂的歷史追溯到關鍵性的片刻：歐洲的理性在

「悲劇的經驗」（Foucault, Wahnsinn 19）面前主張自己，馴服「快樂的享樂世界」，而不再有任何傾聽瘋癲的聲音的意願。傅柯把自己的探索列為「偉大的尼采學派研究」之一，目標在於「讓歷史的辯證和悲劇的不變結構交會」（ibid., 11）。

如果傅柯在延續其研究計畫時以排斥性的權力本身為主題，也就是說，如果他分析權力，那麼就是踏著尼采的足跡前進。他描繪在近代裡、在醫院裡、在精神療養院裡、在監獄裡的真理的製造流程，以此證明尼采的發現多麼正確：對於真理的意志應被詮釋為權力意志的一個認識論形式。而且，傅柯也從尼采那裡借用了系譜學的原理。在一九七一年以法蘭西學院的就職演說為基礎而寫成的〈尼采、系譜學和史學〉（Nietzsche, die Genealogie, die Historie）裡，他探討尼采的系譜學原理，並且說明他如何應用在自己的研究上。

系譜學者在研究歷史性的事件和思考方式的真正來源時，放棄了目的論的假設。他不會被形上學的觀念給矇騙，以致於認為起源就是真理，一切的意義都是源自那裡，而注入實際行為、機構或理念。傅柯要踵繼尼采去打破這種起源的神話。「系譜學者需要藉助史學，才能驅逐起源的魅影。」（Foucault, Nietzsche 88）尼采在《道德系譜學》裡說明了，最初出現的是某種慣例，然後它可能藉由具有多方面意義可能性的懲罰手段去補強自己，首先是造成本能的束縛，然後讓它在漫長的歷史中漸次變成像良心那樣的人類內心世界。同樣的，傅柯也要對「起源的莊嚴」（ibid., 86）嘲笑一番，證明在太初根本沒有所謂計畫、意圖或偉大的意義，而只有偶然的際遇，「野蠻的、筆墨難以形容的擁擠」（ibid., 99）。

理性的根基不是理性的，道德的根基也不是道德的，尼采的系譜學原理被傅柯應用在具體的歷史研究上。其結論是：歷史重新有了不透明的事實性，不再顯現為一個充滿意義的地帶。在尼采的影響下，傅柯發展他的偶性存有論（Ontologie der Kontingenz）：「歷史戲劇裡的力量既不是聽從一個天命，也不是受制於機械性的原理，而是決定於鬥爭的偶然。它們並不開顯為最初的意圖或最後的結果的前後相續的形式。它們只出現在眾多事件沒有重複的骰子遊戲裡。」（ibid., 98）對於傅柯而言，這個思想代表一種解放。我們不必再被一個巨大秩序的幻象誤導，彷彿事物的秩序都是藉著它在說話，而我們的行為也必須與它相符。是誰在說話，誰在訂規矩？傅柯藉由這個問題讓行為者抽離自他的行為，讓作者抽離自他的作品，整體而言，也將一切權力事件的偶性擾動抽離自所謂的歷史。

尼采曾在《晨曦》裡談過認識的激情：人們可能因此而毀滅，因為再也受不了自我的透明化。與其「在火與光裡」升起，人們或許寧願消失「在沙子裡」（3,265）。傅柯採用這個意象，寫下他的主要作品《詞與物》（*Die Ordnung der Dinge*）的著名結論。他說，以前某種對於真理的意志甦醒了，而指向人類；一時之間並沒有任何不妥，但是，情況隨時可能改觀。或許，我們正面臨一個重大的轉折，「人類可能會像在海邊用沙堆出的一張臉一般地殞滅」（Foucault, Ordnung 462）。

傅柯在最後的創作期裡的思考對象，我們可以稱為「親身的權力策略」。這也是尼采的計畫，目標在於重獲生命的藝術。傅柯在《性意識史》（*Sexualität und Wahreit*）的最後幾卷裡不分析主體瓦解的條件，而是探討主權的活動空間。他既研究古訓，也探討尼采。尼采說：「你應該成為自己的主人，也成為決定你自己的德行的主人。從前它們是你的主人；但是它們只能是你的工具，就像其他工具一樣。你應該掌控你的好惡。」（2,20; MA）

在傅柯的生命裡有轉折，有缺口，有決裂，但是，他從來不曾想過要擺脫尼采，想必是因為他不認為這層關係對他是個束縛。

沒有結束的故事

生命藝術——這是傅柯追隨尼采踏勘的最後一個主題，同時，尼采的思考故事也在此告一段落。其實，這個故事並沒有終點。我們照理必須繼續說下去。

例如，我們可以談到美國的實用主義發現怎樣的尼采：尼采說，真理只是幻影，但讓我們安然走過人生。他們褪去了尼采的舊日歐洲的激情。如果我們不能擁有絕對的真理，畢竟也不是什麼大災難！他們輕輕放下尼采「上帝已死」的激昂命題。威廉．詹姆士（William James）就理所當然地認為，如果有權力意志，為什麼不可以有信仰意志，或許個人的生命因此而更豐富，社會因此而更穩定？實用主義者嚴格區別危險的尼采和有用的尼采。他們拒絕尼采的優生學和人種淘汰的「大政治」劇本，保留自我形塑和自我超升的哲學藝術，也就是室內樂編制的尼采。如理查．羅蒂（Richard Rorty）等哲學家便如是看待尼采，而且，在有時非常殘酷的思想裡尋找善意的蛛絲馬跡，看起來還不算太壞。

尼采是思想的實驗室，而且他從未停止詮釋自己。他是為詮釋的製造供電的發電廠。他把可能的思考和可能的生命的劇本搬上舞台，以此探勘人力的極限。人們如果把思考看作生命，他的尼采就不會有結束的一天。他可能得到的經驗是，他永遠也掙脫不了的，便是駭異者這個龐然大物般的世界音樂。

在寫作這本書的期間裡，我的眼前始終是卡斯帕．大衛．腓特烈（Caspar David Friedrich）的一幅畫：《海邊的僧侶》（*Der Mönch am Meer*），其中一個人形單影隻地站在令人駭異的海天之際。這樣的駭異是可以思考的嗎？駭異者的經驗不是會再讓思考瓦解嗎？尼采就是這個海邊的僧侶，始終凝望著駭異者，隨時準備好讓思考在不確定性裡面被淹沒，接著嘗試重新形塑。我們應該離開基礎穩固的理性王國，航向一望無際的不可知的大海嗎？康德這麼問，並且奉勸我們留下來。但是尼采決定要出航。

跟著尼采的思考，我們到不了任何目的地，得不到任何結果，也不會有任何斬獲。尼采只有一個追求沒有終點的思考探險的意志。

但是，偶爾會有一個感覺襲上我們心頭：或許它也應該唱歌才對——這個靈魂。

後記

為什麼探究尼采的思想生平可以更加理解他？

大家都知道，哲學不同於自然科學，嚴格說來沒有什麼進步可言。哲學寶庫固然蘊含豐富的洞見，可是可供人們採擷且作為基礎的知識資源一直相當有限，其實也不是哲學的擅場。哲學一直都在重新開始。

對於堅壁清野的封閉體系，挖空心思構想的堅固思想架構，或者是後現代所謂的大「敘事」，則是更加如此。那就是從柏拉圖、黑格爾、叔本華到布洛赫的思想建構。

這些作品都是精神的寓所，它們可能會老化，也不免會傾圮，臣服於歷史性，卻又不必然相互排斥攻伐。它們往往彼此相關，卻不會以對方為前提。它們都想要各自找到新的開端。

對於這個意義下的哲學的要求則是不容小覷，不管是哲學家自己或是大眾。就連尼采自己有時候也會夢想著自身完足的、有系統的、基礎穩固的作品。他的野心是要找到一個普遍的鑰匙，以解開關於世界奧祕的謎題。《權力意志》是其中最耳熟能詳的作品。在相關的札記裡有幾句話說：「這個世界是權力意志——此外無他！你們也都是權力意志——此外無他。」（WM 714）

尼采時或也會想要建構一個大體系，自詡可以和當時的生物學、物理學和人類學分庭抗禮。計畫中用以解答存有問題的宏偉作品，終究是胎死腹中。所幸尼采注意到他的哲學熱情有所轉向。他自己把它定義為「整個人類核心的神聖化和變容」（3:298）。哲學因而是自我型塑、自我轉型、自我提升的。哲學不是堅壁清野的、故步自封的世界解釋，而是洞燭機先的哲學，它隨時注意著內心的歷程以及滄海桑田的世事變化，不會沉溺在當下的事物。不同於那些敝帚自珍的哲學作品，它是「流動不居」的哲學。它優游於反思、變幻無常的看法、省察和觀念之間。它著眼於活動本身而不是結果，雖然可以成果豐碩，但是在體系裡卻沒有固定的位置。就像那些斐然成章的哲學一樣，這種哲學也不斷地更新它的自我理解。它不想找一個思想的棲風谷，當生命注意到它自身時，哲學每次都要重新開始。正如雅斯培（Karl Jaspers）所說的，哲學是「存在的照見」（Existenzerhellung），隨著每個存在境況而重新出發，因而不會想要建造或構築任何東西，而是亦步亦趨地跟隨著窮究生命的思考事件前進。

這本書正是要描述這個事件，作為尼采在和他的時代搏鬥當中自我型塑的一個故事。所以我也以「他的思想生平」（Biographie seines Denkens）為題。

尼采不只是在生命中居無定所，他的思想也一直變動不居。我們沒辦法替他蓋棺論定，他是說似一物即不中的人，不斷地在找尋新的觀點。他用許多眼睛在凝望世界。尼采當然是最偉大的哲學變裝藝術家。在探究他的哲學的時候，人們往往會陷入一場各種洞見紛至沓來的暴風雪裡。每個觀念隨時都會被下一個觀念取代。思想的翱翔偶而也會變成思想的遁走。就連尼采自己也沒辦法掌握全局，反正到頭來也總是失控。他豐沛的觀念不只是使他洋洋得意，更讓他手忙腳亂。因此他一再地提到他自己的思想生平，有時候是在其作品的前言裡，後來則是造就了《瞧，這個人》。

關於他的洞見風暴，我們不妨舉幾個實例：他有個重大的心理學發現，差不多就是說，當你的自尊決定說你沒有做過那件事，你的記憶就會向它投降。在這個觀察裡，他甚至比佛洛伊德更早一步提出完整的潛抑（Verdrängung）理論。或者是另一個洞見：善惡之分是約定俗成的構造，人性其實是「善惡混」的：「善行和惡行之間並沒有種屬差別，而是程度之別：善行只是昇華了的惡行；惡行則是變得粗魯而愚蠢的善行。」（2:104 MA）或者是他關於所謂「性善」現象的芻議。「那些自覺是『好人』的，都是不老實的謊言、澈頭澈尾的謊言……都只是自欺欺人、睜眼說瞎話、假道學。」（5:386）或者是對於康德的定言命令（kategorsiches Imperativ）既厚顏無恥卻又很務實的批評。尼采認為現實正好相反：「寧我負人，勿人負我！已所不欲，寧勿施於人歟？」（10:554）或者是另一個洞見：良知只不過是文明馴化了人的獸性而使他原本對外界的殘暴本性轉向自己。或者是把禁欲解釋成文化的技藝，為不可避免的苦難找個解釋，也就是自我克制的告捷；禁欲因而是精神優勢的表現。還有個令人印象深刻的洞見是關於真理問題快刀斬亂麻的命題：「真理是一種錯誤，沒有了它，某種生命就會活不下去。」（11:506）另一個相關連的洞見，則是尼采以語言學的隱喻去解釋我們的現實經驗：世上沒有絕對強制性的文本，而只有各種詮釋。尼采也替兩種根本的文化力量命名為「戴奧尼索斯」和「阿波羅」，也就是本能而狂喜的，以及賦型的、謹守理性的。後來他換了個說法，變成了文化的雙閣制。尼采認為，一個高等文化必定會給人兩個腦室。「一個腦區裡有能源，另一個腦區裡則有調節器。一方面以幻想、片面性和激情加溫，另一方面則是以啟迪人心的知識預防因為過熱而造成的危險後果。」（2:209）

尼采的這些洞見只能算是在其思想生平的旋律和發展形式當中的插曲。提到這個發展形式，我想要回顧一下他的基本軌跡。

他起初是個嚴謹的語言學家，理性而有紀律，恪遵科學倫理。

可是偏偏在古典語言學的核心，在對於希臘悲劇的分析裡，由於華格納的激情的啟發，他點燃了火炬，喚醒了對於意義豐沛的神話的熱情，對他而言，知識無非意味著啟動「對於隱喻的掌握」（1:880 WL）。在知識的發展中，我們其實也是個藝術家而不自知。

接著則是冷卻的反彈：他揮別對於藝術的過譽，不再醉心於曖昧不清的感覺、對於形上學彼岸世界的崇拜以及浪漫主義。尼采替自己開了個治療處方，那就是冷靜、理性和冰冷的心理學。他說，只因為知識沒有絕對的確定性就對它棄如敝屣，那是沒有任何理性的根據的。人們就算沒有任何保證，也可以活得好好的。對於確定性的期待只是個形上學的遺傳因子。人們唯有擺脫它，才會得到自由。

然後他又從冷卻回到思考的激情源頭。他問道，人為什麼會思考，其中的驅動活力是什麼，又要推向何方？他在追尋一種新的思考風格，一種有血有肉的思考，和生命有關的思考。那不再是高唱入雲的問題：「人為什麼存在？人的死後歸去何處？他如何和上帝和解？答案會是什麼？」相反的，他感受到另一種要求的挑戰，因而提出一個膾炙人口的說法：「我們必須重新和眼前事物為鄰……」（2:551）「為鄰」意味著：尼采以迅雷不及掩耳的速度轉向現象世界的寶庫，而且是印象的現象學。他看穿了經驗科學的自我膨脹，對他而言，其經驗基礎太過狹隘了。他要掌握不可名狀的經驗源泉，那無法控制的、個別的、不囿限於常識的經驗。他在這個時期的理想是對於日常生活的寂寂惺惺、隨方發現。以《晨曦》為開端的這個生涯時期，尼采的作品成了無法預見的、充滿生命力的意識流。他放棄任何形式的體系，對他而言，世界是由個體組成的，而他也覺得自己是個體之一。只有當下和事件才是可以被思考的。為什麼要野心勃勃地思考全體的東西？任何全體都只不過是杜撰出來的東西，對於源泉不竭的個體而言，它太過褊狹了。

思考的熱情在這裡激起的，其實就是痛苦。他在《晨曦》裡說：「知性的高度壓力，它和痛苦為敵，以嶄新的光照耀著他所看到的一切。」（3:105）

這就是對於表面事物近乎狂喜的感動的階段，他時或會快樂得不知所措，關於這一切，他只有一種語言足堪表達，緊緊貼著最細膩的微妙差別和色調，準確地表現感覺的每個褶痕。

接著又是另一個轉向。從細膩的經驗世界回到對於全體世界波瀾壯闊的解釋。「權力意志」寸步不讓，而專注於「躡手躡腳」（踩著鴿子的腳步）的真理問題的尼采，現在則是「當頭棒喝」（用榔頭）從事哲學思考。質料熱得發燙——被意志驅動的宇宙——，而對它的省視卻是冰冷的、無情的，而且沒有任何道德的柔焦，因為所謂的權力意志的體現，就在於它完全不考慮任何後果。「假設有人認為諸如仇恨、妒嫉、貪婪、權力欲是作為生命條件的感情，是生活中不可或缺的，如果生命要提升，它們就必須提升，那麼他的這種判斷方向就會像心理疾病一樣困擾著他。」（5:38）

如果說「權力意志」的觀點是個真理的話，我們是否真的能以它為依歸？尼采的英雄式的回答主要是憑藉著在他以及世界面前上演的戲劇。

尼采是個舞台上的思想家，在這個角色裡，除了加熱和冷卻的兩極性以外，還有另一個兩極性：室內劇場和世界劇場。權力意志的室內劇場無非自我克制、駕馭自我、適才適性，擁有拒絕的能力，可以約束自己的貪欲。歌德是尼采的偉大榜樣。重點在於自我型塑、在於無入而不自得。這就是室內劇場。

而作為世界劇場的權力意志，則是哲學家也有話要說（甚至舉足輕重）的「大政治」。尼采在精神崩潰之前寫信給布蘭德斯（Georg Brandes）說：「我們正值大政治的時代，甚至是史上最大的……我預期會有大事發生，它很可能把歷史炸成兩半。」（一八八八年十二月，B 8:500）尼采預測權力意志會掙脫任何道德的羈絆，摧枯拉朽，殘忍而具破壞力，卻也擁有創造力，而沒有任何重大的意義事件為其導引，當然也不會相信神的看守和引領。

尼采在精神崩潰的一個禮拜前，以一個登上世界劇場舞台的哲學家自居，他以「神鬼大戰」為名，向霍亨佐倫王族（Hohenzollernhaus）宣戰。可是即使是這個最終的武裝起義，他也在最後一刻掛起免戰牌，因為他自稱是個「小丑」，只會引人「訕笑」。

「不要把我搞混了！」尼采有一次寫道，而在他的思想生平裡，他逃避了太多問題，使得他難以捉摸。他詭譎多變的歷史影響也反映了這點，因為在幾乎任何世界觀的潮流裡都看得到他的身影。

尼采的影響無遠弗屆，而他也很自戀地為他的作品賦予了以前他在談論希臘悲劇時提到的性質：「這個戰爭的魔力在於，任何觀看的人，也都必須戰鬥！」（1:102）這個履踐的魔力也吸引我們進入他的思想生平。

然而，尼采這個哲學的變形蟲，在他狂野大膽的畋獵中，也一直在追逐若干困擾著他的主題。那些都是西方哲學傳統裡的重大主題：神的問題和虛無主義、自由的問題、知識的問題和道德的問題。就像前人一樣，他也被困在難以迴避的矛盾當中。他曾經為了完全掌握作為一種創造力的自由而否認它的存在，也就是說，他利用自由去說明自由並不存在。他在每個真理的後面加上一個問號，然而這個問號卻是他的絕對真理。他宣告上帝已死，卻以他自己的最高價值取而代之。他偵測到道德的非道德起源而提出道德的批判，然而這個批判本身卻又是極其道德的。這一切再再說明了，隨著知識、道德、上帝、形上學和自由的批判，人們仍然被困在自我矛盾的循環裡：人們既在暗地裡使用它們，卻又公開地駁斥它們，這就是知識、道德、上帝和自由。雖然如此，尼采仍然在這個循環裡矯矯不群地馳騁想像，使得他在哲學上更有娛樂價值。

在尼采身上匯聚了太多特色，因而既有魅力而又源泉不竭。層出不窮的角色、風格、別出心裁的靈感、優雅、蠻橫、挖苦和諷刺、既「躡手躡腳」而又「當頭棒喝」。可是這個精神的寶庫以及這種流動性，並不是由於他的驚人天賦或是狂熱的好奇心所致，它更說明了一個事實，像尼采這樣擁有宗教底蘊的人，不可能對於「上帝之死」漠不關心。為了填補這個空缺，他的靈感勢必如排山倒海而來。而這個靈感的寶庫至今仍然教全世界的人們心醉神馳。尼采可以說是目前最多人閱讀的哲學家。

尼采一生獻身於生命的任性，一種既挑戰又駁斥任何哲學詮釋的任性。在齊美爾（Georg Simmel）的遺作裡，對於這個思考的難題有一段以下的反省：「對於深思的人而言，要忍受生命，只有一種可能：表面上的適可而止。因為如果他追根究柢地思考那些相互對立而又不能和解的衝動、義務、夢想和渴望，就像他的本性要求他去思考的，那麼他一定會分裂而精神錯亂，逃離生命。在海底深處，存有、意欲和應然的航線狂暴地相互衝撞，而勢必使我們四分五裂。我們只能不去探究那個底層，才能使它們有如楚河漢界一般地分開來，也才活得下去。而一元論的樂觀主義所說的正好相反：人們唯有窮究各種對立，才能獲致和解。」

我們可以由這個思考推論說，到現在為止，哲學只是在窮究彼此扞格不入的「存有、意欲和應然的航線」，一直在找尋它們背後或根柢的統一性。而每個渴望、氣質和深層經驗，或許可以在和它們相對應的哲學家以及哲學裡看到。我們看到恆常不變的存有的哲學，也看到不舍晝夜的生成變化的哲學；有正義的哲學，也有權力意志的哲學；有厭世的哲學，也有肯定世界的哲學；有愛的哲學，也有暴力的哲學；有死亡的哲學，也有生命的哲學。可是不會有一種哲學：那就是一個巨大的、周遍一切的思想。如果我們想像一下西方哲學傳統裡「觀念上的整個主體」（ideelle Gesamtsubjekt），那麼它一定會是處在各異其趣的「存有、意欲和應然的航線」之間的巨大衝突關係裡。可是這個「觀念上的整個主體」並不存在；可是我很好奇，每個博學深思的人，他們到底看得出多少的差異和分歧。我更好奇，在像尼采這樣的思考藝術家身上各種分歧的元素當中，到底是否可以一言以蔽之（當然不是要統一它們）。可是讀者們應該很難接受這麼一個充滿矛盾的繁雜的劇場（當然只是在想像裡而不是在生活裡）。尼采也會給人一個基本的印象：思考是一回事，生活又是另一回事。對尼采而言，這是很令人失望的事。

然而，對於他的讀者而言，這個逸興遄飛的思想翱翔，會讓人產生很奇怪的似曾相識的感覺。人們會注意到他不只是時代的孩子，更是深入若干時代之中。

尼采開啟了哲學檔案室或者說實驗室的大門，可以就任何生命觀或世界觀去做實驗。其結果是：在一個思想的空間裡，人們感到其行為準則、觀點和決定都被映現和理解，固然沒有完全解決他們的問題，卻找到了「人性」所熟悉的表達語言，不管是好是壞。

尼采年譜

一八四四年

十月十五日：卡爾．路德維希．尼采（Karl Ludwig Nietzsche）牧師與妻子法蘭契斯卡．厄勒（Franziska Oehler）的三個子女當中的長子腓特烈．威廉．尼采（Friedrich Wilhelm Nietzsche）在律臣（Lützen）附近的小鎮勒肯（Röcken）出生。「在律臣的戰場上出生。我所聽到的第一個名字是古斯塔夫．阿道夫（Gustav Aldolfs）。」（一八五八年）

關於父親：「鄉村牧師的完美典型！他有思想，有靈性，綴滿了一個基督徒所有的美德，過著寂靜、簡單但幸福的生活。」（一八五八年）

關於勒肯的童年：「很早就發展了許多不同的特質，例如某種沉靜和緘默讓我容易遠離其他的小孩，同時偶爾有激情的爆發。我生活在幸福的家庭圈內，與外面的世界沒有接觸；小鎮與近郊是我的世界，遠方的一切對我而言是未知的魔幻之境。」（一八五八年）

一八四九年

七月三十日：父親辭世。診斷：「腦衰弱。」「雖然我還很小，不懂世事，卻已經有了死的觀念；每想到我跟摯愛的父親天人永隔，我就會難以自制，抱頭痛哭。」（一八五八年）在《瞧，這個人》（*Ecce homo*, 1888）裡，尼采關於父親：「在我的眼中，曾經擁有這樣的父親是一種特權：我甚至認為，它解釋了我各方面的得天獨厚——生命，對於生命的大膽肯定還沒有算在內。」

一八五〇年

一月九日：弟弟路德維希．約瑟夫（Ludwig Joseph）在兩周歲前不久亡故。「在當時，我夢見了教堂傳來管風琴聲，彷彿在舉行喪禮。當我想要一窺究竟時，突然有一個墳墓裂開，穿著壽衣的父親走出來。他疾步走進教堂，片刻後抱著一個小孩回來：墳塚又打開，他走了進去，隨後棺蓋又覆上。管風琴的琴聲立刻沉寂下來了，同時我也醒來。第二天，約瑟夫突然感到不適，出現了痙攣，幾個小時之後死去。我們感到無盡的哀痛：我的夢完全應驗了。」（一八五八年）

四月初：勒肯的牧師重新指派，因此全家（祖母、兩個未婚的姑媽、母親與兩個小孩腓特烈和伊麗莎白〔Elisabeth〕）搬到瑙姆堡（Naumburg）。家中小有積蓄，母親領有寡婦津貼和阿騰堡農莊（Altenburger Hof）的小額退休金，因為父親曾在那裡擔任數年教師。

進入市民童校（到一八五一年為止）。妹妹關於這個時期的報導：同學們稱他為「小牧師」，因為他可以感情豐富地引述「聖經名言和聖歌」，以致聽者「幾乎要掉下眼淚」。妹妹談到以下軼事：「有一天放學後突然下起滂沱大雨，我們沿著司鐸巷尋找我們的小佛烈茲（尼采的小名）。所有的同學都狂奔回家，終於，小佛烈茲也出現了，他不疾不徐地往前走，寫字板遮在便帽上，上面再覆上手巾……他全身溼透回到家裡，在母親責問時，他說：『但是媽媽，學校的校規規定：學童離開學校時不可跑跳，必須安靜、有教養地走回家。』」母親送給尼采一架鋼琴，讓他跟隨一個年老的教堂管風琴師學琴。最初的作曲嘗試。

一八五三年

一月：尼采得了「猩紅熱」。家人期待尼采和父親一樣成為牧師。與古斯塔夫・克魯格（Gustav Krug）以及威廉・品得（Wilhelm Pinder）成為好朋友。

一八五六年

在學校裡，尼采成了話題。尼采的妹妹談到高年級的學生關於十二歲的哥哥的說法：「在那時，他常常注意到哥哥張著沉思的大眼睛，而且對於他對同學的感染力十分訝異。他們在他的面前都不敢講粗話或說出不適當的評語……『他對你們怎麼了？』他曾這麼問，『唉，他就那樣看著你，讓一個人把話都吞了回去』……佛烈茲在他的眼中永遠像一個十二歲的耶穌在神殿裡面。」

尼采寫了第一篇哲學作品：〈論惡的起源〉（Vom Ursprung des Bösen）。筆記本裡寫滿了詩。

一八五八年

夏天：尼采準備舒爾普福塔（Schulpforta）的入學考試，也開始寫他的第一篇自傳。概要：「我的管教大致上都是由我自己決定……我缺乏男性的理智嚴格而安穩的引導。」在其後十年裡，他試寫了八次自傳。

十月：取得舒爾普福塔的入學資格，那是瑙姆堡附近的沙勒塔（Saaletal）的菁英寄宿學校。「那是一個星期二的早晨，我乘車離開瑙姆堡的城門，晨曦還覆蓋在四周的田野上……在我的心田裡也還鋪滿了這樣的晨曦：陽光的喜悅還不曾真正地從我的心中湧起。」

一八五九年

尼采發現了尚・保羅（Jean Paul）：「我所讀過的他的零星作品，華麗而感情洋溢的描述、細膩的思想、諷刺的機智深深吸引了我。」尼采在數年當中保持第一名的成績。在十五歲生日時，尼采寫說：「一個追求知識與全方位教育的強烈衝動籠罩了我的生命。」

一八六〇年

保羅・朵伊森（Paul Deussen）：「我們立下了友誼的盟誓……在一個莊嚴的時刻裡，我們聚在一起，把在舒爾普福塔學生之間慣稱的『您』換成了只保留給親密的朋友的『你』；

儘管我們沒有飲酒結拜，卻也用鼻煙來替代。」

一八六一年

尼采發現當時幾乎已經被遺忘的賀德齡（Hölderlin）。他稱他為「我最喜愛的詩人」，並以他為題寫了一篇文章。教師的評語：「我必須友善地向作者提出一個忠告，最好去接近一個較健康的、頭腦較清楚的、較有德國味的詩人。」

一八六二年

尼采與幾個朋友成立了自修的協會「日爾曼尼亞」（Germania）。節錄自規章：「每個人可以依自己的喜好繳交音樂創作、詩或論文。然而，每個人都有義務在一年當中交出六篇論文，其中有兩篇必須處理當代史或當代問題。」

尼采住院：「經常游移的頭痛。」尼采撰寫〈命運與歷史〉（Fatum und Geschichte）與《耶曼納利希》（*Ermanarich*）劇本大綱。

一八六三年

保羅．朵伊森對於舒爾普福塔共度的時光的回憶：「他對於同學們狹隘的興趣的無動於衷、他在體能上的孱弱，都被解釋成缺乏個性，而且我還記得，有一天，某一位同學M在學校的花園中嬉戲時，為了娛樂四周的人，裁剪了尼采的照片，用它做了一個傀儡。幸好我的朋友從來不知道這件事。」

在一次遠足當中，尼采在科森火車站的酒吧裡喝了四罐啤酒，帶著醉意回到舒爾普福塔。尼采因此被剝奪了優等生的資格，也喪失了低年級學生糾察的身分。他極度悔恨地寫了一封信給母親：「盡快寫信來責罵我吧，因為我罪有應得。」與流浪漢、詩人恩斯特．沃特烈（Ernst Ortlepp）來往。尼采將沃特烈幾首關於愛的詩與歌曲記載於他的日記裡：「現在我不再能擁有妳，／那麼我即將走進墳墓。」不久後，沃特烈的屍體在路旁的溝中被發現。

九月六日寫給母親的一封信：「不過，秋天和醞釀成熟的風已經趕走了夜鶯……但是，空氣是那麼清澄，我可以從地上清楚看到天空，世界好像裸露在眼前。如果我有幾分鐘的時間可以隨心所欲地思考，那麼可以說我是在為一段現有的旋律找歌詞，為一段現有的歌詞找旋律，但是兩者怎麼樣也兜不攏，儘管它們源自於同一個靈魂。但，這便是我的宿命呀！」

一八六四年

在舒爾普福塔時期結束前，尼采就已經寫完了以「提奧格尼斯」（Theognis）為主題的第一篇大型古典語言學作品，獲得老師們熱烈的讚賞。尼采自己的看法卻大不相同：「我對它感到滿意嗎？不！不！」八月：畢業考。十月：開始在波昂攻讀神學與古典語言學。尼采租了一架鋼琴，加入學生社團「法蘭科尼亞」（Frankonia）。聽腓特烈．黎契爾（Friedrich Ritschl）的講演課。

一八六五年

二月：「我已決定轉入語言學的道路。」無意間走進了妓院。給母親的信：過去這段時間裡，「我的經驗範圍限制在藝術鑑賞上」。在學生社團裡，尼采被當作一隻「瘋雞」，因為「他不是上課，就是待在家裡，讀書或玩音樂」。尼采沒有參加科隆的嘉年華。

在瑙姆堡度暑假。與母親爭吵：尼采拒領聖餐禮。回到波昂。進行一場決鬥。一個見證人說：「兩位英雄手上緊綑著繃帶，拳腳相向有十一分鐘之久。尼采的鼻梁上畫出了一道或許有兩公分長的傷痕。」與卡爾．封．葛斯朵夫（Carl von Gersdorff）及艾爾文．羅得（Erwin Rohde）成為密友。尼采對法蘭科尼亞的「啤酒唯物主義」感到厭惡。離開波昂。「我像難民一般地逃離了波昂。」轉學到萊比錫，因為他所崇拜的老師黎契爾獲聘萊比錫大學教授。

十月：叔本華經驗。「自我認識，甚至自我咬噬的需要狠狠地抓住我；到現在，當時一頁一頁惶恐而憂鬱的日記裡，無用的自我控告以及對於整個生命核心的療癒和改造的殷盼，都見證了那個轉捩點。」創立「語言學協會」（Philologischen Vereins）。尼采完全戒除菸酒，卻勤跑糕餅店，吃下大量的蛋糕。

一八六六年

在萊比錫的郊外長途健行。關於一陣大雷雨的描述：「眼前的雷電、暴風、冰雹是多麼不同，自由的力量，沒有道德倫理！它們多麼歡欣，多麼有力，純粹的意志，不摻雜任何理智！」（四月）驚佩俾斯麥（Bismarck），承認自己是一個「熱血沸騰的普魯士人」（七月）。關於俾斯麥的軍事政策：「到了最後，普魯士人甩脫王公的方式是全世界最便利的辦法。」（七月）尼采在給葛斯朵夫的信裡談到了普魯士人的「國家大計」：「如果它失敗了，希望我們能有幸被一顆法國的子彈擊中，陣亡在戰場上。」

閱讀了愛默生（Emerson）與腓特烈・亞伯特・朗格（Friedrich Albert Lange）。

一八六七年

寫作《論戴奧堅尼斯・雷爾提烏斯之文獻來源》（*De fontibus Diognis Laertii*）。致函朵伊森：「你不會相信，我個人對黎契爾的依附程度有多深，以致於我不能也不想掙脫他。」（四月四日）風格的意志的甦醒：「突然，我恍然大悟：我活在童真的風格之下已經太久了。『你必須寫作』這個定言令式喚醒了我。」（四月六日）撰寫關於德謨克利圖

（Demokrit）的研究。十月三十一日：萊比錫大學頒獎給《論戴奧堅尼斯・雷爾提烏斯之文獻來源》。

一八六七年十月九日到一八六八年十月十五日：在瑙姆堡的砲兵部隊服為期一年的兵役。尼采學會了騎馬和射砲。

一八六八年

三月：落馬，胸部肋骨重傷，劇烈的疼痛，以嗎啡止痛。毒品作用下的幻景：「我害怕的，不是我的椅子後面恐怖的身影，而是它的聲音：而且也不是它的話語，而是那個身影傳來的含糊又無人性的聲響。甚至，如果它會說話的話，跟人類一樣說話！」

六月到八月：前往哈勒附近的威特金（Wittekind）療養。尼采構想了計畫，打算淡化與語言學的關係：「但可惜的是我偏好巴黎的報紙副刊……喜歡濃汁燉肉甚於煎煮牛肉……然而，或許將來我會發現一個可以用音樂去處理的語言學題材。」（七月二日）十月：繼續萊比錫大學的學業。

十一月八日：在布洛克豪斯（Brockhaus）的家認識了李察・華格納（Richard Wagner）。尼采得到了前往特里比先（Tribschen）的邀請。亢奮的心情。

一八六九年

二月十二日：雖然尼采既沒有博士學位，更沒有取得大學的任教資格，在黎契爾的奔走下，他得到巴塞爾大學的聘書。寫給母親與妹妹的信：「你們可以幫我一個忙，也就是幫我找一個僕人，讓我帶走。」（二月）放棄普魯士國民身分。不經考試與答辯取得博士學位。告別學生時代：「自由、無拘無束的；活在一切操之在我的當下的；鑑賞藝術、世界的黃金時代……已經一去不返……是呀！是呀！現在連我自己也必須做一個非利士人了！」（四月十一日）

四月十九日：抵達巴塞爾。

五月十七日：第一次前往李察・華格納與科希瑪・封・畢羅（Cosima von Bülow）在琉中附近的特里比先的家中作客。在華格納的生日（五月二十二日）尼采寫道：「我必須感謝您和叔本華，讓我一直沒有忘記日耳曼式的生命嚴肅性以及對於神祕而可疑的存在的深入觀照。」

五月二十八日：就職演說〈荷馬的人格〉（Über die Persönlichkeit Homers）。巴塞爾學會無數的邀請。與雅可布・布克哈特（Jakob Burckhardt）結識。「有思想的怪人。」

科希瑪關於尼采：「一個有教養、容易相處的人。」經常在週末到特里比先去。華格納勸說尼采放棄嚴格的素食。在特里比先度過耶誕節和新年。

一八七〇年

一月十八日：講演〈希臘的音樂劇〉（Das griechische Musikdrama）。二月一日：講演〈蘇格拉底與悲劇〉（Sokrates und die Tragödie）。華格納的看法：「我為您感到擔心，也衷心期盼您不會因此而跌斷脖子。」他建議尼采寫一本「篇幅更大、包容更廣的書」來推廣他「令人驚詫的觀念」。華格納的憂慮：「叔本華哲學到了最後對於這樣的年輕人會產生惡劣的影響，因為他們會把一種作為思想和關照方式的悲觀主義套用到生命上，造成事實上的絕望。」（Cosima Wagner）

尼采衝勁十足：「科學、藝術與哲學在我的身上合而為一，將來我必定會生出人頭馬怪物。」（二月十五日）結交了法蘭茲．歐佛貝克（Franz Overbeck）（四月）。羅得與尼采相偕前往特里比先（六月十一日）。「為了拜羅伊特這件事，我考慮到，或許對我而言最好的決定是，暫時將我的教授職務凍結幾年，跟著前往非西特爾山朝聖。」（六月十九日）

德法戰爭爆發時（七月十九日），尼采正在撰寫〈戴奧尼索斯的世界觀〉（Dionysische Weltanschauung）。尼采申請休假，以便以「戰士或護理兵」的身分投入戰爭。

八月九日到十月二十一日：作為衛生兵進入前線。在一個戰場上搜集屍體與傷兵。在一次傷兵運送的過程裡感染了白喉和痢疾。回到巴塞爾的尼采寫說：「我覺得目前的普魯士對文化而言是最危險的政權之一。」（十一月七日）

在特里比先度聖誕和新年。十分融洽。〈戴奧尼索斯的世界觀〉送給科希瑪當禮物。

一八七一年

尼采為失眠所苦。「一個人在這裡無法真正進行該做的工作，在不勝負荷的教書工作裡消耗生命中最好的時光。」（一月二十一日）尼采爭取巴塞爾大學哲學教授的空缺未果（二月）。「對於我命中注定要去追求的認識，我完全沒有適用的指南針。」（三月二十九日）。杜勒瀛公園（Tuilerien）遭到巴黎公社成員縱火，深深震撼尼采：「作為一個學者，面對這樣的文化地震情何以堪！……這是我一生當中最難過的一天。」（五月二十七日）著手撰寫《悲劇的誕生》（*Die Geburt der Tragödie*），經常拜訪特里比先，但是此次沒有在聖誕節前往。華格納感到失望。

一八七二年

一月：《悲劇的誕生》問世。華格納至為激賞。給羅得的信：「我跟華格納結了盟。你實在無法想像，我們現在彼此有多貼近。」（一月二十八日）學術界不接受該著作。黎契爾說：「靈思泉湧，雜亂無章。」

一月至三月：演說《關於我們的教育體制的未來》（*Über die Zukunft unserer*

Bildungsanstalten）。雅可布・布克哈特致阿諾・封・薩里斯（Arnold von Salis）函：「您實在不應該錯過這些東西！某些段落令人鼓舞，但接著也可以聽出深沉的悲哀。」（四月二十一日）尼采打算辭退教授職位，替拜羅伊特音樂節做文字工作。華格納勸他打消這個念頭。華格納一家遷往拜羅伊特（四月）。五月二十二日：與朋友葛斯朵夫、羅得相偕參與拜羅伊特的奠基典禮。華格納對尼采說：「嚴格說來，除了我的妻子之外，你是生命帶給我的唯一的禮物。」華格納撰文支持尼采。

尼采的音樂創作《曼弗烈的冥想》（*Manfred-Meditationen*）。漢斯・封・畢羅（Hans von Bülow）的評語：「慘不忍睹。」演說〈荷馬的競技〉（Homers Wettkampf）。在瑙姆堡度聖誕節與新年。

一八七三年

尼采經常生病。羅得出書為《悲劇的誕生》辯護（三月）。尼采讀了阿弗利堪・史畢爾（Afrikan Spir）的《思考與實在》（*Denken und Wirklichkeit*）。寫作《希臘悲劇時代的哲學》（*Philosophie im tragischen Zeitalter der Griechen*）。眼疾。尼采向朋友葛斯朵夫口述〈非道德意義下的真理與謊言〉（Über Wahrheit und Lüge im außermoralischen Sinne）（六月）。尼采寫作《不合時宜的觀察》（*Unzeitgemäße Betrachtung*）第一篇。在重讀《悲劇的誕生》以後，華格納致函尼采：我已經可以預見，「在未來我可能必須為了保衛您的書跟您對抗。」（九月二十一日）尼采意志消沉：「因為，只有在我創作的時候，才覺得自己真的健康，才覺得好受。其他的一切都是低劣的串場音樂。」（九月二十七日）尼采在十月為（資助拜羅伊特的）華格納協會擬就了一份〈給德國人的警示〉（Mahnruf an die Deutschen），協會謝絕了這份聲明（「過於大膽」）。寫作《不合時宜的觀察》第二篇。在瑙姆堡度聖誕與新年。

一八七四年

一月：《不合時宜的觀察》第二篇出版。華格納致尼采函：「用最短的話來說，我只要向您表明一點，也就是我感受到一種美好的驕傲，從今而後，自己不需要再說什麼，可以把往後的一切都交給您。」二月：大衛・腓特烈・史特勞斯（David Friedrich Strauss）去世。尼采：「我很希望，他生命最後的階段沒有因為我而受困，也希望，他到辭世的時候都對我一無所知。我感到某種不安。」

羅得在尼采的請求下批評了他的風格：「你太少做演繹……我覺得，你用了不是很有幫助、有時甚至躊躇不前的意象。」

對於尼采抱怨惡劣的健康狀態和其他種種困擾的書信，華格納的反應是：「他必須結婚，或者寫一齣歌劇，當然，如果是後者，就是永遠不會上演的那種，而這也不是引向生命的道路。」尼采致信葛斯朵夫說：「你知道我對我自己作為一個創作者的看法基本上是多麼畏怯、沉鬱嗎！我尋求的，不過是一點自由，一點我的生命需要的真正的空氣，抵抗著、氣惱著寸步不離的那麼多、多得令人髮指的不自由。」（四月）尼采談他的《不合時宜的觀察》的用途：「到了現在，我必須先把身上的一切爭吵、否定、嫌惡、折磨傾倒出來。」（五月十日）

七月：寫作《不合時宜的觀察》第三篇。同業排擠的詛咒開始發酵：在夏季與接下來的冬季，尼采只有「三個不成材的學生」。研讀馬克斯．史提納（Max Stirner）。尼采投票贊成允許女性學生攻讀博士（七月）。妹妹偶爾在巴塞爾幫他管理家務。與朋友及妹妹詳細討論結婚的計畫。拜訪拜羅伊特（八月），由於對布拉姆斯（Brahms）著迷，在那裡引起不悅。十月：《不合時宜的觀察》第三篇問世。再度在瑙姆堡過聖誕節與新年。

一八七五年

尼采關於他所收到的一幅杜勒（Dürer）的銅版畫：「繪畫很少為我帶來滿足，但是，我實在無法形容《騎士、死亡與魔鬼》（*Ritter, Tod und Teufel*）跟我有多麼貼近。」（三月）

四月：妹妹來到巴塞爾，計畫長期與尼采共同生活。法蘭茲．歐佛貝克遷離隔鄰的房舍（「建築工的工寮」）。訂下了寫五十篇風格與《不合時宜的觀察》相仿的作品的計畫，但是關於華格納以及語言學的論著停滯不前。「對它們的發表感到嫌惡。」（九月二十六日）致羅得函：「如果我們有機會，可以長時間一起生活，進入對方的生活，那麼我就想告訴你一些事：那都是我的親身經歷，因此比較難抖落。」（十月七日）初識克瑟利茲（Köselitz）（十月二十五日）。聖誕節與新年在巴塞爾。重病。

一八七六年

致葛斯朵夫函：「我的父親在三十六歲那年死於腦炎，在我的身上，可能一切來得更快。」（一月十八日）與保羅・瑞伊（Paul Rée）結識（二月）。倉卒向瑪提德・川佩達赫（Mathilde Trampedach）求婚，無功而返（四月）。尼采從馬薇達・封・麥森布格（Malwida von Meysenbug）的回憶錄重獲力量。致羅蒙特（Romundt）函：「在我重新尋獲了自己以後，我崇敬……道德上的解放與不服從，憎恨黯淡無光與猶豫不前的一切。」（四月）彼得・加斯特（Peter Gast）（即克瑟利茲）鼓勵他完成關於華格納的論文。尼采請求休假一年（五月）獲准，從一八七六年下學期開始生效。

七月二十三日：尼采前往拜羅伊特觀賞首屆藝術節的演出。生病。在彩排期間避走到克林根布倫（Klingenbrunn）。回來觀賞演出。觀眾與華格納對他的冷落令他失望。在內心暗中告別了華格納，後者對《不合時宜的觀察》第四篇極其讚賞。

十月到一八七七年五月：與保羅．瑞伊前往麥森布格在索倫特的家。札記後來整理成《人性的，太人性的》（*Menschliches, Allzumenschliches*）。尼采意識到「與叔本華思想的差異」（十二月）。

一八七七年

與麥森布格談話時，尼采表示，他的願望是「絕對地專注在唯一的一個觀念上，可以說，它將會變成熊熊烈火，將個體燒成灰燼」（四月）。科希瑪在給麥森布格的信裡談到尼采：「我相信在尼采的身上有一個黑暗的、創造性的深淵，而他自己對它毫無所悉。」（四月）尼采考慮請辭教授職，朋友們不同意這個想法。

九月：回到巴塞爾，與妹妹搬到新住處。生病。延長輔導課的請假，重新繼續在大學授課。寫作《人性的，太人性的》。在艾瑟（Eiser）醫師處做了澈底的健康檢查（十月）：「眼睛幾乎已經確定就是我的痛苦，也就是劇烈的頭痛的根源。」醫師禁止他在數年當中閱讀或寫作。華格納聽聞到艾瑟醫師的診斷，寫信向他表示，他認為尼采的疾病的根源是「自慰」（Onanie），而尼采「思考方式的改變」是「不自然的放蕩行為的結果與雞姦的徵象」。尼采後來知道了這件事（似乎是直到一八八三年），稱華格納的言論為「致命的侮辱」。

一八七八年

一月：華格納寄來《帕西法爾》（*Parsifal*）的劇本。尼采說：「一切都染上過多的基督教色彩……充滿心理學的幻想……沒有肉，卻有太多太多的血……此外，我也不喜歡那些神經兮兮的女人。」（一月三日）關於《人性的，太人性的》匿名出版的談判，因出版商的極力反對而失敗。此書在四月出版。華格納為之氣結。科希瑪：「我知道，這是惡人的勝利。」羅得也否定該書：「一個人難道可以這樣子把他的靈魂抽出來，換上另外一個？」

六月：解除與妹妹共居的住所的租約。尼采單獨搬到巴塞爾郊外。尼采與自己切結：他要結束「模糊一切真實、簡單的對象的形上學煙幕，結束以理性去對抗理性的戰鬥」。病情嚴重。聖誕節留在巴塞爾。一個訪客：「他的整個形貌刺痛了我的心。」

一八七九年

三月：尼采必須因病中斷演說課。《意見與格言雜集》（*Vermischte Meinungen und Sprüche*）出版（三月）。請辭巴塞爾大學教授。尼采獲得解聘（六月十四日），每年退休金三千法郎。開始了漂泊者的生活。夏天在聖墨利茲（St. Moritz），九月到一八八〇年二月在瑙姆堡。尼采放棄住在瑙姆堡的城塔裡種植蔬菜的計畫。肉體上的崩潰。儘管如此，還是寫作了《流浪者和他的影子》（*Der Wanderer und sein Schatten*），在十二月出版。

一八八〇年

「我的存在是一個難堪的重擔：我早就對它棄如敝屣，活下來不過是因為……可以讓我在精神的層次做最發人深省的試煉與實驗——這個充滿認識的飢渴的欣喜把我推向了一個高點，讓我戰勝所有的酷刑與絕望。」（一月）

三月到六月：與彼得・加斯特在威尼斯。健康狀態有了改善，在停留過瑙姆堡與史特列沙（Stresa）以後，尼采首度在熱內亞過冬（一八八一年一月至四月）。寫作《晨曦》（*Morgenröte*）。密集研讀自然科學的作品。為了創作選擇了孤獨。

一八八一年

夏天：首度前往西爾斯・瑪莉亞（Sils Maria）。《晨曦》出版（七月）。八月初：永恆回歸的思想。靈感體驗。致信彼得・加斯特說：「我算是一部會解體的機器！」（八月十四日）。致信歐佛貝克說：「這是我一切開始的開始——在我的面前展開的，壓在我的身上的，是一個什麼樣的未來！遲早有一天，我會被迫從這個世界裡消失幾年——以便將我的整個過去與全部的人際關係、我的當下、朋友、親屬、一切一切都拋到九霄雲外。」（八月二十日）尼采發現與史賓諾莎（Spinoza）在心靈的貼近。在極度的興奮之後無盡的沮喪。羅得與葛斯朵夫離去。

從十月到一八八二年三月：觀賞《卡門》（*Carmen*）的演出。寫作《晨曦》的續集，後來成了《歡悅的智慧》（*Die Fröhliche Wissenschaft*）。「目前，我們有了最好的天氣，而且總而言之，我不曾有過更好的經歷。每天下午我都坐在海邊，萬里無雲的天空讓我的大腦也變得空曠，而且充滿了好的想法。」（十一月十八日）

一八八二年

美好晴朗的天氣持續了整個一月。寫作《歡悅的智慧》：「多美好的時光！噢，這個美麗的一月帶來的奇蹟！」（一月二十九日）保羅．瑞伊來訪。同遊摩納哥的賭場，瑞伊輸掉大筆的金錢。因為視力不佳，尼采託人寄來一部打字機，在幾個星期後就故障了。「打字機比其他任何書寫方式都更有攻擊性。」（二月）瑞伊在羅馬認識了「俄羅斯女子」露．莎樂美（Lou Salomé），十分傾倒，向尼采提及此事，建議一起會面。

尼采前往梅西納（Messina），是貨船上唯一的乘客（四月）。回程在羅馬認識了莎樂美。兩人一同踏上歸途，經過歐爾他（Orta）、巴塞爾、琉中、蘇黎世。尼采曾兩度向莎樂美求婚，都被她拒絕，首先是在羅馬，然後在蘇黎世。尼采、莎樂美和瑞伊計畫成立三人團。五、六月在瑙姆堡，八月在陶騰堡，首先獨自一人，然後跟妹妹與莎樂美一起。密集的交談，莎樂美說：「我們始終選擇羊腸小徑，而且如果有人在一旁聽到我們的談話，一定會以為是兩個魔鬼在聊天。」尼采的妹妹與莎樂美、尼采交惡。在萊比錫，尼采與瑞伊成了追求莎樂美的競爭對手。關係開始疏遠。妹妹的離間。尼采不知所措。他不知道應該怎樣看待莎樂美。在桑塔瑪格利塔（Santa Margherita）和拉帕羅（Rapallo）過冬。尼采極度沮喪。

一八八三年

在「一連串完全純淨的日子」當中，尼采有如神助地完成了《查拉圖斯特拉如是說》（*Also sprach Zarathustra*）卷一（二月底）。

二月十三日：華格納之死。「華格納的死對我是個可怕的打擊。」（二月底）尼采暫時與家人斷絕關係。「我不喜歡我的母親，聽到妹妹的聲音也讓我感到不快，每當我跟她們在一起的時候，我就會生病。」（三月二十四日）在羅馬與妹妹和解（五月）。

在西爾斯．瑪莉亞完成《查拉圖斯特拉如是說》卷二（七月）。在八月底，《查拉圖斯特拉如是說》卷一出版。九月回瑙姆堡時，再度與家人發生爭吵。在拉史貝佳（La Spezia）、熱內亞與尼斯過冬。寫作《查拉圖斯特拉如是說》卷三。

病況嚴重：「我對自己已經毫無辦法。」（十一月）致歐佛貝克函：「一旦想到，到現在還找不到一個人，可以跟我一起思考人類的前途，我一直還會怒不可遏——真的，因為長期缺乏我所需要的友誼，我的內在已經病入膏肓。」（十一月）

一八八四年

在尼斯。《查拉圖斯特拉如是說》卷二出版（一月）。在幾度失去信心以後，尼采堅信，《查拉圖斯特拉如是說》是一部劃時代的作品。在寫完卷三以後，尼采寫信給歐佛貝克：「有可能我首次找到一個讓人類分裂成兩半的思想。」（三月十日）再度與妹妹不睦：「該詛咒的那些反猶太行徑……是造成澈底的決裂的原因。」（四月二日）《查拉圖斯特拉如是說》卷三在四月出版。四月到五月在威尼斯。雅可布・布克哈特到巴塞爾拜訪過以後：「我到目前為止最令人發噱的經驗是，看到布克哈特不得不說幾句關於查拉圖斯特拉的話的窘境：從他的口中僅僅吐出了——『我以後是不是可以嘗試把它寫成戲劇？』」（七月二十五日）

七月到九月在西爾斯・瑪莉亞。寫作《查拉圖斯特拉如是說》卷四：「我的理論，善與惡的世界是表面的、視觀點而定的世界，是如此的新穎，以致於我有時因為它而失去視覺與聽力。」（七月二十五日）在蘇黎世與母親及妹妹和解（九月底），在那裡也拜訪了高弗立・凱勒（Gottfried Keller）。凱勒關於尼采：「我相信，這個傢伙瘋了」。出版商斯麥茨納（Schmeitzner）打算以兩萬馬克的代價出售尼采的版權，但找不到買主。在尼斯過冬。

一八八五年

《查拉圖斯特拉如是說》卷四完成，作為贈與友人與熟人的私人出版品發行。妹妹嫁給本哈特・佛斯特（Bernhard Förster）（五月）。五、六月在威尼斯。尼采生病。「上午我的生命還可以忍受，但下午與晚上幾乎熬不下去，而且我甚至覺得，在最不利的條件下，我已經盡了足夠的努力，讓我可以不失名譽地撒手而去。」（五月）夏天在西爾斯・瑪莉亞。出版商斯麥茨納瀕臨破產。尼采開始尋找新的出版商。尼采想要脫離「反閃族主義者的巢穴」（即斯麥茨納）。冬天在尼斯。

一八八六年

妹妹與佛斯特遷往巴拉圭。尼采寫作《善惡的彼岸》（*Jenseits von Gut und Böse*）。他還沒有找到出版商：「因為這一次源流自我的靈魂的，是一本可怕的書。」（四月二十一日）在六月，數年後首度與羅得重新見面。後者寫信告訴歐佛貝克說：「一種難以言喻的疏遠的氣氛，當時令我驚悚的某種東西包圍著他。……彷佛他是來自一個除了他以外沒有別人的國度。」夏天在西爾斯・瑪莉亞。擬定寫作以「權力意志：價值翻轉的嘗試」（Der Wille zur Macht. Versuch einer Umwerthung der Werthe）為題的四卷巨著的計畫。《善惡的彼岸》出版。衛德曼（J. V. Widmann）評論此書：「運送用來爆破高特哈特隧道（Gotthardbahn）的炸藥的車輛插著警告危險的黑旗；在這個意義下，我們可以說哲學家尼采的新書是一本危險的書。」羅得談到此書說：「這本書真正的哲學部分是那麼貧乏，幾乎是孩子氣……」尼采回過頭找最初合作的出版商佛利曲（Fritzsch）。為自己到當時為止發表的著作撰寫新的前言，在這個方式下，產生了一部思想性的自傳。冬天在尼斯。

一八八七年

寫作《歡悅的智慧》卷五（為新版而作）。尼采閱讀了杜思妥也夫斯基（Dostojewski）。寫作《權力意志》。許多大綱的草案與警語的彙整。「現在我以最冰冷的理性批判來自娛和調劑身心；它讓人不由得手指泛紫……一個對於到此為止的哲學的整個『因果主張』的總攻擊。」（一月二十一日）

尼斯地震：「我在其中完成了兩本著作的房子現在如此搖搖欲墜，以致於必須被拆運。這對於後世有一個好處，那就是他們少了一個不得不去的朝聖地點。」（三月四日）與羅得鬧翻（五月）。夏天在西爾斯．瑪莉亞。歐洲虛無主義的札記。尼采寫作《道德系譜學》（*Genealogie der Moral*）（在十一月問世）。

冬天在尼斯。葛歐格．布蘭德斯（Georg Brandes）的第一封信（十一月二十六日）。尼采的病情再度惡化。「現在我已經活過了四十三個年頭，而且跟童年的時代一樣孤獨。」

（十一月十一日）

一八八八年

寫作《權力意志》。「『出版』此書的想法基本上已經排除。」（二月二十六日）與卡爾·史比特勒（Carl Spitteler）通信。「我打算在前往德國以後，開始研究齊克果（Kierkegaard）的心理學問題。」（二月十九日）

杜林，四月五日到六月五日：「我對這個城市有無法形容的好感。」（四月十日）寫作《華格納事件》（*Der Fall Wagner*）。在空檔，尼采繼續寫作《權力意志》：「但是，在我日復一日地『翻轉價值』、有充分的理由鎮日板著十分嚴肅的臉孔以後，現在，歡愉成了我的一種無可逃避的宿命。」（五月十七日）閱讀《摩奴法典》（*Gesetzbuch des Manu*）。

西爾斯·瑪莉亞的最後一個夏天。「在他人的面前，我自然而然地靜默下來了，因為我越來越沒有興趣讓別人窺探我的存在裡的難處。我的四周真的已經空蕩蕩了。」（七月底）密集寫作《權力意志》。在八月二十九日，尼采決定拆解《權力意志》的題材，將它們寫成《偶像的黃昏》（*Götzendämmerung*）與《反基督》（*Der Antichrist*）兩本書。九月九日：《偶像的黃昏》付梓。

九月二十一日到一八八九年一月九日最後一次停留在杜林。《華格納事件》在九月底出版。華格納的徒眾群情激憤。激烈的詆毀。奧古斯特．史特林堡（August Strindberg）閱讀《華格納事件》，寫了一封熱烈的書信給尼采。開始《瞧，這個人》的寫作（十月底）。在採取翻轉價值的、「帶有莫名的寂寞感的行動」之前，尼采想要向大眾介紹自己。「我一點也不想像一個先知、異獸、道德醜怪一樣出現在人類面前。」（十月三十日）麥森布格批評《華格納事件》說：「我也認為，就算對舊愛情意不再，也不應該如此惡言相向。」尼采因此與她斷絕關係：「因為您是一個『理想主義者』……而我的著作裡的每個句子，都包含了對理想主義的藐視。」（十月二十二日）尼采覺得自己在路上、在咖啡館裡、在劇院裡，簡單地說，到處都受到別人敬重。「不管怎麼挖空心思，我的老友歐佛貝克，我還是找不到任何關於我的不好的事可以告訴你。每天每天都是最高的工作速率，持續的好心情。」（十一月十三日）

草擬一份給妹妹的書信，要跟她永久斷絕來往：「你絕對無法想像，你會跟那樣的人和命運成為近親，而那是幾千年以來即已決定了的問題。」（十一月中）與出版商交涉購回自己的作品：「僅僅是我的《查拉圖斯特拉如是說》就足以讓人成為百萬富翁：它是有史以來最關鍵性的著作。」（十一月二十二日）《戴奧尼索斯狂喜詩篇》（*Dionysos-Dithyramben*）的第一份目錄（十一月底）。草擬致德皇威廉二世（Wilhelm II）的書信：「我在此賜給德皇他可以得到的最高榮耀，由於我因此必須克服我內心對於德國的一切最深的惡感，這個榮耀就更加彌足珍貴：我把我的著作離廠的第一本交到他的手上，在裡面，我預告了將要發生的大事。」（十二月初）尼采修改了《瞧，這個人》手稿，填入了對母親與妹妹的詛咒。政治妄想。致彼得．加斯特函：「您知道嗎？為了推動我的國際性運動，我需要的是全數的猶太人資本。」（十二月九日）

尼采重讀自己的著作：「一切都無可挑剔，但是我從來不知道它們寫得這麼好——正好相反。」（十二月九日）尼采稱自己為「羊男與蠢蛋」（十二月十日）。尼采觀賞輕歌劇與露天音樂會。陽光燦爛的好天氣。清爽的空氣。尼采覺得自己從來不曾這麼健康。「現在我實在看不出來，為什麼我非要加速我的人生從《瞧，這個人》這本書開始的悲劇性災難不可。」（十二月十六日）《瞧，這個人》付梓（十二月底）。「關於我究竟是誰的問題，因為我們正在印行的書本《瞧，這個人》而已經歸檔了，直到下一個永恆為止。從今以後，人們應該關心的不再應該是我，而是我也不過為它們存在的那些事物。」（十二月二十七日）房東太太看到尼采裸身跳舞。

一八八九年

尼采抱住老馬，保護牠免受車夫的鞭打（一月初）。致雅可布．布克哈特函：「直到最近，我都寧願是巴塞爾的教授，而不是上帝；但是我沒有足夠的勇氣把我個人的私心推得這麼遠，因為這個緣故放下創造世界的工作。您可以看到，不管活在哪裡，怎麼活，總是得要犧牲。」（一月六日）布克哈特在巴塞爾收到這封信以後，去見歐佛貝克，請求他照顧這位朋友。歐佛貝克立刻動身前往杜林說：「我看到尼采坐在沙發的一角上咀嚼著、閱讀著……這個文字表現力舉世無雙的大師，現在就算是因自己的喜悅而驚嘆，也只能用最平淡無奇的文字或透過古怪的舞蹈、跳躍來傳達。」歐佛貝克帶尼采回到巴塞爾，把他送入精神療養院。母親前來，將他帶到耶拿，送進當地的「精神科治療復原中心」。尼采在那裡停留了一年。一八九〇年五月，母親把他領回瑙姆堡照護。母親在一八九七年過世後，尼采被妹妹搬運到威瑪的銀光別墅（Villa Silberblick）裡。

奧古斯特．霍涅浮（August Horneffer）在尼采在世的最後幾個月裡曾經造訪，並做了如下的報導：「我們並不認識在健康的時日裡的尼采，認識他的時候，已經是一個到了末期的麻痺階段的病人。儘管如此，跟他短暫相處過的幾分鐘，成了我們的生命裡最珍貴的回憶之一……儘管雙眼已經黯淡無光，形容憔悴，儘管這個可憐的人四肢蜷曲地躺在那裡，比一個小孩更無助，他的人格還是散發著魔力，他的外型顯露的莊嚴感，我再也沒有在另一個人的身上發現過。」

尼采死於一九〇〇年八月二十五日。

尼采著作略語表

AC Der Antichrist
《反基督》

BA Über die Zukunft unserer Bildungsanstalten
《關於我們的教育體制的未來》

CV Fünf Vorreden zu fünf ungeschriebenen Büchern
《五部未寫成的書的前言》

DD Dionysos-Dithyramben
《戴奧尼索斯狂喜詩篇》

DS David Strauss (Unzeitgemäße Betrachtungen I)
《不合時宜的觀察》第一篇：〈大衛・史特勞斯〉

DW Die dionysische Weltanschauung
〈戴奧尼索斯的世界觀〉

EH Ecce homo
《瞧，這個人》

FW Die fröhliche Wissenschaft
《歡悅的智慧》

FWS Die fröhliche Wissenschaft. »Scherz, List und Rache «
《歡悅的智慧》〈嘲謔、陰謀與報復〉

FWP Die fröhliche Wissenschaft. Lieder des Prinzen Vogelfrei
《歡悅的智慧》〈「自由之鳥」王子之歌〉

GD Götzen-Dämmerung
《偶像的黃昏》

GG Die Geburt des tragischen Gedankens
《悲劇思想的誕生》

GM Zur Genealogie der Moral
《道德系譜學》

GMD Das griechische Musikdrama
〈希臘的音樂劇〉

GT Die Geburt der Tragödie
《悲劇的誕生》

HL Vom Nutzen und Nachteil der Historie für das Leben (Unzeitgemäße Betrachtungen II)
《不合時宜的觀察》第二篇：〈談歷史學對生命的長處與缺點〉

IM Idyllen aus Messina
《梅西納的田園歌》

JGB Jenseits von Gut und Böse
《善惡的彼岸》

M Morgenröte
《晨曦》

MA Menschliches, Allzumenschliches (I-II)
《人性的，太人性的》

MD Mahnruf an die Deutschen
〈給德國人的警示〉

NJ Ein Neujahrswort
〈新年談話〉

NW Nietzsche contra Wagner
《尼采對華格納》

PHG Die Philosophie im tragischen Zeitalter der Griechen
《希臘悲劇時代的哲學》

SE Schopenhauer als Erzieher (Unzeitgemäße Betrachtungen III)
《不合時宜的觀察》第三篇：〈教育者叔本華〉

SGT Sokrates und die griechische Tragödie
《蘇格拉底與希臘悲劇》

ST Sokrates und die Tragödie
〈蘇格拉底與悲劇〉

VM Vermischte Meinungen und Sprüche
《意見與格言雜集》

WA Der Fall Wagner
《華格納事件》

WB Richard Wagner in Bayreuth (Unzeitgemäße Betrachtungen IV)
《不合時宜的觀察》第四篇：〈李察・華格納在拜羅伊特〉

WL Über Wahrheit und Lüge im außermoralischen Sinne
〈非道德意義下的真理與謊言〉

WM »Der Wille zur Macht«
《權力意志》

WS Der Wanderer und sein Schatten
《流浪者和他的影子》

ZA Also sprach Zarathustra (I-IV)
《查拉圖斯特拉如是說》

文獻來源

Friedrich Nietzsche: Sämtliche Werke. Studienausgabe in 15 Bänden. Herausgegeben von Giorgio Colli und Mazzino Montinari. München 1980 (dtv-Ausgabe); zitiert mit 〈Band〉, 〈Seite〉

Friedrich Nietzsche: Sämtliche Briefe. Kritische Studienausgabe in 8 Bänden. München 1986 (dtv-Ausgabe); zitiert mit B 〈Band〉, 〈Seite〉

Friedrich Nietzsche: Jugendschriften in fünf Bänden. Herausgegeben von Hans Joachim Mette. München 1994 (dtv-Ausgabe); zitiert mit J 〈Band〉, 〈Seite〉

Nietzsche und Wagner. Stationen einer Begegnung. Herausgegeben von Dieter Borchmeyer und Jörg Salaquarda. Zwei Bände. Frankfurt/Main 1994; zitiert mit N/W 〈Band〉, 〈Seite〉

Friedrich Nietzsche / Franz und Ida Overbeck: Briefwechsel. Herausgegeben von Kartin Meyer und Barbara von Reibnitz. Stuttgart – Weimar 2000

參考書目

Günter Abel: Nietzsche. Berlin – New York 1998

Theodor W. Adorno/Max Horkheimer: Dialektik der Aufklärung. Frankfurt/Main 1969

Steven E. Aschheim: Nietzsche und die Deutschen. Karriere eines Kults. Stuttgart – Weimar 1996

Alfred Baeumler: Nietzsche der Philosoph und Politiker. Leipzig 1931

Georges Bataille: Wiedergutmachung an Nietzsche. München 1999

Raymond J. Benders/Stephan Oettermann: Friedrich Nietzsche. Chronik in Bildern und Texten. München 2000

Gottfried Benn: Gesammelte Werke in vier Bänden herausgegeben von Dieter Wellershoff. Wiesbaden – München 1978

Ernst Benz: Das Bild des Übermenschen in der europäischen Geistesgeschichte. In: Ernst Benz (Hg.): Der Übermensch. Eine Diskussion. Zürich – Stuttgart 1961

Carl Albrecht Bernoulli: Franz Overbeck und Friedrich Nietzsche. Eine Freundschaft. Jena 1908

Ernst Bertram: Nietzsche. Versuch einer Mythologie. Berlin 1922

Hubert Cancik: Nietzsches Antike. Vorlesung. Stuttgart – Weimar 1995

Thomas Carlyle: Helden und Heldenverehrung. Berlin o.J.

Giorgio Colli: Nach Nietzsche. Frankfurt/Main 1980

Arthur C. Danto: Nietzsche als Philosoph. München 1998

Gilles Deleuze: Nietzsche und die Philosophie. Frankfurt/Main 1985

Ralph Waldo Emerson: Repräsentanten der Menschheit. Zürich 1987

Günter Figal: Nietzsche. Eine philosophische Einführung. Stuttgart 1999

Eugen Fink: Nietzsches Philosophie. Stuttgar 1960

Margot Fleischer: Der ›Sinn der Erde‹ und die Entzauberung des Übermenschen. Eine Auseinandersetzung mit Nietzsche. Darmastadt 1993

Michel Foucault: Nietzsche, die Genealogie, die Historie. In: Michel Foucault: Von der Subversion des Wissens. Frankfurt/Main – Berlin – Wien 1978

Michel Foucault: Die Ordnung der Dinge. Frankfurt/Main 1974

Michel Foucault: Sexualität und Wahrheit. Der Wille zum Wissen. Erster Band. Frankfurt/Main 1983

Michel Foucault: Wahnsinn und Gesellschaft. Frankfurt/Main 1973

Manfred Frank: Der kommende Gott. Vorlesung über die Neue Mythologie. Frankfurt/Main 1982

Manfred Frank: Gott im Exil. Vorlesungen über die Neue Mythologie. Frankfurt/Main 1988

Ivo Frenzel: Nietzsche in Selbstzeugnissen und Bilddokumenten. Reinbeck bei Hamburg 1966

Gernot U. Gabel/Carl Helmuth Jagenberg (Hg.): Der entmündigte Philosoph. Briefe von Franziska Nietzsche an Adalbert Oehler aus den Jahren 1889-1897. Hürth 1994

Hans Jochen Gamm: Standhalten im Dasein. Nietzsches Botschaft für die Gegenwart. München – Leipzig 1993

Volker Gerhardt: Friedrich Nietzsche. München 1995

Volker Gerhardt: Pathos und Distanz. Studien zur Philosophie Friedrich Nietzsches. Stuttgart 1988

Volker Gerhardt: Vom Willen zur Macht. Anthropologie und Metaphysik der Macht am exemplarischen Fall Friedrich Nietzsches. Berlin – New York 1996

Sander L. Gilman: Begegnungen mit Nietzsche. Bonn 1985

Hermann Glaser: Sigmund Freuds Zwanzigstes Jahrhundert. Seelenbilder einer Epoche. Frankfurt/Main 1979

Klaus Goch: Franziska Nietzsche. Eine Biographie. Frankfurt/Main 1994

Günter Gödde: Traditionslinien des »Unbewußten«. Schopenhauer – Nietzsche – Freud. Tübingen 1999

Martin Gregor-Dellin: Richard Wagner. Sein Leben. Sein Werk. Sein Jahrhundert. München 1980

Arsenij Gulyga: Immanuel Kant. Frankfurt/Main 1985

Georg Wilhelm Friedrich Hegel: Phänomenologie des Geistes. Hamburg 1992 (Felix-Meiner-Ausgabe)

Eckhard Heftrich: Nietzsches Philosophie. Identität von Welt und Nichts. Frankfurt/Main 1962

Martin Heidegger: Nietzsche. Zwei Bände. Pfullingen 1961

Martin Heidegger: Sein und Zeit. Tübingen 1963

Heinrich Heine: Sämtliche Schriften. Herausgegebn von Klaus Briegleb. 6 in 7 Bänden. München 1968-76

Edmund Heller: Nietzsches Scheitern am Werk. Freiburg – München 1989

Hermann Hesse: Zarathustras Wiederkehr. In: Hermann Hesse: Politik des Gewissens. Die politischen Schriften. Erster Band. Frankfurt/Main 1981

Bruno Hillebrand: Nietzsche und die deutsche Literatur. Zwei Bände. Tübingen 1978

Friedrich Hölderlin: Sämtliche Werke und Briefe in zwei Bänden. München 1970

David Marc Hoffmann: Zur Geschichte des Nietzsche-Archivs. Berlin – New York

1991

Hugo von Hoffmannsthal: Gesammelte Werke in zehn Einzelbänden. Gedichte. Dramen I 1891-1898. Frankfurt/Man 1979

William James: Der Pragmatismus. Ein neuer Name für alte Denkmethoden. Hambug 1994

Curt Paul Janz: Friedrich Nietzsche. Biographie (drei Bände). München 1978-79

Karl Jaspers: Nietzsche. Einführung in das Verständnis seines Philosophierens. Berlin – New York 1981

Friedrich Georg Jünger: Nietzsche. Frankfurt/Main 2000

Immanuel Kant: Werke in zwölf Bänden. Herausgegeben von Wilhelm Weischedel. Frankfurt/Main 1964

Walter Kaufmann: Nietzsche. Philosoph – Psychologe – Antichrist. Darmstadt 1988

Friedrich Kaulbach: Nietzsches Idee einer Experimentalphilosophie. Köln – Wien 1980

Pierre Klossowski: Nietzsche und der Circulus vitiosus deus. München 1988

Joachom Köhler: Friedrich Nietzsche und Cosima Wagner. Berlin 1996

Joachim Köhler: Zarathustras Geheimnis. Friedrich Nietzsche und seine verschlüsselte Botschaft. Nördlingen 1989

Elisabeth Kuhn: Friedrich Nietzsches Philosophie des europäischen Nihilsmus. Berlin – New York 1992

Friedrich Albert Lange: Geschichte des Materialismus. Zwei Bände. Frankfurt/Main 1974

Bernd A. Laska: Dissident geblieben. Wie Marx und Nietzsche ihren Kollegen Max Stirner verdrängten und warum er sie geistig überlebt hat. In: DIE ZEIT Nr. 5, 27. Januar 2000

Joachim Latacz: Fruchtbares Ärgernis: Nietzsches »Geburt der Tragödie« und die gräzistische Tragödienforschung. In: David Marc Hoffmann (Hg.): Nietzsche und die Schweiz. Zürich 1994

Theodor Lessing: Nietzsche. München 1985

Karl Löwith: Nietzsche. Stuttgart 1987 (Sämtliche Schriften Band 6)

Ludger Lütkehaus: Nichts. Zürich 1999

Thomas Mann: Nietzsches Philosophie im Lichte unserer Erfahrung. In: Thomas Mann: Schriften und Reden zur Literatur, Kunst und Philosophie. Dritter Band. Frankfurt/Main 1968

Urs Marti: »Der Große Pöbel- und Sklavenaufstand«. Nietzsches Auseinandersetzung mit Revolution und Demokratie. Stuttgart – Weimar 1993

Theo Meyer: Nietzsche und die Kunst. München 1992

Malwida von Meysenbug: Memoiren einer Idealistin. Berlin – Leipzig 1903

Wolfgang Müller-Lauter: Nietzsche. Seine Philosophie der Gegensätze und die Gegensätze seiner Philosophie. Berlin – New York 1971

Ulrich Müller/Peter Wapnewski (Hg.): Richard Wagner-Handbuch. Stuttgart 1986

Alexander Nehamas: Nietzsche. Leben als Literatur. Göttingen 1991

Christian Niemeyer: Nietzsches andere Vernunft. Psychologische Aspekte in Biographie und Werk. Darmstadt 1988

Walter Nigg: Friedrich Nietzsche. Zürich 1994

Ernst Nolte: Nietzsche und der Nietzscheanismus. Berlin 1990

Dolf Oehler: Pariser Bilder. Frankfurt/Main 1979

Mazzino Montinari: Friedrich Nietzsche. Eine Einführung. Berlin – New York 1991

Okochi Ryogi: Wie man wird, was man ist. Gedanken zu Nietzsche aus östlicher Sicht. Darmstadt 1995

Osho: Zarathustra. Ein Gott der tanzen kann. Wien 1994

Hennig Ottmann: Philosophie und Politik bei Nietzsche. Berlin - New York 1987

Blaise Pascal: Über die Religion und über einige andere Gegenstände (Pensées). Berlin 1937

Giorgio Penzo: Der Mythos vom Übermenschen. Nietzsche und der Nationalsozialismus. Berlin 1992

Heinz Frederick Peters: Lou Andreas Salomé. Femme fatale und Dichtermuse. München 1995

Heinz Frederick Peters: Zarathustras Schwester. Fritz und Lieschen Nietzsche – ein deutsches Trauerspiel. München 1983

Georg Picht: Nietzsche. Stuttgart 1988

Annemarie Pieper: »Ein Seil geknüpft zwischen Tier und Übermensch«. Philosophische Erläuterungen zu Nietzsches erstem »Zarathustra«. Stuttgart 1990

Platon: Sämtliche Werke in zehn Bänden. Griechisch und Deutsch. Frankfurt/Main 1991

Johann Prossliner: Licht wird alles, was ich fasse. Lexikon der Nietzsche-Zitate. München 1999

Wolfert von Rahden: Eduard von Hartmann ›und‹ Nietzsche. Zur Strategie der verzögerten Konterkritik Hartmanns an Nietzsche. In: Nietzsche-Studien. Internationales Jahrbuch für die Nietzsche-Forschung. Band 13. Berlin – New York 1984

Norbert Reichel: Der Traum von höheren Leben. Nietzsches Übermensch und die Conditio humana europäischer Intellektueller von 1890 bis 1945. Darmstadt 1994

Heinrich Rickert: Die Philosophie des Lebens. Tübingen 1922

Manfred Riedel: Nietzsche in Weimar. Ein deutsches Drama. Leipzig 1997

Richard Rorty: Kontingenz, Ironie und Solidarität. Frankfurt/Main 1989

Werner Ross: Der ängstliche Adler. Friedrich Nietzsches Leben. München 1984

Rüdiger Safranski: Wieviel Wahrheit braucht der Mensch. Über das Denkbare und Lebbare. München 1990

Lou Andreas-Salomé: Friedrich Nietzsche in seinen Werken. Frankfurt/Main 1994

Jörg Salaquadra (Hg.): Nietzsche. Darm Stadt 1996

Max Scheler: Der Genius des Krieges und der Deutsche Krieg. Leipzig 1915

Max Scheler: Vom Umsturz der Werte. Abhandlungen und Aufsätze. Berlin - München 1972

Friedrich Wilhelm Joseph Schelling: Ausgewählte Schriften in sechs Bänden. Frankfurt/Main 1985

Heinrich Schipperges: Am Leitfaden des Leibes. Zur Anthropologik und Therapeutik Friedrich Nietzsches. Stuttgart 1975

Friedrich Schlegel: Schriften zur Literatur. München 1972

Hermann Josef Schmidt: Nietzsche Absconditus oder Spurenlese bei Nietzsche. Teil I - III. Berlin – Aschaffenburg 1991

Guido Schneeberger: Nachlese zu Heidegger. Dokumente zu seinem Leben und Denken. Bern 1962

Arthur Schopenhauer: Werke in fünf Bänden. Herausgegeben von Ludger Lütkehaus. Zürich 1988

Günter Schulte: Ecce Nietzsche. Eine Werkinterpretation. Frankfurt – New York 1995

Georg Simmel: Schopenhauer und Nietzsche. Hamburg 1990

Peter Sloterdijk: Der Denker auf der Bühne. Nietzsches Materialismus. Frankfurt/Main 1986

Rudolf Steiner: Friedrich Nietzscheein Kämpfer gegen seine Zeit. Dornach 1983

Max Stirner: Der Einzige und sein Eigentum. Stuttgart 1985

David Friedrich Strauss: Der alte und der neue Glaube. Ein Bekenntnis. Stuttgart 1938

Berhard H. F. Taureck: Nietzsches Alternative zum Nihilismus. Hamburg 1991

Berhard H.F. Tauereck: Nietzsche und der Faschismus. Hamburg 1989

Ernst Troeltsch: Deutscher Geist und Westeuropa. Tübingen 1925

Christoph Türcke: Der tolle Mensche. Nietzsche und der Wahnsinn der Vernunft. Frankfurt/Main 1989

Gianni Vattimo: Friedrich Nietzsche. Stuttgart – Weimar 1992

Anacleto Verrecchia: Zarathustras Ende. Die Katastrophe Nietzsches in Turin. Wien – Köln – Graz 1986

Karl-Heinz Volkmann-Schluck: Die Philosophie Nietzsches. Der Untergang der abendländischen Metaphysik. Würzburg 1991

Cosima Wagner: Die Tagebücher. Zwei Bände. München – Zürich 1976

Richard Wagner: Mein Denken. München – Zürich 1982

Richard Wagner: Der Ring des Nibelungen. Vollständiger Text. München – Zürich 1991

Hans M. Wolff: Friedrich Nietzsche. Der Weg zum Nichts. Bern 1956

國家圖書館出版品預行編目資料

尼采:其人及其思想 / 呂迪格・薩弗蘭斯基（Rüdiger Safranski）著；
黃添盛譯. -- 二版. -- 臺北市：商周出版：家庭傳媒城邦分公司發行,
2019.12
面： 公分. --（哲學人：8）
譯自：Nietzsche: Biographie seines Denkens
ISBN 978-986-477-752-5（平裝）
1. 尼采（Nitzsche, Friedrich Wilhelm, 1844-1900） 2.學術思想 3.哲學
147.66 108017597

尼采：其人及其思想

原著書名 / Nietzsche: Biographie seines Denkens
作者 / 呂迪格・薩弗蘭斯基（Rüdiger Safranski）
譯者 / 黃添盛

責任編輯 / 林宏濤、李尚遠、張詠翔
版權 / 黃淑敏、林心紅
行銷業務 / 莊英傑、李衍逸、黃崇華、周佑潔
總編輯 / 楊如玉
總經理 / 彭之琬
事業群總經理 / 黃淑貞
發行人 / 何飛鵬
法律顧問 / 元禾法律事務所 王子文律師
出版 / 商周出版
城邦文化事業股份有限公司
臺北市中山區民生東路二段141號9樓
電話：(02) 2500-7008 傳眞：(02) 2500-7759
E-mail：bwp.service@cite.com.tw
Blog：http://bwp25007008.pixnet.net/blog
發行 / 英屬蓋曼群島商家庭傳媒股份有限公司城邦分公司
臺北市中山區民生東路二段141號2樓
書虫客服服務專線：(02) 2500-7718・(02) 2500-7719
24小時傳眞服務：(02) 2500-1990・(02) 2500-1991
服務時間：週一至週五09:30-12:00・13:30-17:00
郵撥帳號：19863813 戶名：書虫股份有限公司
讀者服務信箱E-mail：service@readingclub.com.tw
歡迎光臨城邦讀書花園 網址：www.cite.com.tw
香港發行所 / 城邦（香港）出版集團有限公司
香港灣仔駱克道193號東超商業中心1樓
電話：(852) 2508-6231 傳眞：(852) 2578-9337
馬新發行所 / 城邦(馬新)出版集團 Cité (M) Sdn. Bhd.
41, Jalan Radin Anum, Bandar Baru Sri Petaling,
57000 Kuala Lumpur, Malaysia
電話：(603) 9057-8822 傳眞：(603) 9057-6622

封面設計 / 李東記
排版 / 新鑫電腦排版工作室
印刷 / 韋懋實業有限公司
經銷商 / 聯合發行股份有限公司
電話：(02) 2917-8022 傳眞：(02) 2911-0053
地址：新北市231新店區寶橋路235巷6弄6號2樓

■2007年7月初版
■2023年6月二版2刷
定價 650元

Printed in Taiwan
城邦讀書花園
www.cite.com.tw

ISBN 978-986-477-752-5

廣　告　回　函
北區郵政管理登記證
台北廣字第000791號
郵資已付，免貼郵票

104台北市民生東路二段141號2樓

英屬蓋曼群島商家庭傳媒股份有限公司　城邦分公司

請沿虛線對摺，謝謝！

書號：BP6008X　**書名：**尼采：其人及其思想　**編碼：**

請於此處用膠水黏貼

讀者回函卡

感謝您購買我們出版的書籍！請費心填寫此回函卡，我們將不定期寄上城邦集團最新的出版訊息。

不定期好禮相贈！
立即加入：商周出版
Facebook 粉絲團

姓名：________________________ 性別：□男 □女

生日：西元________年________月________日

地址：________________________

聯絡電話：____________ 傳真：____________

E-mail ：

學歷：□ 1. 小學 □ 2. 國中 □ 3. 高中 □ 4. 大學 □ 5. 研究所以上

職業：□ 1. 學生 □ 2. 軍公教 □ 3. 服務 □ 4. 金融 □ 5. 製造 □ 6. 資訊
□ 7. 傳播 □ 8. 自由業 □ 9. 農漁牧 □ 10. 家管 □ 11. 退休
□ 12. 其他________________

您從何種方式得知本書消息？

□ 1. 書店 □ 2. 網路 □ 3. 報紙 □ 4. 雜誌 □ 5. 廣播 □ 6. 電視
□ 7. 親友推薦 □ 8. 其他________________

您通常以何種方式購書？

□ 1. 書店 □ 2. 網路 □ 3. 傳真訂購 □ 4. 郵局劃撥 □ 5. 其他______

您喜歡閱讀那些類別的書籍？

□ 1. 財經商業 □ 2. 自然科學 □ 3. 歷史 □ 4. 法律 □ 5. 文學
□ 6. 休閒旅遊 □ 7. 小說 □ 8. 人物傳記 □ 9. 生活、勵志 □ 10. 其他

對我們的建議：________________________

____

____

請於此處用膠水黏貼